現代会計の
基礎と展開

橋本 尚 編著
HASHIMOTO TAKASHI

同文舘出版

To R, Y&C

はしがき

　平成の時代が終わり，令和の時代が幕開けした本年，私は還暦を迎えることとなった。本書は，私の還暦を記念するという形で，約1年前に企画され，編集された記念論文集である。

　本書には，気鋭の研究者および実務家32名の玉稿を「第1部　国際会計」，「第2部　監査・ガバナンス」および「第3部　会計制度・その他」という3部構成の下に編纂し，私の一文を解題として添えた論文集が収録されている。

　超高齢化社会といわれて久しく，最近では「人生100年時代」という言葉も聞かれるようになり，還暦や古稀といっても決して珍しくはなく，昔は恒例行事であった長寿のお祝いや記念論文集の出版も激減しているのが現状である。そのような中，人生の1つの節目として，思い出に残る還暦記念論文集を刊行したいという私のたっての願いを叶えてくださった関係者の皆様に，まずもって心より御礼を申し上げる次第である。

　顧みれば，還暦のお祝いにはじめて参加したのは，指導教授の染谷恭次郎先生のとき（1983年4月）であり，『財務会計の基礎と展開』というタイトルの還暦記念論文集をはじめて手にしたのもこのときであった。その後，何人かの先生の記念論文集に執筆させていただく機会に恵まれたが，時が移り，還暦記念論文集を上梓する年齢に到達した私は，迷うことなく『現代会計の基礎と展開』というタイトルを付けることとした。

　『礼記』に「善く教うる者は，人をして其の志を継がしむ。」とある。かつて指導者から導きを受けた者が，やがて指導者となって，かつて受けた助言や示唆を次代を担う人々へと継承していくことで，会計プロフェッションの伝統は，今日のスーパーグローバル時代，人工知能（AI）時代の荒波の中にあっても綿々と受け継がれていくことであろう。

縁あって研究者の道を歩むことになった私は，道元禅師の『正法眼蔵随聞記』の以下の一節を肝に銘じて今日まで精進してきた。

「学道の人，もし悟りを得ても，今は至極と思うて，行道を罷むる事なかれ。道は無窮なり。悟りても，なほ行道すべし。」[1]

　還暦を機に初心にかえって，今後とも会計学の研究と教育に邁進していく所存である。

　最後に，本書の企画の段階から原稿のレビュー等に至るまで，全面的な支援と協力をしてくださった町田祥弘氏，蒔田真也氏および吉田武史氏に，深甚なる謝意を申し上げたい。また，限られた時間の中で，最大限の対応を講じて期日までに本書の完成を可能にしていただいた，同文舘出版の中島治久社長そして青柳裕之氏に心より感謝申し上げる次第である。

2019年7月24日

東京オリンピック開会式を1年後に控えて

橋本　尚

---

[1] 『日本古典文学全集27　方丈記　徒然草　正法眼蔵随聞記　歎異抄』小学館, 1976年, 318-319頁。

目 次

はしがき ……………………………………………………………… i

第1部
国際会計

第1部　国際会計　解題 ………………………………………… 2

第1章　統合報告モデルとサステナビリティ会計

 はじめに ……………………………………………………… 8
 I　統合報告モデルの概要 …………………………………… 8
 II　統合報告における会計思考と企業家の機能 ………… 12
 III　統合報告書の特徴 ……………………………………… 15
 IV　リスクマネジメントと保証業務 ……………………… 17
 V　サステナビリティ会計の動向 ………………………… 20
 おわりに …………………………………………………… 26

第2章　IFRS16「リース」の費用認識モデルに関する一考察

 はじめに …………………………………………………… 31
 I　借手における使用権資産とリース負債の事後測定の会計処理 …… 32
 II　Topic842においてデュアルモデルが採用された理由
  およびその影響（先行研究の調査） ………………… 34

iii

Ⅲ IFRS16においてシングルモデルが採用された理由
　　およびわが国のエンドースメント手続等 ……………………… 37
　おわりに ……………………………………………………………… 41

第3章　グローバル会計基準の適用は企業経営の根幹を変えるか？
――その論理と条件

　はじめに ……………………………………………………………… 45
　Ⅰ 考察の視点 ……………………………………………………… 46
　Ⅱ 学術研究の知見 ………………………………………………… 49
　おわりに ……………………………………………………………… 53

第4章　国際会計論の再考
――新たな視座からの「会計の国際的多様性」研究

　はじめに ……………………………………………………………… 56
　Ⅰ Muellerに対する今日的評価 ………………………………… 56
　Ⅱ Mueller研究と西洋的歴史観との齟齬 ……………………… 58
　Ⅲ 会計の国際的多様性とその研究の現状 ……………………… 60
　Ⅳ 異なる歴史観からの国際会計論再考 ………………………… 62
　Ⅴ 2つの課題―日本および英米型会計の扱い ………………… 64
　おわりに ……………………………………………………………… 65

第5章　国民性が利益の質に及ぼす影響の国際比較

　はじめに ……………………………………………………………… 69
　Ⅰ 先行研究 ………………………………………………………… 69
　Ⅱ 仮説とリサーチ・デザイン …………………………………… 72
　Ⅲ サンプルと記述統計 …………………………………………… 75
　Ⅳ 分析結果 ………………………………………………………… 77

　　　　おわりに ………………………………………………… 80

第6章　ビッグバン・アプローチによる国際財務報告基準（IFRS）の導入
　　　　──韓国での導入後5年間の評価とその後の検証

　　　　はじめに ………………………………………………… 84
　　Ⅰ　IFRS導入後5年間の評価 ……………………………… 85
　　Ⅱ　IFRS導入後5年間の評価以前の代表的な学術研究と
　　　　その特徴 ………………………………………………… 89
　　Ⅲ　IFRS導入から5年以降の評価 ………………………… 91
　　　　おわりに ………………………………………………… 94

第7章　任環宰『新編銀行簿記學』の背景と体系

　　　　はじめに ………………………………………………… 98
　　Ⅰ　舊韓末における西洋式銀行簿記導入の背景 ………… 99
　　Ⅱ　任環宰『新編銀行簿記學』の体系 …………………… 101
　　　　おわりに ………………………………………………… 107

第8章　確定給付年金制度に関する会計基準への期待ギャップ
　　　　──数理計算上の差異の処理を中心として

　　　　はじめに ………………………………………………… 110
　　Ⅰ　数理計算上の差異に関する代替的処理と選択状況 … 111
　　Ⅱ　確定給付制度に関する会計方針変更の影響と企業属性 … 114
　　　　おわりに ………………………………………………… 116

第9章　海外子会社における収益認識基準

　　はじめに ……………………………………………………… 122
　Ⅰ　各国における収益認識基準の適用状況 ………………… 122
　Ⅱ　海外子会社における収益認識基準 ……………………… 124
　Ⅲ　わが国における収益認識基準 …………………………… 124
　Ⅳ　主要な論点 ………………………………………………… 126
　　おわりに ……………………………………………………… 137

第10章　わが国のIFRS任意適用企業の段階損益表示の分析
　　　　──代替的業績指標表示とIASBの「基本財務諸表」プロジェクト

　　はじめに ……………………………………………………… 138
　Ⅰ　IFRS財務業績計算書の小計（段階損益）の表示要件 …… 139
　Ⅱ　わが国のIFRS任意適用企業の財務業績表示の状況 …… 140
　Ⅲ　APMの表示に対する財務諸表利用者の評価 …………… 146
　Ⅳ　IASBの「基本財務諸表」プロジェクト ………………… 148
　　おわりに ……………………………………………………… 150

目 次

第2部 監査・ガバナンス

第2部　監査・ガバナンス　解題 …………………………… 154

第11章　わが国における監査基準設定主体の課題

はじめに ……………………………………………………… 160
Ⅰ　監査基準の設定主体と「監査の基準」……………………… 161
Ⅱ　わが国監査基準設定主体の課題 …………………………… 163
Ⅲ　海外における監査基準の設定 ……………………………… 166
Ⅳ　監査基準設定主体の考え方 ………………………………… 171
おわりに――わが国の監査基準設定主体の在り方―― ……… 174

第12章　性弱説における不正対応に関する一考察

はじめに――不正に対する考え方の変化―― ……………… 178
Ⅰ　人の性に関する議論 ………………………………………… 179
Ⅱ　職業的懐疑心に関する議論の変遷 ………………………… 181
Ⅲ　性弱説と職業的懐疑心 ……………………………………… 184
おわりに――不正対応の在り方―― ………………………… 186

第13章　イギリスの監査制度改革の動向

はじめに ……………………………………………………… 192
Ⅰ　会社法監査規制の概要 ……………………………………… 193
Ⅱ　上場規則およびCGCにおける監査規制の概要 ………… 197
おわりに ……………………………………………………… 206

第14章　金商法監査における KAM の記載についての一考察
——契約法および金商法等の法律の検討を通じて

はじめに ………………………………………………… 211
Ⅰ　監査契約に関連する法規 ………………………… 212
Ⅱ　監査報告書における KAM の記載 ……………… 216
Ⅲ　監査契約と信認義務 ……………………………… 217
おわりに ………………………………………………… 221

第15章　機械学習による会計不正発見の研究動向

はじめに ………………………………………………… 226
Ⅰ　会計不正とは ……………………………………… 227
Ⅱ　不正発見アルゴリズムの分類と関連文献 ……… 230
Ⅲ　機械学習アルゴリズムの2つの方向性 ………… 234
おわりに ………………………………………………… 235

第16章　経営者の倒産申立義務とゴーイング・コンサーン監査

はじめに ………………………………………………… 241
Ⅰ　倒産申立義務制度 ………………………………… 241
Ⅱ　経営者の倒産申立義務とゴーイング・コンサーン監査 ………… 246
おわりに ………………………………………………… 251

第17章　「会計上の見積り」の監査に関する実務上の課題

はじめに ………………………………………………… 254
Ⅰ　会計上の見積と会計監査 ………………………… 254
Ⅱ　「会計上の見積り」に対する会計実務と監査実務 …………… 255
Ⅲ　会計上の見積りに対する監査実務 ……………… 259

Ⅳ　内部統制と会計上の見積り ……………………………… 266
　　おわりに ……………………………………………………… 267

第18章　わが国におけるPPP（Public Private Partnerships）推進の方向性

　　はじめに ……………………………………………………… 270
　Ⅰ　PFI法改正の概要 ………………………………………… 271
　Ⅱ　PPP／PFIの事業類型 …………………………………… 275
　Ⅲ　バンドリング ……………………………………………… 280
　　おわりに ……………………………………………………… 282

第19章　非上場企業におけるコーポレートガバナンス改革
　　　　　──英国での新しい動向

　　はじめに ……………………………………………………… 285
　Ⅰ　英国における非公開会社のガバナンス改革の経緯 …… 286
　Ⅱ　コーポレートガバナンスに係る開示義務の創設 ……… 288
　Ⅲ　大規模非公開会社版「コーポレートガバナンス原則」の策定 …………………………………………………………… 290
　　おわりに ……………………………………………………… 295

第20章　委託業務の内部統制と監査

　　はじめに ……………………………………………………… 301
　Ⅰ　委託業務の意義 …………………………………………… 301
　Ⅱ　委託業務の分類と問題点 ………………………………… 303
　Ⅲ　委託業務に係る内部統制の評価と監査 ………………… 308
　Ⅳ　委託業務に係る内部統制監査の問題点と課題 ………… 313
　　おわりに──今後の検討課題── ………………………… 316

第3部
会計制度・その他

第3部　会計制度・その他　解題 …………………………… 320

第21章　土地再評価法を再考する──会計ビッグバンの落穂

はじめに ……………………………………………………… 326
Ⅰ　土地再評価法の立法経緯 ………………………………… 327
Ⅱ　土地再評価法の概要 ……………………………………… 330
Ⅲ　土地再評価法の論点 ……………………………………… 334
Ⅳ　土地再評価の実態と効果 ………………………………… 336
おわりに ……………………………………………………… 340

第22章　会計情報の客観性に関する一考察

はじめに ……………………………………………………… 342
Ⅰ　客観性の意義 ……………………………………………… 342
Ⅱ　会計情報における客観性の意義 ………………………… 346
おわりに ……………………………………………………… 352

第23章　「実現」概念の揺らぎと利益計算

はじめに ……………………………………………………… 355
Ⅰ　3つの「実現」概念 ……………………………………… 355
Ⅱ　「実現」概念の揺らぎ …………………………………… 360
Ⅲ　利益に対する社会的合意と「実現」の意義 …………… 362
おわりに ……………………………………………………… 363

第24章　連単分離の展開

はじめに ……………………………………………………… 368
Ⅰ　連単分離と連結先行 ……………………………………… 368
Ⅱ　連単分離の現状 …………………………………………… 370
Ⅲ　個別財務諸表および連結財務諸表における会計的認識 …… 375
Ⅳ　連単分離の会計処理の分類 ……………………………… 378
おわりに ……………………………………………………… 381

第25章　ソクラテスおよびプラトン哲学と原則主義の会計基準の意義

はじめに ……………………………………………………… 383
Ⅰ　原則主義の会計基準とは ………………………………… 383
Ⅱ　なぜ原則主義か …………………………………………… 385
おわりに ……………………………………………………… 388

第26章　企業における日商簿記検定の利用状況に関する考察
──東京証券取引所上場企業に対するアンケート調査をもとに

はじめに ……………………………………………………… 393
Ⅰ　日商簿記検定に関する先行研究・調査 ………………… 395
Ⅱ　本研究の調査方法 ………………………………………… 397
Ⅲ　本アンケート調査結果とその分析 ……………………… 399
おわりに ……………………………………………………… 406

第27章　組織資本と企業業績に関する研究
──組織IQを援用した知的資本の実証的研究

はじめに ……………………………………………………… 409
Ⅰ　本研究の目的 ……………………………………………… 409

Ⅱ　組織 IQ について ………………………………………… 410
　　Ⅲ　分析方法 ………………………………………………… 414
　　Ⅳ　分析結果 ………………………………………………… 416
　　　おわりに ………………………………………………… 425

第28章　1965年制定「病院会計準則」の原点をたどって
　　　　　――厚生省「病院経営改善懇談会要旨」(1961年3月)との関連性から

　　　はじめに――わが国の病院会計制度と稲門会計学― …………… 430
　　Ⅰ　1940年代後半および1950年代における
　　　　医療機関の経営環境と財務的特質 ……………………… 431
　　Ⅱ　「病院経営管理改善懇談会」設置と
　　　　「病院経営管理改善懇談会要旨」の検討 ………………… 434
　　Ⅲ　「病院会計準則」制定における
　　　　「病院経営管理改善懇談会要旨」のインパクト ………… 438
　　　おわりに ………………………………………………… 443

第29章　会計表現の意味構造
　　　　　――人間の認識の基底構造の探求

　　　はじめに ………………………………………………… 445
　　Ⅰ　仕訳「文」の〈かたち〉と構成要素の数 ……………… 446
　　Ⅱ　「勘定科目」の〈意味〉 ………………………………… 449
　　　おわりに ………………………………………………… 454

第30章　企業会計と租税法における実質主義の比較に関する一考察
　　　　　――基本思考の相違と会計処理における接近

　　　はじめに ………………………………………………… 458
　　Ⅰ　租税法の実質主義と私法準拠 ………………………… 459

Ⅱ 会計基準における実質優先主義 ……………………………… 462
　　Ⅲ 課税所得計算における
　　　　私法関係準拠と経済的実態の反映 …………………………… 466
　　おわりに …………………………………………………………… 470

第31章　マンション販売業者の仕入税額控除に関する問題

　　はじめに …………………………………………………………… 472
　　Ⅰ マンション販売業者の仕入税額控除に関する問題 …………… 474
　　Ⅱ 平成24年1月19日の国税不服審判所の裁決 ………………… 476
　　Ⅲ さいたま地裁平成25年6月26日判決
　　　　（さいたま地方裁判所平成23年（行ウ）第33号） …………… 478
　　Ⅳ 当初目的説の展開 ………………………………………………… 479
　　おわりに …………………………………………………………… 481

第32章　相続分の譲渡に関する課税問題

　　はじめに …………………………………………………………… 485
　　Ⅰ 相続分の譲渡の意義 ……………………………………………… 486
　　Ⅱ 相続分の譲渡に関する課税問題 ………………………………… 487
　　おわりに …………………………………………………………… 494

索　引　497

現代会計の
基礎と展開

第1部 国際会計

第1部
国際会計　解題

　会計は，ビジネス社会の生きた共通言語であり，経済活動に関わりを有するすべての組織や人々の間の必須のコミュニケーション・ツールとして極めて重要な社会的役割を果たしている。会計は大海原を航海する船の羅針盤にあたるものでもあり，組織も人も会計なくして経済の荒波を乗り切ることはできない。会計はまた，組織の経済的実態を的確に把握するためのモノサシとして，組織の真の姿を映し出す鏡としても重要な社会的役割を果たしている。

　経済に国境はないので，経済活動に関する情報を提供する使命を有する会計は，いつの時代においても国際的な性格を帯びている。コミュニケーション・ツールとしての会計は，中世イタリアで誕生した会計の世界遺産とも称すべき複式簿記が，その後，国際的な広がりをみせて全世界へと普及していったように，もともと国という枠に限定される性質のものではない。このように経済社会の記録・計算の根幹を支えている簿記・会計の発展の歴史そのものがその国際性を端的に物語っているといえるが，社会の制度として，ビジネス社会のインフラストラクチャーの1つとして定着していく過程で，各国の政治，経済，社会的環境を色濃く反映したものとなっていき，それぞれの国において独自の会計として発展を遂げてきた。

　しかし，第2次世界大戦後，企業活動の国際化，資金調達の国際化，多国籍企業の出現などに伴い，会計の舞台が新たな意味で国際化するにつれて，各国間の会計基準や会計制度などの相違は，財務諸表の国際理解の障害となり，コミュニケーション機能という会計本来の機能に支障をきたすようになってきた。そこで，1960年代頃から，こうした問題を克服するために，「国際会計」という新しい企業会計の領域が本格的に展開される時代が到来した。

　実学としての会計学は，実務からかけ離れて構築されることはなく，その研究や教育は，経済社会に直結し，経済社会への懸け橋としてその発展に寄与すべく，つねに，時代の，経済社会の発展に照応し，また，社会経済環境の変化に適合するように展開されてきた。その意味では，会計プロフェッションや産

業界における関心の高まりに刺激されて，国際的な規模での会計学の展開の必要性が認識され，1960年代頃から国際会計という1つの会計領域が形成されたことは，当然のなりゆきであった。

私は，早稲田大学学部・大学院において染谷恭次郎先生の指導を受けた。先生が取り組んでこられた研究領域としては，資金会計論と国際会計論が双璧である。また，当時は，物価変動会計を卒業論文や修士論文のテーマに選ぶ学生が多かったが，私は，「外貨表示財務諸表の換算基準」を修士論文のテーマに選んだ。このころから，宿命的に国際会計をめぐる諸問題の研究に関心を寄せるようになった。

わが国における国際会計の先駆的な学者の1人であった染谷先生は，日本で初めて「インターナショナル・アカウンティングへの挑戦」というテーマの論文を書かれた（『企業会計』19巻2号，1967年2月，28-36頁）。また，日本で初めて国際会計に関する単著も出版された（『国際会計』中央経済社，1978年）。染谷門下の藤田幸男先生もイリノイ大学でPh.D.学位を取得され，国際会計研究に取り組まれており，身近にいて大きな刺激を受けた。

1984年6月23日，国際会計の研究を推進することを目的に国際会計研究学会が設立された。早稲田大学で開催された設立総会には，設立会員72名のうち30名が出席し，初代会長には，染谷先生が就任された。第1回研究大会は，同年12月8日に早稲田大学で開催された。当時，博士後期課程1年であった私は，学会開催の準備を初めて経験した。以来，国際会計研究学会では毎年研究大会が開催されてきており，近年では，東日本部会，西日本部会も開催されるようになった。

設立当初の国際会計研究学会は，国際会計に関する海外の学者やキーパーソンを招いて記念講演を開催するなど，会計関連の他の国内学会にはない特色ある取組みを積極的に推進してきた。著名な学者等と直接交流する機会はたいへん貴重なものであり，多くの刺激と感銘を受けた。

また，1987年10月に京都で開催された第6回国際会計教育会議と，東京で開催された第13回世界会計士会議は，日本はもちろんのこと，アジアで初めて開催された会計に関する国際会議であった。若い頃からこのような環境に恵まれていたことも，今日まで国際会計の研究と教育に取り組み続けることができ

| 第 1 部 | 国際会計

た大きな要因となっている。

しかしながら，総じて当時の学会の問題意識は，わが国の理論と実務を確立・改善することにあり，海外の進んだ理論や実務を学び，キャッチ・アップすることに重点がおかれていたように思われる。海外からの一定規模の会員参加による多国籍な会員構成，海外の関連学会との相互交流や研究成果の海外への積極的発信，海外の学者による研究成果の顕著な利用，諸外国の会計インフラ整備への貢献といった点に関してはまだまだで，国際をその名称に冠する学会に期待される役割の水準には遠く及んでいなかった。また，設立当初は，諸般の事情により学術団体として認知されることを重視するあまり，連携先として，本来最も緊密なコラボレーションが必要とされる研究領域であるにもかかわらず，実務家の参加を抑制してきた面も否定できない。

とはいえ，顧みるに国際会計研究学会は，国際貢献という面では，多くの課題を抱えているものの，国際会計研究や教育に関心を有する会員の相互交流・情報交換の場として，それぞれの時代において，十分とはいえないまでも重要な役割と責任を果たしてきたことは評価に値する。近年では，特定課題に係る研究グループの立上げや投稿論文の査読制度の導入により，研究年報の質の保証を図るとともに，韓国国際会計学会（KIAA）との学術交流も実現している。

2014年8月に神戸学院大学において開催された第31回研究大会において，私は会長に選出され，2017年9月まで国際会計研究学会の舵取り役の重責を担うことになった。会長の任期3年はあっという間であったが，わが国国際会計研究の活性化，国際学術交流の推進，若手研究者の育成・支援，学会功労賞の創設などに微力ながらも取り組み，多くの人々に支えられて無事に会長の任期を全うすることができた。

ところで，全5巻からなる「講座現代会計」の第5巻『経済国際化と現代会計』[1]は，私が国際会計研究の道を歩み始めた頃の必読書であり，冒頭の序章は染谷先生が，末尾の補論Ⅱは藤田先生がそれぞれ執筆されている。

序章ではMueller先生の見解を参考にしながら，国際会計の主要な研究領域として以下の5つが列挙されている[2]。

(1) 貨幣単位換算の問題
(2) 国際的な会計上の差異の研究

(3) 国際的な会計及び監査基準の確立
(4) 国際的会社の会計
(5) 特殊問題の分析（物価水準変動にともなう会計問題，会計と経済発展の関係の分析）

　また，補論Ⅱでは，「アメリカにおけるインターナショナル・アカウンティングの研究の発展にとって，1960年代は，少なくとも三つの意味で特筆すべき時期であった」と述べられている[3]。すなわち，まず第1に，インターナショナル・アカウンティングに関する文献の大多数が1960年代以降になって発表されていること，第2の意味は，「国際的な会計基準」とか「国際的な会計教育」というテーマを取り扱った文献はすべて1960年代になってから発表されていること，第3に，アメリカにおけるインターナショナル・アカウンティングの研究が組織的に推進されるようになったのは1960年代になってからであること，である。

　藤田先生は続けて，「1組の国際的に適用できる会計原則というのはインターナショナル・アカウンティングの最終目標を達成するための重要な用具であり，その確立はインターナショナル・アカウンティングの第2の目標となる。このような最終的な目標（筆者注：1組の国際的に適用できる会計原則にもとづいて会計情報を作り出し，伝達すること）および副次的な目標を達成する過程で，インターナショナル・アカウンティングの領域にとって固有の多くの個別的な問題が解決されなければならない」と述べられている[4]。

　こうして，国際会計研究は，国際的な会計基準の確立を中心課題に展開されてきたが，社会の制度としての会計が，長年にわたって基本的に国という枠の中で展開されてきたこともあり，さしあたりは，各国の会計基準や会計制度を比較し，差異を明らかにする比較会計学あるいは比較会計制度論が国際会計の主要な関心領域となった。博士後期課程に入って私が最初に執筆した論文のタイトルも「各国会計の類型化」であった。その後，1970年代になり，国際通貨体制が変動相場制へと移行するに伴い，外貨換算会計が国際会計の大きな関心領域の1つとなった。

　1959年10月にアメリカ公認会計士協会（AICPA）のサンフランシスコにおける年次総会で，オランダのKraayenhof氏が行った「会計の国際的課題」と

題する演説は，会計の国際化時代の幕開けを宣言するものであった。この演説を契機に，世界の会計プロフェッションは，1組の国際的な会計基準に基づく財務諸表の作成を国際会計の究極の目標に掲げて邁進することとなった。こうしてアメリカにおけるインターナショナル・アカウンティングの研究は，1960年代に入ると国際的な会計基準の設定を目指して新たな展開をみせはじめるようになった。また，1973年6月29日には，会計基準の国際的調和化を究極の目標に掲げて国際会計基準委員会（IASC）が設立され，国際会計基準（IAS）の設定が開始された。さらには，IASCの四半世紀を超える活動を受け継ぎ，2001年4月1日からは国際会計基準審議会（IASB）が本格的に始動し，国際財務報告基準（IFRS）の設定が行われるようになり，今日に至っている。

今日の国際会計研究の展開は，私が研究者の道を歩み始めた頃と比較すると隔世の感がある。なかでも，21世紀になってIFRSが単一で高品質なグローバル・スタンダードとしての存在感を増すに伴い，国際的な会計基準の確立およびそれに基づく国際的に比較可能な透明性のある財務諸表の作成・利用という国際会計の最終目標に向けて，IFRSをめぐる問題が国際会計研究の中心的なテーマとして取り上げられるようになった。

わが国においても，2010年3月期の連結財務諸表からいわゆるIFRSの任意適用が認められるようになった。2014年6月公表の「『日本再興戦略』改訂2014—未来への挑戦—」において，「IFRSの任意適用企業の拡大促進」が，閣議決定レベルで初めて明記されて以降，毎年の日本再興戦略，未来投資戦略や成長戦略にIFRSの任意適用企業の拡大促進が謳われたこともあって，わが国におけるIFRSの任意適用企業・適用予定企業数は，着実に増加し，2019年2月末時点で210社に達している。

しかしながら，グローバリズムの申し子であるIFRSをめぐっては，近年，とりわけ内外の不確定要因の影響が懸念されるところであり，その意味ではIFRSは重大な岐路に立っているともいえよう。IFRSの事実上の国際標準化が進んでいる状況下において，わが国の対応のあり方を考えるうえで，財務諸表の作成者，監査人，利用者および研究者・教育者といったわが国における会計関係者が持てる力を結集して，協力関係をいっそう強化していくことが会計戦略上必要とされている。なかでもアカデミズムの一翼を担う研究者には，理論研究，

制度研究,歴史研究といった領域にわたって規範研究,実証研究,実験研究などの成果に基づく精緻な理論の構築やわが国の国益に適う意見発信を,実務家などとのさまざまな形でのコラボレーションも視野に入れつつ,関係者と協同で行ううえでの説得力ある論拠を提示し,グローバル社会の発展に寄与することが,従来にも増して求められているといえよう。

グローバルな視点に立ってわが国会計プロフェッションの進むべき道を考えるうえでの題材,世界の会計プロフェッションと一丸となって邁進していく中での気づきのヒントを提供することで,国際会計研究のさらなる発展が期待されるところである。

第1部には,国際会計に関する諸問題をそれぞれの切り口から解明しようと試みた研究成果が収録されている。これらの研究成果が,国際会計研究に確かな足跡を残すことになることを確信し,今後のさらなる発展へ向けた一里塚となれば幸いである。

注
(1) 染谷恭次郎編著『講座現代会計5 経済国際化と現代会計』中央経済社,1970年。
(2) 同上書,12-21頁。
(3) 前掲書,203-205頁。
(4) 前掲書,211頁。

第1章
統合報告モデルとサステナビリティ会計

はじめに

　米国のサステナビリティ会計基準審議会（Sustainability Accounting Standards Boards：SASB）では，サステナビリティ会計については，概念フレームワークおよび基準を公表して，長期的価値を生み出す企業の能力を持続発展させる企業活動の測定，管理および報告と定義して，11業種から77業界別の会計メトリックを定めている。

　これらの公表物は，サステナビリティ業績と財務諸表を関連付ける会計メトリックの策定のためのものであって，必ずしもサステナビリティ会計の全容を明らかにしていない。そこで，本稿では，統合報告モデルを示すことで，サステナビリティ会計を具象化して，その実際的な適用を考察してみたい。

I　統合報告モデルの概要

1　国際統合報告フレームワーク

　国際統合報告評議会（International Integrated Reporting Council：IIRC）は，2013年に『国際統合報告フレームワーク』（〈IR〉フレームワーク）を公表して，中・長期的視点での企業の価値創造を報告するための国際的に認められた統合報告の枠組みを提示している（IIRC 2013）。そこでは，図表1-1のとおり，統合思考を基盤として，統合報告から統合報告書へと階層的に説明している。

　統合思考は，企業の短期，中期および長期の価値創造を包括的な観点から捉えた意思決定および行動の前提となる考え方であり，価値創造プロセスを監視・

統合報告モデルとサステナビリティ会計 | 第1章 |

図表1-1 〈IR〉フレームワークの内容

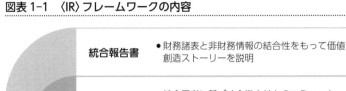

出所：小西（2019a, 32頁）の図表3-1。

　管理・伝達するためのマネジメント能力を示すことになるため，企業の長期にわたる成功を導く鍵となる。統合思考に基づく企業内外とのコミュニケーションのプロセスが統合報告であり，そのプロセスの結果の成果物として統合報告書が作成されるが，必ずしも成果物が1つになるとは限らない。

　これまでの財務諸表が中心の財務報告は，会計基準等の法令遵守のための財務情報を伝達するプロセスということができる。一方，統合報告は，価値創造のためのマネジメント能力を伝達するプロセスである。そのため，統合報告書には，たとえば，①経営戦略とリスク，②財務業績と非財務業績，③ガバナンスと業績などの重要な情報の相互関係を明らかにする役割が求められている。それは，財務資本，製造資本，知的資本，人的資本，自然資本および社会関連資本に分類した資源が，どのように組み合わされているかの説明をもって果たすことが可能となる。

　〈IR〉フレームワークでは，基本概念，説明原則および内容要素に分かれている。基本概念は，〈IR〉フレームワークでの要求とガイダンスの基礎となり，また補完となる考え方であり，「組織と第三者に対する価値創造」，「資本」および「価値創造プロセス」の3つがある。説明原則は，統合報告書の作成および表示の基礎となる考え方であり，「戦略的焦点と将来志向」，「情報の結合性」，「ステークホルダー関係性」，「重要性」，「簡潔性」，「信頼性と完全性」，「一貫性と比較可能性」の7つがある。内容要素は，統合報告書の情報を分類したも

9

のであり，主なものとして，「組織概要と外部環境」，「ビジネスモデル」，「リスクと機会」，「戦略と資源配分」，「ガバナンス」，「業績」，「見通し」がある。

2 統合報告モデルの提示

　図表1-2で示す統合報告モデルでは，リスクを伴う会計事象の認識・測定からその管理・評価，そして開示までを一貫して行うリスクマネジメントの導入の必要性を示しており，それによって企業内のリスク管理・評価プロセスと開示されるリスク情報との有機的な結合を促すことができる（小西2016）。

　財務報告の目的は，企業への将来の正味キャッシュインフローの見通しを評価するのに役立つ情報を利用者に対して提供することである（IASB 2018）。それは，キャッシュフローの金額と時期を変えるために効果的な行動をとって，予想されない必要性や機会に適応できる能力である財務弾力性を高める必要が企業にあるからである。つまり，企業経営のサステナビリティには，現金創出能力を有することが不可欠であって，それはリスクを伴う会計事象を通した将来のキャッシュフローへの影響に左右されることになる。

　情報利用者にとっても，また企業にとっても，企業がどのようにして正味キャッシュを生み出すかというプロセスを評価する必要性があり，それはビジネスモデルの識別を行って，企業活動がどのように行われているかの理解を深めることができて初めて，統合報告の目的適合性の向上を図れるようになる。

　統合報告書においては，リスクを伴う会計事象の忠実な表現が行われることによって，①実際的な将来予測情報の提供，②経営者の管理責任の説明，③良好なリスクマネジメントの促進，④内部統制の拡充，そして⑤ステークホルダーの同等な扱いの保証などの効果が得られる（ICAEW 1997）。

　企業は，外的要因である経営環境の影響を受けながら企業活動を営み，その活動はガバナンスによって特徴づけられる。企業活動は，経営戦略に大きく左右され，企業が管理困難な外的要因による為替リスク，震災リスク，物価変動リスクなどの「経営リスク」と，企業内部から生じる内的要因による法令遵守リスク，情報処理技術リスク，生産能力リスクなどの「管理リスク」を伴うことになる。経営者が，これらのリスクを識別・評価し，そしていかに受け入れ管理するかは，経営者のリスクマネジメントの考え方に拠っている（Raval and

統合報告モデルとサステナビリティ会計 | 第1章 |

図表1-2　統合報告モデル

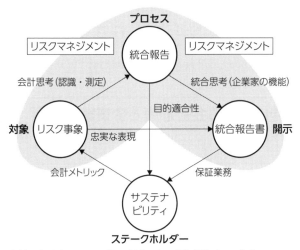

出所：小西（2016, 31頁）の図表3を一部加筆修正して作成。

Fichadia 2007）。

　経済社会のサステナビリティは，企業家論の視点に立って初めて見えてくる。それは，経営者のマネジメント能力を示す企業家の機能によって経済社会のサステナビリティは実現するからである。その企業家たる経営者からの働きかけこそが統合報告書ということができる。統合報告書の公表によって，リスクマネジメントの強化が促され，経営者，会計監査人，監査役等，内部監査人の四者間でのリスク情報の共有化による連携強化が図られて，保証業務の拡充を導くようになる。

　統合報告モデルにおいては，企業経営のサステナビリティに係わるリスク事象を統合報告書で開示するまでのプロセスにリスクマネジメントを導入することによって，統合報告書で開示されるリスク情報は企業内のリスク管理・評価プロセスと有機的な結合が促される。そのため，企業の価値創造プロセスが可視化されて，企業の経済社会へのサステナビリティの取り組みが識別・評価できるようになる。

　会計メトリックは，サステナビリティに係わる課題および長期的な価値創造

11

の可能性に関する企業の立場を特徴づけるために，サステナビリティ業績を財務諸表に結びつける業績指標である。会計メトリックの活用によって，経営ビジョンや経営戦略の改善の支援，レピュテーションの向上，従業員のロイヤルティの向上，長期的リスク管理の改善などの方法で，企業価値を高めることに貢献する（Ernst & Young LLP and Miami University 2013）。

Ⅱ 統合報告における会計思考と企業家の機能

1 会計思考

　グローバルリスクに晒されている現代の企業経営では，企業の長期的な価値創造に寄与する会計事象について，財務諸表だけでは十分に提供できない。それは，帳簿価額は，通常，市場価値とは同じではなく，その価値は当該サステナビリティ領域に起因して著しく毀損される可能性があるからである。

　国際財務報告基準（IFRS）では，経済性規準の適用や期待キャッシュフロー技法の活用による公正価値測定によって，個々の資産と負債に伴うリスクを財務諸表の数値に積極的に反映させている。しかし，当該リスクは，財務諸表の数値に直ちに反映できるとは限らないため，定性的な説明を伴ったリスク情報の開示が，財務諸表の注記，そして財務諸表以外で行われている。

　ある会計事象に関して，発生確率とその影響度が決定できるようになると，これらの確率分布が求められて認識が可能となる。この確率分布では，当該会計事象の発生の可能性の範囲にわたってリスクが発生する見込みが確定される[1]。リスクの程度が高い会計事象は，期待キャッシュフロー技法を用いて，測定計算の中でリスク調整を行ってから財務諸表に計上できるようになる。それでも不確実性が依然として残るためにリスクが確定できない会計事象については，注記あるいはその他の情報として開示される。つまり，会計事象は，リスクあるいは不確実性を伴っているリスク情報と考えることができる。

　訴訟に係わる会計事象を例にとって考えてみると，①発生確率と影響度の両方が確定でき，認識および測定の要件を満たす会計事象は引当金に計上して，②そのどちらかが確定できないために認識の要件を満たさない会計事象は，偶

発債務として財務諸表の注記(2)に記載する。そして，③そのどちらも確定できない不確実な会計事象は，たとえば「事業等のリスク」に記載する。

現行の財務報告では，リスク情報(3)が十分に開示されているとは言い難く，特定のリスク情報は，相互に関連し合うために本来なら有機的に結びつくものであるが，財務諸表の内外で分断開示されていて，情報利用者は分析のための不必要なコスト負担を余儀なくされている。係る事態を改善するための1つの方策として，リスク情報の統合的な表示・開示が考えられ，財務諸表以外でのリスク情報と財務諸表との関連付けを行う会計メトリックの活用は有効である。

2 企業家の機能

統合思考は，価値創造プロセスを監視・管理・伝達するための経営者のマネジメント能力を示す。それに伴い，統合報告には，アカウンタビリティに加えて，企業の構成員たる経営者あるいは従業員などが自らの活動に関する説明責任を果たすこと，すなわち，企業活動の説明責任（コーポレート・アカウンタビリティ）を明らかにすることが求められている。したがって，統合報告書は，これまでの会計基準等の法令遵守のために公表されるだけでなく，経営者からのメッセージを発信する場でもあり，そこには企業家の機能がみてとれる。

そこで，統合報告について，ビジネスの世界での競争の内実を把握して経済学にリアリティを回復させる意図を持った企業家論を用いて考察を行ってみる（池本 2004）。それは，企業家たる経営者からの働きかけ，すなわち，経営者のマネジメント能力を示す企業家の機能によって経済社会のサステナビリティが実現し，その働きかけこそが統合報告書と考えるからである。

企業家の機能には，ビジネスプラン発案機能，組織管理機能およびリスク負担機能があり，これらの機能が因子となって企業経営のサステナビリティが図られ，また，この3つの機能は，統合報告書においての価値創造の説明要因でもある。

ビジネスプラン発案機能は，市場における問題発見能力と問題解決能力である。企業の目的は，モノを作ることにあるのではなく，社会のニーズをより有効に満たすことにあり，それは，効用の創出であり，企業にとっての価値創造

| 第 1 部 | 国際会計

図表 1-3　企業家の機能

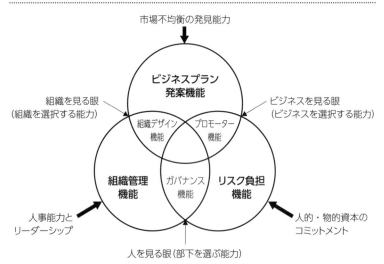

出所：池本（2017, 10 頁）の図 B を一部加筆修正して作成。

である[4]。組織管理機能は，企業の目的を有効に達成できるよう各部門に役割を配分し，そこに人員を配置する人事能力とともに，従業員の貢献意欲を引き出すリーダーシップのことである[5]。リスク負担機能は，ビジネスプランの遂行のイニシアティブを生む原動力となるリスク負担の意志である。それは大抵の場合，所有する資本に制約されていると言うことができる[6]。

図表1-3で示すとおり，これら3つの企業家の機能は，それぞれ切り離され，相互に独立しているわけではなく，相互に隣接しながら融合している部分がある（池本 2017, 9-12 頁）。まず，組織デザイン機能は，ビジネスプランを発案する機能と組織管理機能が融合する部分である。この部分は，経営者が，企業の目的を有効に達成できる組織を形づくる機能，また，環境の変化に適合するようにビジネスモデルの修正を図っていく機能である。次に，組織管理機能とリスク負担機能が融合する部分である。この部分は，権限のヒエラルキーを形成している垂直的な上からの意思決定の分業体系を健全に統治するガバナンスの機能である。最後に，リスク負担機能とビジネスプラン発案機能が融合する部

分である。この部分は，資本不足のために，社会的に有用なはずの資源が十分に開発されていないような時に，資本を集結させて，その開発をビジネスとして立ち上げるプロモーターの機能である。

　経済社会は，金融市場やサプライチェーンなどのグローバル化を背景とする相互依存関係の強化に起因しダイナミズムに変化している。この変化に適合した企業経営のサステナビリティは，経営者のマネジメント能力を示す企業家の機能によって実現し，その経済社会への働きかけこそが統合報告書である。そのため，統合報告書を作成するまでのプロセスである統合報告において企業家の機能を高度に結びつけることができた企業こそが，企業経営と経済社会のサステナビリティの実現を可能とする。

Ⅲ　統合報告書の特徴

1　わが国での開示実態

　統合報告書には，1報告書型，2報告書型および3報告書型の代表的なパターンがある。1報告書型は統合報告書の1冊に集約する場合であり，2報告書型は統合報告書とともに既存の報告書または新たな報告書を別に作成する場合であり，3報告書型は主に既存の報告書は維持しながら新たに統合報告書を作成する場合である。わが国では，1報告書型に収斂していく傾向がみられる（小西2019a，206-210頁）。

　現在，わが国では統合報告書の公表が任意であるため，その開示実態は，アニュアルレポートを統合報告書として位置付けていたり，CSR報告書の中に当該情報を集約していたり，その名称だけではなく，内容も多岐にわたっている。本来なら，〈IR〉フレームワークの中で説明されている「簡潔性」や「情報の結合性」の説明原則が影響して，統合報告書の作成を契機として開示情報の総量が減少することが予想できるはずである。しかし，実際には，統合報告書を作成したうえで既存のアニュアルレポートやCSRレポートなども継続して公表していたり（2報告書型，3報告書型），1報告書型でも新たな情報分が増加していたりと，開示情報の総量は決して減少傾向にあるわけではない。

2 統合報告書公表の企業像

　ここでは，日本政策投資銀行の設備投資研究所に設置されている経営会計研究室が実施したアンケート調査「我が国における「統合報告書」の実態調査」の分析結果の1つである「統合報告書公表の企業像」を通して（小西 2019a, 27-48頁），企業がそれぞれにもつ統合思考によって統合報告書が特徴づけられていることを紹介してみたい。

　〈IR〉フレームワークでは，統合思考を基盤として，統合報告から統合報告書へと階層的に説明がなされている（図表1-1）。したがって，統合報告書の特徴を明らかにするためには，統合報告書を公表している企業が統合思考をどのように設定しているかを検討することが有効であるため，当該アンケート調査の中で，自社で考える統合思考についての説明を求めている。回答があった89社[7]では，統合思考の説明があった48社の方が説明のない41社よりも，非財務情報[8]の開示項目数が多いことが判明している。それは，統合思考の説明のあった企業では，非財務情報のマネジメントでの重要性をよりいっそうに認識していて，かつ非財務情報の財務的な影響は大きく，その数値化の重要性も大きいと認識しているためである。

　統合思考の説明のあった企業は，統合報告書あるいは統合レポートを名称として用いており，その利用者として金融機関を選択していないことが判明している。金融機関への情報提供は，融資等の特定の取引に関して相対で行われるので，統合報告書を通じての価値創造の情報提供が必要ではないと考えているのかもしれない。

　そして，統合思考の説明があった企業では，価値創造の記述がある企業とない企業が半々に分かれた。価値創造の記述がある企業では，統合報告書の作成においては，とくに価値創造プロセスの示し方が難しいと認識しているものの，非財務情報はマネジメントでの重要性が大きく，その財務的影響も大きいことを認識していることが判明している。加えて，〈IR〉フレームワークの説明原則の1つである「戦略的焦点と将来志向」を重視していることも判明している。

　また，重視する業績管理の指標（KPI）に売上高を選択している企業は，売上高を選択していない企業に比べて，非財務情報の数値化の重要性を高く評価す

る傾向があることから，売上高と非財務情報の関連付けを重視している可能性があることが判明している。

マネジメント・スタイルについて，①各事業会社・部門への権限委譲が高く，②独立取締役の役割／機能と③マーケットやサプライチェーンのグローバル化を重視していて，④女性役員・管理職の登用と⑤外国人従業員の採用／活用に積極的な企業は，(a)価値創造の設定とプロセスの示し方，(b) 6 つの資本（財務資本，製造資本，知的資本，人的資本，自然資本，社会関連資本）の分類，(c)ビジネスモデルの明確化，(d)情報の結合，および(e)統合報告書の作成に係わる重要性の決定について困難だと認識していることが判明している。

Ⅳ リスクマネジメントと保証業務

1 全社的リスクマネジメントに係わるCOSOの動向

近年では，リスクマネジメントの有用性が広く一般に認められるようになってきている。図表 1-2 の統合報告モデルの中で示しているリスクマネジメントでは，①リスクの発生の背景および内容の把握から始まり，②リスクマップの作成によるリスクの分析・評価と③リスクマネジメントに沿った戦略の策定・実施を行って，そして④リスクおよび業績の測定，⑤内部統制システムの監査や財務・業務情報システムの監査等のモニタリングを行い，最終的には⑥リスク情報の開示までを一貫して行う。ここでのリスク情報の開示対象は，企業内部の管理者やスタッフ，取締役会，規制当局，そして，その他のステークホルダーに及んでいる（AICPA and CICA 2000；小西 2016）。

トレッドウェイ委員会支援組織委員会（Committee of Sponsoring Organizations of the Treadway Commission：COSO）は，2017 年に『全社的リスクマネジメント』（ERM フレームワーク）を改訂して，リスクマネジメントの充実を推進している（COSO 2017）。「戦略およびパフォーマンスとの統合」という副題から，改訂された ERM フレームワークの特徴が示されている。それは，全社的リスクマネジメント（ERM）を「組織が価値を創造し，維持し，および実現する過程において，リスクを管理するために依拠する，戦略策定ならびに

パフォーマンスと統合されたカルチャー，能力，実務」（COSO 2017, p.10）と定義していることからも理解することができる。

2018年2月には，COSOの会長であるソーベル氏から，内部監査人向けのERMフレームワークの解説書である『不確実な時代のリスクマネジメント－COSO新ERMフレームワークの活用－』が公表された（Sobel 2018）。同年10月には，企業のリスクマネジメントとサステナビリティの担当者が，環境・社会・ガバナンス（ESG）関連リスクにERMの概念とプロセスを適用できるようにするためのガイダンスである『全社的リスクマネジメント－全社的リスクマネジメントの環境・社会・ガバナンス関連リスクへの適用－』が，COSOと世界経済人会議（World Business Council for Sustainable Development：WBCSD）との共同で公表された（COSO and WBCSD 2018）。2019年1月には，国際会計士連盟（International Federation of Accountants：IFAC）から『有効なERMにおいて会計士の果たすべき役割』が公表されている（IFAC 2019）。

この一連の公表物は，「各組織の価値の創造，維持，さらにその実現に向けた有効かつ効率的なERMの実践を通じて，健全かつ強靱な組織が構築・維持される」（橋本2019, 68頁）ようにする取り組みを表している。

2 保証業務の拡充

図表1-4では，統合報告の進展によって，リスクマネジメントの強化が促され，そして監査報告書の透明化が促されて，経営者，会計監査人，監査役等，内部監査人の四者間の連携強化が保証業務の拡充を導くことを示している。

経営者と内部監査人は，主要な経営指標（KPI）やリスクマネジメントなどを協議していく中で，両者の間に効果的なコミュニケーションが増えていくことが予想される。そして，内部監査人は，リスクマネジメントの有効性の評価から得た内部統制に係わる情報を会計監査人と共有するようになる。会計監査人は，監査上の主要な検討事項（KAM）を長文式の監査報告書に記載する以前に，監査役等へ特別な検討を要するリスク情報を伝達することになる。そこで，監査役等は，当該リスク情報を監査し，監査役等が作成する監査報告書においてリスク情報を報告することになる。一方，経営者は，KAMで記載した情報と整合性を保つために，リスク情報を積極的に報告するようになることが予想

統合報告モデルとサステナビリティ会計 | 第1章 |

図表 1-4　保証業務の拡充

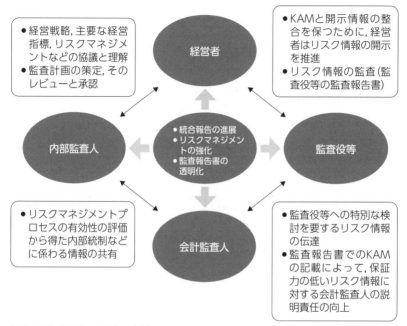

出所：小西（2019b, 18頁）の図4。

される。

　会計監査人は，監査報告書でのKAMの記載によって，高い水準の保証業務リスクを有するリスク情報に対する説明責任が向上することになる。つまり，会計監査人が着目した保証力の低いリスク情報は，KAMでの説明を積極的に行うことが考えられる。有価証券報告書での「事業等のリスク」は，合理的な保証業務に係わるリスク評価の最初に実施される事業上のリスクの理解に関するリスク評価手続，あるいはゴーイング・コンサーンに関する保証手続と極めて近いものが用いられていることから，リスク情報についてKAMでの説明は決して困難なものとはならないことが推察される。

　このように，十分に機能しているリスクマネジメントの下では，リスク情報は，経営者，会計監査人，監査役等，内部監査人の四者間で共有化されること

19

になって、保証業務が拡充していくことになり、企業経営のサステナビリティが図られる。

Ⅴ サステナビリティ会計の動向

1 SASBの概念フレームワーク

　近年、サステナビリティという用語は、経済と経営の領域に止まらず、会計領域でもよく耳にする。投資者などの会計情報の利用者は、サステナビリティ業績が企業のリスクと機会をコントロールし、長期的には財務諸表の数値に影響を与えることを徐々に認識してきている。

　2011年に設立された米国のSASBは、2017年に『概念フレームワーク』を公表して、サステナビリティ会計について、長期的価値を生み出す企業の能力を持続発展させる企業活動の測定、管理および報告と定義している（SASB 2017, p2）。サステナビリティ会計では、会計メトリックを用いて、財務諸表と関係づけられているサステナビリティ業績の提供を行う。サステナビリティ業績は、当該リスクを管理し、価値創造を維持または強化するための企業あるいは当該業種全体の見通しと能力を投資者に対して与えることができる。

　SASBは、会計メトリックの開発のために体系的なアプローチを採用している。図表1-5で示すように、(1)証拠ベースアプローチ、(2)市場情報に基づくアプローチ、(3)業種別アプローチから、会計メトリックの基準を設定するための概念フレームワークを構築している。このフレームワークでは、基本目的が定められており、それは、①重要性があること、②投資意思決定に有用であること、③費用対効果が高いことである。

　①重要性では、市場調査により得られた(a)投資者の関心があるという証拠[9]と(b)財務的影響の可能性があるという証拠に基づいた評価がなされて、優先順位がつけられる（(1)証拠ベースアプローチ）。その優先順位を基にトピック（その業界での重点課題）を洗いだし、このトピックに係わる業績指標として会計メトリックを選定し、広範なステークホルダーによる評価を受けて最終的な会計メトリックを決定する（(2)市場情報に基づくアプローチ）。この市場から

図表 1-5　SASB の概念フレームワーク

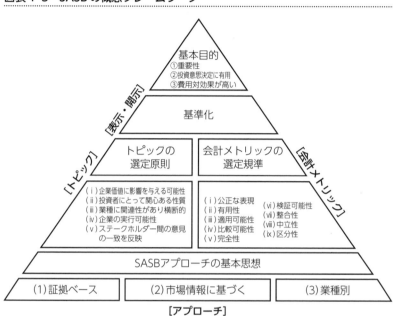

出所：SASB（2017, p.1）Figure1 の一部を加筆修正して作成。

の評価を通して，基本目的である②投資意思決定への有用性と③高い費用対効果を達成することがいっそうに確実なものとなる。これらの会計メトリックの表示・開示のための基準化のアプローチは，(3)業種別アプローチによってより有効なものとなる。

　選定原則は，基本目的を達成するためのものであり，5つの選定原則によってトピックが抽出される。選定原則は，(ⅰ)企業価値に影響を与える可能性があること，(ⅱ)投資者にとって関心ある性質をもつこと，(ⅲ)業種に関連性があり，業種を横断していること，(ⅳ)企業にとって実行可能であること，(ⅴ)投資者と発行者の意見の一致を得ていることである。

　それぞれのトピックでは，9つの選定規準によって会計メトリックが決定され，それは同時に9つの質的特性を会計メトリックが有することになる。つま

り，会計メトリックは，（ⅰ）業績の描写または業績の尺度であり（公正な表現），（ⅱ）経営者が業績管理する際，および投資者が財務分析を行う際に有用で（有用性），（ⅲ）同業種間の企業に適用可能でなければならず（適用可能性），（ⅳ）定量情報と定性情報を与えて（比較可能性），（ⅴ）トピックすべてに関連する業績を理解し説明するための十分な情報を提供できなければならない（完全性）。そして，（ⅵ）情報の検証と保証の目的のための有効な内部統制を裏付ける能力を示せなければならず（検証可能性），（ⅶ）すでに使用されている会計メトリックに基づいているか，あるいはすでに使用されている規準，定義および概念に由来していて（整合性），（ⅷ）SASBの先入観および価値判断とは無関係であり，客観的な業績をもたらすことができ（中立性），（ⅸ）同業種内にある企業または業種を横断している情報から見分けられるように定めなければならない（区分性）。

2 会計メトリック

SASBでは，1987年に国連に設置されたブルントラント委員会が発表した「地球の未来を守るために（Our Common Future）」の中で使われたサステナビリティの定義である「将来世代のニーズを満たす能力を損なうことなく現代のニーズを満たす発展」を用いている。『概念フレームワーク』では，図表1-6で示すように，サステナビリティの領域について，①環境，②社会関連資本，③人的資本，④ビジネスモデルおよびイノベーション，⑤リーダーシップおよびガバナンスに区分している。

『概念フレームワーク』では，5つのサステナビリティの領域を特定し，そこでは30の課題を設定した後で，それぞれの課題に係わるトピックが決定されている。そこでは，バリュードライバーを設定して，それぞれのトピックに関連する会計メトリックを選定している。

SASBは，2018年に11業種77業界別の『SASB基準』を公表して，同業種間で比較可能な会計メトリックを設定している（SASB 2018）。会計メトリックは，サステナビリティに係わる課題および長期的な価値創造の可能性に関する企業の立場を特徴づけるものである。したがって，投資者が財務分析を行うために有用な情報であると同時に，経営者が業績管理を行うにあたっても有用な

統合報告モデルとサステナビリティ会計 | 第1章 |

図表 1-6　サステナビリティの領域と課題

環境
- 温室効果ガス排出量
- 空気の非汚染度
- エネルギー管理
- 燃料管理
- 水および排水の管理
- 廃棄物および有害物質の管理
- 生物多様性への影響

社会関連資本
- 人権および地域社会の関係
- 利用方法と値ごろ感
- 顧客の福利
- データの機密保護および顧客の秘密保持
- 公平な情報開示および品質表示
- 公正なマーケティングおよび広告

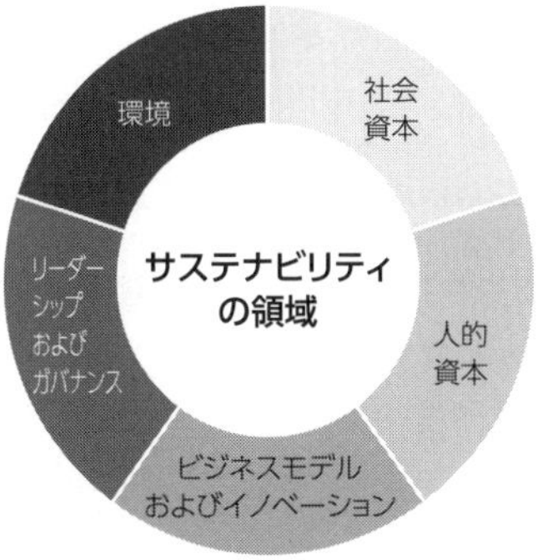

リーダーシップとガバナンス
- システミックリスク管理
- 事故および安全管理
- 企業倫理および支払いの透明性
- 競争行動
- 規制の虜および政治的影響
- 資材調達
- サプライチェーン管理

人的資本
- 労使関係
- 公正な労働慣行
- 多様性と受容
- 従業員の健康, 安全および福利
- 報酬と便益
- 人材の募集, 開発および定着

ビジネスモデルとイノベーション
- 製品およびサービスのライフサイクルへの影響
- 資産および経営管理への環境上の影響および社会的な影響
- 製品包装
- 製品の品質および安全性

（中央の円）サステナビリティの領域：環境／社会資本／人的資本／ビジネスモデルおよびイノベーション／リーダーシップおよびガバナンス

出所：SASB（2017, p.4）Figure2 の一部を加筆修正して作成。

情報となる。また，データの検証と保証の目的のための有効な内部統制を裏付ける能力を示すことが求められているため，会計メトリックには，企業の意思決定プロセスにおけるガバナンスの強化を支援するための方針と手続きの指標あるいは説明が含まれている。

　サステナビリティ会計では，このように，ガバナンスの課題に係わる会計メトリックを示して，透明度の高いコーポレート・ガバナンスの推進に積極的である。それは，コーポレート・ガバナンスは，企業経営のサステナビリティとアカウンタビリティの双方に貢献するからである。

　図表 1-6 で示すように，リーダーシップおよびガバナンス領域では，経営者

| 第1部 | 国際会計

図表1-7　医療・介護サービス業種の会計メトリック

領域	課題	トピック	財務的影響	会計メトリック
環境	エネルギー管理	エネルギーと廃棄物の効率	費用, 資産, 資本コスト	年間総エネルギー消費量に再生可能エネルギーが占める割合
	廃棄物と有害物質の管理			規制された医療廃棄物の発生量およびその処分量（例えば、敷地内の焼却、埋立、処理／貯蔵／処分施設）
	環境と社会が資産と経営管理へ与える影響	気候変動が人の健康とインフラストラクチャーに及ぼす影響		気候変動が企業活動と物的なインフラストラクチャーに与える影響に取り組む経営戦略の説明
社会関連資本	顧客の福利	ケアの質と患者満足度	収益, 費用, 資産, 資本コスト	メディケア・メディケイドサービスセンター（CMS）が定義するような急性心筋梗塞および心不全の過剰再入院率
	利用方法と負担感	低所得患者のための利用方法	収益, 費用	保険未加入者のための代替価格設定メカニズムまたは保険未加入者のためのプログラムを含む、患者の保険加入状況（民間保険, 政府保険, 保険未加入）を管理するための戦略の説明
	データの機密保護と患者のプライバシー	患者のプライバシーと電子カルテ	収益, 費用, 資産, 負債	CMSの「有意義な使用」条件を満たす電子医療カルテ（EMR）または電子健康カルテ（EHR）に該当する患者カルテの割合
人的資本	従業員の募集、人材開発、継続雇用	従業員の募集、人材開発、継続雇用	収益, 費用, 資産	経営幹部, 上級管理者, 中級管理者, 専門職, その他の従業員に対する自己都合または会社都合による従業員の離職率
リーダーシップとガバナンス	組織の倫理と料金の透明性	不正な手続きと不要な治療	収益, 費用, 資産, 負債	虚偽請求取締法に基づくメディケアおよびメディケイドにおける不正請求に関連する法律上および規制上の罰金や和解に関する説明。当該事象に対応して実施される是正措置の説明
	公平な情報開示と品質表示	価格設定と料金の透明性	収益, 資産	価格について、手続き前での患者への十分な情報が提供されていることを確実にするための政策や取り組みの説明

のリーダーシップによって管理・統制されるガバナンスの課題が設定されており，それは，コーポレート・ガバナンスを企業の方向づけと統制を行うシステムと捉える場合の課題でもある。

たとえば，11業種ある中の医療業種では6つ業界があり，その中の医療・介護サービス（Health Care Delivery）の業界（図表1-7）には4つの領域（環境，社会関連資本，人的資本，リーダーシップとガバナンス）が設定されていて，リーダーシップとガバナンスの領域には組織の倫理と診療報酬の透明性という課題があげられている。そのトピックとして，不正な手続きと不要な医療・介護処置があり，会計メトリックとして，(a)高齢者医療保険（メディケア）あるいは低所得者層向けの医療扶助（メディケイド）に関連した不正請求に係わる法律上あるいは規制上の罰金や和解の説明と(b)当該案件に関して施される是正措置の説明が挙げられている。これらの会計メトリックでは，訴訟から生じる負債や追加にかかる治療費などと結びつけた財務的影響が考慮されている。

また，リーダーシップとガバナンスの領域では，公平な情報開示と品質表示という課題もあり，トピックとしては価格設定と料金の透明性が挙げられている。その会計メトリックには，治療費について，治療手続き以前での患者への十分な情報提供が確実に行えるようにするための政策や取り組みの説明がある。この説明は，企業の競争上の地位や評判に影響を与えて，患者数の増減に左右して収益に影響を及ぼすようになる。

このように，会計メトリックは，現在の財務諸表と将来の財務諸表を関連付ける指標であり，また，財務諸表と企業のアウトプットに合理的に起因する社会への影響（アウトカム）とを関連付ける指標でもある。

3 サステナビリティ会計の展開

株主と経営者との間には，情報の非対称性ゆえのエージェンシー問題が潜んでいる。その問題に対処するために，株主総会，取締役を通じた監視機能，およびディスクロージャーの諸制度がある。これらを強化するために，新しい会計ディスクロージャーのあり方が世界各国で模索されており，その成果の1つとして統合報告制度の確立がある。

米国では，Form10-Kや20-Fなどの米国証券取引所委員会（SEC）宛アニュ

アルレポートにおいて，財務諸表以外の特定の情報の公表がMD&A (Management Discussion and Analysis) などで義務付けられている。そのために，SEC規則（Regulation S-K）では，財務諸表以外の特定の情報の内容および様式を定めるとともに，記載上の留意点が示されている。そこでは，財務諸表とそれらの情報との統合については明示的に規定されてはいないが，当該情報は財務諸表を補足・補完する関係に位置付けられている。

SASBの目的は，サステナビリティ情報が比較できるように会計メトリックを設定することである。SASBによって，同じ業界間で比較可能となる会計メトリックが開発されることで，MD&Aのセクションでの「財政状態および経営成績に重要な影響を及ぼす可能性のある既知の傾向，事象，不確実性」についての記載の中に会計メトリックを利用できるようになる。COSOのERMフレームワークの改訂にみられる戦略およびパフォーマンスとの統合によってのリスクマネジメント拡充の一連の流れは，サステナビリティ会計の実際的な適用へ向けた1つの取り組みと考えられる。つまり，SASBとCOSOの取り組みは，米国型の統合報告制度の確立へ向けたものといえる。

欧州連合（EU）諸国でも統合報告制度の確立がみられることから，わが国でも日本型の統合報告制度の確立を図る時期がきているということができる。米国でのサステナビリティ会計の展開は，米国型の統合報告制度の確立を促すことになり，わが国でも，有価証券報告書における「事業等のリスク」などでの会計メトリックの開示を考える契機となる。

おわりに

本稿では，企業経営においても，また統合報告においても，経営者のマネジメント能力を示す企業家の機能，すなわち，ビジネスプラン発案機能，組織管理機能，およびリスク負担機能を高度に結びつけることができた企業こそが，企業経営に加えて経済社会のサステナビリティの実現を可能とすることに言及した。

サステナビリティ会計では，会計メトリックを通して，価値創造を維持または強化するための企業あるいは当該業界全体の見通しと能力を与えることがで

きるサステナビリティに関連するリスク情報の管理と提供を行う。それには，リスク情報の認識・測定から，その管理・評価，そして開示までを一貫して行って，企業内のリスク管理・評価プロセスと開示されるリスク情報との有機的な結合を促す統合報告モデルが有効となる。

　COSOのERMフレームワークの改訂にみられる戦略およびパフォーマンスとの統合によってのリスクマネジメント拡充の一連の流れは，サステナビリティ会計の実際的な適用を念頭に置いたものである。わが国においても，その適用のために，日本型の統合報告制度の確立を考える時期が到来している。

注

(1) リスクは，発生の蓋然性，原因および影響が決定されると，確率分布が求められることによって確定する。その大きさを測定する1つの指標として，確率分布の標準偏差（または分散）が用いられる。この確率分布から，発生の可能性の範囲にわたってリスクが発生する見込みが決定され，そうして当該事象に関する不確実性が逓減していく。そのため，不確実性は，潜在的なリスクの基礎を提供するものではあるが，リスクとは異なる（Raval and Fichadia 2007）。リスクは，「リスクと機会」として用いられることもある。
(2) 注記では，財務諸表項目の明細や記述・定性情報を伴った説明もされていて，例えば，銀行が開示している市場リスク情報が該当し，金融商品の状況やその時価などの情報が記載されている。
(3) リスク情報には，本文中に示した①会計事象の認識および測定に伴うリスク以外にも，②事業目的の変更の影響に関連するリスク，③市場状況または他の外的要因へのエクスポージャーに関連するリスク，そして④企業が利益を追求する際に進んで受け入るリスクの量であるリスク選好度に関する情報が含まれる（EFRAG 2012）。
(4) この企業家機能の側面にとくに注目したのは，カーズナーである（Kirzner 1973）。
(5) この企業家機能の側面を説明したのが，バーナードでありペンローズである（Barnard 1938；Penrose 1959）。
(6) この企業家機能の側面をとくに強調したのは，ナイトである（Knight 1921）。
(7) アンケート調査は，2014年度に統合報告書を公表したと考えられる142社に対して行われていて，有効な回答は89社からあった（回答率63％）。その中で，統合思考の説明に対して回答のあった企業は48社（記載率54％）である。
(8) アンケート調査では，非財務情報はその内容が多種多様であるため，財務諸表以外の情報を非財務情報と定めている。
(9) 〈IR〉フレームワークでは，情報利用者を投資者には限定していない。

参考文献

池本正純（2004）『企業家とはなにか』八千代出版。

──(2017)「企業家論の視野とその射程」『専修経営学論集』第 104 号,1-13 頁。
加藤盛弘(2006)『負債拡大の現代会計』森山書店。
蟹江章編著(2008)『会社法におけるコーポレートガバナンスと監査』(日本監査研究学会リサーチシリーズⅥ),同文舘出版。
鎌田信夫(2015)「会計主体論と資金の流れ」『中部大学経営情報学部論集』73-94 頁。
小西範幸編著(2013)『リスク情報の開示と保証のあり方:統合報告書の公表に向けて』(日本会計研究学会 スタディ・グループ最終報告書)。
──(2014)「統合リスクマネジメントと統合報告:三様監査の重要性」『月刊監査研究』第 40 巻第 2 号,1-8 頁。
──(2015)「IFRS 会計思考の展開にみる統合報告の可能性」橋本尚編著『利用者志向の国際財務報告』同文舘出版。
──(2016)「サステナビリティ・リスク情報の統合開示」『国際会計研究学会 年報』2015 年度 第 1 号,25-40 頁。
──(2018)「サステナビリティ会計と統合報告のあり方」『会計・監査ジャーナル』第 30 巻第 7 号,108-117 頁。
──編著(2019a)「統合報告書公表の企業像とその非財務情報の特徴:統合報告書の公表企業へのアンケート調査分析」『経済経営研究』(日本政策投資銀行設備投資研究所)第 39 巻第 2 号。
──(2019b)「統合報告と保証業務の課題・拡充」『現代監査』第 29 号,12-21 頁。
友杉芳正,田中弘,佐藤倫正編著(2008)『財務情報の信頼性:会計と監査の挑戦』税務経理協会。
橋本尚(2018)「全社的リスクマネジメントの最新動向と我が国企業が得るべき知見」『会計・監査ジャーナル』第 30 巻第 8 号,144-149 頁。
──(2019)「全社的リスクマネジメント(ERM)の新展開」『会計プロフェッション』第 14 号,57-69 頁。
八田進二編著(2009)『会計・監査・ガバナンスの基本課題』同文舘出版。
町田祥弘・松本祥尚・小松義明・黒沼悦郎・蟹江章・林隆敏・小俣光文(2017)「監査報告書改革に関する特集[第 1 回]監査報告書改革の論点」『月間監査役』10 月号(第 673 号)。
山﨑秀彦編著(2010)『財務諸表外情報の開示と保証』(日本監査研究学会リサーチシリーズⅧ),同文舘出版。

American Institute of Certified Public Accountants [AICPA] and Canadian Institute of Chartered Accountants [CICA] (2000) *Managing Risk in the New Economy.*
AICPA (1997) *Improving Business Reporting*:*A Customer Focus, Comprehensive Report of the Special Committee on Financial Reporting.* (八田進二・橋本尚訳『アメリカ公認会計士協会:ジェンキンズ報告書事業報告革命』白桃書房,2002 年)
Barnard, C. I (1938) *The Functions of the Executive*, Harvard University Press. (山本安次郎・田杉競・飯野春樹訳『新訳経営者の役割』ダイヤモンド社,1968 年)
Committee of Financial Aspects of Corporate Governance [Cadbury] (1992) *Report of the Committee on the Financial Aspects of Corporate Governance*, Gee & Co. Ltd. . (八田進二・橋本尚共訳(2000)『英国のコーポレート・ガバナンス』白桃書房)
Committee of Sponsoring Organizations of the Treadway Commission [COSO]

(2017) *Enterprise Risk Management : Integrating with Strategy and Performance.* (一般社団法人日本内部監査協会・八田信二・橋本尚・堀江正之・神林比洋雄監訳『COSO全社的リスクマネジメント：戦略およびパフォーマンスとの統合』同文舘出版，2018年)

COSO and WBCSD (2018) *Enterprise Risk Management：Applying Enterprise Risk Management to Environmental, Social and Governance-related Risks.*

European Financial Reporting Advisory Group [EFRAG] (2012) Towards a Disclosure Framework for Notes, *Discussion Paper.*

Ernst & Young LLP and Miami University (2013) *Demystifying Sustainability Risk,* COSO.

Global Reporting Initiative [GRI] (2016) *Sustainability Reporting Guidelines.*

International Auditing and Assurance Standards Boards [IAASB] (2005) Assurance Engagements other than Audits or Reviews of Historical Financial Information, *ISAE3000,* IFAC.

International Accounting Standards Boards [IASB] (2018) *The Conceptual Framework for Financial Reporting 2018.*

Institute of Chartered Accounting in England and Wales [ICAEW] (1997) *Financial Reporting of Risk：Proposals for a Statement of Business Risk.*

International Federation of Accountants [IFAC] (2019) *Enabling the Accountant's Role in Effective Enterprise Risk Management.*

Institute of Internal Auditors [IIA] (2017) *International Professional Practices Framework.*（日本内部監査協会『専門的実施の国際フレームワーク2017年度版』一般社団法人日本内部監査協会，2017年)

International Integrated Reporting Council [IIRC] (2013) *The International 〈IR〉 Framework.*

――― (2015) *Assurance 〈IR〉：Overview of Feedback and Call to Action.*

International Standard on Auditing [ISA] (2018) Communicating Key Audit Matters in the Independent Auditor's Report, *International Standard on Auditing (ISA) 701 (New)* IFAC.

Kirzner, I. M. (1973) *Competition &Entrepreneurship,* University of Chicago Press.

Knight, F. H. (1921) *Risk,Uncertainty and Profit,*Houghton Mifflin

Penrose, E. T. (1959) *The Theory of the Growth of the Firm,* 2nd ed., Basil Blackwell. (末松玄六訳『会社成長の理論』ダイヤモンド社，第2版，1980年)

Porter, E. M. and M. R. Kramer (2011) Creating Shared Value, *Harvard Business Review,* Volume89 Issue1/2, pp.62-77.

Raval, V and A. Fichadia (2007) *Risks, Controls, and Security：Concepts and Applications,* Wiley.

Sobel, J. P. (2018) *Managing Risk in Uncertain Times：Leveraging COSO's New Framework ,* IAF (八田進二監訳『不確実な時代のリスクマネジメント：COSO新ERMフレームワークの活用』一般社団法人日本内部監査協会，2018年)

Sustainability Accounting Standards Boards [SASB] (2017) *Conceptual Framework of the Sustainability Accounting Standards Board.*

―――(2018) *SASB Standards*.
UNEP Financial Initiative and UN Global Compact(2006)*United Nations Principles for Responsible Investment,* www.unpri.org.
World Commission on Environment and Development [WCED](1987)*Report of the World Commission on Environment and Development：Our Common Future*.
World Intellectual Capital/Assets Initiative [WICI](2010)*Concept Paper on WICI KPI in Business Reporting Ver.1,*http://www.wici-global.com/kpis_ja.

＊付記：本稿に係わる研究に関しては，2019年度の学術研究助成基金助成金（基盤研究(C)「企業家論に立脚した統合報告モデルの研究」）の交付を受けている。

第2章

IFRS16「リース」の費用認識モデルに関する一考察

はじめに

　国際財務報告基準（International Financial Reporting Standards：IFRS）16号「リース」（以下，IFRS16）は，2019年1月1日以降に開始する事業年度より，IFRS適用企業において強制適用となっている。わが国においても，企業会計基準委員会（ASBJ）のエンドースメント作業部会およびリース会計専門委員会において，IFRS16のエンドースメント（承認）手続およびわが国の新たなリース基準の開発に着手するか否かについての議論が進められてきた。そして，2018年12月27日，エンドースメント手続の結果について，ASBJより改正「修正国際基準（国際会計基準と企業会計基準委員会による修正会計基準によって構成される会計基準）」（以下，改正修正国際基準）が公表された。本稿は，こうした公表物および先行研究などをもとにして，リースに関する論点の中で，費用認識モデル（借手における使用権資産とリース負債の事後測定）について取り上げることとする。

　費用認識モデルについては，IFRS16においては，いわゆるシングルモデル（単一の費用認識モデル）が採用されている。一方で，米国会計基準アップデート（Accounting standards Update：ASU）2016-02「リース（Topic842）」（以下，Topic842）においては，デュアルモデル（二本立ての費用認識モデル）が採用されている。リース会計の改訂プロジェクトは，国際会計基準審議会（International Accounting Standards Board：IASB）と米国財務会計基準審議会（Financial Accounting Standards Board：FASB）が長きにわたって推進してきたものであるが，最終的に公表された基準書において，完全なかたちでのコンバージェンスは達成されなかった。その中でも，費用認識モデルの違いは最も大きな差異といえるだろう。本稿では，差異が生じてしまった理由について，

| 第1部 | 国際会計

先行研究などをもとに探るとともに，エンドースメント手続の議論を見ることにより，今後においてわが国でリース会計基準を開発するとした場合への影響などについて考察を行う[1]。

I 借手における使用権資産とリース負債の事後測定の会計処理

1 シングルモデル（IFRS16）

　使用権資産は，国際会計基準（International Accounting Standards：IAS）16号「有形固定資産」（以下，IAS16）に基づいて自己所有の有形固定資産と同様の方法で減価償却が行われる。一方で，リース負債は当初測定に用いた割引率を用いて償却原価で測定する。すなわち，支払リース料を利息部分と元本返済部分に分割し，前者は利息費用として認識し，後者はリース負債の減少として会計処理する（IFRS16, 36, 37項）。

　結果として，借手の使用権資産は減価償却により減少していく。これに対してリース負債は，リース料の支払いによって減少する一方，利息の計上によって増加する。したがって，事後測定においては使用権資産の帳簿価額はリース負債の帳簿価額よりも小さくなるのが一般的である。また，損益については，使用権資産の定額法による使用権資産の減価償却と，リース負債に対する実効金利法の組み合わせにより，総リース費用はリース期間にわたって逓減する前加重となる（PwCあらた有限責任監査法人 2018, 108頁）。

2 デュアルモデル（Topic842）

　Topic842では，リース開始日において対象のリースをファイナンス・リース（FL）とオペレーティング・リース（OL）に分類する。FLとOLのいずれのリースに分類されたとしても，IFRS16と同様に使用権資産およびリース負債が認識されるが，事後測定の仕組みが異なっており，デュアルモデルが採用されている。なお，当初認識および測定に関してはリースの分類による違いはなく，IFRS16とほぼ同様である（Topic842-20-30-1, 30-5, IFRS16, 23, 24）。ま

た，FLの事後測定についてもIFRS16の借手の処理と基本的に同じである。一方でOLの事後測定は，リース負債から発生する費用と使用権資産の減価を合計したリース費用が原則として毎期定額となるように使用権資産の減価が調整される（Topic842-20-25-8, 25-6, 842-20-35-3）（あずさ監査法人 2016, 55, 240-244頁）。

なお，設例でOLの処理を確認すると次のようになる（長谷川 2016, 1103頁設例）。

【設例】

- 年間リース料100の3年リース，期末一括支払い
- 使用する割引率は5%
- 当初直接コスト，前払リース料，インセンティブはなし
- 使用権資産は定額法で償却
- リース負債の当初の残高272.3（$100/1.05 + 100/1.05^2 + 100/1.05^3 = 272.3$）

各期のリース負債および使用権資産の測定に関する仕訳（相殺前）は次のようになる。

1年目末
（借）リース負債（期首）　　272.3　　（貸）リース負債（期末）　　185.9
　　　リース費用　　　　　　 13.6　　　　　現金　　　　　　　　　100
（借）使用権資産（期末）　　185.9　　（貸）使用権資産（期首）　　272.3
　　　リース費用　　　　　　 86.4

2年目末
（借）リース負債（期首）　　185.9　　（貸）リース負債（期末）　　 95.2
　　　リース費用　　　　　　　9.3　　　　　現金　　　　　　　　　100
（借）使用権資産（期末）　　 95.2　　（貸）使用権資産（期首）　　185.9
　　　リース費用　　　　　　 90.7

3年目末（最終）
（借）リース負債（期首）　　 95.2　　（貸）現金　　　　　　　　　100
　　　リース費用　　　　　　　4.8
（借）リース費用　　　　　　 95.2　　（貸）使用権資産（期首）　　 95.2

＊数値の説明
1年目のリース負債（期末）：$100/1.05 + 100/1.05^2 = 185.9$
1年目のリース負債の測定に関する仕訳におけるリース費用
　：$272.3 \times 5\% = 13.6$
1年目の使用権資産（期末）：貸借差額
1年目の使用権資産の測定に関する仕訳におけるリース費用
　：$100 - 13.6 = 86.4$

すなわち，OLについては，リース負債はIFRS16およびFLと同様に，リース負債に対して一定の利率で利息が発生するように事後測定するものの，使用権資産についてはIFRS16およびFLとは異なり，使用権資産の帳簿価額とリース負債の帳簿価額が等しくなるように償却する。また表示についても，IFRS16およびFLでは「償却費」と「利息費用」とを区別して表示するが，OLでは「リース費用」として一括して表示される（上記の設例でいうと毎年のリース費用100（1年目でいうと$13.6 + 86.4 = 100$））。

また Topic842 においても，要件はあるものの，IFRS16 と同様に短期リースの免除規定が設けられている。なお，少額資産の免除規定はなく，一般的な重要性基準で判断される（Topic842-20-25-2）。

Ⅱ Topic842においてデュアルモデルが採用された理由およびその影響（先行研究の調査）

Topic842 においてデュアルモデルが採用され，使用権資産について IFRS16 とは異なる費用認識モデルが OL について採用された理由については，これまでも先行研究が行われている。ここでは，そうした先行研究の内容から，その理由や影響を探ることとする。

山﨑（2018）では，まずデュアルモデル導入に対するFASBの説明をまとめている。OLの使用権資産を，通常の資産とは異なりリース期間にわたり償却費が逓増していくように償却することについて，OLにより借手にもたらされる権利は他の非金融資産とは異なることから，それらの償却方法と一致させる

必要はないとだけ説明していること，しかしながら，OLの便益の消費の状況を損益計算書で的確に表現するうえでは，リース負債から生ずる利息費用を調整するよりは，費用対効果の高い方法であるとするFASBの説明を取り上げている。そのうえで，FASBの主張は，リース物件と同じ資産を所有する者はリース負債の返済に関わらずリース物件の価値の変動にさらされていることから，資産と負債をそれぞれ別個に事後測定するのであって，OLでは借手はそのようなリスクにさらされることはなく，リース期間にわたって一般的に毎期均等なリース料を支払うことでリース物件にアクセスできる毎期均等な便益を得るのであるから，使用権資産もリース負債と同じように貨幣の時間価値を反映すべきであるというものであり，毎期一定の費用認識という目的ありきの結論付けとなっているのではないかとの見解を示されている。

さらに，上記のFASBの説明にあるような経済的実態を有するOLには，「資金調達」としての性格が内在した使用権モデルの会計処理はなじまなかったのではないか，また，毎期一定の費用認識を達成するうえで，リース負債を他の金融負債と同じように事後測定することを求めつつ，使用権資産を通常とは異なる方法で償却するとした理由として新たな基準の一番の目的がリース取引に伴い将来生じるキャッシュ・アウト・フローの現在価値の開示にあるのではないかという指摘をされている（山﨑2018，91-93頁）。

次に，加賀谷・古賀（2018）では，会計基準の国際的統合化・収斂化に対して，それが経済社会に与える影響をコスト・ベネフィットの観点からきちんと検討し，どのように対峙すべきかを決定する基本思考を「会計戦略」と定義したうえで，リース会計基準を事例として，わが国がどのような会計戦略を持つべきかの検討をされている。さまざまな示唆があるが，ここではTopic842においてデュアルモデルが採用されたことに関連する事柄についてのみ見ていくこととする。まず，IASBとFASBが異なるモデルを採用するまでの紆余曲折の起点となった2010年の公開草案（Exposure Draft：ED）について，基準案のコストとベネフィットに関する質問に対するコメント分析により，経済的帰結（会計報告書が，企業，政府，組合，投資者，債権者の意思決定行動におよぼす影響（加藤2007，187頁））に関する論点として次の点を明らかにしている。それは，OL債務のオンバランス化に伴い財務指標に変化が生じることから，それがロー

ン契約に与える影響への懸念があること，また，そうした影響が生じることによって幅広く経済全体（従業員給与の削減，ビジネス・サイクル，投資行動）に影響を与える可能性があることである。

また，その他の事柄も含めて懸念の多くが米国から寄せられている点に着目をし，Topic842 がデュアルモデルとなった理由について，「米国と欧州で経済社会における OL に対する期待やプレゼンスが異なることが，米国では OL を FL とは異なる会計処理とすることの動機づけになっている可能性がある」という仮説のもと分析を行い，次の 3 つの制度的環境の違いが影響しているのではないかと推定されている。それによれば第一に，米国は契約の見直しや再交渉へのコストが借入れに比べて高いとされる社債等の債務証券のプレゼンスが欧州に比べて高く，財務制限条項の見直しにつながる使用権に基づくリース資産およびリース負債が財政状態計算書で認識されるにしても，OL については純資産や利益計算に与える影響がよりマイルドな会計処理の導入が積極的になされたのではないかとしている。また第二に，シングルモデルを採用した場合には，リース費用の計算方法が異なってくることから再計算が余儀なくされる可能性が高く，OL のプレゼンスが高い米国においては再計算コストが高くなる可能性が高い。それに対して欧州は，IFRS をグローバルに広げていくという立場から，資産・負債概念との一貫性・関連性を重視する傾向が強いため，コストなどを検討する動機付けを持っていないのではないかとしている。そして第三に，欧州では IFRS が強制されるのは国際市場に上場する企業に限定されており，会社法や税法などは国内基準が優先される。欧州企業から得られたコメントなどをもとに，欧州企業の多くは国際企業で上場し続けるために IFRS16 を消極的ではあるが支持しているにすぎないのではないかとしている。また米国の場合には，FASB は上場企業のみではなく，非上場企業の会計基準の設定も担うため，品質向上が大きく望めないシングルモデルの採用を米国議会や証券取引委員会は許容できなかったのではないかとしている（加賀谷・古賀 2018，99-101，108-122 頁）。

次に，石井（2014）は，Topic842 においてデュアルモデルが採用された理由およびその影響について次のように分析されている。

「筆者の得ている種々の情報にもとづくと，このリースの共同プロジェクトに

関しては，FASBが米国等の実業界のプレッシャーに押されてデュアルモデルの結論を出したのに対して，IASBはたとえば国際的な資本市場諮問委員会などの財務アナリストからの意見を尊重して，比較可能性を貫徹させる観点からシングルモデルの採用を決定させたと想定される。この基準の差異の影響は，あくまでも損益計算書へのリース費用計上額の差異に限定され，貸借対照表上のオンバランス金額には影響が及ばない点で限定的な差異といえるかもしれない。」(石井 2014，71-72頁)[2]。

次に加藤 (2017) では次のような指摘がされている。

「Topic842のFLとOLは，ともにオンバランスされることに変わりはないが，現行基準と同じく原資産の売買と経済的に同じか否かで分類されているものであり，原資産そのものの支配を獲得するか，原資産の使用に対する支配を獲得するかで区別されているのである (Topic842：para.BC56, BC70)。Topic842では，IFRS16と同様にレシー（借手）は使用権資産を認識するとしているが，FLの場合，それは使用権よりも原資産そのものに近い性質を持つといえよう。逆に，OLの場合，それは純粋な使用権としての性質を持つものと考えられている。デュアルモデルは，その違いを費用の認識の違いとして反映させているのである。」(加藤 2017，22-23頁)[3]。

上記の先行研究より，Topic842においてデュアルモデルが採用され，OLについて異なる費用認識モデルが採られることとなった理由は，すべてのリース取引においてリース負債および使用権資産をオンバランスすることを達成したうえで，可能な限り次のことを考慮した結果であるといえるのではないだろうか。第一に費用・収益の対応関係，第二に経済的実態の表現，第三に経済的帰結論（加藤 2007，187頁）である。

Ⅲ IFRS16においてシングルモデルが採用された理由およびわが国のエンドースメント手続等

1 IFRS16においてシングルモデルが採用された理由

ここでは，IFRS16においてシングルモデルが採用された理由について「結

論の根拠」をもとに考察する。「結論の根拠」では，貸借対照表に認識されるすべてのリースについて，減価償却と金利を区分して表示するモデルは，最も広範囲の財務諸表利用者に有用な情報を提供するとし，その理由を3つ示している。第一に，協議した大半の財務諸表利用者は，リースは借手にとっての資産と「債務類似の」負債を創出すると考えており，借手がリース負債に係る金利を他の金融負債に係る金利と同様の方法で認識すること，また，使用権資産の減価償却を有形固定資産などの他の非金融資産の減価償却と同様の方法で認識することにより，意味のある比率分析を行うことが可能となるため[4]，便益を受けることになるとしている。第二に，資産と金融負債に対応する減価償却と金利を認識するため，シングルモデルのほうが，理解が容易だとしている。第三に，シングルモデルであれば，デュアルモデルでは特定の会計処理結果を創出するための操作のリスクを永続させることになるという一部の財務諸表利用者の懸念に対処できるとしている。その他にも，貸借対照表に認識されるすべてのリースを同じ方法で会計処理することは，すべてのリースで原資産の性質や残存耐用年数に関係なく，借手が資産を使用する権利を獲得することになるという事実を適切に反映するとしている。また，シングルモデルはリースを分類する必要と2つの借手会計処理のアプローチを処理できるシステムの必要をなくすことにより，コストと複雑性を減少させるとしている（IFRS16, BC51）。

一方で，小売業者等の多額の不動産を主としてリースしている借手の多くやそうした企業を分析している財務諸表利用者の一部は，リースを未履行契約と捉えており，IAS17でOLに分類されていたリースについて単一の定額のリース費用を認識することを支持したことが示されている。たとえば，小売スペースについてリースを締結する場合に，借手は原資産の価値を消費しているのではなく，単に小売スペースを使用するために支払いをしているのであるということであり，その場合，借手は賃料を定額法で認識すべきであるということである。しかしながら，上記の多額のリース不動産を有している企業の財務諸表の他の利用者は，IAS17の要求事項に基づいた分析において，OL費用の減価償却と金利への配分額を見積もっており，そうした利用者にとっては，リース負債に係る金利を使用権資産の減価償却費と区分して認識することを借手に要求することが情報ニーズを満たすことになるということも示されている

（IFRS16, BC48, BC54-55）。

　また，FASB の採用したデュアルモデルを採用しなかったことについては，上記にもあったように，最も広範囲の財務諸表利用者に最も有用な情報を提供するためとしている。さらにコスト面にも触れており，OL と FL のいずれであっても，新しい借手会計処理に関連した最も多額のコストがかかるとみられる使用権資産とリース負債を割引後の値で認識するということに変わりがないのであれば，OL を別個に把握することによるコスト面での優位性は見られないとしている（IFRS16, BC56）。

2　わが国のエンドースメント手続の内容

　ここでは，わが国のエンドースメント手続や，その結果として公表された「改正修正国際基準」の内容について見ていく。2017 年 12 月 20 日，ASBJ は，第 375 回企業会計基準委員会（以下，親委員会）を開催し，2015 年 3 月以来開催されていないリース会計専門委員会を再開することを決定した（エンドースメントに関する議論が行われているので，リース会計専門委員会からも意見を聴取する目的で再開されている。その後は，わが国が新たなリース基準の開発に着手すべきか否かの議論が行われている）。2018 年の間，親委員会，エンドースメント作業部会，リース専門委員会が定期的に開催され，IFRS16 をめぐる議論が行われた。

　エンドースメント手続の「削除又は修正」の要否の検討は，①すべてのリースに係る資産および負債の認識，②シングルモデル，③貸手の会計処理，④セール・アンド・リースバック取引，⑤開示（注記事項）の項目を論点として行われた（改正修正国際基準 6，7 項）。IFRS16 の場合，IFRS9 のように部分的に受け入れ可能であるか否かを判断することが難しく，基準全体について総合的に受け入れ可能であるか否かを判断するかたちを採っているとあるが，本稿では②のシングルモデルを中心に見ていくこととする。

　「改正修正国際基準」では，シングルモデルは各期の当期純利益に影響を及ぼすものとして，会計基準に係る基本的な考え方の観点から検討を行ったことが示されている。わが国の市場関係者からは，すべてのリースに係る資産および負債の認識の論点[5]と同様に，リースには原資産に近いものからサービスに近いものまでさまざまな経済的実態のものが含まれる中で，すべてのリースに対

して同一の費用認識パターンとすることはリースの経済的実態の多様性を反映していないことが指摘されたとしている。特に、典型的なリースではリース料が定額で発生するが、取引の種類によっては当該リース料が享受する便益のパターンを反映するため、定額で費用を認識することが適切とされ、すべてのリースについて金利費用の要素を考慮して、前加重の費用認識としていることに懸念が聞かれたとしている。

またその一方で、IFRS16がシングルモデルを採用した理由については、リースの原資産の性質や残存耐用年数に関係なく、リースは借手に対する資金提供を含む取引であるとの財務諸表利用者の大半の見方が反映されるということと、認識する使用権資産とリース負債に減価償却と金利費用がそれぞれ対応しており、認識する資産および負債と費用の対応関係が明瞭であるというシングルモデルが持つ情報の特性を強調したことによるとしている。

FASBがTopic842においてシングルモデルを採用しなかった理由については、リースに異なる経済的実態のものが含まれており、当該経済的実態の多様性を反映することが目的適合性のある情報を提供すると考えられたことや、新たなモデルに基づく従来の区分からの変更により税務等の周辺制度との整合性が失われることで相応のコストの発生が予想されたことなどを総合的に勘案した結果であるとしている。

そのうえで、IASBとFASBの論拠の相違は、OLの性格を使用権の取得に伴う賦払いと捉えるか、通常は均等なリース料と引換えに原資産に毎期均等にアクセスする経済的便益をもたらす契約と捉えるかの違いにより生じているものと考えられるとして、会計上の考え方としては、いずれかが一義的に否定されるものではないと考えられるとしている。そして、わが国の企業実務においても、OLを企業が借入金等で資金を調整して設備投資することと経済的な実態に相違はないと捉えて財務情報の調整を行っている例が見られるとして、IFRS16が採用するシングルモデルにも一定の論拠があると結論付けている（改正修正国際基準24、25、27項）。

エンドースメント手続については、シングルモデルの論点のみでなく、前述した他の①および③〜⑤の論点のいずれについても、これまで「削除又は修正」を行った項目ほどの重要性はないものとして、「削除又は修正」は行わずに受入

れ可能と判断されている。しかしながら,議論の過程を見てみると最終的にこのような結論には至ったものの,IFRS16に対しては全般的に厳しい意見も出されている。たとえば,「IFRS16の適用に伴い,企業における内部管理方法が変更されることの実務上の困難さを考慮してほしい」,「IFRS16とTopic842の採用コストは同様になるとの分析がIASBではなされているが,この分析結果は疑わしいのではないか」といった指摘である。前者については,費用処理額が約定キャッシュ・フローと異なるため別途管理が必要となる点で実務上困難だと懸念されているが,実効金利法に基づく計算が実務上の負担として著しいとまではいえず,また,今後は国際的に適用されていくことからすると,わが国特有の事情を見出すことは困難であるということ,また後者については,欧州財務報告諮問グループ（European Financial Reporting Advisory Group：EFRAG）が,IFRS16について,利害関係者への影響コストと便益などの観点からヨーロッパの公共の利益に資するとし,それを受けて欧州委員会がIFRS16を採用した経緯なども考慮し,エンドースメントについては「削除又は修正」は行われないとされたものと思われる[6]。

おわりに

　わが国において,リースに関する新たな会計基準の開発に着手するか否かについては,今後どのように議論が行われていくのか,引き続きその動向に注目する必要があるだろう。本稿では,費用認識モデルについての考察を行ってきたが,その前提となるすべてのリースに係る資産および負債を認識すべきか否かについては,リースの会計基準の方向性（根本）に関わるところであり,さらなる議論が必要となると思われる。

　修正国際基準の公開草案に寄せられたコメントについては,数は少ないものの「削除又は修正」をしないことに対する反対意見があり,そうした意見には重みがあるとする委員からの意見があったことも示されている[7]。費用認識モデルについては,エンドースメント手続では,IASBとFASBの論拠の相違は,OLの性格を使用権の取得に伴う賦払いと捉えるか,通常は均等なリース料と引換えに原資産に毎期均等にアクセスする経済的便益をもたらす契約と捉える

かの違いにより生じているものと考えられるとし，会計上の考え方としては，いずれかが一義的に否定されるものではないと考えられるとして，「削除又は修正」は行わないと結論付けている。しかし，このような理由が示されているのは，今後，日本基準の開発が行われた場合，OLのオンバランスを仮定したとすると，シングルモデルとデュアルモデルのいずれも選択する余地を残している記述であるとも解釈できるだろう。

また，先行研究から明らかになったように，Topic842においてシングルモデルが採用されなかった理由は，すべてのリースに係る資産および負債をオンバランスすることを達成したうえで，可能な限り収益と費用の対応関係を図り，また，多様であるリースの経済的実態を表現し，そして経済的帰結を考慮した結果であるものといえる。ASBJのエンドースメント手続においては，「IFRS16のエンドースメント手続の議論をする際に，米国会計基準の議論が多くを占めることには違和感がある」との意見があったことも示されているが[8]，米国が完全なかたちでのコンバージェンスが達成できなくなってでも，デュアルモデルを採用したということにはやはり相応の意義があるように思われる[9]。

米国においては，米国証券取引所委員会(Securities and Exchange Commission：SEC)が2011年5月にスタッフ・ペーパー「考えられる取込方法の探求」を公表し，単一の質の高いグローバルな会計基準の設定という究極の目標に賛同しつつも，その達成プロセスにおいて，米国会計基準の存続の道を排除せず，米国の国益を最大限に実現するためのIFRS開発における影響力の行使のあり方をはじめ，米国会計基準を採用すればIFRSを採用したことになるような制度設計の道を模索するなど極めて戦略的な対応をしてきているといわれている(橋本・山田 2018，8頁)。ASBJの議論においても，一義的には財務諸表利用者を重視すべきであるものの，作成者側からの意見も聴取すべきではとの意見も聞かれていたことが示されている[10]。

リースに関するこれまでの先行研究では，経済的帰結への考慮に偏り過ぎてはいけないとする意見が見られたものの，最近の研究では，そうした点を十分に考慮すべきとする結果が得られていることも，そうした会計戦略面によるところが大きいものと考えられ，わが国の選択においても，戦略的な側面の考慮の必要性がうかがわれる。

また，今回のエンドースメントの結果には，わが国における企業評価の実務において，OLを企業が借入金等で資金を調達して設備投資することと経済的な実態に違いはないと捉えて財務情報の調整を行っている例が見られることも考慮されているが，これはあくまでも企業評価をするためにOLをFLと同じように捉えて調整しているのであって，OLの実態としてそのように捉えているのではないと考えることもできるだろう。リース専門委員会でのエンドースメントについての議論においても，シングルモデルは取引の実態を表していないのではという趣旨の委員からの意見に対し，「シングルモデルで処理することは実態にそぐわないと思うが，削除又は修正するかは別途議論が必要」と事務局側が回答したやり取りも示されている[11]。しかしながら，この点については，財務諸表利用者が上記のような調整を行っているということも経済的実態の一部であると捉えることも可能ではないだろうか。デュアルモデルの採用については，IFRS16において，リースとサービスの区別や例外規定（短期リースおよび少額リース）が十分に機能しているか否かという点も関連してくるかと思われるが，経済的実態の捉え方も含めて，今後も十分な議論が必要と思われる。

注

(1) 本稿の執筆時点では，リース会計基準の開発に着手すべきか否か，ASBJにおいて議論がなされているが，結論は出ていない。
(2) 石井教授は「2モデル」，「1モデル」とされているが，本稿では「デュアルモデル」，「シングルモデル」としている。
(3) 加藤教授は「デュアルアプローチ」とされているが，本稿では「デュアルモデル」としている。
(4) IASBは，IAS17のもとで，リース調整後の情報を財務諸表とともに報告していた借手が行っていた調整についても検討したとしている。これらの借手は，多くの場合，貸借対照表，損益計算書およびキャッシュ・フロー計算書上の金額を，OLが金融取引として会計処理された（つまりIFRS16の要求のように）とした場合に報告されたであろう金額を反映するように調整した金額に基づく比率を報告していたとしている（IFRS16, BC49）。
(5) 改正修正国際基準22項を参照されたい。
(6) 「情報フラッシュ」『旬刊 経理情報』第1501号，7頁；第1505号，7頁；第1507号，6頁を参照。
(7) 「情報フラッシュ」『旬刊 経理情報』第1528号，6頁を参照。
(8) 「情報フラッシュ」『旬刊 経理情報』第1503号，7頁を参照。

| 第 1 部 | 国際会計

(9) 投資者および財務情報の他の利用者に役立つ高品質な基準を開発するうえで不可欠とされるデュー・プロセスを経てもなお，差異が生じている。なお，デュー・プロセスの正統性（毀損の可能性も含む）については，真田（2017）を参照されたい。
(10)「情報フラッシュ」『旬刊 経理情報』第1528号，5頁を参照。
(11)「情報フラッシュ」『旬刊 経理情報』第1507号，6頁を参照。

参考文献

あずさ監査法人（2016）『図解＆徹底分析：IFRS「新リース基準」』中央経済社。
石井明（2014）「リース資産会計」菊谷正人編著（2014）『IFRSにおける資産会計の総合的検討』税務経理協会，第3章所収，55-79頁。
加藤久明（2007）『現代リース会計論』中央経済社。
──（2017）「IASBとFASBの新しいリース会計基準に関する比較考察」『現代社会と会計』（関西大学大学院会計研究科）第11号，13-27頁。
加賀谷哲之・古賀裕也（2018）「会計戦略とリース会計基準」佐藤行弘・河﨑照行・角ヶ谷典幸・加賀谷哲之・古賀裕也編著『リース会計制度の経済分析』中央経済社，第4章所収，99-126頁。
企業会計基準委員会（2018）改正「修正国際基準（国際会計基準と企業会計基準委員会による修正会計基準によって構成される会計基準）」12月27日。
──（2018）「現在開発中の会計基準に関する今後の計画」12月17日。
真田正次（2017）「IFRSの正当性：複雑化するデュー・プロセスのなかで」『企業会計』第69巻第8号，33-40頁。
橋本尚（1999）「会計基準設定の意義と方法」『會計』第156巻第6号，67-79頁。
橋本尚・山田善隆（2018）『IFRS基本テキスト第6版』中央経済社。
長谷川茂男（2016）『米国財務会計基準の実務（第9版）』中央経済社。
PwCあらた有限責任監査法人（2018）『IFRS「リース」プラクティス・ガイド』中央経済社。
山﨑尚（2018）「FASB ASC Topic842「リース」におけるデュアルアプローチ導入の背景」『産業経理』第77巻第4号，86-95頁。
IASB（2016）IFRS No.16 Leases.（IFRS財団編 企業会計基準委員会・公益財団法人財務会計基準機構監訳（2018）『IFRS基準2018』，中央経済社。）

資料

『旬刊経理情報』（2018）「情報フラッシュ」第1501号，第1503号，第1505号，第1507号，第1508号，第1512号，第1513号，第1514号，第1516号，第1517号，第1518号，第1520号，第1522号，第1524号，第1527号，第1528号，第1530号。

第**3**章

グローバル会計基準の適用は企業経営の根幹を変えるか？
――その論理と条件

はじめに

　国際財務報告基準（International Financial Reporting Standards：IFRS）は，米国基準と並んでグローバル会計基準（以下，グローバル基準）に位置付けられる。これまで主に欧州連合（European Union：EU）諸国を対象として，グローバル基準の任意・強制適用によりいかなる効果が発現するかについて学術的証拠が蓄積されてきた。ただし，それらは財務報告の質および資本市場への効果に集中する一方，経営者の受託責任に属する，経営者報酬および債務契約，さらには企業全体の投資効率性への効果等，企業経営の根幹に関わるその他論点に関する学術的証拠は現状では限定的である。

　グローバル基準の適用には一定のコストを伴う。まして一国の上場企業全体を対象とする，IFRSの強制適用の検討に際しては，契約関係や企業の投資効率性等をも含めてその効果について考察する必要がある。以上の問題意識に従い，本稿は，グローバル基準の適用が経営者報酬および債務契約，ならびに，企業全体の投資効率性に及ぼす効果について文献サーベイを行い，それらの証拠を整理・把握することを目的とする。

I 考察の視点

1 資本市場における会計情報の役割に関する理論

　会計情報は，資本市場におけるディスクロージャーの中核に位置付けられる情報である。同情報は特定の会計基準に依拠して作成されるが，国内基準からグローバル基準に変更すれば，同情報の質や量が変化することになる。グローバル基準適用の効果とは，こうして会計情報，ひいてはディスクロージャーの質や量が変化することに応じて発現する，さまざまな効果のことである。本節では後述の考察の視点を得ることを目的として，資本市場における会計情報の役割に関する理論を確認する[1]。

　資本市場は事業投資案をもつ経営者に対して，投資家が，株式・社債等を通じて資金を提供する場であるが，経営者と投資家の間には事業計画・遂行に関して情報の非対称性が存在するのが一般的である。資本市場におけるディスクロージャーは，当該情報の非対称性を縮小するために行われるものである。

　非対称情報は，投資が行われる「事前」の段階と，投資が行われて以降の「事後」の各段階において深刻な問題を引き起こす可能性がある。経済および会計理論に基づけば，前者は「情報問題」または「レモンの問題」，一方，後者は「エージェンシー問題」または「受託責任の問題」として位置付けられる。以下，会計情報の事前および事後の役割に関する理論について考察する。

① 会計情報の事前的役割：情報問題またはレモンの問題

　株主および社債権者等の投資家は，投資意思決定に際し，経営者が提示する投資案の収益性ないしは価値を事前に評価する。経営者と投資家に情報の非対称性が存在しない状況下では，相対的に良質な投資案をもつ経営者ほど，多くの資金をより低いコストで調達でき，これこそ本来の資本市場の役割である。

　ところが，情報の非対称性が存在する状況下では資本市場は十分に機能しなくなる。非対称情報の下，投資家が良質・悪質な投資案を区別できないとき，前者（後者）の価値は過小（過大）に評価される。その結果，悪質な投資案の方が，本来よりも多くの資金を低いコストで調達できるという，逆選択を引き起

こすことになる。逆選択が繰り返されれば，最終的に「市場の失敗」に陥る（Akerlof 1970）。

当該状況を緩和するため，主に2つの方法が考えられる。第一は，経営者が高質の会計情報等を自発的に開示することである。いわゆる自発的開示である。投資案について投資家との情報格差が縮小するほど，多くの資金をより低いコストで調達できると期待される。第二は，規制当局が資本市場のインフラストラクチャーを整備することであり，その典型はディスクロージャー制度の整備である。同整備により，情報の非対称性ひいては事業の過小・過大評価は市場全体において緩和されると期待される。

国内基準からグローバル基準への変更に伴い会計情報の質や量が変化することを前提とすれば，その事前的役割に一定の効果が発現する可能性がある。

② 会計情報の事後的役割：エージェンシー問題および受託責任の問題

実際に投資が行われた後，今度は，投資家は当該資金の使途についてモニタリングを行う必要が生じる。とくに所有と経営が分離し，経営者が投資家に対して情報優位にあるとき，経営者は，投資家ではなく，自らの利益を優先したモラルハザードを引き起こす可能性が大きくなる。

株式投資の場合には，経営者は，非対称情報の下，株主の資金を自身の役得，過大な報酬のために使用したり，あるいは，株主の利益に反する投資・経営意思決定を行うことが可能である（Jensen and Meckling 1976）。同様に，債券投資の場合には，経営者は優先株式を発行し債権者の資金を外部に流出させたり，あるいは，債権者の意に沿わないハイ・リスクの投資を行うことによりデフォルト・リスクを高め，債権者の利益に反する行動をとることが可能である（Smith and Warner 1979）。これらはエージェンシー・コストになるので，投資家は，当該コストを抑制する，いくつかの方策をとるのが一般的である。

第一は，経営者のモラルハザードを抑止する，契約の締結である。投資家と経営者の利益のインセンティブの一致を図る，経営者報酬および債務契約の締結がその代表例である。当該契約の履行に関して会計情報が重要な役割を果たすのはいうまでもない。第二は，ガバナンス・システムあるいは資本市場の圧力による，経営者に対するモニタリングである。その場合，経営者の受託責任

に関して高質の会計情報が開示されるほどモニタリングの有効性は増し，エージェンシー・コストの低減および企業価値の向上が期待される。

グローバル基準への変更に伴い会計情報の質や量が変化することになれば，上記契約関係および経営者に対するモニタリングにプラスやマイナスの効果が発現する可能性がある。

2 影響要因

グローバル基準への変更に伴い会計情報が変化することを前提とすれば，上記の2つの役割に対して何らかの効果が発現すると期待される。しかし，すべての国々・地域において一律の効果が発現するわけではなく，いくつかの要因が作用すると考えられる。学術研究の知見に基づけば，それらの要因として，①基準間差異が大きいか否か，および，②国・地域においてどのような企業モデルが採用されているか，という2点を指摘できる。

第一に，基準間差異，すなわち国内・グローバル基準の差異が大きいほど，基準変更に伴う効果は大きいと考えられる。両者に実質的な差異がなければ，基準変更に伴う効果は限定的であろう。

第二に，基準変更の効果は，各国・地域においてどのような政治経済を含む企業モデルが採用されているか，という点が影響すると考えられる。各国・地域において会計情報の果たす役割は一様ではない。たとえば，英国・米国等の慣習法起源の国々は一般的に，株式市場が高度に発達し，株式所有が分散化し，かつ，投資家保護が徹底される「外部者経済」ないしは「株主モデル」として特徴づけられるのに対して，ドイツ・フランス等の大陸法起源の国々は一般的に，株式市場が必ずしも発達しておらず，株式所有が集中化し，かつ，投資家保護が徹底されていない「内部者経済」ないしは「ステークホルダーモデル」として特徴づけられることが多い（Ball et al. 2000；Leuz et al. 2003）。前者は，会計情報を含む情報開示を通じて経営者と株主等との情報の非対称性を縮小し，会計情報の質は相対的に高いのに対して，後者は，大株主および銀行等が私的情報を直接入手できる影響力をもち，会計情報の質は相対的に低い，という特徴がある[2]（Ball et al. 2000）。

以上の理解を前提とすれば，仮にグローバル基準への変更により会計情報の

質や量が変化するとしても，その影響は各国・地域において採用される企業モデルに応じて異なると考えられる。ただし，上記の二項対立的な企業モデルの記述は単純化し過ぎている嫌いがあり，注意を要する。たとえば，ドイツ等欧州の企業の中には，多国籍化の進展に伴い，英米流の株主モデルに類似する方針をとり，質の高い情報開示へのコミットメントを強めているケースが少なくない（Leuz and Verrecchia 2000）。またドイツではIFRSが強制適用されているものの，株主等に積極的に情報開示を行うインセンティブをもつ企業群とそれ以外の企業群に二分されているとする見解もある（Christensen et al. 2015）。したがって，企業モデルは丁寧に捉える必要があるが，基準変更に伴う効果は，外部者経済ないしは株主モデルに近似する方針がとられているか，あるいは，内部者経済ないしはステークホルダーモデルに近似する方針がとられているか，によって異なってくるものと考えられる。

Ⅱ 学術研究の知見

前節の議論を踏まえながら，グローバル基準の適用が契約関係，および，企業全体の投資効率性に及ぼす効果について検証した研究群をサーベイする。

1 経営者報酬契約等

経営者報酬契約は投資家と経営者のインセンティブの一致を図る契約の1つであり，そこでは利益等の会計数値および株価等の市場関連指標に連動して報酬が決められることなどが規定される。

Ozkan et al.（2012）は，国内基準とIFRSの差異が大きい国々では，IFRSの強制適用後，会計利益の質および比較可能性が向上することにより，会計数値と報酬の感応度，および，競合他社との業績差異と報酬との感応度が増すはずであるとする仮説を提示し，基準間差異の大きい欧州15カ国の企業群を対象に検証した。その結果，IFRS適用後，会計数値と報酬の感応度が増大したことを示す弱い証拠と，海外の競合他社との業績差異と報酬との感応度が増大したことを示す頑健な証拠を得た。同研究は，前者についてはIFRSへの変更に伴い会計数値の信頼性が向上したことを示す一方，後者については，とくにIFRS

適用の海外企業との比較可能性が向上したことによる効果が発現したものと解釈した。

一方，Voulgaris et al. (2014) は，英国企業を対象として，個々の報酬契約の規定における会計数値の重要度を 0 ～ 2 に数値化し，IFRS 適用前・後を比較した結果，Ozkan et al. (2012) とは対照的に，IFRS 適用後，報酬契約における会計数値の重要性が低下していることを示唆する証拠を見出した。同研究は，IFRS の適用に伴い公正価値の適用の拡大等の要因により会計数値の信頼性が低下し，契約における会計数値の使用が減少するとともに，IFRS 適用は会計情報の事前的役割においては有用な情報を提供するものの，事後的役割，すなわち契約や受託責任の役割がその犠牲になっているとする見解を示した。

これらの研究の発見事実は相違しているが，Ozkan et al. (2012) は基準間差異が大きく，IFRS への変更により会計数値の質や比較可能性の向上が見込まれる国々に所在する企業を対象にしているのに対して，Voulgaris et al. (2014) は基準間差異が小さい英国企業に焦点を当てている点が原因している可能性がある（De George et al. 2016）。

この他，Wu and Zhang (2009) は，IFRS の適用に伴い経営者に対する投資家のモニタリング能力が向上したか否かについて検証した研究である。同研究は，欧州に所在し，国内基準から IFRS または米国基準等のグローバル基準を自発的に適用した企業群を対象として，会計数値に基づく業績と，経営者および従業員の解雇の感応度について，グローバル基準適用前・後を比較した結果，基準変更後，同感応度が上昇したことを示す証拠を得た。同研究は，IFRS の適用に伴い，社内の業績指標の信頼性が向上したことが原因していると解釈した。同研究においても，基本的に基準間差異が大きい企業群が対象になっている。

2　債務契約

グローバル基準の適用が債務契約ないしは債務制限条項に及ぼす効果については，IFRS は公正価値の適用拡大およびのれんの非定期償却・減損処理等により業績の変動性が大きく，債務契約には目的適合的ではないとする見解がある一方で，IFRS への変更は財務報告の透明性を高め経営者へのモニタリング

が強化されるので，債務契約の必要性自体を引き下げるという見解がある。

まず，Kim et al.（2011）は，IFRSの任意適用後，債務制限条項の使用自体が減少していることを示す証拠を見出した。同研究はIFRSの任意適用に伴い財務報告の透明性が向上したことにより，債務契約により経営者の行動を拘束する必要性自体が低下したためと解釈している。なお，ここで留意すべきは同研究が任意適用を対象としている点である。グローバル基準を自発的に適用する場合，強制適用のケースに比べ，経営者は質の高い情報開示へのコミットメントを強める傾向が強く（Daske et al. 2013），この点が影響している可能性がある。

それに対して，IFRSの強制適用を対象とする研究では，IFRSの適用は債務契約における会計情報の役割にマイナスの効果を及ぼしているとする見解が多い。まず，Chen et al.（2015）は，IFRSの強制適用のケースにおいて債務制限条項の使用が減少していることを証拠づけているが，Kim et al.（2011）とは対照的に，IFRSの適用に伴い会計数値の質が低下したことが原因であると解釈している。また，Ball et al.（2015）は，IFRSの強制適用後，債務制限条項における会計数値の利用が有意に減少する一方，会計数値以外の条項が増加していることを示す証拠を見出した。これらの証拠はIFRSに基づく会計数値は債務契約には目的適合的ではないとする見解と整合するとともに，会計情報の事後的役割にはマイナスの効果を及ぼしていることを示唆するものである。

さらにChristensen et al.（2009）は，IFRSの適用により，債務制限条項違反が生じるケースが多くなり，債権者から株主への富の移転が促進されるはずと予想し，株価反応を利用して当該仮説に整合する証拠を見出した。加えてこうした傾向は，小規模企業や支払能力の低い企業群をはじめ債務制限条項に違反したときのコストが大きい企業群や同条項に違反する可能性の大きい企業において顕著である事実を見出した。以上のとおり，とくに，IFRSの強制適用のケースについては，同適用は債務契約における会計情報の役割に対してマイナスの効果を及ぼしているという見解が多い。

3　企業全体の投資効率性等

会計情報の質と企業全体の投資効率性の関係については，会計情報の事前・

事後的役割を通じて，プラスの関連性を有するという見解がある。まず，事前的役割の局面においては会計情報の質が高いほど多くの資金をより低いコストで調達できる可能性が大きくなる一方，事後的役割の局面においては，会計情報の質が高いほど各種契約の効率性および経営者に対するモニタリングの有効性は増すという。以上事前・事後における2つの効果により，調達資金の投資効率性が向上すると考えられるためである。IFRS等，グローバル基準への変更は会計情報の質や量を変化させることを前提とすれば，企業全体の投資効率性に対して一定の効果を及ぼす可能性がある。

まず，Schleicher et al.（2010）は，「内部者経済」として特徴づけられる国々（Leuz et al. 2003）に所在する企業および小規模企業については，逆選択やエージェンシー問題が深刻であり，IFRSの強制適用が企業の投資効率に及ぼす効果は大きいはずと予想し，キャッシュ・フローに対する投資の感応度が低いほど投資効率が高いという代理変数を用いて，それらの仮説に整合する証拠を得た。同じく，Biddle et al.（2016）は，IFRS強制適用企業を対象として，同強制適用が企業の投資効率に及ぼす効果は，法的な投資家保護が脆弱である，株式所有の集中度が高い，および，基準間差異が大きい企業ほど顕著であることを証拠づけた。以上の証拠は，基準間差異が大きい，および，外部者経済ないしは株主モデルを採用する国々以外に所在する企業ほど，IFRS適用に伴う会計情報の質の変化が大きく，その事前・事後の役割の向上を通じて，企業全体の投資効率性が改善されうることを示唆するものである。

この他，Chen et al.（2013）は，IFRSの強制適用が財務報告の外部性，すなわち，ある企業の会計情報が他の企業の経済活動に及ぼす波及効果について分析した。同強制適用は，会計情報のグローバルな比較可能性を高めるので，競合企業から競争優位に関する情報が漏洩し，競争劣位にある企業はベネフィットを享受する可能性が大きくなる。同研究は，以上の予想に基づいて，IFRS強制適用国の企業を対象に検証した結果，同適用後，海外の競合企業との総資産利益率（Return on Assets：ROA）の差が企業の投資効率に及ぼす波及効果が増大することを示す証拠を得た。この結果は，IFRSの強制適用はプラスの外部性を有することを証拠づけるものといえる。

以上のとおり，グローバル基準の適用と企業の投資効率の関連性について

は，とくに基準間差異が大きい，ならびに，外部者経済ないしは株主モデル以外の企業モデルが採用されているケースにおいて一定の効果が検出されている。また，IFRSの強制適用は，製品市場の競争に関しプラスの外部性を有することが証拠づけられている。ただし，この領域における研究はまだ少数である。

おわりに

　本稿では，会計情報に関する理論およびグローバル基準適用の効果発現の要因について確認した上で，同適用が，投資家と経営者の契約，および，企業全体の投資効率性にいかなる効果が生じるかを検証した研究のサーベイを行った。

　最初に述べたように当該実証研究の数は限定的であるが，それだけに研究機会が多く残された領域であり，効果発現の論理や条件がより明確化され，より一般化可能な証拠が見出されていくことが期待される。

　契約関係および企業全体の投資効率性への効果は特定の状況において検出されている傾向が強い。具体的には，基準間差異，および，外部者経済ないしは株主モデル以外に依拠する国々において効果が発現していることを報告する研究が多い。日本において，同種の研究に着手する際には，これらの条件について十分に検討する必要がある。

　また，債務契約に関する研究では，IFRSの強制適用により会計情報の信頼性が低下したために債務制限条項における会計数値の使用が減少したという見解を提示している研究が多い。それらの研究では，IFRSの適用は会計情報の事前的役割ないしは投資意思決定には有用な情報を提供するものの，会計情報の事後的役割ないしは受託責任会計とは必ずしも親和性が高くないというインプリケーションを示すものといえる。ただし，現段階では提示された証拠は限定的であり，日本企業に関する検証をも含め慎重に考察が重ねられる必要がある。

　わが国において，IFRSの強制適用が政策課題となっている中，同適用が日本企業の経営に対していかなる効果を及ぼすかは重要な研究課題である。しかし，先行研究が前提としている状況は，日本企業の状況とはかなり相違していると見られるので，本稿で考察した研究の知見を直ちに適用するのは難しいと考える。本稿で考察した論点について，日本企業および日本経済固有の文脈を

十分に踏まえた上で，それらに整合的な仮説を構築し，検証が行われる必要があるだろう。

注

(1) 本節の記述は，主に Healy and Palepu (2001) および Beyer et al. (2010) に依拠している。
(2) ステークホルダーモデルを採用する制定法の国々より，株主モデルを採用する慣習法の国々の方が財務報告の質が高いとする証拠が報告されているが（Ball et al. 2000），法起源が財務報告の質を規定するという見解に対しては反証がある。すなわち，Ball et al. (2003) は，香港，マレーシア，シンガポールおよびタイ等の東アジア諸国・地域は慣習法を起源にしているにもかかわらず，質の高い財務報告に対するインセンティブが低いため，財務報告の質は高くはないはずという仮説を提示し，それに整合する証拠を得ている。

参考文献

Akerlof, G. A. (1970) The Market for 'Lemons': Quality Uncertainty and the Market Mechanism, *The Quarterly Journal of Economics*, Vol. 84 No. 3, pp. 488-500.

Ball, R., S. P. Kothari and A. Robin (2000) The Effect of International Institutional Factors on Properties of Accounting Earnings, *Journal of Accounting and Economics*, Vol. 29 No. 1, pp. 1-51.

Ball, R., X. Li and L. Shivakumar (2015) Contractibility and Transparency of Financial Statement Information Prepared under IFRS: Evidence from Debt Contracts around IFRS Adoption, *Journal of Accounting Research*, Vol. 53 No. 5, pp. 915-963.

Ball, R., A. Robin and J. S. Wu (2003) Incentives versus Standards: Properties of Accounting Income in Four East Asian Countries, *Journal of Accounting and Economics*, Vol. 36 No. 1, pp. 235-270.

Beyer, A., D. A. Cohen, T. Z. Lys and B. R. Walther (2010), The Financial Reporting Environment: Review of the Recent Literature, *Journal of Accounting and Economics*, Vol. 50 No. 2, pp. 296-343.

Biddle, G. C., C. M. Callahan, H. A. Hong and R. L. Knowles (2016) Do Adoptions of International Financial Reporting Standards Enhance Capital Investment Efficien-cy? Working Paper, University of Hong Kong, University of Louisville, University of California-Reverside and Texas A&M International University.

Chen, C., Y. Danqing and Z. Zili (2013) Externalities of Mandatory IFRS Adoption: Evidence from Cross-Border Spillover Effects of Financial Information on Investment Efficiency, *The Accounting Review*, Vol. 88 No. 3, pp. 881-914.

Chen, T.-Y., C.-L. Chin, S. Wang and W.-R. Yao (2015) The Effects of Financial Reporting on Bank Loan Contracting in Global Markets：Evidence from Mandatory IFRS Adoption, *Journal of International Accounting Research*, Vol. 14 No. 2, pp. 45-81.

Christensen, H. B., E. Lee and M. Walker (2009) Do IFRS Reconciliations Convey Information? The Effect of Debt Contracting, *Journal of Accounting Research*, Vol. 47 No. 5, pp. 1167-1199.

Christensen, H. B., E. Lee, M. Walker and C. Zeng (2015) Incentives or Standards： What Determines Accounting Quality Changes around IFRS Adoption?, *European Accounting Review*, Vol. 24 No. 1, pp. 31-61.

Daske, H., L. Hail, C. Leuz and R. Verdi (2013) Adopting a Label：Heterogeneity in the Economic Consequences around IAS/IFRS Adoptions, *Journal of Accounting Research*, Vol. 51 No. 3, pp. 495-547.

De George, E. T., X. Li and L. Shivakumar (2016) A Review of the IFRS Adoption Literature, *Review of Accounting Studies*, Vol. 21 No. 3, pp. 898-1004.

Healy, P. M. and K. G. Palepu (2001) Information Asymmetry, Corporate Disclosure and the Capital Markets：A Review of the Empirical Disclosure Literature, *Journal of Accounting and Economics*, Vol. 31 No. 1, pp. 405-440.

Jensen, M. C. and W. H. Meckling (1976) Theory of the Firm：Managerial Behavior, Agency Costs and Ownership Structure, *Journal of Financial Economics*, Vol. 3 No. 4, pp. 305-360.

Kim, J.-B., J. Tsui and C. Yi (2011) The Voluntary Adoption of International Financial Reporting Standards and Loan Contracting around the World, *Review of Accounting Studies*, Vol. 16 No. 4, pp. 779-811.

Leuz, C., D. Nanda and P. D. Wysocki (2003) Earnings Management and Investor Protection：An International Comparison, *Journal of Financial Economics*, Vol. 69 No. 3, pp. 505-527.

Leuz, C. and R. E. Verrecchia (2000) The Economic Consequences of Increased Disclosure, *Journal of Accounting Research*, Vol. 38, pp. 91-124.

Ozkan, N., Z. Singer and H. You (2012) Mandatory IFRS Adoption and the Contractual Usefulness of Accounting Information in Executive Compensation, *Journal of Accounting Research*, Vol. 50 No. 4, pp. 1077-1107.

Schleicher, T., A. Tahoun and M. Walker (2010) IFRS Adoption in Europe and Investment-Cash Flow Sensitivity：Outsider versus Insider Economies, *The International Journal of Accounting*, Vol. 45 No. 2, pp. 143-168.

Smith, C. W. and J. B. Warner (1979) On Financial Contracting：An Analysis of Bond Covenants, *Journal of Financial Economics*, Vol. 7 No. 2, pp. 117-161.

Voulgaris, G., K. Stathopoulos and M. Walker (2014) IFRS and the Use of Accounting-Based Performance Measures in Executive Pay, *The International Journal of Accounting*, Vol. 49 No. 4, pp. 479-514.

Wu, S. J. and I. X. Zhang (2009) The Voluntary Adoption of Internationally Recognized Accounting Standards and Firm Internal Performance Evaluation, *The Accounting Review*, Vol. 84 No. 4, pp. 1281-1309.

第**4**章

国際会計論の再考
――新たな視座からの
　　「会計の国際的多様性」研究

はじめに

　国境を越えた企業活動がもたらす会計上の問題が「国際会計」という名の下で研究されるようになって以来，半世紀以上が経過した。国際会計研究に先鞭をつけたのが Gerhard G. Mueller であることは，衆目の一致するところであろう。

　Mueller 以降，初期の国際会計研究の主たるテーマは会計の国際的多様性に関するものであった。すなわち，各国の会計実務や規程の相違とそれを生じさせる環境要因を特定し，その類型化を試みるというものである。ところが今日では，そのような内容の研究を目にすることは極めて稀である。

　本稿では，そうした伝統的研究テーマが取り上げられなくなった理由，ならびにその研究の今日的意義の有無を検討する。結論から言えば，その意義はなくなってはいない。ただし，その意義を維持するためには，研究への新たな視座が必要だと考えられる。その視座についての一案と，その視座を採用した場合の研究上の課題についても述べてみたい。

I Muellerに対する今日的評価

　2010 年，*Gerhard G. Mueller : Father of International Accounting Education* なる書物が Dale L. Flesher によって著された。これは Mueller の業績のみならず，その波乱の半生を幼少期から綴った Mueller の人物伝である。出版の翌

年，テキサス大学教授 Michael H. Granof による同書の書評が *Accounting Review* 誌に掲載された。

　この書評は，なぜ Mueller がいまだ会計殿堂（Accounting Hall of Fame）入りしていないのか（Granof 2011, p.1841）という疑問を投げかける形で結ばれている。婉曲的な文章ゆえにその真意を測りかねる部分もあるが，全体として Mueller の研究スタイルや，Mueller やその同世代の研究者たちが行った国際会計研究自体を暗に揶揄するようにも受け止められる内容になっている。

　米国には20世紀以降の会計の実務や研究に貢献のあった人物を毎年表彰する"会計殿堂"が存在する[1]。会計殿堂の歴代表彰者は，その公式ウエブサイト（http://aaahq.org/AHOF）で確認することができるが，2019年1月現在，そこに Mueller の名は見られない。

　Mueller が会計殿堂入りしていない理由は何であろうか。表彰者の中には，国際会計の著作でも知られる Stephen A. Zeff（2002年）もいることから，研究方法の如何やテーマの前時代性だけが理由ではないように思われる。国際会計という領域のパイオニアとして，Mueller の業績は評価されるべきであると個人的には考える。だが一方で，Mueller がなぜ会計殿堂のメンバーに選ばれないのかを問われれば，2つの理由が考えられる。

　1つ目の理由は，多くの法域が国際財務報告基準（International Financial Reporting Standards：IFRS）を採用しているという事実に由来しよう。この現状に鑑みれば，会計の国際的多様性に関する研究は今日的な意義を完全に喪失しているという指摘があっても，それは否定し難い。さらに Mueller は，会計実務の国際的な統一の困難性をその初期の著作で指摘しており（詳しくは後述する），その意味では"将来を予測できなかった"研究者という見方も成り立ってしまうのかもしれない。

　2つ目は Mueller の著作の学術性に関する問題である。この点は，その代表的単著である Mueller（1967）と，会計殿堂のインダクティーとなっている Zeff（1972）とを比較した場合，明らかである。Zeff（1972）では，英国，スコットランド，メキシコ，米国，カナダの5法域における会計原則発展の歴史が，現地で採集した文書や関係者へのインタビューをもとに詳細に記述されている。さらに終章では，上記5法域に関する記述の比較検討が行われ，会計原則設定プ

ロセスの相違やその生成・発達に寄与した要因等が論じられている。

一方 Mueller (1967) では,その第 1 部において「会計の発展パターン」がテーマとされている。ただし,そこで論じられているのは経済・経営への会計の役立ちや関わりの諸相であり,事例として紹介されるいくつかの国の会計制度や実務に関する記述も Zeff (1972) に比べれば逸話的である。環境と会計との関係については,国際マーケティング論に着想を得たものであること (Mueller1967, pp.3-4) が示されているが,それらが (Zeff (1972) のように) 各国会計制度・実務の生成を詳細に検討した結果として帰納的に明らかにされたものなのか,あるいは別の学問領域の理論を援用することで演繹的に論じられたものであるのか,判然としない。あまつさえ,その視座や環境類型をもとに具体的な法域の会計制度が分析されるにも至っていない。

II Mueller研究と西洋的歴史観との齟齬

だが Mueller 研究に対するかような評価の理由は,上記 2 点との関連のみで捉えるべきではないように思われる。奇矯な説との批判を覚悟で言えば,Mueller の一連の研究に通底する思想が,今日支配的な西洋的歴史観に背馳するものであり,同時にそのような評価を生む原因となっているのではないだろうか。

ここで改めて Mueller の 2 つの代表的単著の概要を述べてみたい。Mueller (1967) は,経済との関連(社会的ツールとして会計のマクロ経済およびミクロ経済との関連)ならびに会計の成立プロセス(実務を通じた帰納的な成立と当局による統一規範としての演繹的な形成)を座標軸とし,4 つの会計の発展パターン (Pattern of development) を示した上で,それぞれの類型において形成される会計上の主要な諸概念を論じている。この類型については,「概して,ある特定の 1 つの類型が,ある特定国の会計上の諸概念や実務に特徴的によく見られるとともに,一般的に,いくつかの国の会計が共通の発展パターンにしたがっている」(Mueller 1967, p.2) と述べられている。

さらに第 2 部は,企業活動の国際化によって生じる実務上の諸問題に言及しているが,その中で興味深いのが「国際企業の会計」(第 7 章)である。そこで

Mueller（1967）は次のように述べている。

「本書の結論によれば，一定の状況では，環境要因が会計実務や諸概念の形成に大きな影響を与えるとともに，会計がその目的との適合性を維持しようとするのであれば，その環境に常に対応するものでなければならない。

このことから，ある1組の会計実務を，国際的企業が活動するすべての国および状況にただ強制的に適用してもほとんど意味がないということを認めざるを得ない。」(Mueller 1967, p.213)

単独の会計原則・実務の国際的適用についての考察は，Mueller（1968）において次のように敷衍されている。Mueller（1968）はその冒頭で，会計原則の相違が国際的に活動する米国内外の企業に会計・財務報告上の問題を生じさせていることを指摘する（pp.91-92）。次に国や地域によって経営環境が多様であり，その要因として①経済発展段階，②行われている事業活動の複雑さの程度，③政治的信条の影響，④特定の法システムへの依存度の4つを示し，これらに基づき世界の各国・地域を10種の異なる経営環境に類型化している（pp.92-95）。

さらに経営環境と会計の間に密接な関係があり，ゆえに会計原則に国際的な相違が生じることが述べられる（pp.95-96）。そのうえで，たとえば米国GAAP（Generally Accepted Accounting Principles）をすべての西側諸国に統一的に適用した場合，そこから真に意義のある結果は生まれないことが主張される（p.97）。結論としては，会計原則の国際的多様性を問題視し，国際化に伴うビジネス環境の変化に応じた会計原則の調和化の必要性を認めながらも，世界統一的な会計原則を強制的に適用することには慎重な見解を示している（pp.102-103）。

以上を総括すれば，そこで示唆されているのは，①現状における各国間の会計の相違は，それぞれの環境に根差したものであり，類似の環境の下では同様の会計諸概念・実務が成立すること，②環境の相違の解消は容易ではなく，ゆえにグローバルな統一会計基準の実現は難しいこと，であろう。

ところで，これらの主張は日本においては比較的なじみやすいのではないだろうか。というのも，環境の違いが会計の異なる発展パターンを生じさせるというMuellerの主張は，かつて梅棹忠夫が展開した「生態史観」に通じているからである。梅棹の生態史観は，短言すれば，地域の環境や風土によって文明は異なる発展・変化を遂げることを指摘するものである。環境による複線的な

| 第1部 | 国際会計

発展経路を認めている点で，マルクスの唯物史観あるいは進歩史観のアンチ・テーゼと言われる[2]。

マルクスの諸学説は東西冷戦の終了とともにその求心力を失っていったが，筆者が思うに「進歩史観」は消えてはいない。冷戦終結をリベラル民主主義と新自由主義の勝利と断じたフランシス・フクヤマの『歴史の終わり』も，単一の政治・経済システムに至ることを主張する点で一種の「進歩史観」と言えるのではないだろうか[3]。進歩史観が西洋社会において変わらぬ歴史観であるとすれば，そこに抵触する可能性のあるMueller学説は，アカデミズムにとって受け入れ難いものなのではないか。このことを，Muellerが会計殿堂入りしていない理由と考えるのは，飛躍が過ぎるだろうか。

Ⅲ 会計の国際的多様性とその研究の現状

ここで改めて，IFRSの採用状況について概観してみたい。国際会計基準審議会（International Accounting Standards Board：IASB）によれば，IFRSを採用している法域は世界で145に上る。それに対し，国内の公開企業にIFRSの適用が認められていないのはわずか9法域に過ぎない[4]。

他方でIASBの公表する情報は，いわゆるローカルGAAP（以下，L-GAAP）が，上記9法域を含め，80法域に残っていることを伝えている。その80法域について，各L-GAAPを，国内公開企業の連結または個別財務諸表に強制適用している法域（Level 1），任意適用している法域（Level 2），非公開企業に適用している法域（Level 3）に分け，マッピングしたのが図表4-1である。

L-GAAPの適用状況を鳥瞰して気づくのは，IFRSが140以上の法域において採用されているという事実は，会計の国際的多様性が消失したことを意味してはいないことである。より丁寧に言えば，国境を越えた投資意思決定に資する連結ベースでの財務報告については，IFRSという共通基準に基づいて行うことが望ましいという合意が各法域において形成されてはきたが，国内向けの諸目的のための会計（≒単体ベースでの会計）まで視野に入れれば，会計の国際的多様性は残存している。

Muellerの志した国際会計研究の目的は，会計の国際的多様性とその多様性

国際会計論の再考 | 第4章

図表 4-1 世界の L-GAAP の適用状況

出所：IASB 公式ウェブサイト "What is the jurisdiction's status of adoption?" を基に筆者が作成。

を生む環境要因との因果関係の解明にあったと思われるが，そうした研究は現段階までにどの程度進んできたのであろうか。Carlson (1997) は，まさにそのような問題意識の下で執筆されたレビュー論文である。端的に言えば Carlson (1997) は，会計の多様性を説明する一般理論の完成は「間近である (in sight)」と結論付けている (Carlson 1997, p.131)。ではその後われわれはその理論の「完成」を見たのだろうか。その答えはおそらく"否"であろう。すべての後続研究を網羅することは今回叶わなかったが，たとえば 1997 年以降の *International Journal of Accounting* 誌をレビューしても，会計の国際的多様性に直接関連すると考えられる論文は，私見ではわずか 2 編であった[5]。

　会計の国際的多様性が消え去ったわけではなく，またその多様性を説明する理論も完成に至っていないという現実がある。とすれば，Mueller の系譜を継ぐ研究も引き続き取り組まれる必要性があるのではないか。

Ⅳ　異なる歴史観からの国際会計論再考

　前出の Carlson (1997) は，後続の研究が踏まえるべき要点をあげている。それらは，①会計制度は動的なものであるという認識の下，会計制度の運営・あり方への環境要因の作用について歴史的視座を取り入れて考察すること，②会計の発展に作用する多くの環境要因が同時に検討できる方法論を社会学や社会科学の領域から援用すること，の 2 点に要約できる (Carlson 1997, p.132)。

　Carlson (1997) の言う「歴史的視座」がどの程度の時間的スパンを想定したものであるか定かではないが，西洋的な（単線的）進歩史観で歴史を捉えれば，会計の多様性が時とともに消滅し，その研究自体が無意味なものになるという主張に至りかねない。会計の国際的多様性を史的に分析しようとすれば，梅棹の展開したような複線的な進歩を認める歴史観に立つことがまず必要となろう。そこで以下「生態史観」を枠組みとした会計の国際的多様性研究の可能性について検討してみたい。

　「生態史観」の大きな特徴は，東洋・西洋という一般的な世界観から離れ，ユーラシア大陸を第一地域と第二地域に分けた点にあろう（図表 4-2）。第一地域は大陸の両端に位置する西ヨーロッパ（西欧）と日本であり，第二地域はそ

図表4-2 「生態史観」におけるユーラシア大陸の簡略図

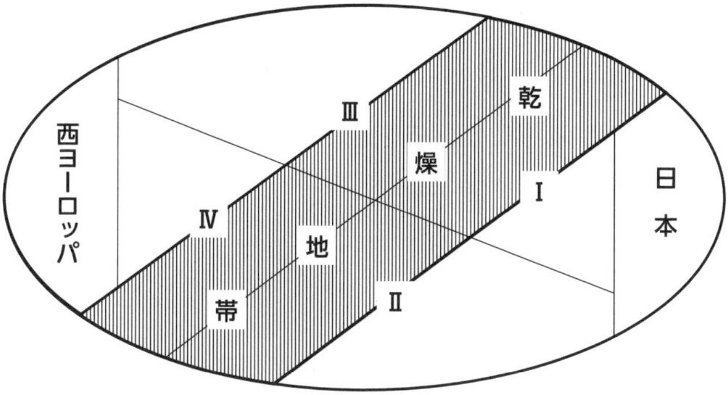

（西ヨーロッパ　Ⅲ　Ⅳ　乾燥地帯　Ⅰ　Ⅱ　日本）

出所：梅棹（2002, p.197）より引用。

の間に挟まれた全地域である。第2地域を横断する乾燥地帯には遊牧民が暮らし，定期的に周辺地域を攻撃し壊滅的な打撃を与える。ところが第一地域は乾燥地帯からの地理的遠隔性が幸いし，遊牧民による壊滅行為を避けることができた。そこに温暖な気候という条件も加わり，第二地域から伝播した文明をもとに内生的な成長を遂げ，資本主義による高度な近代文明に至った。また高度資本主義への成長には，封建制時代に力を蓄えたブルジョア階級が大きな役割を果たしたことが指摘される。

第二地域は定期的な遊牧民の攻撃に曝されることで「破壊と征服の歴史」（梅棹 2002, 123頁）を経験した地域である。この地域で誕生する国々は，遊牧民による攻撃を「有効に排除しえたときだけ，うまくさかえる」（梅棹 2002, 123頁）ことができた。その体制は専制君主制の巨大帝国，近代にあっては植民地となっていたケースが多い。ゆえにブルジョア階級が育たず，資本主義が未成熟である。またその歴史が外部からの力によって展開することが多いのも第一地域とは対照的である。さらに第二地域には，中国世界，インド世界，ロシア世界，地中海・イスラーム世界（それぞれ図表4-2のⅠ～Ⅳに該当）という，かつての巨大帝国とその衛星国という構造がその後も共同体として残っていることも指摘される[6]。

以上の第一および第二地域の特徴とその地理を念頭に置きながら，改めて図

表4-1を概観したい。ユーラシア大陸の第二地域に目を向けると，L-GAAPの強制適用を求める4つの大国，中国，インド，ロシア，イランが存在する。これらはいずれもかつての帝国であり，生態史観の第二地域におけるⅠからⅣの地帯に該当している点で興味深い。これら4カ国のL-GAAPは，関連文献[7]によれば，いずれも国際基準または第一地域の既存基準の輸入と言ってよい。

第二地域は資本主義の自生を見なかった場所である。企業会計の成立を資本主義の発展と不可分のものであるという前提に立てば，この地域には独自の近代的会計（多様性の中の一類型となりうるような会計）は発育しなかったと判じてもよいのではないだろうか[8]。

第一地域に目を移すと，L-GAAPの強制適用が見られるのは，フランス，ドイツ，スイス，スペインなどの西欧数カ国と日本となる[9]。しかもこれらの国々のL-GAAPは，西欧にあっては商法典の会計規則や会計プランなど伝統的ルール，日本にあっては（IFRSとの収斂は意識されたものの）独自に設定した会計基準である。

第一地域は資本主義が自生した地域である。資本主義とともに企業会計のシステムも自生的に成立し，それがL-GAAPという形で現在も維持されている。このような仮説が生態史観の下で成り立つことになる。しかもこの仮説は，日独仏を大陸型会計制度の国として分類してきた国際会計論の通説とも一致する。つまり新たな歴史観の下で会計の国際的多様性研究を再構築することの可能を十分にうかがわせる。

Ⅴ 2つの課題―日本および英米型会計の扱い

生態史観を下敷きに会計の国際的多様性を見直したとき，その通説から再検討すべき課題が2つある。それらは，1つには日本の会計をどのように捉えるかという課題，1つにはいわゆる英米型会計をどのように説明するかという課題である。

前者は生態史観の重要な論点に由来する課題である。日本と西欧諸国を同じ枠組みに捉える点に生態史観の最大の特徴があることは先に述べたとおりだが，ここで強調しておかなければならないのは，梅棹が両地域の歴史の類似性およ

びその中での多くの「平行現象」の発生(梅棹 2002, 198頁)を指摘していることである。

国際会計論の通説では，明治期における大陸法の継受の中で誕生した商法が，会計制度の中核に据えられてきた事実を主たる理由として，日本の会計制度が大陸型とみなされてきた(中村 2000, 22-23頁)。だが「歴史の平行現象」を前提とすれば，西欧諸国と同様の会計が，日本でも自生的に成立していた可能性を認めることになる。ゆえに，大陸法の導入は1つの事実として認めつつも，それとは別に日本における大陸型(もしくはそれに類似した)会計自生の仮説を設定し，これを立証していくことが大きな課題となる。

一方，西欧と日本の歴史の平行とそこから生じる各種制度の類似を論じるのであれば，英国の会計だけがなぜ他の西欧諸国および日本と異なるのか，その原因を考えることも避けて通ることはできない。すなわち，これが後者の課題である。また英国について考えるときに副次的に生じるのが，米国をどう捉えるかという問題である。従来の国際会計論では英米型会計という名称の下，米国を英国とともに論じる場合が多い。梅棹の生態史観はアメリカ大陸を対象としておらず，その点で米国の扱いについては研究の枠組み自体を工夫する必要があるかもしれない。

おわりに

最後に，前節で述べた課題を解決するために取り組むべきテーマとその展望を示して本稿を結びたい。

1 江戸時代の会計とその経営環境の検討

日本の「自生の会計」を考える上では，明治における商法成立以前の時代の会計とそれを取り巻く環境について考える必要があるように思われる。たとえば江戸時代の会計実務については少なからぬ先行研究が存在し，当時すでに発達した会計実務が存在していたことが明らかにされている[10]。そうした実務を取り巻く経営環境の連続性が明治以降にも見られるのか，あるいは断絶しているのか。その解明が第一の課題の解決に資するのではないだろうか。

| 第1部 | 国際会計

2 史的観点を踏まえた英国会計の再検討

　英国会計についても国内外に多くの先行研究が存在する。だが，上記第二の課題に取り組むためには，①ジェントルマン資本主義[11]の国としての英国，および②近代世界システム[12]の担い手としての英国，という視点から，英国会計の発展を見直すことが有益ではないだろうか。この2つはいずれも英国の帝国主義の一面という点で相互に関連性を持っていると思われるが，①の観点からは産業資本に対する金融資本の優位性，②の観点からは自由主義，開放志向という英国経済の諸相，ひいては英国会計の生成・発達の環境要因のルーツが浮かび上がろう。

注

(1) 会計殿堂は1950年にオハイオ大学によって創設され，2017年からアメリカ会計学会（American Accounting Association）によって運営されている。
(2) この点については川勝（2016, 64-147頁）に詳しい。
(3) 村上（1992）による次の指摘も同様の見解を意味しているのではないだろうか。「新古典派経済学を下敷きとして何らかの思想を考えれば（中略）単線的な歴史把握しかそこからえられない。（中略）結局，マルクス主義的分析にせよ，近代経済学・近代政治学にせよ，「進歩」の思想の表れでしかない。」（村上1992, p. ii）
(4) IFRSの採用・適用状況についてはIASB公式ウエブサイト（https://www.ifrs.org/use-around-the-world/use-of-ifrs-standards-by-jurisdiction/）において公表されている情報をもとに筆者が集計・整理した。基本的には各法域の「IFRS採用状況（What is the jurisdiction's status of adoption?）」に示された情報に基づいて判断を行った。ただし，各法域のIFRS採用・非採用については単純に二分化できないケースも多く，ここに示す数値はあくまで目安ととどめ置かれたい。
(5) Chanchani and Willett（2004）およびDing et al.（2005）がそれに該当すると判断した。
(6) 以上の生態史観の概要は梅棹（2002, 87-131, 189-222頁）から筆者が要約したものである。
(7) 4カ国のL-GAAPについての関連文献は以下のとおりである。中国：孫（2017, 120-125頁），蔣（2018, 125-132頁），ロシア：森（2002, 369-373頁），Kachalin（2008, pp.155-165），インド：平賀（2005, 72頁），イラン：Mashayekhi（2008, pp.79-83）。
(8) 第二地域については，平賀（2013）において論じた東南アジア諸国と同様に，その会計基準設定を制度的同型化として捉えることが適切であるように思われる。
(9) 西アフリカ諸国にL-GAAPの強制国が複数見られる。これらはフランスの旧植民地域である。IASBの公式ウエブサイトによれば，これらのL-GAAPはフランスのプラン・

コンタブルに基づいた,これらの西アフリカ諸国共通の会計規定である。ゆえに西アフリカ諸国の状況も第二地域と同様,既存基準の導入として説明が可能であろう。
(10) 代表的な研究として小倉（1962）や西川（1993）などがあげられる。
(11) ジェントルマン資本主義の詳細はCain and Hopkins（1993a；1993b）を参照されたい。
(12) 近代世界システムについては,たとえばWallerstein（2004）をはじめ,同氏の著作を参照されたい。

参考文献

梅棹忠夫（2002）『文明の生態史観ほか』中央公論新社。
小倉榮一郎（1962）『江州中井家帖合の法』滋賀大学日本経済文化研究所。
川勝平太（2016）『文明の海洋史論』中央公論新社。
蒋飛鴻（2018）「国際会計基準の導入が中国の会計制度に与える影響」『拓殖大学経営経理研究』第111巻, 121-135頁。
孫美灵（2017）「比較制度分析理論から見た中国企業会計制度の変遷」『流通科学大学論集 流通・経営編』第30巻第1号, 117-131頁。
中村宣一郎（2000）「わが国の会計制度とその特質」,中村 宣一朗・伊予田隆俊・田村威文・斉野純子（2000）『イントロダクション 国際会計』同文舘出版,第2章所収, 21-39頁。
西川登（1993）『三井家勘定管見：江戸時代の三井家における内部会計報告制度および会計処理技法の研究』白桃書房。
平賀正剛（2005）「インドにみる発展途上国における会計制度の整備の意義(1)：インドにおける会計制度の整備状況」『経営学研究』(愛知学院大学)第15巻第1号, 65-79頁。
────（2013）「制度的同型化としての会計基準の国際的統一：東南アジア,特にマレーシアを事例として」『国際会計研究学会年報』2012年度第1号, 33-50頁。
村上泰亮（1992）『反古典の政治経済学 上 進歩史観の黄昏』中央公論新社。
森 章（2002）『ロシア会計の歴史と現代』大月書店。
Cain, P. J. and A. G. Hopkins（1993）*British Imperialism：Innovation and Expansion 1688-1914*, London, UK：Addison-Wesley Longman Ltd.（竹内幸雄・秋田茂訳『ジェントルマン資本主義の帝国Ⅰ：創成と膨張 1688-1914』名古屋大学出版会, 1997年）
────（1993）*British Imperialism：Crisis and Deconstruction 1914-1990*, London, UK：Addison-Wesley Longman Ltd.（竹内幸雄・秋田茂訳『ジェントルマン資本主義の帝国Ⅱ：危機と解体 1914-1990』名古屋大学出版会, 1997年）
Carlson, P.（1997）International Accounting Diversity：Is a Theory in Sight? Advances in International Accounting Vol. 10, pp.103-138.
Chanchani, S. and R. Willett（2004）An Empirical Assessment of Gray's Accounting Value Constructs, *The International Journal of Accounting* Vol.39Issue2, pp.125-154.
Ding, Y. and T. Jeanjean（2005）Why Do National GAAP Differ from IAS? The Role of Culture, *The International Journal of Accounting* Vol.40ssue4, pp.325-350.

Flesher, D. L. (2010) *Gerhard G. Mueller: Father of International Accounting Education*, Bingley, UK: Emerald Group Publishing Limited.
Fukuyama, F (1992) *The End of History and the Last Man*, New York: The Free Press.（渡部昇一訳『歴史の終わり（上・下)』三笠書房，2005 年）
Granof, M. H. (2011), Dale L. Flesher, Gerhard G. Mueller: Father of International Accounting Education (Book Review), *Accounting Review*, Vol.86Issue5, pp.1838-1841.
Kachalin, V. V. (2008), Prospect of Transition of the Russian Banking Sector to International Accounting Standards, in *Accounting Reform in Transition and Developing Economies*, edited by Robert W. McGee, New York:Springer Science + Business Media.
Mashayekhi, B. and S. Mashayekh (2008) Development of Accounting in Iran, *The International Journal of Accounting* Vol.43Issue1, pp.66-86.
Mueller, G. G. (1967) *International Accounting*, New York: MacMillan Company.（金子春三監訳『国際会計論』ぺりかん社，1969 年）
—— (1968) Accounting Principles generally accepted in the United States Versus those generally accepted elsewhere, *The International Journal of Accounting*, Vol.3No.2, pp.93-101.
Wallerstein, I. (2004) *World System Analysis An Introduction*, Durham, NC: Duke University Press.（山下範久訳『入門世界システム分析』藤原書店，2006 年）
Zeff, S. A. (1972) *Forging Accounting Principles in Five Countries: A History and an Analysis of Trends*, Champaign, Illinois: Stipes Publishing Company.

第5章

国民性が利益の質に及ぼす影響の国際比較

はじめに

　本稿の目的は，異なった国に位置する企業が国際財務報告基準（International Financial Reporting Standards：IFRS）という単一の会計基準に従って財務情報を作成しても，それらの財務情報の比較は依然として困難であり，その原因は各国の国民性の相違から説明されることを明らかにすることにある。分析対象は，経済発展諸国の中で，IFRSを強制適用しているオーストラリア，カナダ，フランス，ドイツおよびイギリスと，一部の企業にIFRSの適用を容認している日本の企業とする。分析は，国別にIFRSの適用企業における利益の質を測定して，ソーシャル・キャピタル概念から評価した国民性と利益の質との関連性について実証的に検討する。

I 先行研究

1 国民性の評価に関する調査

　データサイエンスの分野では，国際比較研究を行う場合，多様な文化，民族，宗教といった視点から検討することが重要であると主張されている（吉野ほか 2010）。国際比較研究では，各国において異なった文化，民族，宗教などのデータを収集し，それを解析することで，各国の国民性を明らかにして，そこから社会現象が説明されることになる。

　国民性の研究は，人類学の分野において長い歴史を有していて，社会科学の分野では，社会文化体系を考えるための重要な概念となる（Inkeles 1997）。国民

性という用語は，これまでほとんど定義されておらず，さまざまな形で用いられてきた。Inkeles（1997, p.11）によると，多くの先行研究から，「ある特定の社会において共通な，あるいは標準化された特性」という共通項が指摘されている。これは，人間が創り出す社会システムの原因と結果を追求することに役立つ概念である。財務情報の意思決定有用性に関する国際会計研究においても，データサイエンスにおける国際比較研究の方法を参考に，国民性を考慮して分析することで，財務情報に包含される特性が明らかになり，これまで以上に精度の高い分析が可能になると考えられる。

世界の多くの国々を対象として，文化の視点から国民性の評価を行った調査では，ホーフステッド（Geert Hofstede）の研究が著名である。Hofstede（1980）は，文化を構成する要因として4つの社会的価値（Societal Values）を掲げて，国別に社会的価値の測定を行っている[1]。また，Hofstede（2001）は5つ目の社会的価値を，Hofstede et al.（2010）は6つ目の社会的価値を提示して，組織が文化に拘束されていることを明らかにしている[2]。

社会学の分野では，文化に，民族，宗教といった視点を加えたソーシャル・キャピタルに焦点を当てて，国民性の評価が行われてきた。ソーシャル・キャピタルは，社会的関係が人間の活動をよりよくするために必要な資源であるという考え方から研究されるようになった概念である（Dasgupta and Serageldin 1999）。ソーシャル・キャピタルの定義はさまざまであるが，Putnam（1993, p.167）は，「協調的行動を容易にすることにより社会の効率を改善しうる信頼（Trust），規範（Norms），ネットワーク（Networks）のような社会的組織の特徴」と定義している。ここから，多くのソーシャル・キャピタル研究が，信頼，規範，ネットワークの3つをその構成要素であると指摘している[3]。

ソーシャル・キャピタルの調査および分析は，経済協力開発機構（Organization for Economic Co-operation and Development：OECD），世界銀行（World Bank），イギリス，オーストラリア，ドイツおよびアメリカが共同で立ち上げた国際社会調査プログラム（International Social Survey Programme：ISSP）の他，日本では統計数理研究所等によって，さまざまな目的のもとに行われている。しかし，これらの調査の多くは，調査対象国や質問事項が少なかったり，測定が行われていないといった問題が指摘される[4]。

その中で，調査対象国，質問事項の範囲，質問事項の数等において，最も多くからソーシャル・キャピタルについて調査している機関が，世界価値観調査協会（World Values Survey Association：WVSA）である。WVSAは，異なった国の人々の意識変化と，それが社会的，文化的，政治的活動に及ぼす影響について調査することを目的として，世界価値観調査（World Values Survey：WVS）を実施している[5]。WVSは，現在第7回調査（Wave 7）が進行中であり，延べ参加国は世界人口の約90％を占める100カ国，40万人を超えた調査である。WVSは，その一部が，Hofstede（2001）およびHofstede et al.（2010）における社会的価値の測定にも利用されていて，文化の視点から国民性の評価を行った研究をいっそう拡大および発展させて国民性の評価を行っていると考えられる。

向（2017d）は，WVSの最新の調査結果を利用して，本稿が対象とする経済発展諸国6カ国に関する国民性をソーシャル・キャピタルの3つの構成要素から測定している。向（2017d）は，調査対象国すべてが回答した126の質問事項を用いて因子分析を行い，各因子がソーシャル・キャピタルの構成要素である社会的信頼性，宗教的規範および政治的ネットワークに分類可能であることを示している。その後，3つの因子への質問事項の回答について構造方程式モデルを用いて，各国の国民性が測定されている。

2　国民性が利益の質に及ぼす影響に関する研究

文化が会計制度の発展に影響を及ぼすと考えた研究では，Harrison and McKinnon（1986）およびGray（1988）が著名であり，かつ嚆矢と考えられる。Gray（1988）は，国の制度は環境要因の影響を受けると考えられているが，それまでの研究において文化の影響については十分に検討されていないことに着目して，Hofstede（1980）およびHofstede（1984）で特定された4つの社会的価値から，各国の会計制度を比較研究する理論モデルを提案した。その後，Gray（1988）の理論モデルに基づいて，ホーフステッドの社会的価値をはじめとして，文化と各国のさまざまな特性を環境要因とした分析的枠組みが構築され，会計制度の発展についての比較研究が行われるようになった[6]。

2000年代に入ると，IFRSによる会計基準の国際的収斂が注目を集めるにつれて，社会的価値と利益の質との関係に焦点を当てた国際比較研究が行われる

ようになった[7]。そこでは，国家が異なることで，IFRS を適用する企業の間の利益の質に相違が生じていて，その原因が各国の社会的価値の相違から説明されることが明らかにされている。しかし，どのような社会的価値が，どのように利益の質に影響を及ぼすかに関して，必ずしも一貫した結果は得られていない。これは，先行研究が対象とする国家や分析期間の相違をはじめ，ホーフステッドの社会的価値の測定が抱える問題[8]なども原因と考えられる。

ソーシャル・キャピタルの評価を用いて，利益の質との関係について分析する研究も行われている[9]。企業活動および会計実務が人間により行われることからも，ソーシャル・キャピタルから国民性を評価して，利益の質への影響を研究することには意義がある。それらの研究結果では，ソーシャル・キャピタルの3つの構成要素である信頼，規範およびネットワークが高いあるいは強い国において，利益の質が高いことが示されている。しかし，これまでにソーシャル・キャピタルを用いた会計研究は，3つの構成要素の1つだけを取り上げて，1カ国だけに焦点を当てたものが多く，国際比較研究は，Nanda and Wysocki（2011）および Braama et al.（2015）だけである。

II 仮説とリサーチ・デザイン

本稿では，最初に，IFRS の適用企業における利益の質を国別に測定した後，それらの利益の質に差異があるかについて，母平均の差の検定を行う。次いで，利益の質の差異への影響要因について，ソーシャル・キャピタルの3つの構成要素を用いて重回帰分析を行うことで，国民性がどのように利益の質に影響を及ぼしているかについて検証する。

ソーシャル・キャピタルと利益の質との関係は，先行研究に基づいて以下の仮説を構築する。

H_{1-1}：利益の質は，社会的信頼性が高い国の企業において高い。
H_{1-2}：利益の質は，宗教的規範が高い国において高い。
H_{1-3}：利益の質は，政治的ネットワークが強い国において高い。

利益の質は，利益と営業活動に伴うキャッシュ・フロー（CFO）の差額であ

る発生高に注目して，次の(1)式および(2)式を用いて，国別に測定する。(1)式は，Dechow and Dichev (2002) が提案したものに，McNichols (2002) が修正を加えたもので，前期，当期および次期の CFO から発生高を推定するモデルである。

$$\frac{TA_t}{Assets_{t-1}} = \alpha_1 \frac{CFO_{t-1}}{Assets_{t-1}} + \alpha_2 \frac{CFO_t}{Assets_{t-1}} + \alpha_3 \frac{CFO_{t+1}}{Assets_{t-1}}$$
$$+ \alpha_4 \frac{\Delta REV_t}{Assets_{t-1}} + \alpha_5 \frac{PPE_t}{Assets_{t-1}} + \varepsilon_t \quad \cdots\cdots (1)$$

TA_t ：t 期における発生高
$Assets_{t-1}$ ：t-1 期における期末総資産額
CFO_t ：t 期における CFO
ΔREV_t ：t 期における t-1 期からの売上高変化額
PPE_t ：t 期における有形固定資産合計額

Francis et al. (2005) は，(1)式において生じる残差 ε の大きさは，発生高の質を表していて，企業の財務状況等によって異なると指摘する。そこで，(2)式によって企業の財務状況等から発生高の質を推定することで，利益の質が評価される。

$$AQ_t = \beta_0 + \beta_1 LnAssets_t + \beta_2 SDCFO_t + \beta_3 SDRev_t$$
$$+ \beta_4 LnOpCycle_t + \beta_5 NegEarn_t + \zeta_t \quad \cdots\cdots (2)$$

AQ_t ：t 期における発生高の推定から生じた残差（ε_t）の絶体値
$LnAssets_t$ ：t 期における期末総資産額の自然対数
$SDCFO_t$ ：t 期以前 3 年間の CFO の標準偏差
$SDRev_t$ ：t 期以前 3 年間の売上高の標準偏差
$LnOpCycle_t$：t 期における 1 日あたり売上債権と棚卸資産の合計額の自然対数

| 第1部 | 国際会計

$NegEarn_t$ ：t 期以前3年間の赤字発生率

　(2)式における発生高の質の推定から生じる残差 ζ_t が，利益の質を表す。残差の絶対値が小さければ，利益の質が高いことを表し，絶対値が大きければ，利益の質が低いことを表す。これらの利益の質の測定値を用いて母平均の差の検定を行うことで，異なった国における IFRS の適用企業の間で，利益の質に差異があるかが明らかになる。

　先行研究では，利益の質が国民性の影響を受けて異なることを明らかにしている。そこで，仮に利益の質に差異が生じている場合，利益の質がどのように国民性の影響を受けているかについて，(3)式を用いて分析する。(3)式における社会的信頼性，宗教的規範および政治的ネットワークの構成要素の偏回帰係数の符号および t 値から，利益の質と国民性との関係が明らかになる。

$$EQ_t = \gamma\eta_0 + \gamma_1 LnMV_t + \gamma_2 Lev_t + \gamma_3 ROA_t + \gamma_4 DummyInd + \gamma_5 TRU + \gamma_6 NOR + \gamma_7 NET \quad\cdots\cdots (3)$$

EQ_t 　　　：t 期における発生高の評価から生じた残差（ζ_t）の絶対値
$LnMV_t$ 　：t 期における期末時価総額の自然対数
Lev_t 　　：t 期におけるレバレッジ
ROA_t 　　：t 期における総資産利益率
$DummyInd$：業種ダミー[10]
TRU 　　　：社会的信頼性指数
NOR 　　　：宗教的規範指数
NET 　　　：政治的ネットワーク指数

Ⅲ サンプルと記述統計

　分析対象企業は，経済発展諸国6カ国における上場企業である。分析対象期間は，国際会計基準審議会（International Accounting Standards Board：IASB）が設立されて，ヨーロッパ連合（European Union：EU）諸国においてIFRSの早期適用が行われるようになった2001年から2018年までとする。各企業の財務データは，CapitalIQデータベースから取得した。各年度のはずれ値を除外した後のサンプル企業数は，図表5-1のとおりである。

　(1)式における発生高の推定，(2)式における発生高の質の推定および(3)式における利益の質への影響要因の分析で用いる変数の記述統計は，図表5-2のとおりである。(3)式における国民性の評価は，ソーシャル・キャピタル概念からWVSの調査をもとに測定した向（2017d）のものを利用する（図表5-3）。図表5-3から，6カ国の中で，信頼，規範，ネットワークのいずれにおいても最も低い数値を示しているのが日本である。3つの指数で全般的に高い数値を示しているのが，カナダおよびオーストラリアである。

図表5-1　サンプル数

Country	Australia	Canada	France	Germany	Japan	the UK	Total
No.	6,914	2,510	3,956	2,277	487	3,651	19,795

| 第 1 部 | 国際会計

図表 5-2　記述統計

Country	Var.	Accruals	CFO_{t-1}	$CFOt$	CFO_{t+1}	dREV	PPE	Ln Assets
Australia	Ave.	−0.070	−0.134	−0.179	−0.256	0.086	0.475	3.753
	Med.	−0.028	−0.022	−0.024	−0.022	0.003	0.277	3.384
	St.Dev.	0.225	0.723	1.822	3.927	0.971	1.101	2.302
Canada	Ave.	−0.039	0.058	0.065	0.066	0.103	0.627	6.409
	Med.	−0.028	0.075	0.079	0.081	0.027	0.531	6.384
	St.Dev.	0.102	0.271	0.335	0.610	0.808	1.633	1.844
France	Ave.	−0.006	0.054	0.057	0.061	0.049	0.242	6.199
	Med.	−0.006	0.061	0.065	0.067	0.032	0.146	5.886
	St.Dev.	0.052	0.096	0.104	0.116	0.149	0.332	2.259
Germany	Ave.	−0.010	0.048	0.054	0.062	0.093	0.254	5.867
	Med.	−0.014	0.070	0.073	0.077	0.045	0.215	5.473
	St.Dev.	0.074	0.184	0.197	0.220	0.485	0.237	2.399
Japan	Ave.	−0.030	0.078	0.083	0.067	0.079	0.199	13.240
	Med.	−0.029	0.076	0.079	0.063	0.042	0.172	13.465
	St.Dev.	0.036	0.061	0.065	0.065	0.278	0.139	2.015
the UK	Ave.	0.002	0.089	0.097	0.105	0.058	0.320	6.646
	Med.	0.002	0.083	0.087	0.093	0.035	0.222	6.591
	St.Dev.	0.044	0.087	0.093	0.105	0.143	0.338	1.843

Country	Var.	SDCFO	SDRev	LnOp Cycle	Neg Earn	LnMV	Lev	ROA
Australia	Ave.	0.550	0.191	2.024	0.584	3.750	0.431	−0.325
	Med.	0.059	0.068	1.895	0.667	3.360	0.299	−0.050
	St.Dev.	11.953	0.579	0.762	0.452	2.244	1.422	2.268
Canada	Ave.	0.080	0.163	1.660	0.248	6.073	0.494	0.011
	Med.	0.034	0.080	1.723	0.000	6.118	0.473	0.051
	St.Dev.	0.361	0.402	0.441	0.364	1.861	0.313	0.347
France	Ave.	0.042	0.121	1.992	0.150	5.528	0.599	0.041
	Med.	0.028	0.064	1.987	0.000	5.155	0.597	0.051
	St.Dev.	0.046	0.866	0.293	0.304	2.299	0.256	0.108
Germany	Ave.	0.074	0.219	1.760	0.170	5.399	0.592	0.038
	Med.	0.036	0.100	1.788	0.000	5.116	0.596	0.055
	St.Dev.	0.220	0.483	0.345	0.309	2.457	0.295	0.198
Japan	Ave.	0.025	0.108	6.245	0.099	12.954	0.494	0.057
	Med.	0.020	0.066	6.469	0.000	13.220	0.501	0.047
	St.Dev.	0.022	0.125	1.957	0.231	1.736	0.197	0.042
the UK	Ave.	0.036	0.127	1.678	0.053	6.376	0.580	0.087
	Med.	0.024	0.071	1.780	0.000	6.391	0.571	0.078
	St.Dev.	0.039	0.303	0.418	0.187	1.927	0.255	0.092

図表 5-3　ソーシャル・キャピタルの測定値

Country	Australia	Canada	France	Germany	Japan	the UK
社会的信頼性（TRU）	0.269	0.307	0.105	0.238	0.102	0.209
宗教的規範（NOR）	−0.158	−0.029	−0.177	−0.176	−0.204	−0.115
政治的ネットワーク（NET）	0.667	0.683	0.589	0.564	0.337	0.662

出所：向（2017d）。

Ⅳ 分析結果

(1)式により国別に発生高を推定した結果は，図表5-4のとおりである。(2)式により国別に発生高の質を推定した結果は，図表5-5のとおりである。図表5-6は，(2)式により発生高の質を推定した結果生じた残差の絶対値を示してい

図表 5-4　国別発生高の推定

Country	Australia		Canada		France	
Var.	Coef.	t-value	Coef.	t-value	Coef.	t-value
$Const.$	−0.053	−17.665 **	−0.021	−7.108 **	−0.005	−4.200 **
CFO_{t-1}	0.074	9.250 **	0.104	5.021 **	0.236	20.004 **
CFO	−0.017	−2.031 *	−0.289	−13.265 **	−0.412	−31.807 **
CFO_{t+1}	0.018	4.282 **	0.084	6.836 **	0.154	14.898 **
$dREV$	0.003	1.044	0.006	1.857	0.082	15.977 **
PPE	−0.018	−6.075 **	−0.017	−4.846 **	−0.016	−6.310 **
$Adj.R^2$	0.033		0.085		0.234	

Country	Germany		Japan		the UK	
Var.	Coef.	t-value	Coef.	t-value	Coef.	t-value
$Const.$	−0.005	−2.103 *	−0.001	−0.269	0.011	8.682 **
CFO_{t-1}	0.156	11.547 **	0.131	3.473 **	0.168	12.891 **
CFO	−0.252	−16.585 **	−0.297	−8.318 **	−0.376	−26.813 **
CFO_{t+1}	0.107	9.962 **	0.006	0.209	0.103	9.480 **
$dREV$	0.038	10.006 **	0.021	3.300 **	0.065	12.591 **
PPE	−0.031	−5.069 **	−0.082	−7.910 **	−0.005	−2.702 **
$Adj.R^2$	0.158		0.256		0.181	

*：5%　**：1%

| 第1部 | 国際会計

図表5-5　国別発生高の質の推定

Country	Australia		Canada		France	
Var.	Coef.	t-value	Coef.	t-value	Coef.	t-value
Const.	0.190	17.062 **	0.108	10.559 **	0.027	6.491
LnAssets	−0.021	−15.089 **	−0.007	−6.629 **	−0.002	−6.642 **
SDCFO	−0.001	−0.963	0.169	9.223 **	0.146	10.346 **
SDRev	0.024	5.085 **	−0.025	−4.863 **	−0.002	−0.570
LnOpCycle	0.002	0.679	−0.012	−2.883 **	0.004	2.337 *
NegEarn	0.013	1.790	0.043	8.894 **	0.015	7.692 **
Adj.R^2		0.099		0.173		0.139

Country	Germany		Japan		the UK	
Var.	Coef.	t-value	Coef.	t-value	Coef.	t-value
Const.	0.046	5.625	0.022	1.295	0.030	11.056
LnAssets	−0.004	−6.828 **	0.000	0.174	−0.000	−1.646
SDCFO	0.032	3.964 **	0.214	2.956 **	0.121	8.621 **
SDRev	0.021	5.941 **	0.010	1.264	0.008	3.136 **
LnOpCycle	0.008	2.046 *	−0.002	−0.973	−0.002	−2.266 *
NegEarn	0.047	9.230 **	−0.004	−0.808	0.021	7.574 **
Adj.R^2		0.180		0.052		0.079

*：5%　**：1%

図表5-6　利益の質の測定結果

Country	Australia	Canada	France	Germany	Japan	the UK
Ave.*)	0.102	0.041	0.020	0.034	0.014	0.018
Med.*)	0.074	0.029	0.016	0.023	0.012	0.016
StDev.	0.129	0.048	0.019	0.049	0.013	0.015
利益の質の順位	6	5	3	4	1	2

*) 小さな数値の方が利益の質が高いことを示す。

る。これは，国別のIFRSの適用企業における利益の質の測定結果を表す。残差の絶対値が小さければ利益の質が高く，残差の絶対値が大きければ利益の質は低い。利益の質は，平均値および中央値のいずれにおいても，日本が最も高く，それに次いでイギリス，フランス，ドイツ，カナダおよびオーストラリアの順となっている。残差の絶対値の標準偏差が利益の質のばらつきを表すと考

図表 5-7　利益の質に関する母平均の差の検定

Country	Australia	Canada	France	Germany	Japan	the UK
Australia	--- ---	27.199 **	42.740 **	30.964 **	44.400 **	43.926 **
Canada			16.714 **	4.333 **	20.124 **	18.423 **
France				-11.690 **	9.111 **	4.387 **
Germany					15.659 **	13.463 **
Japan						-6.673 **
the UK						--- ---

*：5%　**：1%

図表 5-8　利益の質とソーシャル・キャピタル

Var.	Coef.	Stand. Coef.	t-value	VIF
Const.	−0.033		−2.836 **	
LnMV	−0.006	−0.182	−20.521 **	1.566
LEV	−0.009	−0.074	−8.059 **	1.671
ROA	−0.018	−0.305	−33.193 **	1.676
TRU	0.290	0.242	24.186 **	1.995
NOR	−0.351	−0.194	−19.046 **	2.064
NET	0.038	0.029	2.634 **	2.452
adj.R^2			0.278	

*：5%　**：1%

えると，利益の質のばらつきの大きさは，ドイツよりカナダの方が若干小さいが，それ以外は利益の質の順位と同じである。

　図表5-7は，利益の質を表す残差の絶対値に関して，母平均の差の検定結果を表している。すべてにおいて統計的に有意な結果となっていて，IFRSの適用企業において，国家が異なることで利益の質に差異があることが明らかになる。

　図表5-8は，(3)式により，利益の質への国民性の影響をソーシャル・キャピタルの3つの構成要素から分析した結果である。分析結果では，IFRSの適用企業の利益の質が，社会的信頼性，宗教的規範および政治的ネットワークの3つの構成要素の影響を受けることが明らかになった。国民性の3つの構成要素における偏回帰係数の符号は，社会的信頼性および政治的ネットワークにおい

て正であり，宗教的規範において負となっている。利益の質は，社会的信頼性および政治的ネットワークが低いまたは弱いほど高く，宗教的規範が高いほど高いことになる。ただし，各変数の重要性を表す標準偏回帰係数では，社会的信頼および宗教的規範に比較して，政治的ネットワークが最も小さい。

おわりに

　本稿では，経済発展諸国6カ国に位置するIFRSの適用企業に焦点を当てて，単一の会計基準に従って財務情報を作成しても，それらの財務情報の比較は依然として困難であり，その原因は各国の国民性の相違から説明されることを明らかにした。国民性が利益の質にどのように影響しているかについて分析したところ，利益の質は，社会的信頼性が低いほど高く，宗教的規範が高いほど高く，政治的ネットワークが弱いほど高いことが明らかになった。

　本稿で用いたソーシャル・キャピタルの測定値では，6カ国の中で，信頼，規範，ネットワークのいずれにおいても最も低い数値を示したのが，日本である。ただし，宗教的規範は，6カ国すべてにおいて負の値を示していて，全体的に低い。また，社会的信頼性および宗教的規範に比較して，政治的ネットワークの重要性は低くなっている。ここから，6カ国における利益の質は，ソーシャル・キャピタルの3つの構成要素の中の信頼性の影響を強く受けている可能性が示唆される。

　本稿での分析結果における利益の質を信頼性の高さと関連付けると，利益の質の順位は，社会的信頼性の高さの順位に類似していて，社会的信頼性の低い日本が最も高く，それに次いで，フランス・イギリス，ドイツ，およびオーストラリア・カナダの順になっている。ここから，利益の質は国民性の評価における信頼性の影響を受けることが明らかになった。

注

(1) Hofstede (1980) は，社会的価値を，権力の格差（Power Distance），不確実性の回避（Uncertainty Avoidance），個人主義と集団主義（Individualism and Collectivism），お

よび男性化と女性化（Masculinity and Feminity）の4つに分類して，国民文化の類似性と差異を検出している。
(2) Hofstede（2001）は，Hofstede（1980）の4つの社会的価値に長期的志向と短期的志向（Long-versus Short-Term Orientation）を加えて5つとしている。Hofstede et al.（2010）は，Hofstede（2001）の5つの社会的価値に，放縦と抑制（Indulgence versus Restraint）を加えて6つとしている。
(3) たとえば，宮川・大守編（2004）；稲葉編（2008）；国領（2013）を参照。
(4) 詳細については，向（2017c）を参照。
(5) WVSAのHPを参照（http://www.worldvaluessurvey.org/WVSContents.jsp）。
(6) たとえば，Doupnik and Salter（1995）；Zarzeski（1996）；Hope（2003）；Nabar and Boonlert-U-Thai（2007）等がある。
(7) たとえば，Guan et al.（2005）；Han et al.（2010）；Riahi and Omri（2013）；Gray et al.（2015）等がある。詳細については，向（2018）を参照。
(8) ホーフステッドの社会的価値の測定の問題については，向（2017a；2017b；2017c）を参照。
(9) たとえば，Nanda and Wysocki（2011）；McGuire et al.（2012）；Hashim（2012）；Garrett et al.（2014）；Braama et al.（2015）等がある。詳細については，向（2018）を参照。
(10) 業種の分類は，世界的に企業分析に用いられている世界産業分類（GICS）の大分類24業種から，金融業に含まれる銀行・その他金融・保険を除いた21業種による。

参考文献

稲葉陽二編（2008）『ソーシャル・キャピタルの潜在力』日本評論社。
国領二郎（2013）『ソーシャルな資本主義』日本経済新聞出版社。
統計数理研究所（2015）「アジア・太平洋価値観国際比較調査」統計数理研究所。
宮川公男・大守隆編（2004）『ソーシャル・キャピタル』東洋経済新報社。
向伊知郎（2017a）「IFRS適用企業における財務情報の分析的枠組み」『会計・監査ジャーナル』第29巻第6号, 83-89頁。
―――（2017b）「ビッグデータを用いた国際会計研究の発展可能性」『税経通信』第72巻第10号, 157-166頁。
―――（2017c）「ソーシャル・キャピタルに基づいた国民性の評価：国際会計研究への利用を念頭に」『経営学研究』第27巻第3・4合併号, 35-50頁。
―――（2017d）「世界価値観調査に基づいたソーシャル・キャピタルの測定：国際会計研究の分析モデル構築に向けて」『経営管理研究所紀要』（愛知学院大学）第24号, 89-106頁。
―――（2018）「IFRSの適用と利益の質に関する比較研究：業種・国家の相違の影響」『経営管理研究所紀要』（愛知学院大学）第25号, 71-93頁。
吉野諒三・林　文・山岡和枝（2010）『国際比較データの解析：意識調査の実践と活用』朝倉書店。
Braama, G., M. Nandl, U. Weitzela and S. Lodhc（2015）Accrual-based and Real Earnings Management and Political Connections, *The International Journal of*

Accounting, Vol.50, pp.111-141.

Dasgupta, P. and I. Serageldin (1999) *Social Capital : A Multifaceted Perspective*, The World Bank.

Dechow, P. M. and I. D. Dichev (2002) The Quality of Accruals and Earnings : The Role of Accrual Estimation Errors, *The Accounting Review*, Vol.77 Supplement, pp.35-59.

Doupnik, T. S. and S. B. Salter (1995) External Environment, Culture and Accounting Practice : A Preliminary Test of a General Model of International Accounting Development, *The International Journal of Accounting*, Vol.30, pp.189-207.

Francis, J., R. LaFond, P. Olsson and K. Shipper. (2005) The Market Pricing of Accruals Quality, *Journal of Accounting and Economics*, Vol.39 No.2, pp.295-327.

Garrett, J., R. Hoitash and D. F. Prawitt (2014) Trust and Financial Reporting Quality, *Journal of Accounting Research*, Vol.52, pp.1087-1125.

Gray, S. J. (1988) Towards a Theory of Cultural Influence on the Development of Accounting Systems Internationally, *Abacus*, Vol.24, pp.1-15.

Gray, S. J., T. Kang, Z. Lin and Q. Tang (2015) Earnings Management in Europe Post IFRS : Do Culture Influences Persist?, *Management International Review*, Vol.55, pp.827-856.

Guan, L., H. Pourjalali, P. Sengupta and J. Teruya (2005) Effect of Cultural Environment on Earnings Manipulation : A Five Asia-Pacific Country Analysis, *The Multinational Business Review*, Vol. 13, pp.23-41.

Han, S., T. Kang, S. Salter and Y. K. Yoo (2010) A Cross-Country Study on the Effects of national Culture on Earnings Management, *Journal of International Business Studies*, Vol.41, pp.123-141.

Harrison, G. L. and J. L. McKinnon (1986) Culture and Accounting Change : A New Perspective on Corporate Reporting Regulation and Accounting Policy Formulation, *Accounting, Organizations and Society*, Vol.11, pp.233-252.

Hashim, H. A. (2012) The Influence of Culture on Financial Reporting Quality in Malaysia, *Asian Social Science*, Vol.8, pp.192-200.

Hofstede, G. (1980) *Culture's Consequences : International Differences in Work-Related Values*, SAGE. (萬成博・安藤文四郎監訳『経営文化の国際比較』産業能率大出版部, 1984年)

―― (1984) *Culture's Consequences : International Differences in Work-Related Values* (Abridged Edition), SAGE.

―― (2001) *Culture's Consequences : Comparing Values, Behaviors, Institutions, and Organizations Across Nations* (Second Edition), SAGE.

Hofstede, G., G. J. Hofstede and M. Minkov (2010) *Cultures and Organizations : Software of the Mind*, The McGraw-Hill Companies. (岩井八郎・岩井紀子訳『多文化社会：違いを学び未来への道を探る』有斐閣, 2013年)

Hope, O-K (2003) Firm-level Disclosures and the Relative Roles of Culture and Legal Origin, *Journal of International Financial Management and Accounting*, Vol.14(3),

pp.2018-248.
Inkeles, A.（1997）*National Character*, Transaction Publishers.（吉野諒三訳『国民性論』出光書店，2003 年）
McGuire, S. T., T. C. Omer and N. Y. Sharp（2012）The Impact of Religion on Financial Reporting Irregularities, *The Accounting Review*, Vol.87, pp.645-673.
McNichols, M.（2002）Discussion of The Quality of Accruals and Earnings：The Role of Accrual Estimation Errors, *The Accounting Review*, Vol.77 Supplement, pp.61-69.
Nabar, S. and K. K. Boonlert-U-Thai（2007）Earnings Management, Investor Protection, and National Culture, *Journal of International Accounting Research*, Vol.6 No.2, pp.35-54.
Nanda, D. and P. Wysocki（2011）The Relation between Trust and Accounting Quality, *Working Paper*.
Putnam, R. D.（1993）*Making Democracy Work*, Princeton University Press.（河田潤一訳『哲学する民主主義』NTT 出版，2001 年）
Riahi, R. and A. Omri（2013）Cultural Relativism in Earnings Management, *International Journal of Business Research*, Vol.3 No.3, pp.281-295.
Zarzeski, M. T.（1996）Spontaneous Harmonization Effects of Culture and Market Forces on Accounting Disclosure Practices, *Accounting Horizons*, Vol.10 No.1, pp.18-37.

＊本研究は，平成 31 年度（令和元年度）科学研究費・基盤研究(C)一般・課題番号 19K02001 の助成金を受けた研究成果の一部である。

第**6**章

ビッグバン・アプローチによる国際財務報告基準（IFRS）の導入
──韓国での導入後 5 年間の評価とその後の検証

はじめに

　国際財務報告基準（International Financial Reporting Standards：IFRS）の導入（アドプション）の大きな成果は，韓国が IFRS をすべての上場企業と主たる金融機関に全面導入し，これを政府部門などにも拡散したという点と，政府が政策目的あるいは他の政治的正当性を理由として会計基準に干渉する事例がなかったという点である（韓国会計基準院 2016a, p.132）――これは基準設定主体の韓国会計基準院（Korea Accounting Institute：KAI）が 2011 年からの IFRS 導入後の 5 年間を評して導き出した結論の一部である。

　韓国では，全面的なアドプションの趣旨を活かすために，この基準を「韓国採択国際会計基準」（K-IFRS）[(1)] と名づけた。韓国での IFRS アドプションは，適用すべき会計基準（財務報告基準）をコペルニクス的に転換しており，「ビッグバン・アプローチ」によるといわれている（企業会計基準委員会 2011, 1 頁）。その理由は，冒頭の結論にみられる適用対象にとどまらず，主たる財務諸表を連結財務諸表としたことをはじめ，上場企業の連結財務諸表と単体財務諸表に IFRS を適用し，商法上の分配可能額の計算や法人税法上の課税所得計算の関

連規定も韓国の会計基準（K-GAAP）ではなく IFRS 適用によるものに全面改正したこと，会計基準に関わる「資本市場と金融投資業に関する法律」や「株式会社の外部監査に関する法律」などを全面改正したことなどにある。

ビッグバン・アプローチによる IFRS の導入時の期待効果とその憂慮はどのように捉えられ，またどのように評されたのだろうか。本稿では，IFRS 早期適用期，IFRS 導入後5年間，そしてその後について，代表的な学術研究の成果のレビューなどを踏まえて整理し，韓国の IFRS 導入の全体像とその実態を明らかにしてみたい。

I　IFRS導入後5年間の評価

まずは，KAI が韓国の IFRS 導入後の5年間をどのように評価したかを示しておきたい。

タスクフォースとともに，「国際会計基準導入のロードマップ」（2007年3月15日）を策定したKAIからすれば，その後の期待効果やその憂慮を掌握することは，フィードバックを通じた基準の品質向上を図るうえで重要である。KAI が「IFRS 導入5年の成果と課題」（2016年12月6日）と「IFRS 導入5年の教訓と今後の推進課題」（2017年1月17日）と題する会合や討論会を開催したのも，基準設定主体として韓国の会計の先進化と透明性の向上を図る舵取りの責任の表われによるものである。

とくに，前者の会合は，KAI が，金融監督院，韓国公認会計士会（Korean Institute of Certified Public Accountants：KICPA），韓国租税財政研究院とともに実施した総合研究「韓国の IFRS 導入5年の成果と課題」による5つのプロジェクト研究（정・백 2016；송・정 2016；전 et al. 2016；문 2016；이・권 2016）とKAIによる2つの研究（김 et al. 2015；한 et al. 2016）をもとに取りまとめた報告書『韓国の国際会計基準（IFRS）導入：5年の経験と教訓』（韓国会計基準委員会 2016a）を公表するとともに，報道機関も交えて，その内容の公開を目的として開催されたものである。IFRS 導入後の評価は，たとえばICAEW（2014），ICAEW（2015），EC（2015），AASB（2016）のように，すでに IFRS を導入した国や地域でも実施されており，KAI の報告書もこれらの調査目的に符合する

ものである。

韓国会計基準院（2016a）はこれら7編の研究成果をベースとしており、IFRS導入の影響分析を、①作成者の観点からの導入のベネフィットとコスト、②投資家（利用者）の観点からの導入のベネフィットと資本の国際化、③経済的効果、④外部監査人および会計監督当局の観点からの導入のベネフィット、⑤公共機関（公企業）の観点からの導入のベネフィット、⑥IFRS導入手続きおよび運営についての評価の6項目に整理し、それらからの知見を導き出している。各研究の分析結果を整理すると、図表6-1のようになる。

図表6-1　IFRS導入後5年間の影響分析とその結果

■作成者の観点——IFRS導入のベネフィットとコスト：アンケート調査（김 et al. 2015）

- 財務諸表作成者（企業）は、IFRS導入のベネフィットよりもコストが大きいと考えている。
- IFRS導入後のコストは、その項目によっては業種別に大きな差異がある（会計関連業務・注記作成時間に伴うコスト）。
- 企業は、連結財務諸表の作成を通じて子会社管理の効率性が高まり、財務諸表の二重作成負担の軽減や比較可能性の増大による海外進出コストの減少をベネフィットと捉えているのに対して、会計士は、比較可能性の増大、信頼性の向上、連結実体管理の有用性をベネフィットと捉えている。
- 企業は、会計の透明性の増大、会計の信頼性の増大、資金調達コストの減少、格付けの変化、企業自体の会計情報の有用性の増大に関連して、ほとんどが特別な変化を認識していない。

■投資家（利用者）の観点——IFRS導入のベネフィットと資本の国際化：アンケート調査・インタビュー調査（한 et al. 2016）

- 海外市場、起債、投資、格付けなどに特別な変化はない。
- 利用者の観点からIFRS導入のベネフィットを見出している。
  例：KOSDAQ（Korean Securities Dealers Automated Quotations）の小型株への外国人投資家は増加。経営者の意思決定が連結財務諸表に及ぼす影響に注意を集中。外資系金融機関は財務諸表の比較可能性が高まり、企業分析の質が向上。海外市場上場企業や大手監査法人の意思決定速度が増加している。

■IFRS導入の経済的影響——プロジェクト1：専門家へのインタビューとアンケート調査（정・백 2016）
プロジェクト2：文献考察と実証分析（송・정 2016）

- インタビュー、アンケート調査：IFRS導入時の期待を満たしているのは国際競争力（国際的比較可能性）についてである。

- 国内の文献研究：価値関連性の向上に関する確証なし。比較可能性，利益予測の正確性，比較可能性と資本コストの関連に一部増加がみられる。
- 実証分析：利益の持続性に変化なし。利益の将来キャッシュフロー予測力は向上。発生高・非正常発生高は減少。利益反応係数は変化なし。利益と帳簿価額との価値関連性には変化なし。利益の柔軟性の程度は一部減少。比較可能性は一部向上。

■外部監査人と会計監督当局の観点——プロジェクト 3：IFRS 導入が外部監人と会計監督制度に及ぼした影響：実証分析とアンケート調査（전 et al. 2016）

- 実証分析：監査報酬と監査時間は増加。時間当たり監査報酬は低下している。大手監査法人の監査人への交代は生じていない。
- アンケート調査：公認会計士が連結中心の内部統制制度の定着に否定的な因子。連結財務諸表は期待されるほど活用されず。公認会計士は，監査リスクが増大し，企業との意見の相違を深刻に感じている。品質管理部門の役割，教育と研究機能，世界的な監査法人のネットワーク等の重要性が大きくなると回答。

■公共機関の観点——プロジェクト 4：IFRS 導入が公共機関の会計情報と関連意思決定に及ぼす影響：実証分析（문 2016）

- 会計情報の質への影響：委託執行型の準政府機関の場合，赤字回避が疑われる比率は IFRS 導入前後に有意な差異はみられないが，利益減少の回避が疑われる比率は IFRS 導入以降，多少低下がみられる。
- 会計情報の開示についての変化：監査報告書の様式を統一したことにより比較可能性が向上している。
- 資金調達コストの変化：増加を見出せず。
- 公共料金算定への影響：公共料金算定基準に従った財務諸表を別途作成し，IFRS の影響を排除している。
- 前年度経営実績の評価への影響：2011 年度公企業経営実績の評価から業務効率指標と財務予算成果指標の加重値に大幅な上昇がみられる。
- 配当決定への影響：変化なし。

■IFRS 導入手続きおよび運営に関する評価——プロジェクト 5：政策研究（이・권 2016）

- 認証手続き：政治・監督目的の遅延の当否については，非常に成功している。
- 完全導入：政治・監督目的の基準変更については，非常に成功している。
- 質疑応答制度（プリクリアランス制度）：政治・監督目的の自律判断の介入については，成功している。
- 国際活動：IFRS のガバナンスへの参画と積極的な意見発信：非常に成功している。
- IFRS の翻訳：翻訳の忠実性 vs. 読みやすさと理解可能性のコンフリクトについては，改善が必要である。
- K-IFRS の名称：海外の利用者が K-IFRS を IFRS ではないと誤解することについては，至急改善が必要である。

出所：韓国会計基準院（2016a，第Ⅱ章，第Ⅲ章）；韓国会計基準院（2016b）；김 et al.（2015）；한 et al.（2016）；정・백（2016）；송・정（2016）；전 et al.（2016）；문（2016）；이・권（2016）を基に作成。

| 第1部 | 国際会計

　これらの研究成果を踏まえて，IFRS 導入時の期待効果について次のような結論を下している（韓国会計基準院 2016a, pp.iii-iv，第Ⅲ章，第Ⅳ章）。

[期待効果]
1：IFRS 導入により世界的な会計処理基準の単一化の趨勢に積極的に対応し，会計基準の国際的適合性を達成する。
　〈評価〉韓国は IFRS を完全かつ模範的に導入して運用しており，IFRS の発展に向けた国際活動にも積極的に参画している。
2：IFRS 導入を通じてグローバル企業の会計情報の作成コストと資金調達コストを削減できる。
　〈評価〉グローバル企業の場合，アメリカの証券市場への上場時の財務諸表再作成の義務が免除され，各種資金取引が容易となった。ただし，一般企業については，短期的に認知される恩恵よりも発生したコストの方が大きいという意見が支配的である。それでも，中小企業向け証券市場の KOSDAQ に上場した国内の小規模企業に対する海外からの投資額が持続的に増加するなど，長期的に資本調達がしやすくなっている。
3：企業の実質を反映する原則主義の IFRS 導入により，会計情報の質を向上させ企業価値を高めることができる。
　〈評価〉経営者の裁量の増加で会計情報の質が低下したという証拠はみられない。むしろ，一部の会計情報の質の測定値は向上している。しかし，会計情報の質が高まるときに資本コストが下がったり企業価値が向上する結果は明確には見出せていない。その原因究明に向けた研究が必要である。
4：会計情報に対する国内外の信頼性を向上させ，会計の透明性を高めることで，証券市場が低く評価されるコリアディスカウント（Korea Discount）を解消する。
　〈評価〉会計の透明性とコリアディスカウントについて特別な現象を見出せなかった。これは，IFRS が国家主導で導入される過程で既存の経済主体の会計の透明性の向上に向けた経済的誘因が不足し，法執行と企業文化，コーポレート・ガバナンスが大きく変わらない点に起因するものである。とはいえ，先進的な会計基準の導入自体が韓国社会の会計の透明性に向けた熱望を標榜する大きなモメンタムとして作用する主たる事象であったことは否認できない。連結財務諸表を重視し，IT システムに多くの投資を行ったという点や，公共部門にも IFRS 導入を拡大し，社会全

般の透明性の向上という役割にIFRSは寄与している。

Ⅱ IFRS導入後5年間の評価以前の代表的な学術研究とその特徴

　学術研究をもとに，韓国でのIFRS導入後5年間の評価を推進したのは，当時の장지인(張志仁)KAI第6代院長（韓国会計基準委員会（Korea Accounting Standards Board：KASB）委員長。中央大学校教授。任期：2014年3月〜2017年2月）であった。IFRS導入を全方位から検討する必要性は，KAI院長就任前から一貫して取られてきたスタンスであり，その功績はとても大きい。

　現に，KAI院長就任前に，韓国会計学会（Korean Accounting Association：KAA）の第28代会長（2009年7月1日〜2010年6月30日）を務めた1年間の学会での取組みは，IFRS早期適用の時期とも重なり，まさにIFRS一色であった。KAA会長時の学会主催のものだけでも，シンポジウム（IFRS導入事例，中小企業，公正価値評価，会計監督，公共機関，会計情報開示と利用者への影響：6回），セミナー（ヘッジ会計，公共機関：2回），研究会（外貨換算：5回），地域説明会（4回），IFRS教育ワークショップ（1回）に及ぶ（韓国会計学会2010, pp.13-41）。

　金融監督院なども「IFRS早期適用企業導入事例セミナー」（金融監督院・韓国会計情報学会2009）などを通じてIFRSの啓蒙活動を進めていたが，企画財政部，金融監督院，KAI，KICPA，上場会社協議会，造船業協会などからのKAAに対する一連の研究委託も受けて，その学術成果が学会誌『회계저널』（Korean Accounting Journal）の特集号（第19巻第2号，2010年5月）として編纂されている。

　IFRSの早期適用であれ強制適用であれ，制度化後の当初の研究は，事例研究（Case Study）にならざるを得ない。『회계저널』誌に掲載された18編の論文のほとんどが，このIFRSの導入事例という特徴を有している[2]。この点について，第111回KAI Forum「IFRS導入効果についての研究の検討」で報告されたKAIの委託研究（황이석(黃利錫)（ソウル大学校）・남혜정(南惠貞)（東国大学校））の結果でも，先行研究の主流は事例研究であったため，とくに会計

情報の質的特性に関する研究,資本コストと市場関係者の反応に関する研究,比較可能性の増大に向けた方案,IFRS 導入による各会計基準別の影響,税金への影響,韓国の特性に合致した研究(韓国企業の財務報告の特定誘因)の必要性が説かれている(황・남 2012)。

これらの研究の必要性は,IFRS 導入時の憂慮にも符合するところがある。先の韓国会計基準院(2016a, p.26, pp.111-115)は,その憂慮を5つに集約し,最終的に次のように評価している。

[憂慮]
1:企業にもたらす IFRS 導入の効果よりも導入と運営のコストがより大きくなる。
〈評価〉ベネフィットは短期的にはみることはできないが,作成コストは短期的には増加している。ただし,そのコストの増加は IFRS の受け入れが難しいほどのものではない。
2:原則主義の IFRS 導入により経営者の裁量が拡大し,会計情報の比較可能性が低下する。
〈評価〉海外での研究結果と類似した比較可能性が観察され,また株価収益率での比較可能性と発生高での比較可能性は向上しており,当初のこの憂慮は杞憂である。
3:原則主義,公正価値中心の IFRS は,韓国の会計の法規性および監督当局の監理の現実に符合しない。
〈評価〉一概にはいえない。この問題は,会計を成文法規範の一部とする国々での問題であり,韓国では大きな問題として台頭していない。
4:国内企業の特性を反映することが難しく,財務上の危機対応または特定政策目的の達成のための会計基準の反映が困難となり,会計の主権を喪失する。
〈評価〉そうとはいえない。政府は,特定の解釈を強要せず IFRS 解釈指針委員会の判断を尊重しており,また KASB は,基準設定主体として国内の特殊性を反映するように努めており,会計の主権を喪失していない。この憂慮は杞憂である。
5:IFRS が効果的に運営されるためには単純に制度の変化だけではなく,作成者,監査人,利用者および会計監督当局の形態を変化させる経済的誘因と制度的変化を伴わなければならない。
〈評価〉部分的にはそのとおりである。IFRS 導入の肯定的なベネフィットと恩恵を十分に認識して活用できるように,関係者を説得し,広報する体系的なコミュニ

ケーションを引き続き図っていく必要がある。

たいへん興味深いのは、張志仁KAI院長自らが、韓国におけるIFRS導入の経済的帰結（経済的影響）について、それまでの学術研究の包括的な文献レビューによって検討し、評価していることである[3]。

Jang et al. (2016) は、韓国での主たる学術誌等での18編の実証研究論文での経済的帰結を6つの分野（①利益の質、②財務諸表の比較可能性、③価値関連性、④アナリスト行動、⑤情報の非対称性、⑥資本コストと企業価値）に分類し、そのレビューを通じて、韓国でのIFRS導入は一般的にポジティブな経済的帰結をもたらしているとの結論を示している。

この結論に至る6つの分野のレビュー結果は、端的には以下のとおりである。

まず利益の質への影響については、IFRSアドプションは裁量的発生高を減少させ、財務諸表の信頼性を改善すること（박 et al. 2012; 유・차 2014）、K-GAAPよりもIFRSによる財務諸表でもIFRS導入後に裁量的発生高が減少すること（최・손 2012）などから、IFRS導入が利益の質を改善したことを見出している。財務諸表の比較可能性への影響は、研究の結論が一致せず、混在している（たとえば、이 et al. 2012）。価値関連性には重要な影響はみられず（최 2013）、アナリストの情報環境は改善されているとした。また、情報の非対称性や資本コストは減少し、企業価値は増加している[4]。

Ⅲ IFRS導入から5年以降の評価

韓国会計基準院（2016a）は、IFRSの導入効果などの検証を継続して実施する必要性を説いている。KAIが、「IFRSに関わる研究を活性化し、ひいては研究結果をIFRS制定および適用プロセスに反映」することを目的として、研究助成を通じて、KAAとの共同で「IFRS Research Forum」を2016年から毎年開催することとしたのもその表れである[5]。

第1回の2016 IFRS Research Forumから第3回の2018 IFRS Research Forumまでに選定された研究課題は、図表6-2のとおりである。

図表 6-2　IFRS Research Forum と研究課題（第 1 回－第 3 回）

2016 IFRS Research Forum（第 1 回）	■「IFRS 導入後の金融機関の貸倒引当金調整後利益と当期純利益の相対的価値関連性」（김효진（全州大学校）） ■「IFRS 導入が会計利益とマクロ経済変数の関係に及ぼす影響」（백원선（成均舘大学校）） ■「Does IFRS Adoption Promote International Capital Movements?: In Case of Korea」（손혁（Shawn Hyuk）（啓明大学校）） ■「The Adoption of IFRS and the Choice between Public and Private Debt: Evidence from Korea」（이재홍（Lee Jaehong）（延世大学校）） ■「IFRS 導入成果の前提条件：会計情報の信頼性と比較可能性」（정도진（中央大学校））
2017 IFRS Research Forum（第 2 回）	■「IFRS 導入が企業情報の透明性に及ぼす影響」（유정민（弘益大学校）） ■「The Impact of Mandatory IFRS Adoption on Auditor's Strategic Audit Fee Pricing: Evidence from Korea」（최연식（慶熙大学校））
2018 IFRS Research Forum（第 3 回）	■「K-IFRS の強制導入と他人資本コストに関する研究」（남혜정（東国大学校）） ■「Case Study: Side Effects to the Flexibility Provided by the Principles-Based Approach on Control」（배진한（高麗大学校）） ■「金融資産の認識と認識の中止についての非対称的会計処理：総収益スワップを活用した持分証券取引に関する事例研究」（백복현（ソウル大学校））

出所：KAI／KASB のウェブサイト（http://www.kasb.or.kr）の IFRS Research Forum のページを基に作成。

　この IFRS Research Forum での研究成果は，実証分析が大勢を占めている。
　たとえば，IFRS 導入によって国際間の資本移動が影響を受けるかなどを検討した Shawn（2016）は，4,272 企業／年のデータをもとに，外資の流入と流出の強度が高まっていることを見出している。しかも，国際間の資本移動の傾向は，IFRS 導入後に改善しており，IFRS が韓国の資本市場と輸出を活性化するのに十分に確立された会計基準であると結論付けている。

IFRSアドプションについて企業による民間債と公債の選択との間の関連性を検討した이재흥(Lee Jaehong)の研究は，KAAの大会で報告されていないが，その後，Mo and Lee (2018) として公表された。この研究は，「IFRSの強制適用は，公債市場と民間債市場へのアクセスの傾向に影響を及ぼさない」という仮説を検証したもので，韓国での2000年から2014年までの間の5,797のデータをもとに検証している。その結果，IFRS導入後，公債市場での資金調達が少なくなっていることを見出した。つまり，IFRS強制適用が公債市場の情報環境を悪化させていることを物語っており，これは先行研究であるBharath et al. (2008) の結果と軌を一にするものでもある。

また，정 et al. (2016) は，IFRS導入以降，会計情報の信頼性と比較可能性の向上により透明性が改善し，コリアディスカウントが緩和されたかどうかを分析している。2006年から2014年までの韓国，アメリカ，EU (European Union)，中国および日本の30,620企業／年のデータについてパネルデータ分析を実施し，IFRS導入以降，アメリカとEUの企業との比較可能性に差異はなく，韓国の同一産業間の会計情報の比較可能性が有意に高まったことを示した研究成果である。

IFRS Research Forumでの研究論文の公募にあたっては，いくつかの特徴がみられる。

当初からの研究テーマであるIFRS制定・改正に有用な理論・実証研究に，有用な示唆を与えられる事例・政策研究も加えられている。また，KAIが望むテーマも，第1回はIFRS導入の経済的効果（経済的影響）（例：価値関連性，利益の質，予測情報の正確性，会計の透明性など），国家間比較研究，特定基準の適用上の問題点などであったが，直近の第4回の公募では，企業価値評価に関わる会計処理の事例研究，会計方針および会計測定の変更の裁量性に関わる事例研究，顧客との契約から生じる収益（K-IFRS第1115号）・改正リース会計基準（K-IFRS第1116号）・金融商品（K-IFRS第1119号）の適用事例や事後影響分析，会計基本法の必要性の検討およびその制定方向，非営利機関・無形資産・持分法の事例研究，そして原則主義の事例研究などより具体化している。

KAIは，IFRS Research Forumによる研究活動が国益を反映し得るIFRSの制定および国内資本市場の発展に寄与するものと位置付けており，研究成果の蓄積を図っているのである。

おわりに

　原則主義のIFRSの理解と適用，そしてその教育の必要性から，張志仁KAI院長はFBT（Framework-Based Teaching）教育専門委員会を編成して，教材（『原則中心K-IFRS教育：概念フレームワーク・ベースの接近法』3巻）を刊行した。経済的実質に対する正しい判断と一貫した解釈を培うための事例中心の教材で，教育者の着眼が活かされている。

　韓国では，社会におけるアカデミアの役割期待は高く，制度設計に学界が大きく関与している。近年の会計の透明性の確保を目的とした「会計改革・先進化3法」の制定（2017年10月31日）の原案は，KAAが策定したものである（杉本 2018）[6]。さらに遡れば，アジア通貨・金融危機の際に世界銀行と財政経済部に提出された民間独立の会計基準設定機関（KAI／KASB）の設立(案)の報告書もアカデミアによるものである（杉本 2017, 600-601頁）。三層構造のIFRS財団の組織において，現在，モニタリングボードのメンバーである金融委員会（최종구（チェ ジョング）（崔鍾球）委員長）とともに，IFRSの基準開発等にはアカデミアから参画していることはとても特徴的である（IFRS財団評議員会の곽수근（クァクスグン）（郭守根）評議員（ソウル大学校），IASBの서정우（ソジョンウ）（徐正雨）理事（国民大学校），IFRS解釈指針委員会の한종수（ハンジョンス）（韓宗秀）委員（梨花女子大学校），IFRS諮問会議の張志仁委員（中央大学校））。彼らの能力の高さに加え，国内外の機関の役職等の兼務が容認されていることが，アカデミアから優れた人材が活かされている理由のひとつでもある。

　IFRSの基準開発への参画と意見発信の取組みとともに，原則主義のIFRSをより確実に定着させるために研究と教育の両面から推し進められている。研究成果の蓄積からの知見とともに，制度設計におけるアカデミアの役割を考えるうえでも，われわれに有益な示唆を与えてくれる。

注

(1) K-IFRSは，韓国企業が遵守しなければならない会計処理基準で，国内法の体系上，効力を有するようにするために，法的権限のある機関（つまり，KAI／KASB）が公式手続きを経て，韓国で適用される会計基準として採択したIFRSをいう（金融監督院会計制度室 2009, p.52）。

(2) 18編の論文のうち，14編がIFRS早期適用企業の導入事例であり，4編はIFRSの制度研究である。杉本・趙編著（2011）は，韓国のIFRS導入と会計制度についての解説章とともに，この『会計ジャーナル』誌の掲載論文の中で日本に有益な示唆を及ぼすと思われる論文を翻訳し，編集したものである。
(3) ここでの「経済的帰結」（経済的影響）は，Zeff（1978）やHolthausen and Leftwich（1983）に従い，財務報告が企業価値，および，会計情報に基づいて意思決定を行う，あるいはその意思決定によって影響を及ぼされる人々の富に及ぼす影響として捉えている。学術研究の文献レビューとともに，将来の研究課題も示唆している。
(4) この時期までに展開された実証研究で最も注目されるのが，金融監督院シンポジウムで報告された유용근（高麗大学校）と차승민（京畿大学校）による研究である（유・차（2014））。サンプルは5,199企業／年（早期適用企業：182企業／年，強制適用企業：5,017企業／年））。Jang et al.（2016）による包括的レビューでもこの研究成果を最も重視している。その実証結果を要約・整理すると，次のようになる。

■K-IFRSの導入が財務会計情報の透明性に及ぼした影響	
✓K-IFRSの導入が会計的利益調整の規模に及ぼした影響	
実証結果	裁量的発生高で測定した会計的利益調整規模が，K-IFRSの強制適用時点に強制適用企業を中心に有意に減少した。
✓K-IFRSの導入が実物的利益調整の規模に及ぼした影響	
実証結果	会計的利益調整の代替的手段である実物的利益調整規模も，やはりK-IFRS強制適用時点に主として強制適用企業を中心に有意に減少した。
■K-IFRSの導入が財務会計情報の有用性に及ぼした影響	
✓K-IFRSの導入に伴う財務会計情報の価値関連性の比較（K-IFRS vs. K-GAAP）	
実証結果	K-IFRSの財務会計情報が既存のK-GAAPの財務会計情報に比べてより高い水準の価値関連性を示している。
✓個別財務諸表の作成方法に伴う財務会計情報の価値関連性の比較（別途財務諸表vs. 持分法適用の個別財務諸表）	
実証結果	K-IFRSに従って原価法（または公正価値法）が適用される別途財務諸表が，K-GAAPのもとで持分法を適用した既存の個別財務諸表に比べてより高い水準の連結財務諸表に対する追加的な価値関連性を示している。
✓K-IFRSの導入がアナリスト（財務分析家）の情報環境および利益予測値の正確性に及ぼした影響	
実証結果	K-IFRSの強制適用時点を前後して，強制適用企業を中心にアナリストが活用する財務諸表などの公的情報の正確性および活用程度が有意に向上し，これら企業に対するアナリストの利益予測値の正確性もやはり向上した。
■K-IFRSの導入が資本コストに及ぼした影響	
実証結果	K-IFRSの早期適用企業は，早期適用および強制適用時点に，K-IFRSの強制適用企業は強制適用の時点に資本コストが平均して有意に減少しており，このような効果は，企業の支配構造水準が強力ないしK-IFRSの導入以降の開示量が適正に増加した企業グループに比べて集中的に生じている。

出所：유・차（2014）を基に作成。

| 第 1 部 | 国際会計

(5) IFRS Research Forum の選定課題は，2017 年からは KAA 夏季国際学術大会での研究発表とともに，KAA の『会計ジャーナル』誌への投稿（英文）が求められた（2018 年からは韓国語で投稿可能となっている）。
(6) 第 18 回日中韓三カ国会計基準設定主体会議（2018 年 10 月 19 日）での特別セッション「韓国における会計および監査制度の改革」で，KICPA 会長は「将来の実証研究のよい題材となるため，韓国におけるこの制度改革に学界が注意を向けることを推奨」（企業会計基準委員会 2018）している。

参考文献

企業会計基準委員会（2011）「ASBJ 西川委員長：KASB Suh 委員長の対談」2 月 16 日。
──（2018）News Release「第 18 回日中韓三カ国会計基準設定主体会議を開催」10 月 19 日。
杉本徳栄（2017）『国際会計の実像：会計基準のコンバージェンスと IFRSs アドプション』同文舘出版。
──（2018）「『会計の透明性・信頼性の向上策』の策定と学会の影響について」『ビジネス＆アカウンティングレビュー』第 21 号, 57-76 頁。
杉本徳栄・趙盛豹編著（2011）『事例研究 韓国企業の IFRS 導入』中央経済社。
The Australian Accounting Standards Board [AASB] (2016) Literature Review on International Financial Reporting Standards Adoption in Australia, *AASB Research Report*, No.3, October.
Bharath, S.T., J. Sunder and S.V. Sunder (2008) Accounting Quality and Dedt Contracting, *The Accounting Review*, Vol.83 No.1, pp.1-28.
European Commission [EC] (2015) Evaluation of Regulation (EC) No.1606/2002 of 19 July 2002 on the Application of International Accounting Standards, *Staff Working Document*, Brussels：EC.
Holthausen, R.W. and R.W. Leftwich (1983) The Economic Consequences of Accounting Choice：Implications of Costly Contracting and Monitoring, *Journal of Accounting and Economics*, 5, pp.77-117.
The Institute of Chartered Accountants in England and Wales [ICAEW] (2014) The Effects of Mandatory IFRS Adoption in the EU：A Review of Empirical Research, London：ICAEW.
──（2015）Moving to IFRS Reporting：Seven Lessons Learned from the European Experience, London：ICAEW.
Jang Jee In, Kyung Joo Lee, Youngmi Seo and Joonhei Cheung (2016) Economic Consequences of IFRS Adoption in Korea：A Literature Review, *The Journal of Applied Business Research*, Vol.32 No.6, pp.1649-1661.
Mo Kyoungwon and Jaehong Lee (2018) IFRS Adoption and the Choice Between Public and Private Debt：Evidence from South Korea, *Emerging Markets Finance and Trade*, Vol.54 No.11, pp.2533-2556.
Shawn Hyuk (2016) Does IFRS Adoption Promote International Capital Movements?：In Case of Korea, (2016 Korean Accounting Association Summer

International Conference), June 16.
Zeff, S.A.（1978）The Rise of "Economic Consequences", *Journal of Accountancy*, 146, pp.56–63.
金融監督院会計制度室（2009）『改訂補充版 国際会計基準의 理解와 導入準備』12 月。
金融監督院・韓国会計情報学会（2009）資料「IFRS 早期適用企業 導入事例 세미나」10 月 28 日。
김기영・고윤성・박경진（2015）研究報告書第 37 号『財務諸表作成者 観点의 K-IFRS 導入 효익과 費用 分析에 관한 研究』韓国会計基準院, 6 月。
문두철（2016）最終報告書「IFRS 導入이 会計情報와 관련의사결정에 미치는 影響」韓国租税財政研究院, 10 月。
박현영・이호영・강민정（2012）「国際会計基準 導入 前・後 利益調整과 監査投入時間의 影響에 대한 研究」『会計와 監査研究』第 54 巻第 2 号, pp.529–564.
송민섭・정준희（2016）研究報告書第 41 号『IFRS 導入의 経済的 影響：文献 考察 및 実証分析』韓国会計基準院, 12 月。
유용근・차승민（2014）資料「国際会計基準（K-IFRS）導入에 따른 影響 및 経済的 効果」（金融監督院 심포지엄「IFRS 導入에 따른 経済的 影響」）, 2 月 21 日。
이호영・강민정・장금주・이홍섭（2012）「国際会計基準 導入으로 인한 財務情報의 비교가능성 実態分析」『会計저널』（*Korean Accounting Journal*）第 21 巻第 3 号, pp.307–342。
이한상・권성수（2016）「IFRS 導入 및 運営에 관한 評価」（未刊）（（未公表資料）討論案件 1 〜 4 Files）。
전규안・김이배・조문기（2016）「韓国의 IFRS 導入 5 年：成果와 課題【外部監査와 会計監督制度】」韓国会計基準院, 10 月。
정도진・백원선（2016）研究報告書第 40 号『IFRS 導入의 経済的 影響：専門家 인터뷰 및 설문조사』韓国会計基準院, 12 月。
정도진・허지안・정아름（2016）「IFRS 導入成果의 前提条件：会計情報의 信頼性과 比較可能性」（2016 韓国会計学会夏季国際学術大会）, 6 月 16 日。
최정호（2013）「IFRS 採択과 会計情報의 価値関連性」『会計学研究』（*Korean Accounting Review*）第 38 巻第 1 号, pp.391–424。
최국현・손여진（2012）「K-IFRS 導入에 따른 財務諸表 項目과 財務比率, 発生高의 変化」,『会計저널』（*Korean Accounting Journal*）第 21 巻第 6 号, pp.209–256。
韓国会計基準院（2016a）『韓国의 国際会計基準（IFRS）導入：5 年의 経験과 教訓』12 月。
――（2016b）KAI 資料 16-04「IFRS 導入 5 年 成果와 課題：IFRS 導入 5 年을 돌아보며 나아갈 길을 탐색하다」12 月 6 日。
韓国会計学会（2010）資料「2010 年度 定期総会」6 月 17 日。
한봉희・이재경・박일홍・서영미（2016）研究報告書第 38 号『IFRS 導入이 資本의 国際化에 미치는 影響 研究』韓国会計基準院, 5 月。
황이석・남혜정（2012）第 111 回 KAI Forum 資料「IFRS 도입효과에 대한 연구검토」韓国会計基準院, 1 月 27 日。

第**7**章

任璟宰『新編銀行簿記學』の背景と体系

はじめに

　本稿は1908（隆熙2, 明治41）年2月5日に徽文舘より発行された任璟宰『新編銀行簿記學』（任 1908a）[1]の特徴を明らかにすることを目的としている。任璟宰は，上書出版の後，同年2月20日に『簡易商業簿記學』（任 1908b）を上梓し，さらに，1913（大正2）年3月29日には『最近商業簿記』（任 1913）が徽文舘から発行されている。『新編銀行簿記學』と『簡易商業簿記學』の二著について，「任璟宰による2冊の簿記書は，当時，西洋簿記の導入と普及に大きく貢献したものであり，今のところ知られている限りでは我が国において最初に印刷された簿記書であるということができる。」（尹 1972, 198頁）と指摘されている。

　とりわけ，後者の商業簿記に関する研究（任 1908b）については，すでに尹（1972），尹（1984），李（1989），髙（1993），杉本（2007）等がその内容に関する検討を行っている。筆者は1910年に再版された『簡易商業簿記學』（任 1910）の全体を読了し，その体系の紹介とそこに展開されている利益計算の特徴を解明している（浦崎 2019）。本稿は，日本ではいまだ詳細な紹介と検討がなされていない『新編銀行簿記學』（任 1908a）を取り上げ，同書が出版された背景およびその特徴を検討しようとするものである。

　なお，尹（1972, p.198）によれば，任璟宰の略歴が次のように紹介されている。任璟宰は1876年丙子11月3日（陰暦）京畿道抱川郡郡内面左儀里の任岐鎬の独子として出生した。1893（明治26）年の18歳のときに，ソウルの李司馬宅の家庭教師として上京し，1895（明治28）年に官立外國語學校が設立され，その日語科に入学し同科を卒業した。1906（光武10, 明治39）年に徽文中高等學校の前身である廣成義塾が設立され，次の年の1907（隆熙元, 明治40）年に

同校の講師となった。1908（隆熙2，明治41）年には専任講師となり，1909（隆熙3，明治42）年には徽文義塾と改称され，彼は同校の學監となった。1916（大正5）年に第2代徽文義塾長に就任し，1918（大正7）年に徽文高等學校[(2)]と校名を変更し，その校長となった。1922（大正11）年には財団理事を兼任し，1924（大正13）年に退職した。

I　舊韓末における西洋式銀行簿記導入の背景

　筆者による任環宰の著作の研究は，李朝末後，開化期の大韓帝国（以下，韓国と表記する）において，如何なる経緯で西洋簿記（以下，複式簿記と同義で用いる）の実務が普及したのかを明らかにするところに究極的な目的がある。現時点では，韓国における西洋簿記の実務への普及を帳簿等の史料を用いた検証が困難であることから，舊韓末に出版された簿記書が如何に移入されたのかに関する文献的検証に止まっている[(3)]。本節の主題である韓国開化期における西洋簿記導入の背景については以下のとおり尹が詳述している。

　韓国において本格的に西洋文物が輸入され始めたのは，1876（明治9）年に日本と，1882年に米国・清国と，その後に欧州の複数の国々と通商条約を締結し開港したことによる（尹1972，p.194）。また，1882年には，「両班の商業従事が許可され，富国策として農桑，組織，瓷甄，牧畜，紙茶などの官庁を設置し，殖産興業を奨励するに至った。その一環として1884年に設置された蠶桑公司ではドイツ人の麥登司（A.H.Maertens）が『經理』として雇用された。」（尹1972，p.194）と述べられている。

　さらに，1883年には「全国の裸負商を管理する惠商公局（1885年，商理局として改称）が設置され，同年から開港場の客主を統攝する『商会所』，『商会』，『商社』，『商会社』などの名称を付けて客主の同業組合を作り商業会議所の機能を兼有させ」，国家富強の基礎として先進国の先例に倣った会社設立が勧奨され，統理機務衙門の認可を得て民間の共同出資による会社が各所に設立されていった（尹1972，p.195）。

　尹は，西洋簿記が韓国に導入された明確な事実を1903年に漢城銀行がそれを採用したということに求めている（尹1972，p.196）。漢城銀行（現，新韓銀行の

前身）は1897年に金宗漢，李普應等によって設立されたが，営業不振によって休業状態となり，1903年当時，韓国に進出した日本の第一銀行[(4)]から無担保低利で35,000圓を借入れ，公立漢城銀行に改称して再興している（尹 1972, p.196）。

このとき，「銀行長に李載完，副行長に金宗漢，左総務に李普應，右総務に韓相龍のそれぞれが就任した。韓相龍は，李完用の甥姪として，かつて日本の東京に留学し，日本の政界や財界人の信任を得て，帰国後も日本人の名士等との交分が厚く，漢城銀行の右総務に就任した。韓相龍は，第一銀行の京城総支店に来往して銀行運営の方法と西洋簿記を学び，それを実務に採択し，日本人の顧問まで採用することになった。」（尹 1972, p.196）。付言すれば，投資家である日本の第一銀行が西洋簿記を要求したものであり，第一銀行の要求に応じて簿記を行うことは当然のことであり，今のところ知られている限りでは西洋簿記が韓国で採用された最初の事例であるとされている（尹 1972, p.196）。次に，現在のウリィ銀行（우리은행）の前身である大韓天一銀行が，150,000圓の増資や200,000圓の政府借入の条件として1905年10月11日の株主総会において1906年から新式西洋簿記を採択することが決議されたと指摘されている（尹 1972, p.196）。

また，尹は，韓国において西洋式の銀行簿記が導入された別の要因を次のように述べている。「1904年には既に国運が傾き日本人の顧問政治が実施され，1905年には日本の統監府が設置されたことで政府はその保護下にあった。そのため事実上の実権は日本人が掌握していた。従って，日本式定款の改正と日本人支配人の採用は不可避なことであったのだろう。さらに，1906年3月21日に勅令第12号として銀行条例が発布され，六個月毎に営業報告書を政府に提出し，貸借対照表を新聞に公告するように定められた。この総てが銀行監督の実権を有する日本人の影響であり，貸借対照表という用語それ自体が西洋簿記から出てきた言葉であるため，貸借対照表の新聞公告を求めるのは西洋簿記を前提とすることであり，そのことが西洋簿記の採用を強要したと考えられる。」（尹 1972, p.197）。

以上のように，韓国における銀行に対する西洋簿記の導入は，経済的かつ政治的な要因により進められたことが知られる。『新編銀行簿記學』（任 1908a）はそのような時代的背景の中で韓国における銀行簿記実務の教育や普及の要請か

ら編まれたものであることが理解できるのである。なお，商業簿記や銀行簿記に関する学校教育の状況についての詳細は拙稿（浦崎 2019）を参照されたい。

Ⅱ 任璟宰『新編銀行簿記學』の体系

1 任璟宰『新編銀行簿記學』の目次

『新編銀行簿記學』（任 1908a）は全 177 頁で，図表 7-1 に示すように 13 章で構成されている。また，文章は漢字とハングルで書かれている。その目次のう

図表 7-1　任璟宰と吉田良三の銀行簿記書の体系の比較

任璟宰『新編銀行簿記學』（1908）	吉田良三『最新銀行簿記』（1906）
總論	第壹章　緒論
第一章　銀行業務	
第二章　貸借原理	第貳章　貸借原理
第三章　計算科目	第參章　勘定科目
第一節　資産に属する勘定	第壹節　資産に属する勘定
第二節　負債に属する計算	第貳節　負債に属する勘定
第三節　資産負債に属する計算	第參節　資産負債双方に属する勘定
第四節　収入に属する計算	第四節　損益に属する勘定
第五節　支出に属する計算	
第四章　計算設定を不要とする業務	第四章　手形交換
第五章　去來區分實例	第五章　銀行分課及事務通則
第六章　銀行業務分擔	第壹節　銀行分課
第七章　傳票	第貳節　銀行事務通則
第八章　帳簿及記入法	第六章　傳票
第一節　主要簿	第七章　帳簿及記入法
第二節　補助簿	第壹節　主要簿
第九章　各課處務節次	第貳節　補助簿
第十章　他支店計算整理法	第八章　他支店勘定整理法
第十一章　諸報告書	第壹節　他支店勘定元帳記入法
第十二章　手形交換	第貳節　爲替尻利息
第十三章　決算節次	第參節　爲替尻振替
	第四節　支店間の取引
	第九章　半季決算手續

出所：任（1908a, pp.1-2）；吉田（1906, 1-2 頁）。

ち計算とは勘定を，去來とは取引を，區分とは仕訳を，節次とは手続を，それぞれ意味している。また，任璟宰は，吉田良三学説に基づき『簡易商業簿記學』を編述していることから（浦崎 2019），図表7-1 においても参考に供するため吉田良三『最新銀行簿記』（吉田 1906）の目次を掲げている。任璟宰が吉田学説を手本としている根拠は，後述するように取引要素の結合関係を論じていることにある（任 1908a, pp.4-6）。両書の目次の比較から，任璟宰は『最新銀行簿記』に基づいて自著の執筆を行ったことが推察できる。

2 銀行業務の特徴

任璟宰は銀行業務について下のように述べているが，日本と異なる言葉を用いているものがあり，それに該当するものについては『最新銀行簿記』（吉田 1906）に基づき日本の用語を付している。

「およそ，銀行はその営業上の主体物である金銭を集散し金融の疎通を敏活にする機関である。その業務を大別すれば主的業務と従的業務の二者がある。その主的業務となる者は任金（預金），割引，貸與（貸付），為替である。これは，銀行業務に不可欠の者である。このうち預金と為替は銀行が営業資金を収集する手段である。割引と貸與はそれを散出する方法である。次に，従的業務である者は対価推尋（代金取立），有価証券売買，保護任受（保護預かり），貨幣交換（両替）であり，その他に地金銀売買と兌換券発行等の業務がある。此等は皆，便宜と収益上の営行であるにすぎず，一般商業銀行の業務とみなされる。また，銀行簿記で諸般の去來（取引）を発生させる重要なものを挙げるならば左のとおりである。
(一)任金（預金）(二)割引 (三)貸與（貸付）(四)爲替（五)代價推尋（代金取立）(六)有價證券賣買」（任 1908a, pp.2-3；吉田 1906, 2-3頁）

任璟宰は，銀行業務の内容を解説した後，銀行業務で生ずる取引を記帳するための貸借原理の説明に移る。

3 貸借原理の説明

(1) 取引の意義

任璟宰は，吉田（1906, 5頁）に依拠しつつ取引（取引は原著では去來であるが，以下日本の用語法で取引と表記する）を次のように解説する。

「取引は簿記計算の基礎である。その発生原因は人為によるものだけではなく偶然によるものも勿論である。取引は，その結果が財産に増減變化を惹起する事件の総称である。財産に増減を惹起する事件というのは財産額の増加あるいは減少をもたらすものをいう。財産に変化を惹起する事件というのは単に財産の形体に変化をもたらすものをいう。たとえば，『送金手数料として金若干圓を領収した』というのは財産を増加させる事件であり，『預金利息として金若干圓を支払った』というのは財産を減少させる事件である。また，『金若干圓を貸与した』というのは財産に変化をもたらす事件であり，『この貸與金の期限に利息若干をあわせて領収した』というのは財産の変化と増加を同時に惹起する事件である。以上の四件は皆取引と言われる。また，これらの境遇以外に地変等の不慮により発生する事件もまたその結果が財産に増減變化を生ずるときに取引といわれる。」（任1908a, pp.3-4）

この説明から財産に増減をもたらす取引は損益取引を意味し，財産に変化をもたらす取引は交換取引であることが理解できる。

(2) 取引構成の要素

任璟宰は，取引構成の要素（原著では質素）の説明についても，吉田（1906, 5-8頁）に依拠しつつ次のように説明する。取引の事件を実質的に分析すれば，その構成要素は(1)有価物，(2)金銭貸借（債権債務），(3)損益の3つに分かれる。

有価物とは動産と不動産の総称であり，有価物が本行財産として入る境遇を(1)有価物を受ける境遇，有価物が本行財産からでる境遇を(2)有価物を与える境遇という。ここで有価物の与受とは，有価物の所有権を得る（受ける）ことと，所有権を失う（与える）ことを意味する（任1908a, p.4）。

| 第1部 | 国際会計

　金銭貸借とは債権債務の関係を総称するもので，次の4つの関係が生ずる（任1908a, p.5）。貸与金，借用金は金銭それ自体を意味するものではなく，後日一定の金額を領収するかまたは支払う無形の権利と義務をいう。
　(1)貸与金を生ずる境遇（債権発生）　(2)貸与金を還受する境遇（債権消滅）
　(3)借用金を生ずる境遇（債務発生）　(4)借用金を還報する境遇（債務消滅）
　損益とは損失と利益の総称であり，財産を増減させる事実，すなわち無形の原因をいう（任1908a, p.5）。損益には次の2つの関係がある。
　(1)損失を生ずる境遇（財産減少）　(2)利益を生ずる境遇（財産増加）

(3) 取引要素の結合関係

　任環宰は，ここでも吉田（1906, 8-10頁）に依拠しつつ取引要素の結合関係を下記のとおり紹介する（任1908a, p.6）。前掲の8つの取引要素は，その実質を分析すれば，その8要素中2要素以上が結合して取引を表現することができる。その結合関係は次の図表7-2のとおりである。この図表から知られるように，左辺の4要素は取引記録に際して借方に該当し右辺の4要素は貸方に該当することになる。ここで貸借とは日常生活では金銭貸借の関係に限られるが，ここでは人以外の有価物や利子，手数料等の財産増減の原因すなわち無形事実も仮定的に人格を付与して貸借の両語を適用する。さらに，貸借は日常生活では自己が主体となり他人すなわち客に対して貸与するときに貸といい，借用するときに借という。簿記上の貸借はこれと反対で自己を客体とみて他人が自己に対して貸与するときに貸といい，借用するときに借という。このように簿記上の貸借は各要素に係る勘定科目（自然人及び仮定人）が営業主（すなわち自己）

図表7-2　取引要素の結合関係

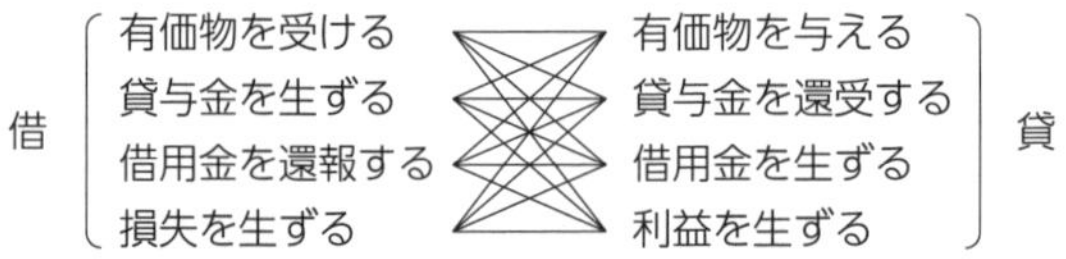

借 ｛ 有価物を受ける　　　　有価物を与える ｝ 貸
　　貸与金を生ずる　　　　貸与金を還受する
　　借用金を還報する　　　借用金を生ずる
　　損失を生ずる　　　　　利益を生ずる

※還受は取返す・回収するという意味で，還報は返済する・返すという意味である。
出所：任（1908a, p.6）の図を転載。

に対する貸借をいうのである（任 1908a, p.8；吉田 1906, 12-13 頁）。

　既述のように，任璟宰が吉田学説を踏襲しているという事実の1つは，取引要素の結合関係を引用している点にある。周知のように，取引要素の結合関係ないし取引要素結合表は日本の簿記教育における貸借記入原則の特徴的な導入法であると指摘されている（沼田 1972, 14 頁）。沼田は，英米の簿記書において取引要素結合表が利用されない理由について，日本の簿記法が英米に逆輸入されないこと，取引8要素の結合関係表があまりにも完全な表であるため，その説明が困難であり導入法として適合しない点があると指摘している（沼田 1972, 15 頁）。また，結合表によって要素の結合を理論的に精密かつ完全に把握せずとも，日常一般の取引について貸借記入を理解すれば十分であり，簿記教育の導入過程でほとんど発生しない取引まで説明する必要はないという意味で，導入法としての欠点があると述べられている（沼田 1972, 15 頁）。

　いずれにせよ，取引要素の結合関係を一覧できる形でまとめた取引要素結合表は，沼田によれば日本に固有の簿記教育導入法であるとされる。沼田の論説から遡ること64年前の韓国開化期において，後に取引要素結合表として華開くことになる吉田学説が西洋簿記導入の一環として韓国に紹介された点は極めて興味深いところである。ここで注目すべき点は，取引要素結合表を利用した簿記教育が，韓国の大学および高校の教科書に今なお引き継がれているということである。必ずしもすべての教科書で扱われているわけではないが，3つの事例を拙稿（浦崎 2019）において紹介しているので参照されたい。

4　取引記録に利用される勘定科目

　任璟宰は，銀行会計を整理するために勘定科目を(1)資産，(2)負債，(3)資産負債，(4)収入，(5)支出の5つに大別している（任 1908a, p.8）。それぞれに属する勘定科目（任 1908a, pp.9-25）を整理したものが図表7-3である。紙幅の関係から各勘定についての説明は割愛するが，銀行業務において必要とされる勘定科目が当時の経済状況を考慮して提示されている。図表7-3では任璟宰が用いた旧漢字体で表記し，その内容が理解できない勘定には吉田（1906）の該当箇所で用いられている日本語を括弧書きで示した。

　『最新銀行簿記』（吉田 1906）で説明はあるが，『新編銀行簿記學』（任 1908a）

| 第1部 | 国際会計

図表7-3　銀行会計における勘定科目の一覧

分類	内訳
(1) 資産	(1) 貸出金：貸與金（貸付金），過限貸與金（滞貸付金），割引手形，貨物爲替手形（荷爲替手形），倉庫證券，不定期貸越（当座貸越） (2) 任置金（預け金） (3) 未辦納株金（払込未済株金） (4) 所有物：営業用不動産，営業什器 (5) 有価証券及地金銀：諸公債證書，諸株券，諸社債券，地金銀 (6) 現金：金銀（金貨，銀貨，銅貨，兌換紙幣，他店振出小切手，手形等）
(2) 負債	(1) 諸任金（預金）：定期任金（定期預金），不定期任金（当座預金），特別不定期任金（小口当座預金，普通預金），通知任金（通知預金），任金手形（預金手形），別段任金（別段預金），支撥送金爲替手形 (2) 株主及行員に対する負債：株金，豫備金（積立金），別段豫備金（別段積立金），過限貸豫備金（滞貸準備積立金），前期推越金（前期繰越金），配當金 (3) 借入金：借用金，再割引手形
(3) 資産負債	(1) 他店（送金爲替取組，荷爲替取組，他所割引手形取立依頼，他所代金取立手形取立依頼） (2) 支店
(4) 収入	(1) 利子収入　(2) 収入割引料　(3) 収入規費（手数料） (4) 公債利子　(5) 公債賣買益　(6) 地金銀賣買益 (7) 公債當籤益　(8) 収入貨幣加計（両替打歩） (9) 雑益　(10) 財産評価益
(5) 支出	(1) 支撥利子　(2) 創業費　(3) 営繕費 (4) 支撥割引料　(5) 支撥規費（手数料） (6) 公債賣買損　(7) 地金銀賣買損　(8) 公債當籤損 (9) 支撥貨幣加計（両替打歩）　(10) 諸税納　(11) 給料 (12) 旅費　(13) 雑費　(14) 雑損　(15) 財産評価損

出所：任（1908a, pp.9-25）。

において取り上げられていない勘定科目に配当平均準備積立金，未払配当金，役員賞与金の3勘定があった。それらを除いた理由は不明である。また，銀行業務において銀行財産に影響がなく勘定設定が不要とされる業務として，代價推尋手形（代金取立手形）と保護任金（保護預かり）の2つが挙げられていた（任1908a，p.26）。

　それらの勘定を用いて銀行業務を記録する帳簿組織については，営業規模の大小と業務の繁簡を参酌して帳簿を設け，通常，主要簿と補助簿に大別される。主要簿は銀行取引の全体を記録計算するもので，すべての財産上の消長増減の状況を算出する帳簿の総称である。主要簿には2種の区別があり日記帳と総勘定元帳である。日記帳は，さらに，(1)日記帳（あるいは普通日記帳），(2)増補日記帳，(3)日締帳の3種に区別される。業務が繁雑でない銀行では増補日記帳と日締帳の2帳簿を使用すればかえって不便で弊害を生じることになる（任1908a，p.49）。

おわりに

　本稿で取り上げた任環宰は，韓国において西洋簿記の導入と普及に貢献した研究者・教育者の1人として評価されているが，彼の著作である『新編銀行簿記學』（任1908a）と『簡易商業簿記學』（任1908b）では引用注がまったくないため，如何なる経路で西洋簿記が韓国へ移入されたかが不明であった。その点については，拙稿（浦崎2019）と併せた検討を通じて，吉田（1904；1906；1907）に基づき執筆されたことが解明された。指摘するまでもなく，当時の時代背景のなかで吉田学説以外の日本の関連文献を参考にしていることは否定できないが，両書における説明の多くは吉田良三の著書における解説を韓国語に翻訳したものとなっている。本稿では『新編銀行簿記學』（任1908a）が出版された経済的かつ政治的な背景を踏まえ，同書の前半を網羅的に紹介した。同書の後半部分にある傳票，帳簿組織の詳細，決算手続，報告書等については別稿にゆずることとしたい。

| 第 1 部 | 国際会計

注

(1) 本稿で取り上げた『新編銀行簿記學』(任 1908a) は，西南学院大学・工藤栄一郎教授からその PDF ファイルを提供いただいたことにより実現したものである。また，同書の PDF ファイル作成に当たっては，韓国釜山市に所在する国立釜慶大学校 (부경대학교, Pukong National University) の김확열 (Kim Hwak Yeol) 教授の援助をいただいた。ここに記して両教授に感謝申し上げる次第である。

(2) 1906 年に設立された徽文高等學校 (휘문고등학교) は現在もなお存続する学校で，中高一貫の著名な進学校である。所在地はソウル特別市江南区大峙洞 952-1 である。詳細は同校のウェブサイト (http://whimoon.hs.kr/) を参照されたい。

(3) 筆者の研究 (浦崎 2019) において『簡易商業簿記學』(任 1908a；1910) は吉田 (1904；1907) を手本にしたことを文献内容の比較を通じて明らかにしている。

(4) 『第一銀行五十年小史』(長谷井 1926) によれば，1876 (明治 9) 年 2 月に日本と修好条約を締結した後，第一銀行が最初に支店を設置したのは釜山 (1878 (明治 11) 年 6 月) である。第一銀行が韓国で行った業務は，普通銀行業務以外に (1) 海関税の取扱，(2) 地金銀の買入，(3) 貨幣の整理，(4) 韓国政府への貸上金，(5) 銀行券の発行，(6) 韓国国庫金の取扱，(7) 韓国中央銀行としての業務等が主なものと述べられている (長谷井 1926，72 頁)。また，第一銀行が韓国へ進出した当初の理由は「修好条約成立するや，我が政府は之と通商を開始し，我が國の通貨を流通せしめ，朝鮮産出の金を買収せんとする企圖あり。之がために本行は政府に出願して其資金の貸與を受け，釜山支店設置の後，明治十三年五月砂金の集散地なる元山に出張所を設け」(長谷井 1926，73 頁) とある。また，韓国における第一銀行の事業の詳細は，同書の「第六章　朝鮮に於ける事業」(長谷井 1926，72-106 頁) において紹介されている。

参考文献

[日本語文献]

阿部洋編著 (1991)『日本植民地教育政策史料集成 (朝鮮篇) 総目録・解題・索引』龍渓書舎.

安藤英義 (2002)「吉田良三『取引要素節』の形成」『一橋論叢』11 月号，第 128 巻第 5 号 (通巻 745 号), 1-17 頁.

浦崎直浩 (2018)「韓国中央大学校の初年次会計教育」『産業經理』第 77 巻第 4 号, 4-14 頁.

──── (2019)「任璟宰『簡易商業簿記學』の研究」『商経学叢』(近畿大学商経学会) 第 64 巻第 3 号, 29-69 頁.

王　斌 (2015)「明治初期の西洋経済学書の導入」『英学史研究』第 48 号, 85-111 頁.

カーター・J・エッカート著, 小谷まさ代訳 (2004)『日本帝国の申し子：高敞の金一族と韓国資本主義の植民地起源 1876―1945』草思社.

工藤栄一郎・島本克彦 (2007)「5-2　わが国における簿記学の形成と簿記の定義」中野常男編著『複式簿記の構造と機能：過去・現在・未来』同文舘出版, 第 5 章　過去簿記所収, 215-238 頁.

高承禧 (1993)「9　韓国の近代化初期における西洋簿記の導入について」徐龍達先生還暦記念委員会編『アジア市民と韓朝鮮人』日本評論社, [第 I 編] 韓日文化交流の

基層所収，152-166 頁。
駒込武（1996）『植民地帝国日本の文化統合』岩波書店。
杉本徳栄（2007）「5-3 韓国の簿記教科書にみる複式簿記の導入」中野常男編著『複式簿記の構造と機能：過去・現在・未来』同文舘出版，第 5 章 過去簿記所収，239-259 頁。
鄭在哲著・佐野通夫訳（2014）『日帝時代の韓国教育史：日帝の対韓国植民地教育政策史』皓星社。
津村怜花（2012）「明治初期における西洋簿記導入過程の研究」（地域経済情報研究所研究会資料），5 月 24 日。
西川孝治郎（1971）『日本簿記史談』同文舘。
西沢直子・王賢鍾（2014）「明治期慶應義塾への朝鮮留学生（一）」『近代日本研究』第 31 巻，1-55 頁。
沼田嘉穂（1972）「複式簿記の導入法としての取引要素結合表」『會計』第 102 巻第 2 号，1-16 頁。
長谷井千代松（編集兼発行者）（1926）『第一銀行五十年小史』東京印刷株式會社。
吉田良三（1904）『最新商業簿記学』同文舘，明治 37 年 4 月 8 日。
── （1906）『最新銀行簿記』同文舘，明治 39 年 6 月 14 日。
── （1907）『最新商業簿記』同文舘，明治 40 年 4 月 10 日。
李基俊（1986）『西欧経済思想と韓国近代化：渡日留学生と経済学』東京大学出版会。

[韓国語文献]
尹根鎬（1972）西洋簿記의 韓國에의 導入：任璟宰와 그의 簿記書『論文集』檀國大學校出版部，6 집（1972 년），pp.193-224.
── （1984）『韓國會計史研究』韓國研究叢書第 51 輯，韓國研究院.
尹根鎬・曺廷煥（1987）韓國 會計用語의 起源과 變遷『經商大學論集』慶北大學校，第 15 號，pp.275-303.
李相國（1988）『開化期 西洋簿記・會計 導入過程에 관한 研究』漢陽大學校，博士学位論文.
任璟宰（1908a）『新編銀行簿記學』徽文舘。
── （1908b）『簡易商業簿記學（初版）』徽文舘。
── （1910）『簡易商業簿記學（再版）』徽文舘。
── （1913）『最近商業簿記』徽文舘。

＊付記：本稿は科学研究費補助金基盤研究(C)課題番号19K0203による研究成果の一部である。

第 **8** 章

確定給付年金制度に関する会計基準への期待ギャップ
──数理計算上の差異の処理を中心として

はじめに

　橋本（2014）では，財務情報の作成者（会計責任者）と利用者（アナリスト）を対象に質問票を郵送し，国際財務報告基準（International Financial Reporting Standards：IFRS）を適用する場合，①企業価値評価に影響する，②経営者の恣意性が介入する，③日本基準と比較して内容に問題があり，開示水準が下がる，④実務上，適用困難である，と考える個別項目に相違がみられないかについて調査した結果が示された。複数回答可とした24の個別項目の選択肢が設けられ，それらの中には，のれんの償却，収益認識，財務諸表の表示形式，退職給付会計，従業員給付（有給休暇引当金等）が含まれた。従業員給付に関するIFRSの規定は，日本基準と比べて問題であると回答した作成者（会計責任者）は多かったが，同様の回答をした利用者（アナリスト）は5％にすぎなかった（橋本 2014，47頁）。

　本稿では 退職給付会計，従業員給付に関し，財務情報作成者と利用者の間で意識のギャップが見られた理由の一端を，確定給付制度導入企業の開示情報の分析により探る。従業員給付に関する会計基準に着目することにしたのは，以下のように，直近年度の企業年金運用利回りの低下と業績下振れ予想が報じられ，理論的な検討と実態分析が必要であると思料されたからでもある[1]。

　「格付投資情報センター（R&I）が「確定給付型」の主要約100企業年金を対象に調査・集計した結果によれば，株式・債券の価格が同時に下落し，2018年の平均運用利回りは，7年ぶりにマイナス3.13％となり，今後も企業年金の運

用利回りが回復しなければ，企業業績の悪化が懸念される。」(『日本経済新聞』2019年1月13日朝刊1面)

Glaum（2009, p.274）では「年金会計の最も重要な側面の1つは，数理計算上の差異（actuarial gains or losses）の会計処理である」と指摘される[2]。

本稿の第1節では，数理計算上の差異に関する3つの処理方法を概説し，欧州の各国企業が代替的処理方法のうち，いずれを選択する傾向が見られたかを明らかにし，コリドー・アプローチの特徴を示す。第2節では，米国のダウ工業株30種の構成銘柄企業等を対象に，確定給付制度に関する会計方針の変更が利益に与えた影響を分析する。むすびでは検討内容を総括する。

Ⅰ 数理計算上の差異に関する代替的処理と選択状況

1 欧州企業の代替的処理方法の選択状況

数理計算上の差異は，(1)年金資産の期待運用収益と運用実績の差異，(2)退職給付債務の見積数値と実績値の差異，(3)退職給付債務の見積数値変更等により発生した差異から生じる。

2004年に公表された国際会計基準（International Accounting Standards：IAS）19：Employee Benefitsは，数理計算上の差異について①Equity Recognition Method，②Corridor Method，③Profit or Loss Methodの適用を容認した。

① Equity Recognition Methodは，総認識利得損失計算書において，数理計算上の差異が発生した期に即時全額認識し，その後の会計期間にリサイクルしない方法である[3]。

② Corridor Methodは，年金債務と年金資産のいずれか大きい方の10%以内の未認識数理計算上の差異を償却しないことができ，10%を超過する額を，従業員の平均残存勤務期間にわたり均等償却する方法である。

③ Profit or Loss Methodは，損益計算書において，数理計算上の差異が発生した期に即時全額認識する方法である。

Morais（2008）は2005年のSTOXX600指数[4]の構成銘柄企業で，2005年に

| 第 1 部 | 国際会計

　IFRSを初度適用した欧州17カ国の523社をサンプルとし，図表8-1に示される数理計算上の差異の処理方法の適用状況を調査した[5]。国別に見ると，英国企業が163社（31.17%）を占め，フランス企業71社（13.58%），ドイツ企業48社（9.18%）がそれに続き，金融業と非金融業の内訳は128社（24.47%）と395社（75.53%）であった（Morais 2008, p.133, Table3）。

　全サンプルの① Equity Recognition Method，② Corridor Method，および③ Profit or Loss Methodの適用会社数（百分率）は，それぞれ232社（44.36%），256社（48.95%），35社（6.69%）で，①と②の比率が拮抗していたが，①の比率が②の比率を超えたのはアイルランド，ポルトガル，および英国の3カ国のみであった（Morais 2008, p.135, Table4）。全サンプルの①と②の比率が拮抗していたのは，国別サンプル数最上位の英国企業163社のうち，146社が①を採用したことにも起因すると考えられる。

　非金融業に分類されるサンプル企業の① Equity Recognition Method，②

図表8-1　数理計算上の差異の認識方法

	Equity Recognition Method ①	Corridor Method ②	Profit or Loss Method ③
URAGL = 0 なら	Liabilities = PVDBO − FVPA Equity = AG − AL	Liabilities = PVDBO − FVPA + AG − AL Profit = 0	Liabilities = PVDBO − FVPA Profit = AG − AL
URAGL ≠ 0 なら		Liabilities = PVDBO − FVPA + URAGL + AG − AL − RAGL Profit = RAGL	

URAGL（Unrecognised Actuarial Gains or Losses）　：未認識数理計算上の差異
PVDBO（Present Value of Defined Benefit Obligations）：確定給付債務の現在価値
FVPA（Fair Value of Plan Assets）　：年金資産の公正価値
RAGL（Recognised Actuarial Gains or Losses）　：認識された数理計算上の差異
AG（Actuarial Gains）　：数理計算上の差益
AL（Actuarial Losses）　：数理計算上の差損

出所：Morais（2008, p.132）.

Corridor Method の適用比率は 192/395 ＝ 48.61％，186/395 ＝ 47.09％で，②より①がわずかに高かった。金融業に分類されるサンプル企業の① Equity Recognition Method，② Corridor Method を適用した比率は 40/128 ＝ 31.25％，70/128 ＝ 54.69％で，②の適用比率が最も高かった（Morais 2008, p.135, Table4）。金融機関は負債，損益を安定させ，自己資本比率の改善に資する② Corridor Method を選好したと思料される（Morais 2008, p.138）。

2 SFAS 87のコリドー・アプローチ（Corridor Method）

Corridor Method の適用は，米国の（Statement of Financial Accounting Standards：SFAS87）(par.25) においても認められた。Kieso et al. (2013) は，Soft-White 社（架空の企業）を例にあげ，数理計算上の差異が発生した期に，年金費用の構成要素として当該差異を全額損益認識せず，遅延認識する理由を，以下のように説明する。

「Soft-White 社が 2014 年と 2015 年に包括利益の区分に計上した数理計算上の差異は，それぞれ 400,000 ドル，300,000 ドルで，従業員の平均残存勤務期間は 5.5 年であった。2015 年に数理計算上の差異の償却費 21,818 ドルの分だけ年金費用は増加するが，21,818 ドルは総損 400,000 ドルと比べて僅少である。図表2は，コリドー・アプローチの採用によって，数理計算上の差異の年金費用への影響が緩和されることを示す。数理計算上の差異は，経済価値の実際の変動と同様に，見積りの変化からも生じ，それがコリドー・アプローチの合理性を裏付ける。数理計算上の差益と差損の一部は，長期的には相殺されるであろう。」(Kieso et al. 2013, p.1200)

図表8-2 の3列目の年金資産の市場関連価値（Market-Related Value：MRV）とは，年金資産の公正価値または5年以内にわたる年金資産の変動を組織的かつ合理的方法により認識・計算した価額である（SFAS 87, par.30）[6]。

| 第 1 部 | 国際会計

図表8-2 コリドーテストと数理計算上の差異の償却スケジュール

(単位:ドル)

年度	予測給付債務の現在価値 (注a)	年金資産の市場関連価値 (注a)	コリドー (注b)	累積 OCI (G/L) (注a)	数理計算上の差異の償却費 (当期)
2014	2,100,000	2,600,000	260,000	0	0
2015	2,600,000	2,800,000	280,000	400,000	(注c) 21,818
2016	2,900,000	2,700,000	290,000	(注d) 678,182	(注d) 70,579

(注a) すべて期首の金額
(注b) 予測給付債務の現在価値,年金資産の市場関連価値のうち,大きい方の10%
(注c) 400,000 − 280,000 = 120,000;120,000/5.5 年 = 21,818
(注d) 400,000 − 21,818 + 300,000 = 678,182;678,182 − 290,000 = 388,182
;388,182/5.5 年 = 70,579
OCI:その他の包括利益;G/L:Gain or Loss
出所:Kieso et al.(2013, p.1200).

II 確定給付制度に関する会計方針変更の影響と企業属性

1 即時認識処理への変更が米国企業の純利益に与えた影響

　確定給付制度を採用する退職給付について,IAS 19 R は当期勤務費用,過去勤務費用清算損益,確定給付負債(資産)の純額に割引率を掛けて算定された利息費用(利息収益)の4つを純損益として認識すると規定している(IASB 2011, par.8 および par.123)。IAS 19 R は,米国基準と同様に数理計算上の差異を税効果調整後,その他の包括利益累計額に含めるとしているが,数理計算上の差異は純損益を通さず,直接利益剰余金に振り替えられ,米国基準とは異なり,純損益へのリサイクルは認められない(IASB 2011, par.122.)。

　Fornaro(2012)は 2010 年度または 2011 年度に確定給付制度に関する会計方針を変更した米国企業 10 社の純利益変動の推移を示した(図表8-3)。AT&T Inc. は,年金資産の期待収益算定に際し,年金資産を市場関連価値ではなく,公正価値により測定し,コリドー・アプローチの適用をやめ,数理計算上の差異を即時認識する方法を 2010 年度に採用した。同社の 2010 年度の純利益は 16 億 4 千万ドル(8%)減少し,遡及修正により 2008 年の純利益は 15 億 5 千万ドル(120%)減少した(Fornaro 2012, p.29)。Verizon Communications Inc. は

確定給付年金制度に関する会計基準への期待ギャップ | 第8章 |

図表8-3　2010年と2011年に確定給付制度に関する会計方針を変更した米国企業の純利益への影響

会計方針変更による純利益の増(減)*a

企業名	変更年度	変更様式 *d	変更年百万ドル	% *c	1年前百万ドル	%	2年前百万ドル	%	3年前百万ドル	%
AT&T Inc.	2010	1, 2	(1,644)	(8)	(397)	(3)	(15,492)	(120)	5,081	43
Honeywell International Inc.	2010	1, 3	*b 57	3	(605)	(28)	(1,986)	(71)	150	6
Verizon Communications Inc.	2010	1, 2	531	26	1,243	34	(8,621)	(134)	1,691	31
Fortune Brands Home & Security Inc.	2011	1, 3	(41.6)	(693)	6.6	12	2.9	7	(57.8)	(9)
Kaman Corporation	2011	1	2.4	5	(2.7)	(7)	(7.6)	(23)	2.8	8
Perkin Elmer Inc.	2011	1, 2	(39.3)	(84)	7.1	2	(3.5)	(4)	(57.1)	(45)
PolyOne Corporation	2011	2	(45.3)	(21)	0	0	57.2	116	(156.8)	(60)
Reynolds American Inc.	2011	1, 3	20	1	8	1	(7)	(1)	(894)	(67)
United Parcel Service Inc.	2011	1, 3	(409)	(10)	(150)	(4)	(184)	(9)	(2,348)	(78)
Windstream Corporation	2011	2	(77.6)	(31)	1.9	1	64	19	(241.1)	(58)

原著者注
*a：純利益は各企業の Form 10-K から決定
*b：会計方針変更年度の影響は，第4四半期利益の公表または他の情報源から決定
*c：純利益変動÷会計方針変更前に報告された当初の純利益
*d：会計方針の変更は，3つの主要なカテゴリーに該当
　　変更様式1：制度資産の期待収益率計算に際し，制度資産の市場関連価値から公正価値に変更
　　変更様式2：コリドー・アプローチの適用を取りやめ，即時認識
　　変更様式3：コリドー・アプローチの適用を継続するが，コリドーを超える損益を即時認識
出所：Fornaro (2012, p.28). 原著者注の記号を変更。

　2010年度に AT&T Inc. と同様の会計方針を変更し，2010年度の純利益は5億3千百万ドル（8%）増加し，遡及修正により2008年の純利益は86億ドル（134%）減少した（Fornaro 2012, p.29）。
　Burke et al. (2017) は，コリドー・アプローチから即時認識法（mark‐to‐market：MTM）に変更した採用グループと即時認識法を採用しなかったコン

トロールグループに分類し，ロジスティック回帰分析を行った[7]。その他の包括利益累計額に繰り延べられた数理計算上の差異と企業規模が大きく，機関投資家の所有割合が高い企業がMTMを採用すると推計した（Burke et al. 2017, pp.40-44）。

2　米国ダウ工業株30種企業の積立状況と即時認識への変更の影響

　Chang et al.（2014）は，米国ダウ工業株30種企業のうち，年金会計に関する十分な情報を開示していなかったAlcoa，確定給付制度を採用しないCisco, Home Depot, McDonald's,, Microsoft, United Health GroupおよびWalmartを除く23社の2010年と2011年の年金資産，年金負債，積立状況を報告した[8]。平均年金資産は両年ともにおよそ220億ドルであったが，平均年金負債は25.2億ドルから27.6億ドルに，平均積立不足は37.1億ドルから59.6億ドルに増加し（図表8-4），Bank of AmericanとJP Morgan Chaseは貸借対照表において積立超過を報告したが，脚注において正味年金負債を（Chang et al. 2014, p.66, p.70）開示した。

　年金資産と年金給付債務を相殺し，貸借対照表に計上する純額方式が採用される[9]。Chang et al.（2014, p.65）では，2つの理由から純額方式に異論が唱えられ，総額方式の採用が提案される。①貸借対照表で正味積立超過を報告しながら，脚注に多額の年金負債を開示する企業もある。②正味積立状況の報告強制は，年金資産と年金負債に異なるウェイトを与える投資家の意識に則さず，企業価値評価を損ねる。平均EPSは，総額方式によると3.39で，SFAS 158の4.41，IAS 19 Rの4.29よりも低く，統計的に有意であった（図表8-4）。

おわりに

　複雑な仮定に基づき数理計算上の差異の遅延認識を許容し，年金資産・負債のボラティリティーの最小化，利益平準化を可能とするIAS 19は，母体企業の年金債務の実態を不透明にし，利害関係者をミスリードし，報告利益の質をも低下させかねない。そこで，IAS 19 Rでは遅延認識処理を廃止し，純損益へのリサイクルを禁止したうえで即時認識処理のみを適用可能とした。遅延認識

確定給付年金制度に関する会計基準への期待ギャップ｜第 8 章｜

図表 8-4　Dow Jones 30 の積立状況と EPS

(単位：百万ドル)

No	企業名	年金資産 2010年	年金資産 2011年	年金負債 2010年	年金負債 2011年	積立状況 2010年	積立状況 2011年	SFAS158 (SFAS)	EPS Proposed (Pro)	IAS19R (IAS)
1	3M Co.	15,930	16,745	17,231	19,831	(1,301)	(3,086)	6.05	4.25	5.90
2	American Express Co.	2,052	2,069	2,435	2,512	(383)	(443)	4.11	4.18	4.19
3	AT&T Inc.	47,621	45,907	53,917	56,110	(6,296)	(10,203)	0.66	0.67	0.92
4	Bank of America Corp.	19,809	20,153	18,640	20,012	1,169	141	0.01	0.07	0.12
5	Boeing Co.	49,252	51,051	59,106	67,651	(9,854)	(16,600)	5.38	0.33	4.69
6	Caterpillar Inc.	13,640	12,815	16,891	19,081	(3,251)	(6,266)	7.64	4.50	7.55
7	Chevron Corp.	12,082	12,297	15,341	17,684	(3,259)	(5,387)	13.54	12.78	13.47
8	Coca Cola	5,497	6,171	7,292	8,255	(1,795)	(2,084)	3.75	3.44	3.75
9	E. I. du Pont de Nemours and Co.	18,403	17,794	23,924	27,083	(5,521)	(9,289)	3.73	0.31	3.57
10	Exxon Mobil Corp.	27,600	27,773	40,729	46,103	(13,129)	(18,330)	8.43	8.07	8.68
11	GE	52,604	50,518	61,906	72,147	(9,302)	(21,629)	1.23	0.63	1.24
12	Hewlett- Packard Co.	22,187	23,842	26,991	28,273	(4,804)	(4,431)	3.38	3.53	3.47
13	IBM	85,981	86,581	93,877	96,946	(7,896)	(10,365)	2.46	2.47	2.59
14	INTEL	1,211	1,370	1,641	2,601	(430)	(1,231)	13.25	10.93	12.17
15	Johnson & Johnson	13,433	13,736	14,993	17,424	(1,560)	(3,688)	3.54	2.84	3.53
16	JPMorgan Chase	13,475	13,461	10,920	11,872	2,555	1,589	4.50	4.83	4.98
17	Merck	12,705	12,481	13,978	14,416	(1,273)	(1,935)	2.04	1.86	2.22
18	Pfizer	17,305	19,123	23,583	25,320	(6,278)	(6,197)	1.11	0.98	1.13
19	Procter & Gamble	6,562	7,962	11,245	12,229	(4,683)	(4,267)	4.12	4.52	4.26
20	Travelers Companies Inc.	22,384	23,542	24,445	27,167	(2,061)	(3,625)	5.58	5.13	6.60
21	United Technologies Corp.	2,425	2,500	2,572	2,889	(147)	(389)	3.40	−0.46	0.05
22	Verizon Communications	25,814	24,110	29,217	30,582	(3,403)	(6,472)	0.85	−0.38	0.77
23	Walt Disney	5,684	6,551	8,084	9,481	(2,400)	(2,930)	2.56	2.39	2.75
	平均	21,463	21,676	25,172	27,638	(3,709)	(5,962)	4.41	3.39	4.29

	SFAS対Pro	Pro対IAS	IAS対SFAS
両側 t 検定の有意性	0.004	0.001	0.485

出所：Chang et al. (2014, pp. 67-68). No を追加。右から 3 列の EPS は p. 68 の Exhibit 2 の一部。

117

処理を選択肢の1つとする従来基準の方が利益調整の余地を残し，財務情報の作成者は，基準の改訂には積極的ではなく，一方，財務諸表の利用者は，未認識退職給付債務のオンバランス化に資するIAS 19 Rの適用を支持したと推測される。

国際会計基準審議会（International Accounting Standards Board：IASB）と米国財務会計基準審議会（Financial Accounting Standards Board：FASB）が遅延認識処理を廃止し，MTMに統一する方向でコンバージェンスを進展させ，企業会計基準委員会は，両審議会と軌を一にする企業会計基準第26号を公表した。IAS 19 Rに準拠し，数理計算上の差異をその他の包括利益において即時認識し，その後の期間にリサイクルしなければ，その他の包括利益のボラティリティーが増大する（Fornaro 2012, p.29）。従業員給付に関する会計基準の改訂は，年金運用（確定拠出型・リスク分担型確定給付年金制度への移行，株式から債券へのシフト）にも影響を及ぼす可能性がある[10]。

退職給付債務のオフバランス化を改善し，財務報告の透明性を確保することが利用者により要請されたが，要請は受け入れられず，企業年金会計に関する論争が長年にわたり繰り広げられた（Glaum 2009, pp.273-274）。

「第1に，企業年金契約・負債の経済的・法的性質に関するコンセンサスは得られていない。第2に，企業年金契約・負債の経済的・法的性質は，規制環境により異なり，絶えず変化している。第3に，多くの企業は累積年金債務を抱え，貸借対照表の金額，利益に深刻な影響がおよんでいる。第4に，数十年先の年金債務を見積るには，長期的視点に立ち，多くの金融要因，人口統計上の要因を予測しなければならず，年金債務を見積る際の仮定のわずかな変更が，年金債務の評価額を大きく変動させる。第5に，企業年金制度は経営者，株主，債権者，アナリスト，その他の市場参加者だけでなく，退職後に給付を受ける多数の従業員の関心事であり，年金会計基準の設定過程には各種の利害関係者が介入し，政治化する。」

従業員給付に関する情報作成者と情報利用者の期待ギャップを埋めるには，総額方式の採用，利害関係者の意見調整が不可避であると思われる。

| 確定給付年金制度に関する会計基準への期待ギャップ | 第 8 章 |

注

(1) たとえば徳賀（2001）で新基準による実現不可能な機会利得の混入が指摘され，田中（2013）で企業会計基準第26号による遅延認識に関する論点が示された。しかし，わが国では2000年前半以降，海外ほど盛んに退職給付会計に関する学術文献が発表されない状況が続いており（中根2017, 258頁），本稿では海外での議論を中心に検討する。

(2) 須田（2007）の20頁では，①数理計算上の差異などについて遅延認識を容認する平準化モデル，②数理計算上の差異などが発生した期の損益として認識する公正価値モデルに分け，23頁で「数理計算上の差異の処理法が，年金会計基準の成否を握っている」と記し，数理計算上の差異の処理の重要性を指摘されている。

(3) Equity Method は英国の FRS 17：Retirement Benefits において容認された方法である。

(4) STOXX® Europe 600 Index（ストックス欧州600指数）は，STOXX Europe Total Market Index（TMI）から算出され，STOXX® North America 600 Index，および STOXX® Asia/Pacific 600 Index. を含む STOXX Global 1800 Index の一部であり，欧州地域17カ国（オーストリア，ベルギー，デンマーク，フィンランド，フランス，ドイツ，アイルランド，イタリア，ルクセンブルグ，オランダ，ノルウェー，ポーランド，ポルトガル，スペイン，スウェーデン，スイス，英国）を代表する企業から成る株価指数である（https://www.stoxx.com/index-details?symbol = SXXP）。

(5) Fasshauer et al.（2008）は，欧州20カ国の主要株価指数構成企業のアニュアル・レポート（2005年度）を入手し，IAS19適用，確定給付性度の採用，予測給付債務が総資産の2％以上を条件に，265社のサンプルを抽出し，数理計算上の差異の処理方法について Morais（2008）と同様の調査をした。英国企業72社中64社（90％）が equity method を採用した（Fasshauer et al. 2008, p.118）。

(6) 年金資産の期待収益を測定するため市場関連価値を適用すると，純利益が過小表示されることを示す実証結果もある（Skaife 2007, p.204）。市場関連価値の適用が否認され，年金資産の長期的期待収益率がより低い割引率に置き換えられると，年金費用は増加する（Fornaro 2012, pp.28-29）。

(7) 採用グループには図表8-3の10社のうち，Kaman Corporation を除く9社も含まれていた。

(8) Oxner and Oxner（2018, p.93）においても，米国ダウ工業株30種を構成する20社の2016年度の積立状況が示され，17社は積立不足であった。

(9) 退職給付費用についても純額方式を採用し，従業員の勤務に伴う勤務費用，年金給付債務に係る利息費用，年金資産運用益を個別に計上せず，それらの合計額を開示するのは SFAS 87 の特徴の1つである（五十嵐2007, 5頁）。IAS19 R によれば，確定給付債務の現在価値と年金資産の公正価値の差額に，割引率を乗じ，利息純額が測定される。純額表示は費用と収益を両建で計上する IFRS の基本思考に見られない独特な処理である（山田2014, 150-151頁）。

(10) IFRS とのコンバージェンスの進展の他に，証券市場の短期志向化，投資顧問業界の信頼性低下が日本企業の年金運用環境を変化させている（加賀谷2013, 6-7頁）。

| 第 1 部 | 国際会計

参考文献

五十嵐則夫（2007）「年金会計の国際的動向について」『年金と経済』第 26 巻第 3 号, 4-13 頁。
加賀谷哲之（2013）「退職給付会計基準の改革と企業年金運用」『証券アナリストジャーナル』第 51 巻第 3 号, 6-15 頁。
企業会計基準委員会（2016）企業会計基準第 26 号「退職給付に関する会計基準」（最終改正 2016 年 12 月 16 日）。
須田一幸（2007）「退職給付会計基準が企業経営と資本市場に与える影響」『年金と経済』第 26 巻第 3 号, 20-28 頁。
田中建二（2013）「退職給付会計基準の批判的検討：未認識数理計算上の差異および未認識過去勤務費用を中心として」『會計』第 184 巻第 4 号, 425-439 頁。
徳賀芳弘（2001）「退職給付会計と利益概念」『會計』第 159 巻第 3 号, 14-26 頁。
中根正文（2017）「解題深書 退職給付会計の歴史をひもとく」『企業会計』第 69 巻第 2 号, 258-261 頁。
橋本尚（2014）「我が国おける IFRS 導入上の課題：作成者と利用者のギャップを中心に」『会計・監査ジャーナル』第 702 号, 41-48 頁。
山田辰己（2014）「年金会計（確定給付建制度）について（上）」『税経通信』第 69 巻第 13 号, 150-166 頁。
Burke, Q.L., P.C. Chen and T.V. Eaton (2017) An Empirical Examination of Mark-to-Market Accounting for Corporate Pension Plans, *Journal of Accounting and Public Policy*, Vol.36 No.1, pp.34-58.
Chang, C.C (Amy)., J.C. Duke and S.-J. Hsieh (2014) Improving the Disclosure Basis of Pension Accounting, *Journal of Corporate Accounting & Finance*, Vol.25 No.4, pp.63-70.
Fasshauer, J.D., M. Glauma and D. L. Street (2008) Adoption of IAS 19R by Europe's Premier Listed Companies : Corridor Approach versus Full Recognition Summary of an ACCA Research Monograph, *Journal of International Accounting, Auditing & Finance*, Vol.17 No.2, pp.113-122.
Financial Accounting Standards Board [FASB] (1985) Statement of Financial Accounting Standards No.87 : Employers' Accounting for Pensions., Norwalk,CT : FASB .
—— (2006) *Statement of Financial Accounting Standards No. 158* : Employers' Accounting for Defined Benefit Pension and Other Postretirement Plans, Norwalk,CT : FASB .
Fornaro, J.M. (2012) A New Reality Ahead for Pension Accounting? *CPA Journal*, Vol.82 No.10, pp.24-30.
Glaum, M. (2009) Pension Accounting and Research: A Review, *Accounting and Business Research*, Vol.39 No.3, pp.273-311.
International Accounting Standards Board [IASB] (2011) IAS19 : Employee Benefits (amended 2011) : London, UK : IASB.
Kieso, D.E., J.J. Weygandt and T.D. Warfield (2013) *Intermediate Accounting*, 15th edition : Wiley.

Morais, A.I. (2008) Actuarial Gains and Losses : The Choice of the Accounting Method, *Accounting in Europe*, Vol.5 No.2, pp.127-139.

Oxner, K. M. and T. H. Oxner (2018) Defined Benefit Pension Plans : Blue-Chip Benchmark, *Journal of Corporate Accounting & Finance*, Vol.29 No.1, pp.88-97.

Skaife, H.A., M.T. Bradshaw, P.Y. Davis-Friday, E.D. Gordon, P.E. Hopkins, R. Laux, K.K. Nelson, S. Rajgopal, K. Ramesh, R. Uhl and G. Vrana (2007) Response to FASB Exposure Draft, Employers' Accounting for Defined Benefit Pension and Other Postretirement Plans : An Amendment of FASB Statements No.87, 88, 106 and 132(R), *Accounting Horizons*, Vol.21 No.2, pp.201-213.

第9章

海外子会社における収益認識基準

はじめに

　本稿では，わが国の会計実務において，海外子会社の会計処理，特に収益認識基準がどのように取扱われることになるのかについて検討する。なお，本稿の内容および見解は，筆者の所属する組織や団体の見解等を反映したものではなく，個人的な見解に基づくものであることをお断りしておく。

　海外子会社がある場合は，連結財務諸表を作成する際には，実務対応報告第18号「連結財務諸表作成における在外子会社等の会計処理に関する当面の取扱い」（以下，実務対応報告18号）に従うこととされている。すなわち，海外子会社の財務諸表が国際財務報告基準（International Financial Reporting Standards：IFRS）または米国会計基準に準拠して作成されている場合には，当面の間，それらを連結決算手続上利用することができるものとされている。これは，海外子会社の財務諸表がIFRSまたは米国基準ではなく，現地の会計基準で作成されている場合には，連結パッケージ上IFRSまたは米国会計基準に準拠して組替えることが必要となることを意味している。

I　各国における収益認識基準の適用状況

　各国における収益認識基準の適用状況を示すと図表9-1のとおりである。

海外子会社における収益認識基準 | 第9章 |

図表9-1　各国における収益認識基準の適用時期

国名	適用時期等
アメリカ	Topic 606「顧客との契約から生じる収益」(注) 上場会社：2017年12月15日以降開始事業年度 非上場会社：2018年12月15日以降開始事業年度
イギリス	IFRS適用会社（英国上場会社の連結財務諸表）： 2018年1月1日以降開始事業年度 英国会計基準「FRS (Financial Reporting Standards) 102」適用会社（英国上場会社の個別財務諸表及び非上場会社の連結・個別財務諸表）：未定
中国	新会計準則14号 カテゴリーA※1　2018年1月1日以降開始事業年度 カテゴリーB※2　2020年1月1日以降開始事業年度 カテゴリーC※3　2021年1月1日以降開始事業年度 新会計準則は，上場会社，銀行及び一部の大型国有企業等には強制適用されているが，その他の会社は強制適用はされておらず，適用を奨励されているのみである。 ※1 IFRSを適用している中国または国外での上場企業 ※2 中国上場企業　※3 非上場企業
シンガポール	シンガポールの会計基準（SFRS (Singapore Financial Reporting Standards)）の適用が義務付けられているが，任意でIFRSを適用することができる。 シンガポールの会計基準は条文構成や基準番号も含めてIFRSとほぼ同様である。
タイ	上場会社：タイの会計基準（TFRS (Thai Financial Reporting Standards)）を採用しており，IFRSと同様のTFRS15が2019年1月1日より適用 非上場会社：TFRSを適用することができるが，多くの会社はTFRS NPAEs (Thai Financial Reporting Standards for Non-Publicly Accountable Entities) を採用しており，この基準ではIFRSに相当する基準の適用予定はない。
フィリピン	IFRSとまったく同様の基準が2018年1月1日開始事業年度から適用
メキシコ	上場会社：IFRSの適用が義務付けられている。 非上場会社：メキシコの会計基準（NIF (Normas de Información Financiera)）が義務付けられている。 メキシコの会計基準では売上計上基準はなく，IFRSを準用しており，2018年1月1日以降開始事業年度から収益認識基準を適用している。
ベトナム	上場会社：ベトナムの会計基準（VAS (Vietnam Accounting Standards)）を適用しなければならない。なお，2018年1月1日開始事業年度からIFRS15が任意適用されている。 非上場会社：ベトナム会計基準を適用しなければならない。なお，ベトナム会計基準は，2025年にはIFRSへ完全移行される。

(注) FASB (2018) Topic606 Revenue from Contracts with Customers (Revised November 5th, 2018).
出所：筆者作成

| 第1部 | 国際会計

Ⅱ 海外子会社における収益認識基準

　海外子会社は，税務申告目的として現地会計基準に基づく決算書を作成して申告を行う場合が多い。この場合においても，実務対応報告18号に基づき，親会社の連結財務諸表を作成するための連結パッケージでは，親会社に対しIFRSまたは米国会計基準に基づいて作成して報告することになる。現地においては，非上場企業である場合が多いことから，現地会計基準に基づいた場合には，収益認識基準を適用していない場合もあるが，親会社に対しては，IFRSまたは米国会計基準に基づいて収益認識基準を適用して報告することとなる。

　したがって，IFRSで報告をすることとされている子会社は，IFRSの収益認識基準であるIFRS第15号「顧客との契約から生じる収益」を2018年1月1日以後開始する事業年度から適用して親会社に報告する必要がある。

　また，米国会計基準で報告することとされている子会社は，米国会計基準の収益認識基準であるTopic606を，米国における上場会社の場合は2017年12月15日以後開始する事業年度から，非上場会社の場合は2018年12月15日以後開始する事業年度から適用して親会社に報告する必要がある。

Ⅲ わが国における収益認識基準

1 わが国における収益認識基準の適用時期

　2018年3月30日，企業会計基準委員会より，企業会計基準第29号「収益認識に関する会計基準」（以下，収益認識基準）および企業会計基準適用指針第30号「収益認識に関する会計基準の適用指針」（収益認識適用指針）が公表された。

　収益認識基準は，2021年4月1日以後開始する連結会計年度および事業年度の期首から適用することとされている。ただし，2018年4月1日以後開始する連結会計年度および事業年度の期首から本会計基準を適用できるとされている。さらに，2018年12月31日に終了する連結会計年度および事業年度から2019年3月31日に終了する連結会計年度および事業年度における年度末に係る連結財務諸表および個別財務諸表から，収益認識基準を適用することができるとさ

れている。

2 わが国における収益認識基準の基本的な方針

　国際会計基準審議会（International Accounting Standards Board：IASB）および米国財務会計基準審議会（Financial Accounting Standards Board：FASB）は，共同して収益認識に関する包括的な会計基準の開発を行い，2014年5月に「顧客との契約から生じる収益」（IASBにおいてはIFRS第15号，FASBにおいてはTopic606）を公表した（収益認識基準92）。

　そこでわが国の企業会計基準委員会は，収益認識に関する会計基準の開発にあたっての基本的な方針として，IFRS第15号と整合性を図る便益の1つである国内外の企業間における財務諸表の比較可能性の観点から，IFRS第15号の基本的な原則を取り入れることを出発点とし，会計基準を定めることとした。また，これまでわが国で行われてきた実務等に配慮すべき項目がある場合には，比較可能性を損なわせない範囲で代替的な取扱いを追加することとした（収益認識基準97）。

　そして，連結財務諸表に関しては次の開発方針を定めた（収益認識基準98）。
　① IFRS第15号の定めを基本的にすべて取り入れる。
　② 適用上の課題に対応するために，代替的な取扱いを追加的に定める。代替的な取扱いを追加的に定める場合，国際的な比較可能性を大きく損なわせないものとすることを基本とする。

　したがって，わが国の収益認識基準および収益認識適用指針は一部IFRS第15号やTopic606と異なる部分があるが，基本的には同等であるため，以下の主要な論点については，わが国の収益認識基準および収益認識適用指針をもとに述べることとする。

Ⅳ 主要な論点

1 本人と代理人の区分

　顧客への財又はサービスの提供に他の当事者が関与している場合，財又はサービスが顧客に提供される前に企業が当該財又はサービスを支配しているときには，企業は本人に該当し，支配していないときには，企業は代理人に該当する（収益認識適用指針42，43）。

　なお，本人に該当するかどうかを判定するにあたっては，次の指標を考慮する（収益認識適用指針47）。

① 当該財又はサービスを提供するという約束の履行に対して主たる責任を有していること
② 在庫リスクを有していること
③ 価格の設定において裁量権を有していること

　そして，本人と代理人の区分に従って収益は以下のように認識する（収益認識適用指針39，40）。

本人に該当するケース	対価の総額を収益として認識する。
代理人に該当するケース	受け取る報酬又は手数料の金額（純額）を収益として認識する。

　仕入先から得意先へ物品を直送している場合や小売業における委託販売，商社などの場合には，今まで総額で売上計上していたが，本人に該当するかについて検討した結果，代理人に該当し，手数料相当金額のみを売上計上することになる場合がある。この場合には，利益に与える影響はないものの，売上高が総額から純額に変更されるため，売上高に与える影響が大きい。売上高を用いた指標で財務制限条項が設けられている場合には，銀行との契約についても検討することが必要となる。

　日本の親会社においては，IFRSや米国会計基準を適用しておらず，日本基

準を採用している場合には，日本の個別財務諸表では，2021年4月1日以降開始事業年度から収益認識基準が適用になるものの，上記記載のとおり，海外子会社においてはそれ以前からの適用になるため，連結財務諸表の売上高を用いた指標で財務制限条項が設けられている場合には留意が必要である。

2 履行義務単位の識別

履行義務とは，顧客との契約において，別個の財又はサービス（または一連の別個の財又はサービス）を顧客に移転する約束をいう（収益認識基準7）。

顧客が各財又はサービス単独で便益を得られる場合に，以下に該当しない場合には，別個の財又はサービスとして認識する（収益認識適用指針6）。

- 財又はサービスを統合する重要なサービスを提供する。
- 著しく修正または顧客仕様にされている。
- 高い相互依存性・関連性がある。

そして別個の財又はサービスとして認識する場合には，それぞれの履行義務（あるいは別個の財又はサービス）に対する取引価格の配分は，財又はサービスの独立販売価格の比率に基づき，契約において識別したそれぞれの履行義務に取引価格を配分する（収益認識基準66）。

なお，財又はサービスの独立販売価格を直接観察できない場合の当該独立販売価格の見積方法には，たとえば，次の3つの方法がある（収益認識適用指針31）。

① 調整した市場評価アプローチ
　財又はサービスが販売される市場を評価して，顧客が支払うと見込まれる価格を見積る方法
② 予測コストに利益相当額を加算するアプローチ
　履行義務を充足するために発生するコストを見積り，当該財又はサービスの適切な利益相当額を加算する方法
③ 残余アプローチ
　契約における取引価格の総額から契約において約束した他の財又はサービスについて観察可能な独立販売価格の合計額を控除して見積る方法

なお，この方法は，次のいずれかに該当する場合に限り使用できる。
- 同一の財又はサービスを異なる顧客に同時又はほぼ同時に幅広い価格帯で販売していること
- 当該財又はサービスの価格を企業がいまだ設定しておらず，当該財又はサービスを独立して販売したことがないこと

たとえば，機器販売と保守契約について同じ契約書で締結している場合，機器の販売と保守契約を別個の財又はサービスとして認識し，取引価格を配分することが必要となる。

また，保守契約について，期間が定められている場合には，収益認識時点についても保守契約期間にわたって認識することが必要となる。

したがって，従来，機器販売と保守契約を同時に機器販売時点で売上計上していた場合は，売上高について影響を受けることになる。

3 契約の結合

同一の顧客と同時またはほぼ同時に締結した複数の契約について，次の①から③のいずれかに該当した場合は，当該複数の契約を結合し，単一の契約とみなして処理する（収益認識基準 27）。

① 当該複数の契約が同一の商業的目的を有するものとして交渉されたこと
② 1つの契約において支払われる対価の額が，他の契約の価格又は履行により影響を受けること
③ 当該複数の契約において約束した財又はサービスが，単一の履行義務となること

実務においては，複数の契約について結合をし，その後上記「2 履行義務単位の識別」に基づいて配分する必要がある場合があるので留意が必要である。

4 有償支給取引

企業が，対価と交換に原材料等（以下，支給品）を外部（以下，支給先）に譲渡し，支給先における加工後，当該支給先から当該支給品（加工された製品に組

み込まれている場合を含む）を購入する場合がある。これらの一連の取引は，一般的に有償支給取引と呼ばれている。このような有償支給取引では，企業から支給先へ支給品が譲渡された後の取引や契約形態はさまざまであり，会計上，企業が当該支給品を買い戻す義務を有しているか否かを判断する必要がある（収益認識適用指針177）。

部品の支給時点におけるケースごとの会計処理は以下のとおりである（収益認識適用指針177～181）。

	買い戻し義務		
	負っていない	負っている	
		原則的な処理	代替的な取扱い
支給品の譲渡に係る収益	認識しない		
支給品の消滅（在庫のオフバランス）	認識する	認識しない	連結：認識しない 個別：認識する

有償支給取引は，支給品が譲渡された後の取引や契約の形態はさまざまであるため，収益認識基準においては，当該支給品を買い戻す義務を有しているか否かで判断することとされている。買い戻し義務がある場合には，支給品の消滅を認識せず，棚卸資産として計上し続けることになる。したがって，有償支給品の在庫が支給先にある場合には，実地棚卸をどうするかの検討が必要となる。

この点，譲渡された支給品は，物理的には，支給先において在庫管理が行われている点を踏まえ，個別財務諸表においては支給品の譲渡時に当該支給品の消滅を認識できることとされている。しかしこの場合であっても，支給品の譲渡に係る収益と最終製品の販売に係る収益が二重に計上されることを避けるために，当該支給品の譲渡に係る収益は認識しないこととされている。

また，仮に個別財務諸表上当該支給品の消滅を認識した場合でも，連結財務諸表上は消滅を認識しないこととされているため，留意が必要である。

5 収益認識時点

企業は，履行義務を充足した時点で，または充足するにつれて一定の期間にわたり収益を認識する。

ここで一定期間にわたり収益を認識するための条件は，以下のいずれかに該当する場合である（収益認識基準38）。

- 企業の履行につれて，顧客が便益を享受する。
- 企業の履行によって，顧客が支配する新たな資産が創出されるか，または増価する。
- 企業の履行により他に転用できる資産が創出されず，それまでに完了した支払いを受ける強制可能な権利を有する。

上記に該当しない場合には，一時点において収益を認識することになるが，支配が移転したことを示す指標の例示は以下のとおりである（収益認識基準40）。

- 顧客に提供した資産の対価を収受する現在の権利を有していること
- 顧客が資産の法的所有権を有していること
- 顧客が資産の物理的占有を移転したこと
- 顧客が資産の所有に伴う重大なリスクと経済価値を享受していること
- 顧客が資産を検収したこと

わが国の実務では，売上高の計上にあたっては，出荷基準が幅広く用いられてきた。そこで，収益認識に関する会計基準においても代替的な取り扱いが設けられおり，国内販売においては，出荷時から商品または製品の支配が顧客に移転される時までの期間が通常の期間である場合には，出荷時や着荷時に収益を認識することができることとされた（収益認識適用指針98）。これは，国内においては，出荷および配送に要する日数は数日間程度であると考えられるためであり，金額的な重要性に乏しいと想定されるためである。

なお，出荷時点に商品または製品に関する支配が顧客に移転している場合，代替的な取り扱いにより，顧客が支配を獲得した後に行う出荷および配送活動は，商品および製品を移転する約束を履行するための活動として処理し，別個

の履行義務として識別しないことができる（収益認識適用指針94）。

これは，米国会計基準において，実務におけるコストと便益の比較衡量の結果として，顧客が商品または製品に対する支配を獲得した後に行う出荷および配送活動について，履行義務として識別しないことを会計処理の選択として認めており，米国会計基準を参考として定められている（収益認識適用指針167）。

したがって，米国子会社等において，顧客が引き取りに来る場合など，出荷時点で支配が顧客に移転すると認識される場合には，米国においても出荷基準を採用することになるが，その場合にも，出荷および配送活動は別個の履行義務として認識しないことになる。

6 輸出取引

わが国の輸出取引においては，FOBやCIFの取引条件が使用されることが一般的である。FOCおよびCIFは，インコタームズ（Incoterms）の定義によると，企業（輸出者）が製品等を海外の顧客（輸入者）の指定した船舶に乗せた時点で製品等に対する危険負担と費用負担の責任が顧客へ移転する取引条件である。

取引条件の呼称	取引条件	内容
FOB	Free on Board	本船渡し
CIF	Cost, Insurance and Freight	運賃保険料込み

従来より，企業が製品等を船積みした時点（厳密には本船の手すり（欄干）を超えた時点）で製品等に対するリスクと便益が顧客に移転し，また，製品等の所有権についても船荷証券の引き渡しによって実質的に顧客に移転していると考えられることから，船積基準（B/L（Bill of Lading）日）で収益認識される場合が多い。

上記のうち，CIF条件による取引においては，船積み後，着荷地までの輸送料と保険料を輸出者が負担することとされている。従来の会計実務においては，当該輸送料および保険料の対価（販売価格に上乗せ）と輸送料と保険料の負担額（費用）を，それぞれ認識する場合が多い。

| 第 1 部 | 国際会計

　収益認識基準において，当該輸送料と保険料を企業が負担する場合に，別個の履行義務にあたるかを検討する必要がある。
　この点，船積基準で収益を認識する場合には，当該輸送・保険サービスは，別個の履行義務にあたると考えられる。
　そして，輸送・保険サービスについて，企業が本人として関与するか代理人として関与するかを契約に基づいて判断し，当該サービスについて，手配をしているにすぎず，代理人として判断する場合には，以下になると考えられる。
① 代理人としての公正な対価（代理人手数料）の金額を見積り，輸出取引の取引価格から配分を受ける。
② 取引価格に含まれる輸送・保険サービスに係る金額は，輸出取引の収益の金額に含めず，対応する費用と相殺する。

　なお，連結財務諸表では，連結子会社との取引に係る輸送・保険サービスの対価分は内部取引として消去されるため，輸送・保険サービスに係る金額のうち海外の関連会社・外部会社向けの金額が財務諸表への影響となる。
　また，上記「5 収益認識時点」で記載のとおり，国内取引においては出荷基準が例外的に認められているが，輸出取引には適用できない。
　しかし，船積時点において，製品に対する支配が顧客に移転していると判断する場合，代替的な取扱いにより，顧客が支配を獲得した後（船積日以降）に行う出荷および配当活動については，製品を移転する約束を履行するための活動として処理し，別個の履行義務として識別しないことができる。

7 ライセンス収入

　海外の製造会社や第三者に対して，製品や部品の製造に関する技術やノウハウなどの知的財産を供与して海外生産をし，これらの知的財産を供与する対価としてロイヤルティを収受することがある。
　そして，供与する知的財産の内容とロイヤルティの回収方法は，契約の内容によって異なるが，一般的に以下の形態が考えられる。
① 海外製造会社の生産数量や販売数量に対応して数量に応じたライセンス料を受け取る場合（ランニングロイヤルティなど）

②　図面などの技術情報の引き渡し時に一括して対価を受け取る場合（イニシャルフィーなど）

　ライセンスを供与する約束が顧客との契約における他の財又はサービスを移転する約束と別個のものでない場合には，ライセンスを供与する約束と当該他の財又はサービスを移転する約束の両方を一括して単一の履行義務として処理し，一定の期間にわたり充足される履行義務か一時点で充足される履行義務であるかを判定する（収益認識適用指針61項）。

　ライセンスを供与する約束が，顧客との契約における他の財又はサービスを移転する約束と別個のものであり，当該約束が独立した履行義務である場合には，以下の区分に基づき履行義務の充足を認識することとされている（収益認識適用指針62項）。

履行義務の判定	収益の認識時点
一定期間にわたって企業の知的財産にアクセスする権利を供与する場合	一定の期間にわたり充足される履行義務として，一定期間にわたって収益を認識する。
ライセンスが供与される時点で存在する企業の知的財産を使用する権利を付与する場合	一時点で充足される履行義務として，顧客がライセンスを使用してライセンスからの便益を享受できるようになった時点で収益を認識する。

8　変動対価

　顧客と約束した対価のうち，変動する可能性のある部分を「変動対価」という（収益認識基準50）。企業が属する業界によっては，仮単価で取引を行い，取引価格の合意後に遡及して取引単価が修正されるため，単価改定に伴い将来の取引価格が変動する可能性があるという点において，変動対価に該当すると考えられる。その他としては，値引き，リベート，返金，インセンティブ，業績に基づく割増金，ペナルティー等がある。これらがある場合には，合意後に遡及して取引価格の総額が修正されるため，将来の取引価格が変動する可能性があるという点において，変動対価に該当すると考えられる。これらの場合には，

販売時にこれらの変動対価を見積り，取引価格に反映させる必要がある。

変動対価の見積方法としては，最頻値法と期待値法があるが，企業が対価の額をより適切に予測できる方法を用いることとされている（収益認識基準 51）。

最頻値法	発生し得ると考えられる対価の額におけるもっとも可能性の高い単一の金額
期待値法	発生し得ると考えられる対価の額を確率で加重平均した金額

値引きや売上リベートが毎年発生する業界などで変動対価を見積る場合には，直近の価格交渉の内容や過去の実績などを参考にして，将来において著しい収益の減額が見込まれないような金額を見積り，収益の金額を算定する必要がある。

9 契約における重要な金融要素

契約における当事者が明示的または黙示的に合意した支払時期により，財又はサービスの顧客への移転に係る信用供与についての重要な便益が顧客又は企業に提供される場合には，顧客との契約は重要な金融要素を含むものとされている（収益認識基準 56）。そして，金融要素が契約に含まれるかどうか及び金融要素が契約にとって重要であるかどうかを判断するにあたっては，次の①および②を含む，関連するすべての事実及び状況を考慮することとされている（収益認識適用指針 27）。

① 約束した対価の額と財又はサービスの現金販売価格との差額
② 約束した財又はサービスを顧客に移転する時点と顧客が支払を行う時点との間の予想される期間の長さ及び関連する市場金利の金融要素に対する影響

顧客との契約に重要な金融要素が含まれる場合，取引価格の算定にあたっては，約束した対価の額に含まれる金利相当分の影響を調整する。収益は，約束した財又はサービスが顧客に移転した時点で（または移転するにつれて），当該財又はサービスに対して顧客が支払うと見込まれる現金販売価格を反映する金額

で認識することとされている（収益認識基準57）。

　建設業界，プラント建設業界および個別受注をする財を供給する業界など，約束した財又はサービスを顧客に移転する時点と顧客が支払を行う時点の間が1年を超える場合が多い業界は，重要な金融要素の影響について，約束した対価の額を調整する必要がある。しかし，当該期間が1年以内であると見込まれる場合には，重要な金融要素の影響について，約束した対価の額を調整しないことができることとされている（収益認識基準58）。

10　追加の財又はサービスを取得するオプションの付与

　顧客との契約において，既存の契約に加えて追加の財又はサービスを取得するオプションを顧客に付与する場合には，将来の財又はサービスが移転する時，あるいは当該オプションが消滅する時に収益を認識する（収益認識適用指針48）。

　履行義務への取引価格の配分は，独立販売価格の比率で行うこととされており，追加の財又はサービスを取得するオプションの独立販売価格を直接観察できない場合には，オプションの行使時に顧客が得られるであろう値引きについて，次の①および②の要素を反映して，当該オプションの独立販売価格を見積ることとされている（収益認識適用指針50）。

① 顧客がオプションを行使しなくても通常受けられる値引き
② オプションが行使される可能性

11　製品保証

　製品の安全性や品質に対する顧客満足度を向上させるため，顧客に販売した製品について一定期間の保証を約束することが一般的であり，これらの約束は製品保証と呼ばれている。

　従来は，将来発生する費用を見積り，製品保証引当金として会計処理されていた。

　収益認識基準適用後においても，約束した財又はサービスに対する保証が，当該財又はサービスが合意された仕様に従っているという保証のみである場合，当該保証について，引当金として処理する（収益認識適用指針34）。

一方，約束した財又はサービスに対する保証又はその一部が，当該財又はサービスが合意された仕様に従っているという保証に加えて，顧客にサービスを提供する保証（当該追加分の保証について，以下「保証サービス」という。）を含む場合には，保証サービスは履行義務であり，取引価格を財又はサービス及び当該保証サービスに配分する（収益認識適用指針35）。

製品保証が，製品が合意された仕様どおりのものであるという保証（品質保証）に加えて，保証サービスを含むかどうかを判断することが必要となるが，これを判断するにあたっては，次の要因を考慮することが必要となる（収益認識適用指針37）。

① 財又はサービスに対する保証が法律で要求されているかどうか
　　財又はサービスに対する保証が法律で要求されている場合には，当該法律は，通常，欠陥のある財又はサービスを購入するリスクから顧客を保護するために存在するものであるため，当該保証は履行義務でないことを示している。

② 財又はサービスに対する保証の対象となる期間の長さ
　　財又はサービスに対する保証の対象となる期間が長いほど，財又はサービスが合意された仕様に従っているという保証に加えて，保証サービスを顧客に提供している場合が多く，この場合には，当該保証サービスは履行義務である。

③ 企業が履行を約束している作業の内容
　　財又はサービスが合意された仕様に従っているという保証を提供するために，欠陥のある商品又は製品に係る返品の配送サービス等，特定の作業を行う必要がある場合には，当該作業は通常，履行義務を生じさせない。

そして，製品保証が追加の保証サービスを含む場合には，当該保証は別個のサービスであり，下記の対応を行う（収益認識適用指針38）。

- 製品の販売価格から追加の保証サービスに係る対価を切り出す。
- 追加の保証サービスが提供されるに応じて，収益を認識する。

おわりに

　わが国の海外子会社はその国においては非上場会社である場合が多い。その場合は所在地国によっては，現地において収益認識基準が厳格に適用されていない場合がある。しかし，わが国の実務においては，連結財務諸表を作成する上で，海外子会社はIFRSまたは米国会計基準を適用することになるため，収益認識基準を適用することになる。収益認識基準適用初年度の場合は，国によっては影響度調査を実施する場合もあるが，収益認識基準を適用した場合の影響を適切に把握し，適切な連結財務諸表を作成することが必要である。

参考文献

企業会計基準委員会（2019）実務対応報告第18号「連結財務諸表作成における在外子会社等の会計処理に関する当面の取扱い」（最終改正2019年6月28日）。
——（2018）企業会計基準第29号「収益認識に関する会計基準」3月30日。
——（2018）企業会計基準適用指針第30号「収益認識に関する会計基準の適用指針」3月30日。

第10章

わが国のIFRS任意適用企業の段階損益表示の分析
—— 代替的業績指標表示とIASBの「基本財務諸表」プロジェクト

はじめに

　2017年4月期〜2018年3月期の有価証券報告書において国際財務報告基準（International Financial Reporting Standards：IFRS）に基づく連結財務諸表等を公表した上場企業は157社にのぼり，わが国の上場企業のIFRSの任意適用は着実な増加を見せている。さらに，2019年3月現在ではIFRS任意適用（および適用決定）会社は200社を超え，東京証券取引所上場企業の株式時価総額の約3割を占めるに至っている。

　一般に，IFRSの財務諸表の表示ガイダンスは，日本基準の連結財務諸表規則等に比べて少なく，経営者の判断によって決められる部分が多いという点で自由度が高い。そのため，IFRSに基づく財務諸表は，企業の経営者が自社の財務業績等を財務諸表利用者に対してストーリーをもって説明（"tell the story"）するのに適しているとされている。

　そこで，本稿では，IFRS任意適用企業の財務業績報告書（損益計算書）に焦点を当て，近年議論となっている「代替的業績指標（Alternative Performance Measures：APM）」の表示を含むわが国のIFRS任意適用企業の財務業績表示の状況を浮き彫りにすることを試みたい。

　なお，財務業績（financial performance）を示す財務表は，「純損益及びその他の包括利益計算書（statement of profit or loss and other comprehensive income）」（国際会計基準（International Accounting Standards：IAS）第1号），「財務業績計

算書 (statement of financial performance)」(2018年改訂概念フレームワーク) など文脈によって表記が異なり得るが，本稿では，すべて「財務業績計算書」と表記するものとする。

なお，文中意見にわたる部分は筆者の私見である。

I IFRS財務業績計算書の小計（段階損益）の表示要件

はじめにIFRSの財務業績報告書における小計の表示規定について確認しておきたい。IFRSの財務業績計算書においては，「純損益」(profit or loss)，「その他の包括利益合計」(total other comprehensive income) および「当期の包括利益」(comprehensive income for the period)（IAS第1号81A項）が最低限記載すべき小計 (subtotal) とされており，これらに加えて企業の財務業績の理解に目的適合性がある (relevant) 場合に追加的な小計を表示しなければならないとされている（同85項）。なお，小計を追加して表示するにあたっては，次の(a)～(d)の4つの性質をみたしたうえで（同85A項），IFRSにおいて要求されている小計または合計（すなわち，「純損益」または「当期の包括利益」）との調整を示す科目を表示しなければならない（同85B項）とされている。

(a) IFRSに従って認識および測定が行われている金額からなる表示科目で構成される。
(b) 当該小計を構成する表示科目が明瞭かつ理解可能となる方法で表示して名称を付す。
(c) 期間ごとの継続性がある。
(d) IFRSで要求されている小計および合計よりも目立つ表示はしない。

このように，IFRSにおいてはわが国の連結財務諸表規則のような段階損益を定める詳細なガイダンスはなく，財務業績計算書においてどの小計（段階損益）を表示するかを決定するにあたって企業の財務業績の理解に目的適合性がある (relevant) かどうかの視点からの経営者の判断が求められることになる。

| 第1部 | 国際会計

Ⅱ わが国のIFRS任意適用企業の財務業績表示の状況

1 段階損益の表示

次に,わが国のIFRS任意適用企業が財務業績報告書において段階損益を実際にどのように表示しているかについて検討したい。

2017年4月期〜2018年3月期の有価証券報告書においてIFRSに基づく連結財務諸表等を公表した上場企業157社の財務業績計算書における段階損益の表示状況は図表10-1のとおりである。これによれば,売上総利益,営業利益お

図表10-1 IFRS任意適用企業の段階損益の表示

(調査対象企業:2017年4月期〜2018年3月期の有価証券報告書においてIFRSに基づく連結財務諸表等を公表した上場企業157社)

段階損益項目	表示会社数	表示割合
売上総利益	141社	(89.8%)
営業利益	142社	(90.4%)
経常利益	0社	(0.0%)
税引前利益	157社	(100.0%)
継続事業損益/非継続事業損益	11社	(7.0%)
その他の業績指標		
個別開示項目前営業利益	1社	(0.6%)
Non-GAAP営業利益	1社	(0.6%)
調整後営業利益	3社	(1.9%)
コア営業利益	1社	(0.6%)
事業利益	4社	(2.5%)
金融損益及び税金控除前利益	1社	(0.6%)
受取利息及び支払利息調整後税引前当期利益	3社	(1.9%)

出所:『週刊経営財務』編集部・山田(2018)を一部修正。

よび税引前利益を表示している企業がほとんど（それぞれ89.8%, 90.4%および100%）であり，わが国のIFRS任意適用企業には日本基準の連結財務諸表規則に基づく表示様式を踏襲する傾向が見受けられる。なお，IFRSにおいては，特定の損益項目を異常損益として表示することを禁止しているため（IAS第1号87項），IFRS任意適用企業において経常利益を表示している例は見られない（『週刊経営財務』編集部・山田 2018, 102-103頁）。

2 営業利益の表示

上述のとおり，IFRS任意適用日本企業のほとんどが営業利益を表示しているが，IFRSの下での「営業利益」は日本基準の営業利益よりも一般に広く捉えられている点には留意が必要である。たとえば，棚卸資産の評価減やリストラ費用など営業活動に関連する項目を単にその頻度や金額の重要性から営業損益項目から除外することは不適切とされており（IAS第1号BC56項），日本基準の下では特別損益として表示される項目の多くがIFRSの下では「営業利益」に含まれることになる。したがって，日本基準の下での営業利益とIFRSの下での「営業利益」は同一の概念ではない。

上述の営業利益の範囲の相違は，日本基準からIFRSへ移行した初年度においてIFRS第1号に基づいて開示が求められる日本基準数値からIFRS数値への包括利益の調整表において調整項目として示される場合が多い（図表10-2）。しかし，この調整表が開示されるのは日本基準からIFRSへ移行した初年度（すなわち，初度適用時）のみとなる。したがって，このような「営業利益」の範囲の相違についての知識を有しない財務諸表利用者が異なる基準を適用する企業間の比較等を行う際にはミスリードされるおそれがある。

| 第 1 部 | 国際会計

図表 10-2　IFRS 初度適用時の損益及び包括利益の調整表の例（横浜ゴム㈱ 2017 年 12 月期）

(5) 前連結会計年度（自 2016 年 1 月 1 日至 2016 年 12 月 31 日）の損益及び包括利益に対する調整

連結損益計算書項目　　　　　　　　　　　　　　　　　　（単位：百万円）

日本基準表示科目	日本基準	表示組替	認識及び測定の差異	IFRS	注記	IFRS表示科目
売上高	596,194	△22,255	110	574,048	C	売上収益
売上原価	△383,776	△1,126	1,542	△383,361	C,E	売上原価
売上総利益	212,417	△23,381	1,652	190,687		売上総利益
販売費及び一般管理費	△170,100	23,188	1,999	△144,912	C,D,E	販売費及び一般管理費
—	—	2,089	△247	1,842	A	その他の収益
—	—	△10,427	653	△9,774	A	その他の費用
営業利益	42,317	△8,532	4,057	37,843		営業利益
営業外収益	4,896	△4,896	—	—	A	—
営業外費用	△8,081	8,081	—	—	A	—
特別損失	△7,124	7,124	—	—	A	—
—	—	2,408	9	2,417	A	金融収益
—	—	△4,311	△11,873	△16,184	A,F	金融費用
税金等調整前当期純利益	32,008	△126	△7,806	24,076		税引前利益
法人税等合計	△12,523	126	△1,648	△14,044	B,G	法人所得税費用
当期純利益	19,486	—	△9,454	10,032		当期利益
						当期利益の帰属
親会社株主に帰属する当期純利益	18,788	—	△9,425	9,362		親会社の所有者
非支配株主に帰属する当期純利益	698	—	△29	669		非支配持分

…（省略）…

(6) 損益及び包括利益に対する調整に関する注記
① 表示科目の組替
A. 表示科目に対する調整
日本基準において，「営業外収益」，「営業外費用」及び「特別損失」として表示していた項目を，IFRS では財務関連損益については「金融収益」及び「金融費用」として表示し，それ以外の項目については，「その他の収益」及び「その他の費用」として表示しております。

出所：横浜ゴム株式会社「有価証券報告書」2017 年 12 月期。

3 持分法損益の表示区分

また，営業利益の範囲に関連して，IFRS財務業績計算書において，持分法損益の表示区分について実務のばらつきが見られる点にも留意したい。

図表10-3は，上述の調査において明らかにされた持分法損益の表示区分である。大半の企業が持分法損益を営業利益の計算に含めていないが，一部の企業は持分法損益を営業利益の計算に含めている（『週刊経営財務』編集部・山田 2018, 104頁）。わが国の連結財務諸表規則においては持分法損益を営業外損益に含める旨の定めがあるのに対して，IFRSにおいてはそのような定めがない。持分法損益を営業利益に含める実務は，投資先の事業が企業の営業活動と密接な場合など，持分法損益を営業利益に含めることがより適切だと判断される場合があることを示している。

図表10-3 持分法損益の表示区分

表示区分	表示会社数	表示割合
営業利益より上	24社	(15.3%)
営業利益より下，税引前利益より上	81社	(51.6%)
営業利益の表示なし，税引前利益より上	12社	(7.6%)
該当項目なし または 明示なし	40社	(25.5%)
計	157社	(100.0%)

出所：『週刊経営財務』編集部・山田（2018）。

4 代替的業績指標（APM）の表示

会計基準において求められない財務上の測定値は一般に「代替的業績指標（APM）」と呼ばれる。以下では，IFRSと日本基準のいずれの基準においても求められない狭義の代替的業績指標を「APM」と称することにする。

上記2において参照した調査と同一の調査によれば，157社のうち，APMを表示している例は14例あった（図表10-1）。このうち，財務業績計算書上の小計として表示している例が10例（71.4%）で，業績計算書の末尾に調整表とし

て表示している例が4例（28.6%）である（『週刊経営財務』編集部・山田 2018, 103頁を一部修正）。

　また，このうち，セグメント情報の注記において，当該 APM を用いてセグメント別 APM を開示している例は 11 例あった。開示されるセグメント別の測定値が「セグメントへの資源配分の意思決定およびセグメントの業績評価のために最高経営意思決定者（Chief Operational Decision Maker）に報告される測定値」（IFRS 第 8 号 25 項）であることを踏まえれば，これらの例では企業の経営管理のために実際に使用されている測定値が APM として表示されたことがわかる。

　さらに，セグメント別 APM の測定値を開示している 11 例のうち 10 例では，連結財務諸表外の「業績等の概要」または「経営者による財政状態，経営成績及びキャッシュ・フローの状況の分析（Management Discussion and Analysis：MD&A）」においても当該 APM を用いて業績等の説明を行っている。

　このことからは，APM を表示する企業の多くは，実際に社内の経営管理のために使用している測定値を APM として財務業績計算書に表示し，当該測定値を使用して財務諸表利用者に対して一貫した業績説明を行っていることがわかる。このように特定の業績指標を用いて一貫した財務業績の表示および説明を行うことは，財務諸表利用者に対して戦略目標から事業管理の方法，その成果測定に至る経営プロセスに関連させ，かつ，自社の業績をストーリーをもって説明するために有用といえるだろう。

5　表示される代替的業績測定指標の構成要素

　次に，代替的業績指標の性質を検討してみたい。本稿で検討対象としている表示例（14 例）の代替的業績指標の計算（構成要素）は図表 10-4 のとおりである。図表 10-4 からは，日本企業が表示する代替的業績指標には大きく次の 2 つのタイプがあることがわかる。

タイプ A：非経常項目等を除外した営業利益（図表 10-4 の①〜⑨）
タイプ B：金融損益前税引前利益（いわゆる EBIT）（図表 10-4 の⑩〜⑭）

このうち，タイプAは，リストラ費用や長期性資産の減損損失などを除外した日本基準の営業利益に近い指標といえる。この指標により日本基準適用企業との比較可能性が高まるほか，経営者が自社の経常的な損益をどのように考えているかを理解することができる。

　一方，タイプBはいわゆるEBIT（Earnings Before Interest and Tax）であり，資本構造の異なる企業間の比較を可能にする損益指標である。なお，EBITの「I」（interest）の取扱いにも2つのパターンがあり，金融損益のすべてを除外するもの（⑨～⑪）と金融損益のうち利息収益・利息費用のみを除外するもの（⑫～⑭）に分けられる。

　また，代替的業績指標の名称（ラベル）の使用方法について次の2つのことがいえる。

> (a) 同一名称の業績指標であっても企業によって内容が異なる場合があること

　たとえば，図表10-4に記載される指標のうち⑦～⑩は，いずれも「事業利益」という名称が用いられているが，⑦～⑨がリストラ費用，長期性資産の減損損失や除売却損益を「事業利益」の計算から除外しているのに対して，⑩はそれらを除外していない点でその計算が異なっている。

> (b) 同一の計算の業績指標であっても異なる名称で表記される場合があること

　また，⑩の「事業利益」と⑪の「金融損益及び税金控除前利益」は名称が異なるものの，計算が類似しており，同一の性質の利益指標であると考えられる。

| 第1部 | 国際会計

図表10-4　表示される代替的業績指標の構成要素

代替的業績指標 (APM) の名称	① 調整後 営業利益	② 調整後 営業利益	③ 調整後 営業利益	④ コア営業 利益	⑤ 個別開示 項目 前営業利益	⑥ Non- GAAP 営業利益
営業損益項目 (指標の計算から除外)	買収により取得した無形資産の償却	買収により取得した無形資産の償却	契約損失	保険金収益 補助金収益 係争費用	保険金収益 係争費用	
その他の主要損益項目(注) リストラ費用	×	×	×		×	－
長期性資産の減損失	×	－	×	×	×	×
長期性資産の除売却損益	×	－	×	×	×	×
関係会社及びJV投資の処分損益	×	×	×	－	×	－
持分法投益	×	○	×	－	×	×
利息以外の金融損益	×	×	×	×	×	×
利息収益・費用	×	×	×	×	×	×

(注) 凡例　○：指標の計算に含む　×：指標の計算から除外　－：明示なし
出所：2017年4月期～2018年3月期の有価証券報告書においてIFRSに基づく連結財務諸表等を公表した上場企業157社の有価証券報告書を基に筆者にて集計。

Ⅲ APMの表示に対する財務諸表利用者の評価

　APMの表示について財務諸表利用者はどのように評価しているのであろうか。2014年7月にPwCが世界のプロ投資家85名にインタビューしたサーベイ結果を公表しており，その内容が参考になる。
　当該サーベイによれば，調整後業績指標が自身の分析に役立っていると答えた投資家が大半であり（強く賛同＋賛同：65%），役立っていないとした投資家は

⑦ 事業利益	⑧ 事業利益	⑨ 事業利益	⑩ 事業利益	⑪ 金融損益及び税金控除前利益	⑫ 受取利息及び支払利息調整後税引前当期利益	⑬ 受取利息及び支払利息調整後税引前当期利益	⑭ 受取利息及び支払利息調整後税引前当期利益
賃貸料収益 係争費用	補助金収益	リース料収益 保険金収益 契約損失					
×	−	−	○	○	○	○	−
×	×	×	○	○	○	○	○
×	×	×	○	○	○	○	○
−	−	×	−	○	○	○	−
×	−	○	○	○	○	○	○
×	×	×	×	×	○	○	○
×	×	×	×	×	×	×	×

少数（強く賛同しない＋賛同しない：12%）にとどまった。

投資家の多くは，調整後業績指標を通じて，経営者が何を自社の「基礎」（underlying）または「コア」（core）と考えているかを知りたいと考えており（強く賛同＋賛同：85%），調整項目とした理由についてもっと明確に説明してほしいと考えていた（強く賛同＋賛同：95%）。また，調整にあたっては，ほとんどの投資家が，「通例でない」（unusual）収益および費用を除外することに賛同していた（強く賛同＋賛同：81%）（PwC 2014, pp.6-7）。

一方，投資家の大半は，調整後業績指標の表示にあたっての経営者の公正性を信頼しておらず（強く賛同しない＋賛同しない：55％），過度に楽観的（aggressive）あるいは通例でない（unusual）調整がなされる場合には経営リスクの評価を引き上げるとしている（強く賛同＋賛同：81％）（PwC 2014, pp.8-9）。

このサーベイからは，プロ投資家の多くがAPM表示の有用性を認めつつも，調整の内容や理由についての説明の透明性の向上や調整内容の公正性などに関する信頼性の確保を課題として認識していることが読み取れる。

Ⅳ IASBの「基本財務諸表」プロジェクト

国際会計基準審議会（International Accounting Standards Board：IASB）が2016年11月に公表した今後5年間（2017-2022年）の作業計画では，「より良いコミュニケーション（better communication）」がテーマとして掲げられ，その対応のひとつとして「基本財務諸表」プロジェクトが開始された。当該プロジェクトのなかで，IASBは，財務諸表利用者からの次のような懸念を識別し，特に財務業績報告書の表示の改善のための表示ガイダンスの見直しについて検討している。

① 業績報告計算書の小計の企業間比較がしにくいこと
② 代替的業績指標の表示についての透明性が十分でないこと
③ 表示項目の内訳が十分に示されていないこと

このうち，①の懸念に対応するために，最低限表示すべき小計を追加することを検討しており，2018年10月までに，下記の暫定決定を行っている[1]。

最低限表示すべき小計として次の3つの小計を新設する。
(a) 営業利益（operating profit）
(b) 営業利益並びに不可分な関連会社及び共同支配事業に係る持分法投資損益（operating profit and share of profit or loss from integral associates and joint ventures）
(c) 財務及び法人所得税前利益（profit before financing and income tax）

このうち，(c)の「財務及び法人所得税前利益」はいわゆる EBIT を示し，資本構成にかかわらない企業間比較を可能にすることを意図している。

また，(a)の「営業利益」はここから投資活動の成果を除外したものとして計算される。この計算構造から明らかなとおり，ここでの「営業利益」は，営業活動を明確に定義したうえでの小計ではなく，当期純利益から税金，財務損益及び投資損益を除外するかたちで逆算的に計算・表示される小計である。なお，この「営業利益」もリストラ費用や長期性資産の減損損失などを含んでおり，一般的な日本基準の営業利益よりも広い概念となる。

また，(b)の「営業利益並びに不可分な関連会社及び共同支配事業に係る持分法投資損益」は，営業利益に自社の事業と不可分（integral）な事業からの持分法損益だけを加えた拡張的な営業利益である。これは，持分法適用対象となる投資には自社の事業に不可分（integral）な場合とそうでない場合があることを受け，自社の事業と不可分な事業の持分法損益のみを(b)に含むことを明確にすることにより，持分法損益の表示区分に一定の規律をもたらそうとするものである。

また，上述の懸念②に対応するために，IASB は APM をできる限り財務業績報告書上に表示させることを暫定決定している。より具体的には，経営者に最低 1 つの経営者業績指標（Management Performance Measure：MPM）[2]の識別を求め，財務業績計算書の小計としての表示が可能な場合には小計としての表示を求め，そうでない場合には注記において MPM から財務業績計算書上の小計への調整表の開示を求めることとしている。また，これに加えて，MPM の表示方法，説明要件，期間比較可能性の向上のためのガイダンスを追加することも暫定決定している。

このように IASB は，APM の表示および開示のガイダンスを追加し，APM 表示の透明性を向上させることに加え，APM を財務諸表において要求される表示・開示項目に明示的に組み込むことによって外部監査の対象とし，APM の表示に一定の規律をもたらそうとしている。

おわりに

　本稿では，IFRS任意適用日本企業の財務業績報告書における段階損益の表示の特徴，APMに対する投資家の評価およびIASBの「基本財務諸表」プロジェクトにおける財務業績計算書の表示の改善のための検討の状況を概観してきた。

　IFRS任意適用日本企業の業績報告計算書上の段階損益（小計）は日本基準において求められるものを踏襲する傾向が顕著にみられるが，IFRSの下での「営業利益」が日本基準の下での営業利益とは性質が異なることには留意すべきだろう。

　また，現時点では，企業独自の業績指標を表示している例はそれほど多くない。しかし，一部の企業は代替的業績指標（APM）の表示を行っており，セグメント損益の開示やMD&Aにおける事業別の業績の分析・説明などにわたって一貫した業績指標を使用している。

　投資家のAPMに対する評価，現在IASBにより行われているMPM表示の要求事項化の検討状況，さらにはわが国のコーポレートガバナンスの議論の中でのステークホルダーとの積極的な対話ニーズの高まりなどを考慮すると，財務諸表利用者とのコミュニケーションの向上のためにAPMを積極的に利用していくことも1つの選択肢となるだろう。より具体的には，特定の業績指標（MPM）を通じて企業の戦略目標，経営管理プロセスとその成果，さらには経営者の業績連動報酬を結び付けて説明することなどによって，ストーリーをもって自社の業績を説明することが考えられる。

　なお，現在IASBが検討を進めているとおりに財務諸表にMPMの表示および関連する開示が求められるようになったならば，これらの情報の信頼性担保を外部監査が担うことになる。この場合の監査人の監査判断は，単に表示形式や開示項目が会計基準の定めに準拠しているかどうかという点にとどまらず，表示する業績指標の選定，計算上の調整や関連する説明の開示が企業の実際の経営管理プロセスと整合しているかという観点からの評価を含むことになる。監査人においても，経営者との対話やその他の経営プロセスに関する証拠収集を通じた被監査企業のビジネスの理解の向上が求められることになるだろう。

注

(1) 2019年3月までの議論のサマリーは2019年3月のIASB理事会のアジェンダ・ペーパー AP21 Appendix A を参照のこと（https://www.ifrs.org/-/media/feature/meetings/2019/march/iasb/ap21-pfs.pdf）。
(2) IASBは，純損益または包括利益を構成する測定値のうち，財務諸表利用者に対して財務業績のコミュニケーションを行うための指標を Management performance measures（MPMs）と呼称している。

参考文献

『週刊経営財務』編集部・山田善隆（2018）『別冊 経営財務 開示実例と傾向 有価証券報告書2018年版（IFRS編）』税務研究会。

PwC（2014）Corporate performance：what do investors want to know? - Reporting adjusted performance measures

第2部
監査・ガバナンス

第2部
監査・ガバナンス 解題

　会計と監査は,「唇歯輔車(しんしほしゃ)」の関係にあり,ディスクロージャー制度を支える2本柱として,車の両輪ともたとえられてきた。

　私の指導教授の染谷先生は,公認会計士業務もされていて,学生時代は,12月末や3月末になると上場会社の棚卸立会に補助者として参加し,テストカウントなどのお手伝いをさせていただいた経験がある。このあたりが監査との初めての出会いであったように思う。

　また,若いころの私は,国際会計研究と並行して,会計規制論,会計基準設定プロセスにも関心を抱いていた。そして,会計基準の設定主体のあり方に関する研究の一環として,監査基準の設定主体のあり方についても比較考察するようになった。もともと大学院の博士後期課程のころから監査論研究者や実務家との出会いや交流が多かったこともあり,その後は,1998年度から2年間,日本監査研究学会の課題別研究部会「ゴーイング・コンサーン問題と監査」(八田進二部会長)に部会員として参加したのを皮切りに,主として,学会のスタディ・グループの一員として,監査や内部統制,コーポレート・ガバナンスに係る共同研究などに参画する機会に恵まれた。

　2012年7月にアメリカ会計学会(AAA)とアメリカ公認会計士協会(AICPA)が共同で公表した「パスウェイズ委員会報告書」の指摘にもあるように,他のプロフェッション,なかでも伝統的な知的職業(learned profession)といわれる医学,法曹,神学と比べると,会計プロフェッションは,実務と教育と研究の三位一体性が希薄といわれている。医学界においては,研究の成果が臨床に活用され,また,教育にも還元されている。臨床の場は,研究テーマの宝庫であり,同時に実践教育の場でもある。医学研究者(教育者)と臨床医は密接な関係にあり,さまざまな形でコラボレーションを行うなど,研究と実務,実務と教育,教育と研究の連携の歯車がうまくかみ合い,好循環が生まれている。法曹界などにおいても同様である。

　これに対して,会計学界では,実学として,本来最も緊密なコラボレーショ

ンが必要とされる研究領域であるにもかかわらず，公認会計士などの実務家の学会参加は限定的であり，学者（研究者）と実務家のそれぞれの関心領域なども必ずしもかみ合っていないところが多分にある。公認会計士などの資格取得のための教育も大学・大学院における高等教育とほとんどリンクしておらず，実務家としての知見を会計教育の場に還元できる機会も残念ながら限られているといわざるを得ない。会計プロフェッションは，従来にも増して知的職業に相応しい実務・研究・教育の三位一体の改革に取り組む必要があるように感じている今日このごろである。

　従来，わが国では，ディスクロージャー制度（企業内容等の開示に関する制度）を語る場合，まずもって，会計上の問題として取り上げて検討し，会計基準や開示基準等の枠組みの整備・精緻化に主眼をおくとともに，そうした会計情報や開示情報の信頼性を担保するための監査の側面からも若干の取組みを行うといった対応がとられるのが通例であった。しかしながら，冒頭で指摘したように，そもそも会計と監査は表裏一体のものであり，完全にリンクしたものとして，両面からの整合性のある制度対応が求められることはいうまでもなく，また，2002（平成14）年1月の監査基準の改訂および2003年6月公布の公認会計士法の改正以後は，会計不正の撲滅に向けて従来にも増して監査の重要性と厳格性が声高に叫ばれるようになったこともあって，わが国においても会計と監査は，ディスクロージャー制度を支える2本柱であるとの認識が広まり，定着した。

　時を前後して，グローバル化，情報ネットワーク化，ソフト化あるいは複雑化として特徴づけられる21世紀の順調なスタートが切れたと思われていた矢先に，皮肉にも，資本主義の総本山であるアメリカにおいて，2001年12月のエンロン社の破綻を契機とする一連の会計不祥事が勃発した。2001年4月から2002年3月まで在外研究でアメリカに1年間滞在していた私は，9月11日の同時多発テロにも遭遇した。これらは，1つの時代を画する大きな転換点ともいうべき衝撃的なできごとであった。

　エンロン事件に端を発する不正な財務報告・監査の機能不全の問題は，これまで世界最高水準の厳格な会計基準と質の高い監査により最も健全な資本市場を自負し，世界中の羨望の的とされてきたアメリカの会計・監査制度を根底か

| 第2部 | 監査・ガバナンス

ら揺るがすものであった。しかも，こうした事件の伏線あるいは兆候に対して，何度となく警鐘が鳴らされ，それに対する改善・改革が推し進められていた矢先のできごとであったことから，関係者に与えた影響も大きく，会計不信が一気に蔓延した。

爾来，アメリカにおいては，エンロンやワールドコムの倒産といった不祥事により蔓延した会計不信を早急に払拭すべく，自主規制から公的規制，法規制へと大きく方針転換が図られる中で，市場の信頼の失墜を回復するとともに，投資家を保護するために，2002年7月に，異例の規模と早さでサーベインズ＝オックスリー法（SOX法）が制定された。

このSOX法で示された基本的視点は，ディスクロージャー制度の改革は，会計上の改革，監査上の改革だけでは十分ではなく，さらに，企業の内部統制を中核としたコーポレート・ガバナンス上の改革を伴うものでなければ，あるいはそうしたガバナンス改革なくしてはなし得ない，実効性がない，完結しないということである。すなわち，原則として，試査に基づいて行われる財務諸表監査の枠組みの中で，監査人が適正意見を表明する際には，企業の内部統制に依拠するところ大であり，また，不正な財務報告を防止するという観点からも，内部統制を中核とするコーポレート・ガバナンスの問題にメスを入れることが極めて重要な鍵となる。こうして，信頼しうるディスクロージャー制度を構築するためには，透明性の高い有用かつ効率的な会計・開示システムの設計・整備による説明責任の遂行，信頼性の高い監査システムの確立による独立的な立場からの監視の導入，そして，誠実，健全かつ透明で効率的なコーポレート・ガバナンスの確保による経営責任の誠実で真摯な履行が保証されることが不可欠であるということが改めて認識されるようになった。

他方で，いかに厳格かつ盤石な基準・制度を構築したとしても，時の経過や社会経済環境の変化等に伴い，やがては必ずや制度疲労・機能不全を起こすものであることは歴史の教訓とするところである。それゆえ，ディスクロージャー制度の有効性と効率性を継続的に監視するとともに，必要に応じて適時・適切な見直しなどの改革へ向けた不断の取組みが不可欠となる。そしてまた，こうした制度を運用するのはあくまでも人間（ヒト）であることから，制度に魂を入れるべく，会計および監査だけでなく，経営に携わる者の資質とし

ての誠実性や倫理観の向上にも配意する必要がある。

　信頼しうる企業情報を提供するに際しては，まずもって，誠実な経営者の下で健全な企業活動が透明性の高い形で推進されることが前提とされなければならない。とはいえ，会計および監査が果たすべき役割は，あくまでもこうした企業活動の成果を事後的に記録・検証することであり，基本的には，企業活動の後追いの性格を有しているところに大きな特徴がある。

　しかしながら，21世紀に入ってから発覚した多くの会計不正事件は，典型的な経営者不正であり，図らずも，当事者である経営者サイドの規律づけを強化することこそが，ディスクロージャー制度の信頼性の確保・向上へ向けた最も有効な方策であることを雄弁に語るものであった。すなわち，会計および監査における事後対応に加えて，従来のディスクロージャー制度改革においては等閑視されてきた，あるいは埒外におかれていた事前の対応措置として，有効な内部統制を整備・運用することを中核とするガバナンスの視点からのアプローチが極めて有効かつ重要であることが明らかにされたのである。こうして，エンロン事件を契機に制定されたSOX法を契機に，企業社会の枠組みあるいは資本市場の枠組みを念頭に，信頼しうるディスクロージャー制度を構築するためには，従来の会計と監査の2本柱に，企業・経営者を規律するコーポレート・ガバナンスを加えた3本柱で，三位一体の改革を進めることが必要であるとの認識が広まっていった。すなわち，透明で信頼しうる企業情報の開示と経営者責任の明確化のためには，会計，監査，コーポレート・ガバナンスを強化し，健全かつ活力ある経済社会のインフラストラクチャーを整備していくことを大前提とすべきとの基本的視点が示されたのである。SOX法は，こうした視点に立って，投資家保護と市場の健全性を確保し，改革を実効性あるものとするために，まさに投網のように，自国の法規制の網を当該資本市場の恩恵に浴している域外の外国企業や会計事務所に対してもかけようとする，域外適用の姿勢を明確に打ち出したことでも国際的に大きな関心を集めることになった。

　思い起こせば，コーポレート・ガバナンスやその中核に位置付けられる内部統制との出合いは，トレッドウェイ委員会支援組織委員会（COSO）から1992年9月に公表された『内部統制の統合的フレームワーク』を公表後まもなくアメリカでいち早く手にしたときであった。その後，英国や南アフリカのコーポ

レート・ガバナンスに関する報告書の翻訳や日本会計研究学会の特別委員会「外部監査とコーポレート・ガバナンス」（八田進二委員長）への参加などを通して，こうした問題にも取り組むようになった。

その後，時代のめぐり合わせか，2005年2月に企業会計審議会の内部統制部会の臨時委員に任命され，わが国の内部統制報告制度の設計に深く関わるようになった。

内部統制部会は，2005（平成17）年12月に，「財務報告に係る内部統制の評価及び監査の基準案」をとりまとめ，公表した。この基準案のとりまとめに際して，これを実務に適用していく上での実務上の指針（実施基準）の策定を求める意見が多く出されたことから，これに先立つ同年11月に，内部統制部会の下に「実施基準」策定のための「作業部会」が実働組織として設置され，座長には私が就任した。内部統制部会や作業部会における実務的な検討を踏まえて，2007（平成19）年2月に企業会計審議会は，「財務報告に係る内部統制の評価及び監査の基準並びに財務報告に係る内部統制の評価及び監査に関する実施基準の設定について（意見書）」をとりまとめ，公表した。こうしてわが国における内部統制報告制度は，2008（平成20）年4月1日以後開始する事業年度から適用されることとなった。

制度導入後，企業会計審議会では，2010（平成22）年5月から内部統制部会において，内部統制報告制度の運用の見直しを図るため，内部統制の基準・実施基準のさらなる簡素化・明確化等の審議・検討を開始し，2011（平成23）年3月に「財務報告に係る内部統制の評価及び監査の基準並びに財務報告に係る内部統制の評価及び監査に関する実施基準の改訂について（意見書）」をとりまとめ，公表した。改訂基準および改訂実施基準は，同年4月1日以後開始する事業年度における財務報告に係る内部統制の評価および監査から適用され，今日に至っている。

2013年5月，COSOは，1992年9月以来公表してきた内部統制関連のすべての報告書に関する全面的な見直しを図った4部作からなる最新の報告書『内部統制の統合的フレームワーク』[1]を公表した。また，COSOは，2004年9月公表の『全社的リスクマネジメント―統合的フレームワーク』を13年ぶりに改訂した『全社的リスクマネジメント―戦略およびパフォーマンスとの統合』[2]を

2017年9月（報告書の日付は同年6月）に公表した。

　わが国に内部統制報告制度が導入されてから10年あまりが経過し，多くの現場では，内部統制疲れが指摘されているという。法律上，特に制裁規定がないために内部統制対応が形骸化し，後日，内部統制の有効性が否定されたときに，訂正内部統制報告書で対応すればよいといったモラルハザードが起きているとの懸念も示されている。これらはいずれも，内部統制本来の意義が正しく理解されておらず，強靭な企業体質を構築し，持続可能な組織運営に資するために十分に活用されていないことによるものと考えられる。今一度，原点に立ち返って，健全かつ有効で効率的な内部統制報告制度の適用のあり方を検討する必要があろう。

　第2部には，監査・ガバナンスに関する諸問題をそれぞれの切り口から解明しようと試みた研究成果が収録されている。これらの研究成果が，監査・ガバナンス研究に確かな足跡を残すことになることを確信し，今後のさらなる発展へ向けた一里塚となれば幸いである。

注

(1) COSO (2013) *Internal Control-Integrated Framework, Executive Summary, Framework and Appendices, Illustrative Tools for Assessing Effectiveness of a System of Internal Control, Internal Control over External Financial Reporting (ICEFR): A Compendium of Approaches and Examples,* May.（八田進二・箱田順哉監訳『内部統制の統合的フレームワーク　フレームワーク篇／ツール篇／外部財務報告篇』日本公認会計士協会出版局，2014年2月）

(2) COSO (2017) *Enterprise Risk Management-Integrating with Strategy and Performance,* June.（一般社団法人日本内部監査協会・八田進二・橋本尚・堀江正之・神林比洋雄監訳『COSO全社的リスクマネジメント―戦略およびパフォーマンスとの統合』同文舘出版，2018年4月）

第 11 章

わが国における監査基準設定主体の課題

はじめに

　2018年7月5日，企業会計審議会は，「監査基準の改訂に関する意見書」を公表し，国際監査基準（International Standards on Auditing：ISA）701「独立監査人の監査報告書における監査上の主要な事項のコミュニケーション」（IAASB, 2015）への対応，すなわち，「監査上の主要な検討事項」の記載による監査報告書の拡充に対応する監査基準の改訂を行った。さらに，その後，2019年1月に公表された「会計監査についての情報提供の充実に関する懇談会」報告書「会計監査に関する情報提供の充実について―通常とは異なる監査意見等に係る対応を中心として―」を受けて，2019年3月28日から再び監査基準の改訂の審議が開始され，2019年7月に改訂監査基準が確定・公表された。このように，監査基準の改訂は，かなりの頻度で行われており，2000年以降の監査基準の改訂に限っても，今般の改訂審議は，8回目となる。

　かつて企業会計審議会においては，監査基準の改訂は十数年に一度の頻度で行われるものであった。たとえば，現在の監査基準の骨格となっている2002年改訂監査基準は，1991年以来の改訂であり，さらにそれ以前の改訂は，1977年のことであった。

　近年の頻繁な改訂の背景には，今世紀に入ってから，わが国監査基準の改訂が主にISAへの対応を図る観点から進められてきたことがある。現在，アメリカを除くほとんどの国は，ISAを採用（adoption）または一部除外（carve out）して自国の監査基準として導入している。アメリカにおいても，ISAの改正の動向を踏まえて，自国の監査基準の体系を形成し，それに独自の監査手続を追加（add on）する等していることから，ISAとまったくかけ離れて監査基準の

設定を行っているわけではない。

　ISA は，国際会計士連盟（International Federation of Accountants：IFAC）における独立の基準設定主体の1つである国際監査・保証基準審議会（International Auditing and Assurance Standards Board：IAASB）において設定されている。そこでは，常に，監査および保証業務の基準が審議されているが，その前提として，多くの人員を割いてタスクフォース等による基準案の検討作業が行われている。

　こうしたISAの設定動向に対応する中で，わが国の監査基準設定の仕組み，または監査規範の構造自体が，今や十分に対応できないものとなっているのかもしれない。少なくとも，現在のように2, 3年ごと，ときには毎年のように監査基準が改訂される状況は，戦後，企業会計審議会によって会計原則や監査基準の整備が進められた頃に想定していたものではないように思われる。

　そこで本稿では，わが国の監査基準設定主体の現状における問題点と今後の在り方について検討することとする。

I　監査基準の設定主体と「監査の基準」

　わが国の監査基準は，金融庁長官の諮問機関である企業会計審議会において設定されている（金融庁組織令第24条第2項）。

　監査基準が企業会計審議会で設定されている根拠は，次のようなものである。すなわち，まず，金融商品取引法193条の2第1項において，上場企業等の「財務計算に関する書類」は，「その者と特別の利害関係のない公認会計士又は監査法人の監査証明を受けなければならない」とされており，続く第5項で，「監査証明は，内閣府令で定める基準及び手続によつて，これを行わなければならない」と定められている。

　次に，ここでいう内閣府令とは，「財務諸表等の監査証明に関する内閣府令」（監査証明府令）のことであり，同第3条では，第1項において「監査証明は，財務諸表等の監査を実施した公認会計士又は監査法人が作成する監査報告書により…行うものとする」と規定され，第2項で，「前項の監査報告書…は，一般に公正妥当と認められる監査に関する基準及び慣行に従つて実施された監査…

の結果に基いて作成されなければならない」と定められている。さらに，同第3項において，「金融庁組織令 第二十四条第一項 に規定する企業会計審議会により公表された監査に関する基準は，前項に規定する一般に公正妥当と認められる監査に関する基準に該当するものとする」と述べられていることから，金融商品取引法193条の2第1項に定める監査証明は，企業会計審議会が公表する監査に関する基準によって行われることとなるのである。

　ここで，「一般に公正妥当と認められる監査の基準」について述べておく必要がある。この表現は，会計基準同様に，アメリカでの用語法に端を発する。監査基準に限っていえば，アメリカでは，かつて，アメリカ公認会計士協会（American Institute of Certified Public Accountants：AICPA）が会員総会で決議した10の監査基準（Auditing Standards）があり，AICPAの監査基準審議会（Auditing Standards Board）がその監査基準の解釈指針として，監査基準書（Statement on Auditing Standards：SAS）を公表していた。その後，アメリカにおいて，2002年サーベインズ=オックスリー法（Sarbanes-Oxley Act of 2002：SOX法）によって創設された公開会社会計監督委員会（Public Company Accounting Oversight Board：PCAOB）が監査基準の設定権限を有することとなり，現在では，PCAOBが監査基準（Auditing Standards）を体系的に設定している。

　それに対して，わが国では，2002年改訂監査基準において，1991年改訂監査基準で導入された監査基準の純化の考え方，すなわち，監査基準を原則的なものにとどめ，具体的な手続等を公認会計士協会の実務の指針に委ねる考え方が徹底された。2002年改訂監査基準では，それまで企業会計審議会で設定されていた「監査実施準則」および「監査報告準則」を廃止し，「監査基準とこれを具体化した日本公認会計士協会の指針により，我が国における一般に公正妥当と認められる監査の基準の体系とすることが適切と判断した」[1]として，詳細な実務の指針は，日本公認会計士協会に委ねることとしたのである。日本公認会計士協会では，これを受けて，主に常設委員会である「監査基準委員会」において，「監査基準委員会報告書」を公表して実務の指針としているのである。

　以上のことを踏まえて整理すると，こうしたわが国の監査規範の構造は，図表11-1のようになる。

図表11-1 わが国における一般に公正妥当と認められる監査の基準の構造

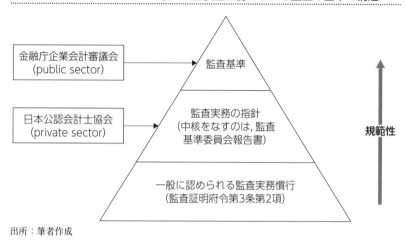

出所：筆者作成

　ここで企業会計審議会の監査基準と，日本公認会計士協会の監査基準委員会報告書との整合性が問題となるが，その点について，2002年改訂監査基準では次のように述べられている。すなわち，「日本公認会計士協会において，関係者とも協議の上，早急に，改訂基準を実施するための具体的な指針を作成することが要請される」[2]とされている。こうした文言は，その後の改訂においても，必ず記載されてきている。日本公認会計士協会では，かかる文言を受けて，監査基準委員会報告書の作成・公表に際しては，監査基準委員会の付属機関として設置されている「監査問題協議会」において，学識経験者および金融庁担当官からなる外部関係者と意見調整を行っているのである。

Ⅱ わが国監査基準設定主体の課題

　以上のようなわが国の監査基準の設定主体の構造は，いくつかの問題点を有していると言わざるを得ない。
　第1には，先に述べたように，迅速な基準設定ができないという点である。ISAは，常に改正審議が行われており，現時点でもなお，多くのアジェンダを

抱えている。わが国の監査基準の設定構造からすれば，そうした ISA の改正に対応するには，まずは，企業会計審議会で審議を行い，監査基準の改訂・公表を待って，日本公認会計士協会の監査基準委員会報告書が改正・公表される運びとなるが，企業会計審議会は，多くの非常勤の委員からなる会議体であることから，必ずしも頻度高く開催して，短期間で結論を得るのに適していない。結果的に，事務局たる金融庁が関係者への説明と交渉を行って，少ない回数の審議会の開催によって成案に合意を得ることが図られることとなってしまう。

第2の問題としては，前述の監査問題協議会に代表される「関係者との協議」の実効性の問題である。監査問題協議会は，前述のように，監査基準から監査基準委員会報告書へと監査規範の設定の権威を委譲または分担するに際して，「関係者との協議」を代表する会議体であり，監査基準と監査基準委員会報告書との整合性を担保することが期待されているといえよう。しかしながら，実態としては，非常勤の委員が膨大な監査基準委員会報告書の条項をカバーして「協議」するだけの対応がとれない惧れがあり，実質的には，日本公認会計士協会と金融庁との協議に委ねられてしまうのではないかと思われる。

また実際に，監査基準と監査基準委員会報告書では，専門用語の使用法にいくつかの点で相違がある他，監査基準委員会報告書には，グループ監査（監査基準委員会報告書600「グループ監査」）や監査役等との連携（同260「監査役等とのコミュニケーション」）のように，監査基準に定めのない項目が規定されていたり，さらには，わが国の監査実務慣行にない事後判明事実に対する二重日付の規定（同560「後発事象」第11項(1)）が置かれていたりする。

この問題は，第3の問題，すなわち，監査基準委員会報告書が ISA を全面的に受け入れていることとも関連している。

IFAC では，IFAC が設定している各種の基準について，「加盟団体が遵守すべきステートメント」(Statement of Membership Obligations：SMO) を定めて，採用 (adoption) または適用 (implementation) を求めている。わが国の場合，日本公認会計士協会が唯一の加盟団体であり，監査基準については，企業会計審議会とともに基準設定を担っていることとされている[3]ことから，同協会がISA を受け入れることについて一定の責任を有している (IFAC, 2012)。

ところが実際には，現在の監査基準委員会報告書は，2009年3月のいわゆる

クラリティ版の監査基準委員会報告書が公表されて以降，ISAの体系と内容を全面的に受け入れる形で作成されている。監査基準委員会報告書は，まずISAの全文を翻訳し，その上で，会社法や監査役等のように，わが国の法制度等に特有の問題について，わが国の状況に適合するように修正したり，あるいは，金融庁との協議によって認められなかった部分をcarve outしたり，特定のISAの受入を留保したりしているに過ぎない[4]。したがって，実質的には，ISAの主要な部分は，監査基準委員会報告書において導入されているといえるのである。

こうなると，監査基準の真の設定主体は，企業会計審議会なのか，監査基準委員会なのか，という問題が生じてくるであろう。少なくとも，わが国において自動的にISAを受け入れているわけではなく，個々のISAないしISAの個々の規定を受け入れるかどうかの判断が行われているとすれば，基準設定主体がIAASBという解釈にはならない。しかしながら，監査基準委員会報告書に受け入れるかどうかという点で日本公認会計士協会と金融庁が議論をしているのだとすれば，実質的な基準設定の場は，監査基準委員会となっているのではないか。そこには，公共の利益（public interest）を代表する委員も存在しなければ，一般に公表される議事録もない。仮に，監査基準委員会報告書が，真の監査規範の設定主体なのであれば，然るべく基準設定主体としての機能を担わせるべきではなかろうか。

第4の問題としては，そもそも，監査基準と監査基準委員会報告書という二重構造が必要なのか，という問題がある。言い換えれば，監査基準は何のためにあるのか，ということである。

監査基準の意義といえば，監査規範の原則的な事項を示し，監査基準委員会報告書等の実務の指針に方向性を与える，という説明が可能であるが，現状では，監査基準委員会報告書が，ISAの翻訳およびその一部分のcarve outからなるものである以上，その説明に説得力はないであろう。また，大学等の教育関係者にあっては，監査基準の教育的・指導的役割を強調する向きもある。しかしながら，教育の素材のために，多大なコストをかけて基準設定をするという説明にも現実味がない。

そう考えてみると，実質的な意義としては，金融庁がわが国において一般に

公正妥当と認められる監査の基準の基礎をなす「監査基準」の設定権限を有していることによって，監査法人に対する行政処分や，金融庁に置かれている公認会計士・監査審査会による検査および勧告等に際して，監査基準に基づいてそれらを実施するという根拠を与えているという点が大きいのではなかろうか。

もしそうであるならば，必ずしも，企業会計審議会と監査基準委員会という二重構造である必要はなく，たとえば，現在の監査基準委員会報告書の内容を公認会計士・監査審査会に引き上げてしまって，そこで，個々のISAおよびその規定の受入について逐次審議を行うという，1つの組織による基準設定を構想することも可能であるように思われる。

この点について，諸外国の例を検討してみたい。

Ⅲ 海外における監査基準の設定

1 IAASB[5]

ISAの設定主体であるIAASBは，IFACの常設の4つの独立的な基準設定主体1つである。議長および副議長を含む18名のメンバーで構成され，実務家メンバーは9名以内，3名以上のヨリ幅広い公共の利益を代表するメンバーからなる。

主に会合は年4回開催され，ISA，およびその他の監査や保証業務に関する基準の設定を行っている。IAASBが設定する基準は，IFACの他の基準設定主体同様，公開草案の公表等のデュー・プロセスを経ることとなっている。中でも，IFACの第三者機関である「公共の利益監視委員会（Public Interest Over Sight Board：PIOB）」による基準設定プロセス及び基準内容に関するモニタリングを受けることにより，実務家主導の基準設定に対するバランスをとっていると解される。なお，PIOBは，証券監督者国際機構（International Organization of Securities Commissions：IOSCO），バーゼル銀行監督委員会（Basel Committee on Banking Supervision：BCBS），保険監督者国際機構（International Association of Insurance Supervisors：IAIS），世界銀行（World Bank：WB），欧州委員会（European Commission：EC），金融安定化理事会（Financial Stability Board：

FSB），および監査監督機構国際フォーラム（International Forum of Independent Audit Regulators：IFIAR）によって組成されているモニタリング・グループ（Monitoring Group）が中心となった指名委員会によってメンバーの指名が行われている。

こうしたIAASBの基準設定活動は，2008年12月に完遂するクラリティ・プロジェクト[6]をもっていったん，基準設定を休止して，クラリティ版のISAの適用状況をモニタリングする予定であったが，世界金融危機への対応の一環として検討が開始された監査報告書の拡充に関するプロジェクト，ならびに，見積りおよび品質管理等を含む監査の品質向上に関するプロジェクトを契機として，現在に至るまで基準設定活動が続いている。さらに，現在，検討されている基準は，監査リスク・モデルに関わるものであることから，その改正作業が及ぶ範囲は広範なものとなることが予想され，当面，かかる基準設定活動は継続されるものと考えられる。

現在，IAASBは，モニタリング・グループからの組織改革の提案を受けている（MG, 2017）。そこでは，IAASBをIFACの他の独立基準設定主体である国際会計士倫理基準審議会（International Ethics Standards Board for Accountants：IESBA）と統合して1つの基準設定主体とすること，その新たな基準設定主体は，以下のようなものとするという提案である。

- 新たな基準設定主体は，IFAC外の新たな法人の下で設置し，IFACの基準設定主体は監査人以外の会計士の倫理基準の設定を行う
- 基準設定審議会は戦略的な議論に集中して，実際の基準の起草作業はテクニカルスタッフが行う
- 新たな基準設定主体は，メンバーの4分の1は常勤，4分の3は非常勤とするとともに，監査実務家，利用者および政府当局が3分の1ずつの割合とする。メンバーはPIOBが指名する
- 新たな基準設定主体の決定は単純多数決で行うとともに，PIOBが拒否権を有する

こうした基準設定主体の見直しの動きに対しては，反対意見も強く，実現の見通しは現時点で不明である。しかしながら，少なくともモニタリング・グループにおいては，従来のIAASBおよびIESBAの活動が監査業界寄りなのではな

いかとの問題意識を有していることは見て取れる。後述するように，基準設定主体の見直しの議論は，常に，こうした監査業界からの独立性の確保という点が重要な観点となってきたといえるのである。

2 US[7]

アメリカでは，先述のとおり，SOX法によって創設されたPCAOBが監査基準の設定を行っている。PCAOBは，公開会社からの拠出金によって運営される非営利法人であるが，予算権限は証券取引所委員会（Securities and Exchange Commission：SEC）が有している準公的な性質の機関である。

PCAOBは，5名のメンバーから構成されており，SECが連邦準備制度理事会議長および財務長官と協議の上で任命する。また，5名のうち2名は，公認会計士でなければならないとされている。

PCAOBが有している権限は広く，以下の権限を有している。

- 公開会社の監査を行う会計事務所の登録（102条(a)）
- 監査，品質管理，倫理，独立性その他監査報告書の作成に関する基準の設定（103条(a)(3),(c)）
- 登録会計事務所の検査（104条(b)(1)）
- 登録会計事務所およびその関係者に対する調査，懲戒手続，制裁を行う権限（105条(c)(4)(D)，(5)）

なお，監査基準等の設定に当たっては，常設助言グループ（Standing Advisory Group：SAG）が基準設定に関する助言を行っているが，そこには，IAASBもオブザーバーとして参加しており，IAASBとの間で一定の連携が図られているともいえよう。

かつてSOX法以前には，会計プロフェッション団体たるAICPAが，監査基準の設定権限を有していた。そればかりか，会計プロフェッションの自主規制を構成する4つの要素として，以下のものが挙げられていたのである（Commission, 1978）。

1. 会計プロフェッションに加入し，かつ，継続して業務を行う権利を維持するための技能および専門能力に関する基準
2. 業務上の目標として，また，逸脱した業務を判定するための規範として

役に立つ技術的基準および倫理基準
3. 技術的基準および倫理基準の遵守を監視し，かつ，その遵守を促すための業務の品質管理に関する方針および手続
4. 確立された規範（法律，証券取引委員会の規則もしくは会計プロフェッションによって設定された基準）から逸脱した業務または行動に対して制裁を科すための有効な懲戒処分制度

現在では，これらの4つの要素のほとんどがPCAOBの権限に移行していることがわかる。現在，AICPAに残されているのは，非上場企業の監査等の業務基準の設定と，1.に関連する資格試験の業務がほとんどである。アメリカでは，2001年のエンロン事件およびそれに続く会計不祥事を契機として，会計プロフェッションの自主規制から，PCAOBによる公的規制に大きく移行したと捉えられる。

このように，かつては会計プロフェッションによる自主規制に委ねられていた監査基準の設定権限が，公的規制に委ねられたり，政府等の公的機関の関与が大きくなったりしてきているのは，アメリカに限ったことではない。今日の監査基準の設定は，かつてアメリカにおいて監査人の行為規範は監査人たる会計プロフェッション自らが設定するものとされた時代からは大きく変貌し，会計プロフェッションのみによる基準設定ではその目的を果たせないと考えられるようになったと解されるのである。

3 EU（主に英国）

欧州連合（European Union：EU）では，2014年の法定監査指令（EC, 2014）に基づいて，IAASBが設定するISA等のうち欧州理事会（European Commission：EC）が承認したものについて，各国において監査規範とすることが求められている。さらに，ECが承認していない領域については，各国において独自の基準を設定することが認められている。

たとえば，英国においては，現在，財務報告評議会（Financial Reporting Council：FRC）が，IAASBの設定するISAについて，英国に固有の状況等に対応する追加的な要求事項を含めるなどして，ISA（UK）として公表している。FRCは，事業予算や活動資金は英国政府や産業界から拠出され，審議会

(board) のメンバーは，審議会の下に置かれる指名委員会を通じて自ら選任されるが，議長と副議長は，ビジネス，エネルギーおよび産業戦略 (Business, Energy & Industrial Strategy：BEIS) 担当相が任命することとなっている。

　FRC は，コーポレートガバナンス・コードやスチュワードシップ・コードなど，わが国が現在取り入れているソフト・ローの規制を先駆けて導入するなど，監査および市場規制の模範的な機関であると思われていたが，最近，改組が迫られている。BEIS からの諮問を受けて，2018 年 12 月に John Kingman 卿が中心となって取りまとめた改革提言（通称，キングマン・レビュー）(BEIS, 2018) を踏まえ，英国政府は，2019 年 3 月 11 日，FRC を「監査・報告・ガバナンス機構 (Audit, Reporting and Governance Authority：ARGA)」に改組する方針を正式に表明したのである。

　この背景には，2018 年 1 月に，英国建設大手のカリリオン (Carillion plc) が 16 億ポンドの負債を抱えて破綻し，粉飾決算が明らかになった事件がある。キングマン・レビューによれば，カリリオンの決算には監査上の問題があったこと，ならびに，その後の大手監査事務所に対する FRC による検査において，担当監査事務所に他の事務所に比してかなり多くの不備が発見されたにもかかわらず，FRC に強力な法的権限がないことなどから，監査事務所に十分な対応を取らせることができていなかったこと等が問題とされた。

　それに対して ARGA は，法的権限が大幅に強化され，大手監査事務所に対する直接監督権限を有し，不正があった場合には，上場企業に対して直接ヨリ強力な制裁や報告を命じることができるようになる。さらに留意すべきは，キングマン・レビューでは，FRC のこれまでの活動を認めながらも，PCAOB との比較によって，FRC の法的権限が不足し，強制的な措置がとれないことを問題視して，政府機関化することを標榜しているという点である。

　規制当局としては，グローバルに見ても，先導的な役割を果たしてきた英国においても，公的規制を強化する方向でのさらなる改革が着手されているのである。

Ⅳ 監査基準設定主体の考え方

1 独立性と専門性

　監査基準設定主体については，かつてアメリカにおいて，1970年代に，AICPAが設置した「監査基準常務委員会の構造の研究に関する特別委員会」（通称，オリファント委員会）による検討がある（AICPA, 1978）。同委員会は，1973年に会計基準の設定主体がAICPAから切り離され，財務会計基準審議会（Financial Accounting Standards Board：FASB）が創設されるとともに，1970年代に顕在化した不正問題にかかる期待ギャップ問題を背景として，監査基準の設定主体の問題を検討したのである。

　同委員会は，監査基準の設定主体をAICPAの外部に設置することも検討したものの，監査基準設定の有効性等を考慮した上で，結論としては，監査基準設定主体における過度な独立性に対する懸念と，その専門性の確保の必要性から，それまでの監査基準常務委員会を改組した「監査基準審議会」をAICPAの内部に設置すること，およびそのメンバーの選任方法等の改善にかかる勧告を行ったのである。AICPAは，同委員会の提言に基づいて改革を実施したものの，現時点から見れば，その改革は不十分であったと解される。その後，2001年のエンロン（Enron Corp.）事件を受けて，アメリカでは，前述のように，監査基準の設定主体は会計プロフェッションたるAICPAから切り離され，準公的機関であるPCAOBに移されたからである。

　こうした経緯を振り返るときに，わが国において，2005年カネボウ事件，2011年オリンパス事件，2015年東芝事件と，大規模企業の粉飾決算にかかる監査の失敗（監査リスクの顕在化）が繰り返し生じてきたにもかかわらず，2003年公認会計士法改正によって設置された公認会計士・監査審査会の改組や，監査基準設定主体である企業会計審議会および日本公認会計士協会の監査基準委員会の関係の見直しや改組が具体的な検討課題として俎上に載せられなかったことは，不思議にさえ思われる。おそらくは，企業会計審議会という金融庁の諮問会議の位置付けと，それぞれの事件の後の金融庁および日本公認会計士協会による集中的な取組みが，基準設定主体の議論を惹起させなかったのかもしれない。

ここで，監査基準設定主体の在り方を考えてみたい。

会計基準設定主体は，わが国においても，企業会計基準委員会という民間組織が担っている。前述のオリファント委員会では，創設されたばかりのFASBの存在も念頭に置きつつ，監査基準設定主体を会計プロフェッションから独立した組織とする案を検討したものの，2つの点から否定的な結論を得ている。1つは，独立組織にしてメンバーを常勤化することで会計プロフェッションとの距離が生じることであり，もう1つは，監査基準の専門性の高さによって，会計プロフェッションの支援なくして監査基準の設定はできないということである。

これらの点については，たとえば，PCAOBや現行のFRCの活動を見てみれば1つの回答が得られるであろう。いずれも，審議会（Board）のメンバーは，非監査実務家が過半数を占めながらも，公認会計士のスタッフを使って基準設定や検査を担当させることもできる。監査事務所等との協議は，必要に応じて実施することができる。

逆に，そうしたスタッフを常勤として抱えることのメリットも大きい。第1に，常勤となることで，検査や基準開発のスキルが蓄積することが考えられる。たとえば，わが国の場合，大手監査法人からの出向者が公認会計士・監査審査会の検査官となっているケースが多いが，そうした場合，短期間で出向元の監査法人に戻ってしまう。これでは，スキルの蓄積もなければ，継続的な業務によって得られる知見の発揮される余地も限られてしまうかもしれない。ましてや，出向者が検査に当たる場合，その主眼が，他法人の監査手法や調書を見ることに置かれてはいないかとの懸念も残るであろう。

第2に，かかるスタッフとなる公認会計士自身にとっても，常勤であれば，自らの生涯キャリアとして当該機関での業務を考えることができるであろう。基準設定主体と監査事務所の間の回転ドア（官民交流の人事交流）があったとしても，一定のインターバル期間を設ければ問題ないと思われる。

2 政府の関与とコスト

では，監査基準設定主体を，企業会計基準委員会のような独立した民間組織にすればよいのであろうか。問題は，そう簡単ではない。そこには，会計規制

と監査規制の相違という問題がある。

　たとえば，橋本（1994）によれば，会計規制には，誰を優先させるべきかという社会的選択の問題があり，その選択の基準としては，社会の構成員の利害を対等に扱い，社会的厚生を最大化するように会計規制が行われるとする「中立性原則」と，社会の構成員間に構造的な不平等があることを認識し，弱者保護の立場から不利な立場にある外部の利用者の利害を優先させるように会計規制が行われるとする「利用者優先原則」の2つがあるという。いずれの原則を取るにせよ，公平性を社会的な目標とする限り，会計規制は必要とされるというのである。

　このうち，利用者優先原則については，会計基準の設定主体であれば，財務諸表の利用者たる投資家等の意見や，会計基準に基づいて財務諸表を作成・公表する作成者たちの声を検討すればよい。いずれも，会計に関して一定の専門的能力を有してそれぞれの見解を表明することが想定されるからである。しかしながら，監査の場合には，利用者は必ずしも監査業務に精通しているわけではなく，利用者優先原則が徹底できない恐れがある。ここに，監査に関しては，public interest を担って政府等の関与が求められるのである。

　とくに監査は，財務諸表作成者にとっては，批判的機能による厳格な対応に直面する可能性があり，また監査人にとっても，新たな基準の設定が監査手続や品質管理の追加をもたらす場合もあることから，財務諸表利用者以外の誰もが監査規制を望まないという側面がある。先に述べた英国において，監査の失敗への対応から FRC の改組が行われようとしているのは，まさにそうしたことを背景としているといえよう。

　言い換えれば，エンロン事件以後，あるいは，SOX 法以後の監査規制の領域では，グローバルに見ても，自主規制が単独で成立するというモデルは想定しにくく，政府等の関与が不可避であり，世界金融危機等を経て監査の重要性が高まるにつれ，そうした公的規制の程度は高まりつつあるのである。

　このとき，解決されなければならない重要な問題の1つに，かかる基準設定主体のコストないし財源の問題がある。わが国においても，日本版 SEC の創設を求める主張等があったものの，これまで実現して来なかった理由の1つに，必要なスタッフの雇用を含む，十分な財源が得られないという制約があったよ

うに思われる。

　しかしながら，この点は，PCAOBが上場企業等からの拠出金，現行FRCが産業界と政府の双方からの資金を得て運営されているように，必ずしも国家予算からのみ支出しなければならないというものではないとも思われる。

おわりに―わが国の監査基準設定主体の在り方―

　以上のように検討してみると，わが国の監査基準設定主体は，海外の動向も踏まえつつ，真摯に再検討する必要があるようにも思われる。そのことは，わが国における監査規範，すなわち，一般に公正妥当と認められる監査の基準の在り方をも見直すことにつながるかもしれない。

　わが国における監査基準設定主体の新たな形態を考えるとき，本稿の議論を敷衍すれば，2つの案が想定される。

　1つは，日本公認会計士協会を自主規制機関と業界団体に分離して，自主規制機関において，金融庁，産業界，利用者，および学界等の外部のメンバーも含めた基準設定機関を置くことである。

　この案の強みは，監査に関する専門性を考えたときに，専門性を有する事務局を備え，また専門性を有する常勤または非常勤のメンバーが継続的に関与することができる点にある。同時に，自主規制の迅速かつ弾力性のある対応にも期待できよう。

　他方で，単に，現状のままの日本公認会計士協会の自主規制に委ねることができないのは，日本公認会計士協会が，現状のままでは，大手監査法人の影響力および会計士業界全体の業界団体としての性格を強く残してしまうからである。日本証券取引所のように，自主規制機関と業界団体とを区分して，自主規制機関の後ろ盾として，公的な支援が行われることが望ましいと思われる。何より，前述のように，今日の監査に対する社会的な期待とその役割を考えたときには，現状のパブリック・セクターである企業会計審議会に代えて，単にプライベート・セクターの公認会計士協会による自主規制に委ねるという選択は，想定し難いとも考えられる。

　いずれにしても，会計プロフェッションの社会的な存在意義を顧慮するとき，

この案が，第1優先順位として検討されるべきと考えている。

一方，これに対する代替案として考えられるのは，公認会計士・監査審査会を改組して，PCAOB型にすることであろう。この案は，アメリカや英国の監査監督機関と同様に，基準設定機関と監査に関する検査・処分等の権限を有する機関を一体的に設置しるというものである。公的機関であることから，そのエンフォースメントの力は大きく，また，今日の監査の公共の利益に対する役割という観点からは，親和性の高い案といえる。

もちろん，そこにはいくつもの問題があることは承知している。

たとえば，公認会計士・監査審査会は，証券取引等監視委員会と同様，国家行政組織法第8条に基づく，いわゆる八条委員会であって，公正取引委員会のような三条委員会ではないことを指摘する声がある。八条委員会は，それ自体として，国家意思を決定し外部に表示する行政機関ではなく，民間団体に対する規制を行う権限等を付与されていない。そのために，公認会計士・監査審査会は，あくまでも監査法人等に対する行政処分の勧告権しか有さないのであり，実際の処分は，行政機関たる金融庁本体が実施しているというのである。

しかしながら，それは立法論であって，必要ならば法改正をすればよいであろうし，金融庁本体に監査法人の処分権限を残したいということであれば，法改正の際に，金融庁内に会議体を取り込めばよい。

わが国は，IFIARというグローバルな監査監督機関の会議体に設立当初から中心的なメンバーとして参画し，近年ではその事務局までも誘致したのである。世界各国が監査監督機関の役割を重視し，権限を強化しようとする際に，公認会計士・監査審査会の役割の再検討さえしないというのは，消極的過ぎるのではなかろうか。

少なくとも，監査法人の品質管理体制の検査をするのであれば，品質管理の基準の設定権限は，公認会計士・監査審査会が有するべきであろう。ただし，その権限は，先述の会計プロフェッションの自主規制の4つの要素の1つであって，それを有することができる制度的対応が図られるのであれば，他の権限を有することができないという理由は見当たらなくなるようにも思われる。

いずれにしても，この案のように，監査基準設定主体を公的機関に統一的に委ねることは，あくまでも第2優先順位の案である。この案が求められるのは，

| 第 2 部 | 監査・ガバナンス

先の自主規制の強化案に期待できないとき，あるいは，さらなる公的規制の関与が必要な不測の事態が生じたときであろう。

わが国の監査基準設定主体および監査規範の構造については，以上の2つの案の他にも，さまざまなバリエーションが考えられる。いずれにしても，本稿の最初に述べた監査基準の改訂にかかるさまざまな問題点を背景とすれば，公的規制と自主規制の関係を含めて，余談なく検討すべき段階にあるように思われるのである。

注

(1) 企業会計審議会（2002）「監査基準の改訂に関する意見書」，1月25日，監査基準の改訂について・二 改訂基準の性格，構成及び位置付け・2 改訂基準の構成。
(2) 前掲意見書，監査基準の改訂について・四実施時期等2.
(3) International Federation of Accountants [IFAC], Membership & Compliance Program, Member Organizations & Country Profiles, Japan, Adoption of International Standards, International Standards on Auditing（https：//www.ifac.org/about-ifac/membership/country/japan. 2019年3月28日閲覧）.
(4) たとえば，ISAの800番台の基準は，現在に至る内容をカバーするISA800およびISA805が2009年に公表された後も，わが国では長く金融庁から公表が認められず，監査基準委員会報告書も公表されてこなかった。現在の監査基準委員会報告書800「特別目的の財務報告の枠組みに準拠して作成された財務諸表に対する監査」等が公表されたのは，2014年2月に監査基準が改訂された後のことである。
(5) 本項の記述は，以下のIFACのサイト等を参照している。
About IAASB, Terms of Reference（http://www.iaasb.org/about-iaasb/terms-reference）
What is the PIOB（http://www.ipiob.org/index.php/what-is-the-piob）
(6) 2004年から開始されたプロジェクトであり，それまでのISAが，冗長なものとなり，必須の手続とそうでない手続とが不分明であったことや，求められる手続にも不十分な部分があること等から，個々のISAおいて，目的（Objective）を記載すること，「要求事項（Requirements）」と「適用指針及びその他の説明資料（Application and Other Explanatory Material）」に分けて記載することなどが行われた。クラリティ版のISAは，国際品質管理基準（International Standards on Quality Control）第1号を含め，計37基準が2008年12月に最終化され，2009年12月15日以降開始事業年度に係る監査から，一斉適用開始となった。
(7) 本項の記述は，八田・橋本（2002）を参照している。

参考文献

- American Institute of Certified Public Accountants [AICPA] (1978) *Report of the Special Committee of the AICPA to Study the Structure of the Auditing Standards Executive Committee*, AICPA.（「アメリカ公認会計士協会監査基準常務委員会の構造の研究に関する特別委員会（オリファント委員会）報告書」，鳥羽至英・橋本尚訳『会計原則と監査基準の設定主体』白桃書房，161-201頁，1997年）
- The Commission on Auditors' Responsibilities [Commission] (1978) Report, Conclusions, and Recommendations, AICPA.（鳥羽至英訳『財務諸表監査の基本的枠組み』白桃書房，1990年）
- Department for Business, Energy and Industrial Strategy [BEIS] (2018) *Independent Review of the Financial Reporting Council*, a.k.a. Kingman Review, December.
- European Committee [EC] (2014) DIRECTIVE 2014/56/EU on statutory audits of annual accounts and consolidated accounts, amending Council Directives 78/660/EEC and 83/349/EEC and repealing Council Directive 84/253/EEC.
- International Auditing and Assurance Standards Board [IAASB] (2015) International Standards on Auditing [ISA] 701, *Communicating Key Audit Matters in the Independent Auditor's Report*, January.
- International Federation of Accountants [IFAC] (2012) Statements of Membership Obligations (SMO) 3, International Standards and Other Pronouncements Issued by the IAASB, November.
- Monitoring Group [MG] (2017) Consultation, *Strengthening the Governance and Oversight of the International Audit-Related Standard-Setting Boards in the Public Interest*, November.
- 橋本尚（1994）「会計規制の効率性と公正性」『産業経理』第54巻第3号，10月，76-85頁。
- 八田進二・橋本尚（2002）「サーベインズ＝オックスリー法の概要とわが国への影響」《1》《2》および《3》，『週刊経営財務』2589号，2590号および2591号，9月，12-18頁，38-43頁および33-37頁。

第12章
性弱説における不正対応に関する一考察

はじめに─不正に対する考え方の変化─

　不正対策の訓練および教育を専門的に行っている公認不正検査士協会（Association of Certified Fraud Examiners：ACFE）は，職業上の不正事例に関する大規模な調査を定期的に行い，調査結果をまとめたものを『職業上の不正と濫用に関する国民への報告書』[1]として公表している。本報告書はACFEが認定している不正対策の専門資格である公認不正検査士（Certified Fraud Examiner：CFE）が調査した事例をまとめたものであり，ACFEは1996年に最初の報告書を公表の後，2002年以降は2年ごとに報告書を公表している。本報告書によれば，不正による損失は減少することなく多額であり続けており，たとえば，2018年の報告書では不正を原因として推定で年間約4兆ドルの損失が世界で発生している可能性があることが示されている。経済的な損失を減少させるべく，不正は世界規模で対応しなければならない問題であるといえよう。

　不正はさまざまな形で世界中で発生しているが，わが国においてもそれは例外ではない。本報告書が定期的に公表されるようになった21世紀以後も，わが国においては著名な企業に不正が後を絶たない。たとえば，2005年に発覚したカネボウの事件や2011年に発覚したオリンパスの事件，そして，2015年に発覚した東芝の事件など，制度の見直しに影響を与えるような重大な事件が定期的に発生している状況にある。これらの事件は財務諸表の数値を偽るいわゆる粉飾であるが，このような会計上の不正に限らず，開示情報に関連する不正（八田 2017）も同じような状況にある。

　以上のような現状を鑑みた場合，企業不正の発生あるいは存在を検討するに当たって企業に不正は存在しないという前提はもはや成立しないであろう。企

業に不正は存在する、あるいは存在する可能性が高いとの前提に立って検討する必要が出てくると思われる。不正は人による意図的な行為であることから、財務諸表不正や開示不正といった不正も自然に発生するものではなく、人が何らかの意図をもって実行するものである。したがって、先の企業不正の存在に対する認識は、人は不正を実行しないとの前提は成立せず、人は不正を実行する、あるいは実行する可能性が高いとの前提に置き換えることができよう。

　こうした状況もあってか、近年、不正対策を検討する際に性弱説で考えるべきではないかとの提言が見られる[(2)]。性弱説の定義については次節にて詳述するが、こうした提言における性弱説はいわゆる性善説や性悪説との対比で用いられており、人は環境や状況によって影響を受けて不正を行ってしまう弱いもの、あるいは弱い部分があるという理解で用いられている。人は善であるのか、悪であるのかといった人の本性に対する考え方は、監査における職業的懐疑心の議論において、経営者の誠実性に対してどのような前提を置くべきかという議論と類似していると思われる。経営者の誠実性に対してどのような前提を置くべきかということについては、誠実であるとの前提から中立の立場に変化し、その後、不誠実であることを前提にすべきとの考えが示されるなど、さまざまな議論があるところである。

　そこで本稿では、性弱説に則った不正対応とはいかなるものであり、今後の不正対策をどのようにすべきかについて、職業的懐疑心と関連付けて検討してみたい。

I 人の性に関する議論

　性善説および性悪説は紀元前300年頃の中国の思想家による主張であり、さまざまな分析や解説が行われている。性善説は戦国時代の思想家である孟子が唱えた説であり、性悪説とは戦国時代末期の思想家である荀子が唱えた説である。性善説および性悪説が高名な思想家による説として広く知られているのに対して、性弱説は性善説や性悪説が提唱された時代に提唱された考え方ではない。性弱説の語源は明らかではないが、わが国においては、おそらく、民俗学者である片倉もとこ氏がイスラム教徒の人間観を表す用語として用いたことで、

その後，使用されるようになっていったと考えられる用語である[3]。

　まず，性善説を提唱した孟子だが，孟子の時代は人間の本性について，告子の「性は善無く，不善無き也。」という人間の性（本性）は善でも不善でもないという見方があった。続けて，人間の性は善になる可能性も不善になる可能性も有するものであるとの見方があり，さらに，人それぞれによって善でもあるし不善でもあるという見方があったとされる（千徳 1996, 164-165頁）。これらの性についての見方は，前の二者は人間の性はそれを善や不善という形で固定することができないという考え方であり，最後の考え方は善か不善化を固定することはできるが，それはその人各個人の性においてであり，性を人間の一般性において考えることはできないという考え方である。これに対して孟子は性を人間の一般性において善と主張したのである[4]。

　孟子が人の性は善であるとしたのに対して，荀子は人間の性は悪であるとして孟子とは反対の立場を示した。人の性は悪であり，人の中に善があるとするならばそれは偽（作られたもの）であるとしたのである。人は生まれながらにして利益を得たいと考えるものであり，そうした性質や感情のままに従った行為をすれば，必ず争い奪い合うという結果になって，社会の秩序や道理が破られて混乱に陥ることになる。そのため，教化や礼儀の指導が必要となり，それによって初めて人と譲り合い，社会のおきてや道理を守るようになり，平和が実現すると述べたのである[5]。

　これら性善説と性悪説における人の本性に関する考え方は，その後，中国南宋の儒学者である朱熹（朱子）によって整理された。朱子によって整理された朱子学では性即理という思想を採用しており，性即理とは心が動く前の状態である人の性は「理」であり善であるが，その心が動いた後の「情」は「気」であり，周囲の影響を受けているというものである。（垣内 2015, 62-67頁）すなわち，本質的に人は性善であるが，周囲の影響を受けて好ましくない動きをする可能性があり，善悪両方の側面を備えているのである。

　一方性弱説は，先に述べたように，こうした思想家によって整理された概念ではなく，民俗学者である片倉もとこ氏がイスラム教徒の人間観を表す用語として用いたものであると考えられる。片倉氏はイスラム教徒の人間観を「人間性弱説」[6]として，「人間が弱い存在であることを，いさぎよく認める。人間

は，本来悪でも善でもないが，弱い存在ではある。したがって誘惑にまけやすくなるような状況をつくらないことにする。」（片倉 1991, 25頁）と説明している。そのため，肌の露出が禁止されていたり，禁酒といったルールが存在するというのである。性弱説が性善説，性悪説，性即理の3つの説と異なる点は，人間の性を善でも悪でもなく（便宜上，中立的とする）弱いとしていることであり，環境要因によって変化，特に，悪の方向へ進んでしまう点を強調している点にあると解される。

こうした人間は外部要因に影響を受けるという考え方は，犯罪の心理的側面に関する学問である犯罪心理学における基本的仮説と近い。犯罪心理学においては，犯罪行動は人格と環境が関連しており，人格は先天的なものと後天的なものに分けられ，環境は犯罪を行う時点におけるものと生まれ育ってきた環境に分けられるという基本的仮説がある（福島 2008）。すなわち，人は環境要因や後天的なものに影響を受けるということが示されているのである。先のACFEの報告書では不正を行った人物の犯罪歴に関する調査結果が示されているが，いずれの年度の報告書においても9割近い人物は犯罪歴がないとされ，不正の実行者はそれぞれさまざまな動機があったことが示されている[7]。この結果からも，人は本質的には性善または中立の可能性が高いが，環境要因等によって誤った行動である不正を行ってしまうことがあるということが指摘できよう。

Ⅱ 職業的懐疑心に関する議論の変遷

監査における職業的懐疑心の在り方，つまり，経営者の誠実性に対する議論は，経営者は誠実であるとの前提から始まり，その後，中立的な立場を採用して現在に至っているが，近年では経営者の誠実性を疑う考え方も示されてきている。ここでは，人の本性と経営者の誠実性を関連付けて検討するために，職業的懐疑心に関する議論について制度を中心に整理したい[8]。

米国の監査規範において，職業専門家としての懐疑心に関する記述が最初に示されたのは監査基準書（Statement on Auditing Standards : SAS）16「誤謬または異常事項の発見に関する独立監査人の責任」である（Auditing Standards Executive Committee 1977）。ここでは，経営者を原因とした虚偽表示等に留意

することを要求しているものの，経営者は誠実であることを前提とする考え方が示された[9]。

こうした考え方は，SAS16の公表時と同時期に設置されていた「監査人の責任に関する委員会」（通称，コーエン委員会）における最終報告書『報告，結論および勧告』とは異なる考え方であった（Commission on Auditors' Responsibilities 1978）。本報告書では，経営者不正に注意すべきことを要求していたからである。また，1985年に設置された「不正な財務報告全米委員会」（通称，トレッドウェイ委員会）が1987年に公表した『不正な財務報告に関する全米委員会報告書』においても，経営者を誠実であると仮定するのではなく，職業専門家としての懐疑心を働かせ，経営者が誠実であるかどうかを確かめるべきであるとしていた（Treadway Commission 1987）。

これらの報告書等の見解を受けて，監査基準審議会（Auditing Standards Board：ASB）は1988年にSAS16の改訂版であるSAS53「誤謬と不正の摘発と報告に対する監査人の責任」を公表した（ASB 1988）。SAS53では，経営者は誠実ではないことを前提として監査を行うことは合理的でないとしつつも，一方で経営者は誠実であることも前提としてはならないと強調している[10]。これは，SAS16においてとられていた経営者は誠実であるという前提と異なるものであり，経営者の虚偽記載の摘発に関する監査人の姿勢は，SAS16とSAS53において決定的に異なっている。

コーエン委員会やトレッドウェイ委員会の勧告および企業不正や訴訟問題を受けて，監査実務を改善すべく，リスク・アプローチに基づいたSASが公表されたが，SAS公表後も不正な財務報告問題が解決されることはなかった。アメリカ公認会計士協会（American Institute of Certified Public Accountants：AICPA）の自主規制機関である公共監視審査会（Public Oversight Board：POB）が1993年に公表した『公共の利益のために』と題する報告書では，監査が不十分である旨が指摘されており，誤謬と不正の発見に関して職業専門家としての懐疑心の重要性を指摘するとともに，経営者不正に対応するための新たな指針の開発を求めたのである（POB 1993）[11]。

POBの勧告を受けて，ASBは1997年にSAS53を改訂してSAS82「財務諸表監査における不正の検討」を公表した（ASB 1996）。SAS82は，監査人が職

業専門家としての懐疑心を保持することの重要性を強調するために，3つのパラグラフを監査基準の一般基準である「監査業務の実施における正当な注意」に追加している。そこでは，経営者は誠実ではないということを前提として監査を行うことは合理的でないとしつつも，一方で経営者は誠実であることも前提としてはならないと強調している。経営者の誠実性に対する対応はSAS53と同様であるが，財務諸表監査における監査人の不正摘発責任を監査基準の一般基準に設定したことに特徴がある。

　以上のように，職業的懐疑心に関する規程が一般基準に示されるようになったが，1998年に設置された「監査の有効性に関する専門委員会」が2000年に公表した報告書『報告と勧告』では，職業的懐疑心についてさらに踏み込んだ考え方を要求した（POB 2000）。本報告書では，監査人が重要な不正を発見できる蓋然性を高めることと，不正の上手な隠蔽に，より大きな脅威を与えることによって，暗黙のうちに不正への抑止力を確立するために，すべての監査について不正捜索型（forensic-type）手続を実施すべきとしたのである。一般に認められた監査の基準（Generally Accepted Auditing Standards：GAAS）に準拠して実施される財務諸表監査は，不正監査（fraud audit）ではないし，不正捜索型の証拠の詳細な検証でもないとし，不正監査の手続は，一般にGAASに準拠して実施される財務諸表監査の一部としてではなく，別個の契約として，既知の，あるいは疑わしい不正の程度を決定するために，限られた数の勘定について実施されるとしている（POB 2000, p.76；訳書，112-113頁）。また，SAS82において，職業専門家としての懐疑心の行使について，監査人は経営者が不誠実であるとも，疑う余地のない程誠実であるとも想定してはならないとしているが，不正捜索の監査人は，通常反証がない限り不誠実を想定するとしている（POB 2000, p.76；訳書，113頁）。

　従来の中立的な立場ではなく，不正捜索型手続を要求したPOBの報告書の後に2002年に公表されたSAS99「財務諸表監査における不正の検討」では，職業専門家としての懐疑心について経営者から提供された情報について，不正が存在するのではないかという可能性を認識しながら監査を実行すべきであると述べられている（ASB 2002）[12]。また，入手した情報や証拠が不正による重大な虚偽記載の発生を示しているかどうかについて疑問をもつことを要求してお

り，職業専門家としての懐疑心を働かせることの重要性を強調している。さらに，収益の認識については，重要な虚偽の表示のリスクがあると仮定すべきであるとして，不正の存在を前提として監査を行うことを要求しており，懐疑心よりさらにレベルの高い注意を要求している。

　以上のように，米国における職業的懐疑心の制度上の取り扱いは，当初は経営者の誠実性を前提としていたが，その後，中立的な立場を採用し現在に至っている。POB (2000) において主張されたような不正捜索型手続については，その後，Bell et al. (2005) において「推定上の疑義」(presumptive doubt) という考え方が示され，職業的懐疑心の特性が「中立的な姿勢」から「推定上の疑義」へと変化している兆候が見られるとの指摘がなされた[13]。これらの考え方については，従来の監査のアプローチが変化することになるのか，それとも，現行の監査のアプローチにおける特定の状況下での限定的なアプローチなのかという議論[14]があるが，本稿では後者の立場を採用することとしたい。

Ⅲ 性弱説と職業的懐疑心

　以上述べてきた人の性と懐疑心について，監査の在り方および不正の発生可能性と合わせて整理すると図表12-1のようになる。

　人の性とは，性善説，性悪説，性即理，性弱説における考え方であり，経営者への見方とは，経営者の誠実性に対する監査上の考え方，職業的懐疑心の在り方を示したものである。監査とは経営者への見方と関連した監査の在り方を意味しており，不正の発生可能性とはそれぞれの概念における不正の発生可能性を示したものである。

　まず性善説によれば，人の性は善であることから，経営者は誠実であるという見方をすることができよう。この場合，人は基本的には不正を行うことはないという考え方になることから，不正の発生可能性は低くなる[15]。監査人は職業的懐疑心を保持することが要求されたものの，経営者は誠実であるとする考え方はSAS16において示された考え方であるが，その後，企業不正を原因としてその考え方は修正され，中立的な姿勢が採用されることとなった。そのため，性善説に基づいて不正対策を検討することは現実的ではないであろう。

性弱説における不正対応に関する一考察 | 第12章 |

図表 12-1　人の性と職業的懐疑心の関係

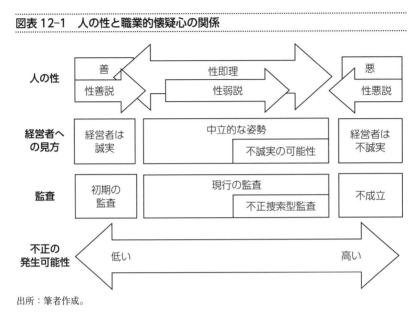

出所：筆者作成。

　次に，性悪説によれば，人の性は悪であることから，経営者は不誠実という見方をすることができよう。この場合，不正の発生可能性は高く，不正の存在を前提とすることにつながる。現行の監査において経営者の誠実性を疑う考え方は指摘されているものの，経営者が不誠実であることを前提とすることはなく，そもそも，監査契約が不成立になると解される[16]。したがって，性悪説に基づいて不正対策をすることも現実的ではないだろう。

　そして，性即理によれば，人は本質的には性善であるが環境等によって性善および性悪のいずれの方向へも向かう可能性があることから，性即理では性善説と重なる部分がありつつ，善と悪の両方へ矢印が伸びる形が考えられる。現行の監査において採用されている職業的懐疑心は，経営者を誠実であるとも不誠実であるともしない中立的な姿勢，立場を採用していることから，性即理と重なる部分がある。性即理の考え方においては，不正の発生可能性は状況に応じて変化することになる。

　最後に，性弱説によれば，人は本質的には中立であり環境要因等によって性

悪へと向かうことから，矢印は性善から性悪へと伸びる形が考えられる。現行の監査において性弱説と同じ考え方はないものの，人に対して中立的な見方をする点は同一である。また，近年では，経営者が不誠実である可能性を想定する考え方も指摘されてきているが，わが国において2013年に公表された「監査における不正リスク対応基準」においても，不正による重要な虚偽の表示が存在している可能性に応じて段階（兆候，示唆，疑義）を設け，職業的懐疑心も状況に応じて変化（保持，発揮，高める）することを要求している。性弱説とこうした考え方や基準に共通する点は，不正の発生可能性について，その可能性が高いと認識する方向に視点が置かれている点にあると思われる。したがって，近年提唱されている不正対策に共通する点は，不正を検討するに際して，その前提を中立的な立場から不正を前提とする立場へとシフトしていっている点であるといえる。

おわりに―不正対応の在り方―

　Mautz and Sharaf（1961）では，経営者と監査人の間に必然的な利害の対立はないとし，反証がない限り経営者は誠実であるということを前提としていた。その後，不正問題を契機として経営者は誠実であるとの前提が改められ，現在は中立的な立場が採用されているものの，不正捜索型監査など，経営者の誠実性を疑う監査の方法も提起されてきており，近年の監査および不正対策は不正の摘発に力点が置かれているように思われる。監査人は重要な虚偽の表示を看過してはならないことから，監査の失敗を契機として規制強化が進むのは避けられないことかもしれない。性弱説が提唱されるようになってきたのも，こうした背景が少なからず関係あるだろう。しかし，こうした規制強化や対応強化の流れは，経営者と監査人において対立の様相を呈することにつながりかねないように思われる。

　性弱説による不正対応は，人は弱いことから不正を行う可能性に留意する必要があるといった思考になると考えられることから，不正捜索型監査と同様，人の誠実性を疑うことにつながると思われる。しかし，人の性に関する議論で検討してきたように，人は環境や状況に影響を受けて善にも悪にもなり得る存

在である。性弱として弱い部分に着目して悪になり得る可能性を考えるだけでなく，人は善になり得る可能性に目を向け，善に向かわせる方法を検討する必要があるのではないだろうか。企業不正は隠蔽され，実行者は見つからないという自信の下に犯行に及ぶことから，不正を防止することが発見するよりもコスト・エフェクティブであるされる（濱田・脇山 2015, 139頁）。不正の摘発や発見の方法を強化することも重要であると思われるが，それと同時に，不正を防止ないし抑止する方法も強化しなければならないであろう。

　性善説，性悪説，性即理のいずれの考えにおいても，人が善を成すためには教えが重要である旨が説かれている。監査人が経営者と共に健全な経済社会を構築する関係を築くか，あるいは，経営者を善の方向へ導く存在，教える存在になる道を模索してはどうだろうか。会計プロフェッションの役割として，伝統的に「批判的機能」と「指導的機能」があり，「批判的機能」が本源的な機能であるとの説明がある[17]。これまでの監査規制の強化は，「批判的機能」の側面の強化といえるであろう。しかし，規制強化一辺倒ではなく，人間は性弱という性質をもつということを理解したうえで，善い方へ導く指導性を発揮することがこれからの会計プロフェッションに求められる機能ではないだろうか。

注

(1) 本報告書では職業上の不正を，雇用主の資源もしくは資産を意図的に誤用または流用することを通じて私腹を肥やすために，自らの職業を利用することと定義しており，行為によって大きく分けて資産の不正流用，汚職，財務諸表不正に分類している。これまでに公表されている報告書と調査対象件数および推定損失額は以下のとおりである。報告書の詳細については ACFE の WEB ページを参照されたい。

公表年度	1996	2002	2004	2006	2008	2010	2012	2014	2016	2018
調査対象(件)	1,509	663	508	1,134	959	1,843	1,388	1,483	2,410	2,690
損失割合(%)	6	6	6	6	7	5	5	5	5	5
損失額（B$）	4,000	6,000	6,600	6,520	9,940	29,000	35,000	37,000	37,000	40,000

損失割合とは標準的な組織が不正で逸失する年間収益割合を，調査に回答したCFEが査定した金額の中央値から算出された割合である。また，損失額は実際の金額ではなく，1996年〜2008年までは米国総生産の推定値に損失割合を当てはめて算出された推定値

| 第 2 部 | 監査・ガバナンス

であり，2010 年以降は世界総生産の推定値に損失割合を当てはめて算出された推定値であるとされている。2010 年以降は世界総生産を基に算出している理由は，本報告書の調査対象が 2008 年版までは米国のみであったが，2010 年版以降は世界を対象としているからである。

(2) たとえば，宇佐美 (2017)，岡田 (2017)，八田 (2019) などがある。

(3) 片倉氏はイスラム文明の性格を説明するに際して，「一つは，(近代欧米社会が持っている人間観である：筆者挿入) 人間性強説ではなくてこちらは，性弱説であります。私がこう呼んでいるだけで，これが最も適切な表現かどうかはわかりません。」(片倉 1985, 71 頁) と述べている。

(4) 孟子が人は善であるとする考え方の例として，以下の考え方が示されている。
公孫丑章句上　二九　四つの芽生え「では何を証拠に，人はだれでも他人の不幸を見過ごすにたえがたい心があると言うのか。今かりに，井戸に落ちそうになっている幼子をふと見たとしよう。すると誰でも，これはたいへん，可哀想でたまらぬという気持になって，思わず助けようとかけ寄るものだ。べつだん，そうすることによって幼子の両親と懇意になろうという魂胆があるためではない。村の人たちや友人に誉められたいというためでもない。見殺しにして悪評が立つのが嫌だからというものでもない。全く無意識に，反射的にそうするのである。」(藤堂・福島訳 1970, 140 頁)。

(5) 竹岡・日原訳 (1970, 381 頁) 性悪篇　第二三を参考にしている。

(6) 「人間性弱説」は性善説，性悪説と対比した概念として次のように説明されている。「現代のムスリムたちはどのような人間観をもっているか。わたしが調査研究で対象にした人びとと，生活をともにしたアラビアのムスリムたちが，キリスト教的な性悪説の対極にある日本的な性善説，すなわち，人間は本来，善なるものだというような全面的な人間信頼をもっているかといえば，それは否である。そのどちらでもないあいまいなもの，しかし人びとの認識の中では，かなりはっきりとした人間観があると考えられる。それは，人間は，本来弱いものなのだという認識である。近代欧米社会が持っている『人間性強説』に対して『人間性弱説』といっていいものである。」(片倉 1991, 24-25 頁)。

(7) なお，ACFE (2018, 42 頁) によれば，過去の調査で取り上げた職業上の不正のうち 58% から 69% は，法執行機関に通報されていないことから，再犯者の数は有罪判決の記録で特定できる数よりも実際には多い可能性を指摘している。

(8) 職業的懐疑心に関する議論の変遷については，千代田 (1998)，任 (2017)，町田 (2015a)，町田 (2015b)，町田 (2015c) に詳しい。

(9) 「監査人は経営者による重要な虚偽表示や統制手続の無視の可能性を考慮しなければならない。(中略) もし監査人がそうでないとの証拠を明らかにしないならば，経営者は重要な虚偽記載を行っていないということや経営者は統制手続を無視していないということを監査人が前提とすることは合理的である。」(para.10)。

(10) 「監査人は，経営者は誠実ではないということを前提としてはならず，また，疑問の余地なく誠実であるということも前提とすべきではない。監査人は，財務諸表に重要な虚偽記載がないかどうかを決定するために観察した状況と入手した監査証拠を客観的に評価しなければならない。」(para.16)。

(11) 「勧告 5-1　会計事務所は，誤謬と不正の発見と報告に関する監査人の責任に関する指針を提供するための監査基準によって要求されている職業専門家としての懐疑心を，より堅実に遂行するとともに，職業専門家としての懐疑心を行使することの必要性に対してより敏感となることを保証すべきである。」。

「勧告 5-2　ASB, SEC 監査業務部会の常務委員会もしくは他の適切な機関は，財務情報

に影響を及ぼす恐れのある経営者不正が生じる可能性を，監査人が評価する際に手助けとなり，また，経営者不正の可能性が高い場合に追加的な監査手続を規定するための指針を開発すべきである。」

(12)「職業専門家としての懐疑心とは，疑問に思う心および監査証拠の批判的評価を含む態度である。監査人は当該企業に関する過去の経験にかかわらず，あるいは，経営者の誠実性や廉潔性に対する監査人の信頼にかかわらず，不正による重大な虚偽記載が存在する可能性を把握するような心的態度を持って監査契約を実行するべきである。さらに，職業専門家としての懐疑心は，入手した情報や証拠が，不正による重大な虚偽記載の発生を示しているかどうかについて，継続して疑問を持つことを要求している。」(para.13)。

(13) 次のような指摘がなされている。
「監査人は財務諸表には虚偽表示がないとも，不正に起因する虚偽表示があるとも仮定してはならないとされている。しかしながら，近年，社会に人々は職業的懐疑心という構成概念について異なった考え方をしているように思われる。さらに，専門的職業指針においては，職業的懐疑心の特性が「中立的な姿勢」から「推定上の疑義」へと変化している兆候が見られる。」(Bell et al. 2005, p.66，訳書104頁)。

(14) これらの議論については町田（2015a）において整理されている。

(15) 性善説は人の性は善であるとするが，悪にならないという意味ではない。悪にならぬよう努力する必要性も説かれている。また，性善説は性の在り方に関する議論であり，結果は別の問題として考えられている。注の(4)の例でいうならば，幼子を助けようとして失敗してしまったとしても人は善であるということになる。そのため，不正をするつもりがなかったとしても，結果として不正を行った場合と同じ結果をもたらす可能性もあり得ることから，ここでは不正の発生可能性は低いという表現を用いている。

(16) 経営者は不誠実であり，経営者が提示する証拠は偽であると仮定した場合，監査の目的は不正の摘発ないし捜査となり，立証の目的は不正の存在であるため，会計処理は適切であることを反証または会計処理は不適切であることを実証することになるとする説明もある（瀧 2014）。

(17) 例えば，日下部（1975，22-23頁）。なお，日下部（1975）では両機能に加えて「創造的機能」を監査の機能または監査人の機能として説明しているが，八田（2014）では日下部（1975）における説明を引用した上で，これらの機能は監査または監査人としての役割を論じているのではなく，会計プロフェッションの果たすべき役割を論じていると指摘している。そのため，本稿においても会計プロフェッションの役割として説明している。

参考文献

宇佐美豊（2017）「最近の不祥事件からみる今後の管理体制の在り方：「性善説」よりも「性弱説」を重視し，受け身の対応からの脱却を」『金融財政事情』第68巻第42号，11-13頁。

岡田讓治（2017）「不正に対応する監査のあり方：監査役監査の立場から」『現代監査』第27号，40-46頁。

垣内景子（2015）『朱子学入門』ミネルヴァ書房。

片倉もとこ（1985）「現代文明とイスラム文明」『中東協力センターニュース　特集号』62-77 頁。
――（1991）『イスラームの日常世界』岩波書店。
日下部與市（1975）『新会計監査詳説〈全訂版〉』中央経済社。
千德廣史（1996）『儒家の道徳論』ぺりかん社。
瀧　博（2014）「監査上の立証構造における職業的懐疑心の役割」『現代監査』第 24 号，42-49 頁。
竹岡八雄・日原利国訳（1970）『中国古典文学大系 3 荀子』平凡社。
千代田邦夫（1998）『アメリカ監査論：マルチディメンショナル・アプローチ＆リスク・アプローチ（第 2 版）』中央経済社。
任　章（2017）『監査と哲学』同文舘出版。
橋本尚（2015）「職業的懐疑心に関する海外の動向」増田宏一編著『監査人の職業的懐疑心』同文舘出版，第 5 章所収，71-88 頁。
八田進二（2014）「監査人としての会計プロフェッションの創造的機能」『会計プロフェッション』第 9 号，143-153 頁。
――（2017）『開示不正：その実態と防止策』白桃書房。
――（2019）「人は環境や場面で変わり得る。そうした本性を踏まえ人イコール性弱説に立った監視体制の構築を」『財界』第 67 巻第 4 号，44-47 頁。
濱田眞樹人・脇山太介（2015）「不正検査の観点から考える職業的懐疑心」増田宏一編著『監査人の職業的懐疑心』同文舘出版，127-140 頁。
福島章（2008）『犯罪心理学入門』中央公論新社。
藤堂明保・福島中郎訳（1970）『中国古典文学大系 3 孟子』平凡社。
増田宏一編著（2015）『監査人の職業的懐疑心』同文舘出版。
増田宏一・梶川融・橋本尚監訳（2015）『財務諸表監査における「職業的懐疑心」』同文舘出版。
町田祥弘（2015a）「監査人の職業的懐疑心に関する基礎概念」増田宏一編著『監査人の職業的懐疑心』同文舘出版，第 2 章所収，23-40 頁。
――（2015b）「監査基準における職業的懐疑心」増田宏一編著『監査人の職業的懐疑心』同文舘出版，第 3 章所収，41-54 頁。
――（2015c）「職業的懐疑心に関する先行研究」増田宏一編著『監査人の職業的懐疑心』同文舘出版，第 4 章所収，55-70 頁。
Auditing Standards Executive Committee (1977) SAS No.16. *The Independent Auditor's Responsibility for the Detection of Errors or Irregularities*, American Institute of Certified Public Accountants [AICPA].
Auditing Standards Board [ASB] (1988) SAS No.53, *The Auditor's Responsibility to Detect and Report Errors and Irregularities.* AICPA.
――(1996) SAS No.82. *Consideration of Fraud in a Financial Statement Audit.* AICPA.
――(2002) SAS No.99. *Consideration of Fraud in a Financial Statement Audit.* AICPA.
Bell, T.B., M.E. Peecher and I. Slolmon (2005) *The 21st Century Public Company Audit：Conceptual Elements of KPMG's Global Audit Methodology*, KPMG

International.（鳥羽至英・秋月信二・福川裕徳監訳『21世紀の公開会社監査：KPMG監査手法の概念的枠組み』国元書房，2010年）
Commission on Auditors' Responsibilities (1978) *Report, Conclusions, and Recommendations*. AICPA.（鳥羽至英訳『財務諸表監査の基本的枠組み：見直しと勧告』白桃書房，1990年）
Mautz, R.K and H.A. Sharaf (1961) *The Philosophy of Auditing*. AAA.（近澤弘治監訳『マウツ&シャラフ　監査理論の構造』中央経済社，1987年）
National Commission on Fraudulent Financial Reporting [Treadway Commission] (1987) *Report of the National Commission on Fraudulent Financial Reporting*. AICPA.（鳥羽至英・八田進二訳『不正な財務報告：結論と勧告』白桃書房，2000年）
Public Oversight Board [POB] (1993) A Special Report by the Public Oversight Board of the SEC Practice Section, *In the Public Interest*, AICPA.
―― (2000) The Panel on Audit Effectiveness. *Report and Recommendations*. POB.（山浦久司監訳『公認会計士監査：米国POB〈現状分析と公益性向上のための勧告〉』白桃書房，2001年）

第13章

イギリスの監査制度改革の動向

はじめに

　イギリスの株式会社の監査規制に関連する法令等として，2006年会社法，金融行為監督機構（Financial Conduct Authority：FCA）[1]の上場規則（LR Listing Rules：LR）およびコーポレートガバナンス・コード（Corporate Governance Code：CGC）の3つをあげることができる。

　イギリスにおいては，当然ながらすべての会社は，会社法の規定に準拠しなければならない。2006年会社法は第3条において，会社を有限責任会社と無限責任会社に分類し，第4条において，私会社と公開会社に分類している。公開会社は株式有限責任会社と保証有限責任会社に分類されるが，イギリス会社法上の公開会社は必ずしも上場会社を意味するわけではなく，多くの公開会社が非上場会社であるとされている（中村 2010, 1360頁）。数は少ないものの，上場企業が経済の重要な地位を占めているのは日本と同様である。上場企業においては会社法だけでなく上場規則の規制も受けることとなる。さらに，プレミアムリスティングを選択している上場企業はCGCへの準拠も求められる。イギリスのCGCはベストプラクティスと"comply or explain"の組み合わせで知られ，イギリスのコーポレートガバナンスに柔軟性を与えていると考えている。しかしながら，CGCに準拠しなくても説明すればいいと考えられているわけではなく，ほとんどの企業がCGCを遵守しており規律性の高いものとなっている。

　本稿では，イギリスの会社法が理念形としている公開会社に焦点を当て，公開会社に関連する監査規制を概観し，上場企業の監査規制の中心となっているCGCおよび監査基準がどのように改訂されてきたかについて考察する。

192

I 会社法監査規制の概要[2]

1 会社法改正の経緯

　中村（2010）によれば，初めて準則主義を採用した1844年会社登記法と有限責任制度を導入した1855年有限責任法を総括して制定された1856年会社法がイギリスの一般会社法の始まりとされる。1856年会社法においては，会社の設立に際して，7人以上の社員数の存在が要件とされ，取締役の員数を3人以上とした上で取締役会の設置を要求し，株式会社には会計監査役[3]（statutory auditor）を設置することが強制された。

　1856年会社法は，構成員の数が20名を超えるパートナーシップについては会社としての登記を強制したこと，株式会社についても株式の公募を強制せず，中小企業や小規模なパートナーシップでも一定の法定要件を充足して会社登記を行えば，有限責任制度を利用できたことから，中小企業による株式会社制度の利用が増加し，これらの中小株式会社は株式・社債の公募をせず，株式の譲渡を定款で制限することが通常であったため，本来の会社（public company）に対して，私会社（private company）と呼称するようになったとされる。その後，1907年会社法において私会社に法的位置付けが与えられ，1908年会社法，1948年会社法，1967年会社法においても公開会社と私会社の区別は維持された。しかしながら，1972年のイギリスのEC加盟により，公開会社をドイツ・フランスの株式会社に，私会社を有限会社に相当する位置付けを行う必要が生じ，1980年会社法の改正の際にまず，公開会社を定義し，それ以外の会社をすべて私会社とする規制へと転換した。この規制は基本的に2006年会社法にも引き継がれている[4]。

　公開会社と私会社の主な相違点をあげると，公開会社が2名以上の取締役を要するのに対して，私会社は取締役が1名で足りる点，ならびに，私会社については，複数の取締役を選任する際に一括して選任を行ってはならないという公開会社向けの規律の適用が免除される点である。また，私会社は株主総会への年次計算書類提出義務が免除され，登記所に年次計算書類を提出する際に年次計算書類または要約版を送付すれば足りるとされている。さらに，公開会社

は会社秘書役[5] (company secretary) の選任義務が課されるのに対し、私会社は秘書役を選任することを要しない。監査規制上の相違点としては会計監査の免除規定がある。中小規模の私会社は会計監査役選任と計算書類の会計監査役による監査の義務が免除されるが、公開会社は免除されることはない[6]。

2 イギリス会社法における株式会社の機関[7]

公開会社においては2人以上の取締役が必要となる（154条）。このうち少なくとも1人は自然人でなければならないものとされている（155条）。また株主全員の同意がない限り、取締役の選任決議は各別に行わなければならない（160条）。任期は2年（第188条）となっている。以下主要な機関に関する規定について概観する。

(1) 取締役会

コーポレートガバナンスの中心となる取締役会に対する規制が非常に小さいことがイギリス会社法の特徴とされる（谷口 2009, 79頁）。そもそも、2006年会社法には取締役会の地位についての規定が置かれていない。それゆえ、取締役会の権限については、各会社において附随定款で取締役会がいかなる権限を有するかを定めさえすればよいとされる（小町谷 1962, 251頁）。

このため、イギリスにおいては定款が非常に重要であり、定款の登記が求められるのである。株式有限責任会社の場合、附随定款として別段の定めを置かない場合は、会社法の附表Aに定めるモデル定款を採用したものとみなされる[8]。2006年会社法によって基本定款の機能が絞り込まれ、従来の附随定款が単一の定款としての機能を果たすこととなった（イギリス会社法制研究会 2017, 4頁）。イギリス会社法又は各会社の定款に、株主総会の権限に属することが規定してある場合を除けば、取締役会には会社の能力の範囲内において、会社の一切の業務を行う権限があるとされる[9]。しかも、各会社の付随定款は、ほとんど例外なく、この附表Aの規定に倣って、取締役会に広い権限を与えているため、取締役会の権限は、原則として会社の能力の範囲と同一であるとされる（小町谷 1962, 252頁）。この点は2006年会社法でも同様であり、取締役会の権限は附表Aによるデフォルト条項にのみ存在し、広範な権限を有しているとさ

れる（谷口 2009, 80 頁）。

　谷口（2009）によれば，2006年会社法は，会社が有しなければならない取締役の最低人数を明記するだけで，取締役が誰によって任命されるべきかも明記していない。モデル定款附表 A 第78条において，株主総会の普通決議によって取締役を任命するとの規定が置かれている。取締役会が一層制か二層制かの規定も，取締役会に内部委員会を置くか否かの規定もなく，執行取締役と非執行取締役のバランスについても明記されていない。さらに，最高執行者取締役と取締役会長の地位を兼ねるか否か，専門的な資格や独立性といった取締役が有すべき特定の属性についても明記されていない。こうした事項はもっぱらベストプラクティスたる CGC が定めている。

(2) 会社秘書役

　会社秘書役は会社の役員の一種であり，イギリス法系の会社法に特有の制度である。会社秘書役の職務は会社の管理業務に関するものとされ，会社の登記書類の正確性に責任を負い，会社の事務的職務について代理権を有するとされる（イギリス会社法制研究会 2017, 191 頁）。公開会社は会社秘書役の設置が強制されている。会社秘書役は会社の管理業務の要となる役員であり，公開会社の会社秘書役は1980年法以来資格要件が定められており，勅許会計士協会等の専門職業団体の会員資格を有することが求められている。法人の秘書役も認められており，自然人の秘書役を置くことは義務付けられていない（前掲書, 191頁）。会社秘書役の資格要件として，(1)会社秘書役としての選任の直前の5年間のうち少なくとも3年間，公開会社の秘書役としての地位を有していた者であること(2)第3項に定める団体のいずれかの会員であること(3)連合王国内のいずれかの地域において，任ぜられまたは承認されたバリスタ，弁護士，またはソリシタである者であること(4)公開会社の会社秘書役以外の地位を有していることまたは有していたことにより，または，第3項に定める団体以外の会員であることにより，当該会社の会社秘書役としての職務を果たすことができると取締役において認める者であることの4つがあげられている（第273条(2)）。

　また，第3項に掲げる団体として，①イングランド・ウェールズ勅許会計士協会，②スコットランド勅許会計士協会，③勅許公認会計士協会，④アイルラ

ンド勅許会計士協会, ⑤英国勅許会社秘書役・事務局長協会, ⑥勅許管理会計士協会, ⑦勅許公金融・会計協会の7つの団体が列挙されている (第273条(3))。

(3) 会計監査役

会計監査役は年次計算書類の会計監査を担う機関であり, 公開会社は毎事業年度会計監査役を選任しなければならない (第489条)。会計監査役となりうるのは個人および事務所, または会計検査院長官等と規定されている (第1211条)。個人又は事務所が会計監査役となる場合の資格要件として, ①認可監督団体の会員であり, かつ, ②当該団体の規則に基づき選任される資格を有する場合とされている (第1212条)。

(4) 2006年会社法における株式会社の組織構造

2006年会社法の規定によれば, 公開会社には, 株主総会, 取締役, 会社秘書役, 会計監査役の設置が義務付けられている。

しかしながら, 公開会社においてはモデル定款7(a)において,「取締役の意志決定は取締役会の決議によってなされる」とされている。さらに, モデル定款13(1)において取締役会の決議は出席取締役の過半数によるとされていることから, イギリスの公開会社には通常, 取締役会が設置され, 出席取締役の過半数によって意志決定がなされる[10]。

さらに, モデル定款6に委員会の条項が置かれていることから, 委員会制度を採用することが一般的であると思われる。モデル定款を参考にすれば, イギ

図表13-1　公開会社における組織構造

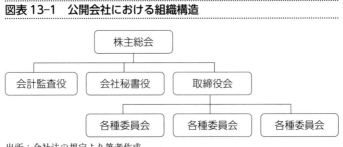

出所：会社法の規定より筆者作成。

リスの公開会社の一般的な機関設計は図表13-1のとおりとなる。

モデル定款は私会社についても公表されているが，機関設計に関しては公開会社とほぼ同じ内容となっている。

3 会社法における監査規制

イギリスにおいて，企業の会計監査を担う者は会計監査役である。小会社，休眠会社，および公共部門の会計監査を受ける非営利企業以外は毎年度の年次計算書類の会計監査を受けなければならない（第475条(1)）。また，貸借対照表に，会計監査の免除を受ける旨の取締役会における説明を含まない限り，いかなる会計監査の免除も受けることはできない（第475条(2)）と規定され，小会社であっても免除を受ける旨の説明がない限り会計監査は免除されない。

小会社の定義は2006年会社法382条(3)に置かれており，(1)売上高が1020万ポンドを超えないこと，(2)貸借対照表上の総資産が510万ポンドを超えないこと，(3)雇用者が50人を超えないこと，の3つの要件のうち2つ以上を満たす会社が小会社と定義される。また，478条の規定により，小会社であっても公開会社は会計監査が免除されない。

II 上場規則およびCGCにおける監査規制の概要[11]

1 金融サービス市場法の制定

公開会社は必ずしも上場企業ではないが，少数の大企業が多くの労働者を雇用し，経済の中心となっているのは日本と同様である。イギリスの企業と雇用者数，売上高の統計は図表13-2のとおりである[12]。

イギリスのDepartment for Business, Energy & Industrial Strategy（以下BEIS）は従業員数250人未満の企業を小規模・中規模企業（small or medium-sized：SMEs）と分類し，そのうち従業員50人未満の企業を小規模企業としている。2018年には約570万社が事業を行っており，企業数では小規模企業が99.3%，中規模企業が0.6%，大企業が0.1%となっている。一方，雇用者数は小規模企業が48%，中規模企業が13%，大企業が40%，売上高では，小規模企業

図表13-2　イギリスにおける雇用者数と企業規模

雇用者数 (人)	企業数	総雇用者 (千人)	売上高 (百万£)
0	4,278,225	4,643	274,917
1-9	1,137,290	4,159	533,323
10-49	209,650	4,083	590,263
50-249	34,835	3,399	595,004
250以上	7,510	10,743	1,868,106
合計	5,667,510	27,027	3,861,613

出所：BEIS（2018）p.3.

が36%，中規模企業が15%，大企業が48%であり，少数の大企業が経済的に重要な地位を占めるという構造は日本と同様である。

　ビッグバンを契機として1986年金融サービス法が制定され，規制・監督権限の大部分が証券投資委員会（Securities and Investments Board：SIB）に委譲されたが，1991年のマックスウェル事件，1995年のベアリングス事件などの企業不祥事のたびに個別監督機関の不備が指摘され2000年6月14日に2000年金融サービス市場法（Financial Service and Market Act：FSMA）が成立した（日本証券経済研究所2008, 158頁）。FSMAの下では金融サービス機構（Financial Services Authority：FSA）が唯一の規制・監督機関として，銀行，住宅金融組合，保険会社，投資業者，公認投資取引所，弁護士，会計士などの専門職業団体の監督を行っていたが（日本証券経済研究所2008, 160頁），2007年から2008年にかけての金融危機に対応するために大幅な規制改革を行う関係から，2012年にイングランド銀行の子会社として設立されたプルーデンス規制機構（The Prudential Regulation Authority：PRA）と2013年4月1日に設立されたFCAがFSAの金融規制業務を引き継いでいる。

　また，イギリスでは1973年に証券取引所の統合が行われ，最も上場基準の厳しかったロンドン証券取引所だけになったことから，ロンドン証券取引所の上場基準を満たせない企業の証券を取引するために1980年にUSM（Unlisted

Securities Market），1986年に第三市場，1995年には AIM（Alternative Investment Market）市場が設立され，これらの非上場証券市場もロンドン証券取引所によって管理・運営されている（日本証券経済研究所 2008，66頁）。1999年7月にロンドン証券取引所の取締役会が脱相互組合組織化を行い民間企業となることを公表した後，民間企業となる取引所に市場の上場・登録審査を任せられないということから，上場審査をロンドン証券取引所から監督官庁である FCA に上場審査を移管することが決定され，2000年4月から UKLA（UK Listing Authority）がロンドン証券取引所の上場審査・AIM への登録審査を行っている[13]。

現在ロンドン市場はメインマーケット，AIM の市場区分が設けられている[14]。メインマーケット，AIM への上場企業数の推移は図表13-3のとおりである[15]。

2006年をピークにロンドン市場の上場企業数は減少傾向にある。2019年3月14日に半年延期が議会で議決されたものの，Brexit を控えロンドン市場の魅力を向上させようと躍起になっている背景がここにあると思われる。

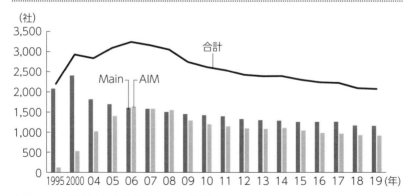

図表13-3　イギリスの上場企業数の推移

出所：LSE の統計資料より作成（2019は2月時点）。

2 上場規則における監査関連規定

　ロンドン市場に上場するためには，会社法の規定に加えて，ロンドン証券取引所の上場規則に従わなければならない。上場企業は開示規則および透明性規則（Disclosure Rules and Transparency Rules：DTR）7.1.3において，発行者は適切な者によって，
- (1) 財務報告プロセスを監視し，
- (2) 発行者の内部統制，可能であれば内部監査，リスクマネジメントシステムの有効性を監視し，
- (3) 年次財務諸表の法定監査人の監査業務を監視し，
- (4) 法定監査人の独立性を監視し評価し，
- (5) 法定監査の結果を執行機関または監督機関に通知し，法定監査人が財務報告の完全性にどのように貢献したか，およびその過程における執行機関の役割は何かを説明しなければならない

と規定しており，すべての上場会社において監査を監視する機関の設置が必須となっている。さらに，DTR7.1.1はこれらの点に責任をもつ機関のメンバーは独立しており，会計あるいは監査，またはその両方についての能力を有する者でなければならないとしている。この機関は監査委員会とは明示されていないものの，DTR7.1は表題が監査委員会となっており，上場するにあたって事実上，監査委員会を設置することは必須となっている。DTR.7.1.2において，会計あるいは監査，またはその双方の能力，および，独立性の要件は同一のメンバーによってもいいし，関連する機関の異なったメンバーによって満たされてもよいと規定されており，会計・監査能力と独立性は別個の人物によって充足されてもよいこととなっている。DTR.7.1.5においては，この機関が果たしている役割を適切に報告することが求められている。

　メインマーケットの上場企業はプレミアムリスティングとスタンダードリスティングに分類される。2019年2月時点で，上場1154社中892社とおよそ77％の企業がプレミアムリスティングを選択している[16]。プレミアムリスティングとスタンダードリスティングは別々の市場ではなく，同じマーケットで取引されている。プレミアムリスティングは「スーパー・エクイバレント」として

知られ，公式上場の「プレミアム・ブランド」を手にすることであり，「品質」というバッチを入手することであるとされる（有限責任監査法人トーマツ 2010，22頁）。

プレミアムリスティングとスタンダードリスティングの主な違いとして，
- 3年間の総収益に占める営業の割合が75%超である必要
- 半期財務報告書作成義務
- UKCGCへの準拠等がある[17]。

プレミアムリスティングを選択する場合には，通常の上場規則に加えてさらにFCAのLR6に規定されている追加要件を満たすことが求められる。監査規制上重要な相違点はプレミアムリィスティングを選択した会社は，CGCの規定への準拠が求められる点である。

3 イギリスにおける監査基準設定主体[18]

イギリスでは現在，監査基準の設定主体として財務報告評議会（Financial Reporting Council：FRC）が活動を行っている。FRCは1990年に設立され，その後，徐々に権限が拡大され今日に至っている。FRCは民間団体ではあるが，BEISとの関係が深い団体である。FRCは可能な限り早く年次予算を策定し，年次予算と負担金の予定を公表することを前提にBEISに対して補助金の要求額を申請し，BEISは申請に基づき毎年補助金額を承認しなければならないとされている。政府から補助金を受ける権利があること，BEISはパブリック・セクター組織の負担金の徴収に便宜を図ることとされていることから，財政面でのBEISの影響は大きいといえる。BEISはFRCが完全に独立して運営することを認めるものの，FRCの年次事業計画策定に際してBEISがアドバイスする権限を与えられており，FRCはBEISに対する報告義務を負っていること[19]，ならびに，会長と副会長はBEIS大臣によって任命される[20]ことを考慮すれば，完全なプライベート・セクターというわけではなく，パブリックの影響を強く受けた団体であるといえる。

また，2019年3月時点では，議長，副議長とも実業界の出身であり，14名の委員のうち，監査法人での監査業務がキャリアの中心であった委員は2名となっており，財務情報の利用者サイドの意向が強い団体である[21]。FRC取締

役会の下に執行委員会とコード・基準委員会を置き，これらの組織の活動によって質の高いコーポレートガバナンスと財務報告を実現し，ひいてはイギリスの資本市場を活性化するというFRCの目的の実現を図っている[22]。

4 近年のイギリスの監査制度改革

イギリスではCGCへの準拠が求められる企業は，CGCにどのように準拠しているのか，あるいは準拠していないのかを開示しなければならない。監査上も当該報告が適正か否かについて報告が求められることから，企業の財務報告および監査において，CGCは多大な影響力を有している。FRCがCGCと監査基準の双方を制定するため，CGCの改訂と軌を一にして監査基準も改訂されることとなる。

イギリスにおいては2010年に，これまでのCombined CodeをCGCとStewardship Codeに分離する大幅な改訂がなされた[23]。その後，2012年，2014年，2016年とほぼ2年ごとに改革が行われた。

2012年のCGCの改訂は取締役会の多様性の確保と取締役と会計監査役とのコミュニケーションの強化であり，以下のことを柱としていた[24]。

- 監査委員会の責任と透明性を増す
- FTSE350社については10年ごとの監査契約の入札を義務付ける

さらに，監査委員会がよりよく機能するためのガイドラインとして"Guidance on Audit Committees"も同時に公表された。

次に，監査報告書の記載内容を改善することを中心に監査基準の改訂が行われ，監査意見の後に，以下の点を記載することとされた。

a. 重要な虚偽表示の評価
b. 重要性の適用方法
c. 監査の範囲の概要

2014年の9月にはリスクマネジメント機能の向上とそのディスクロージャーに焦点を当てCGC改訂が行われた[25]。

このCGCの改訂に対応して，ISA（UK and Ireland）570およびISA（UK and Ireland）700も改訂された。2014年の一連の改革は以下に主眼が置かれた改革であった。

イギリスの監査制度改革の動向 | 第13章 |

- 事業継続能力に関する不確実性の開示
- リスク管理と内部統制システムのモニターとその有効性のレビュー
- Annual Reportにおける有効性のレビューの結果の報告
- 企業の長期的な存続可能性への脅威となるリスク情報の投資家への提供
- 長期的な成功と取締役の報酬のリンク

　2015年にはFRCは監査改革指令（Audit Reform Directive：ARD）の国内法化についてのコンサルテーションを実施し、それをもとに2016年の改革を行っている。FRCはイギリスのCGCはすでにARDの要求事項を満たしていると考えていたため、2016年のCGCの改訂は、2014年の改訂に比べると軽微なものとなっている[26]。

　大方の改革は済んだものとして、FRCは、今後しばらくは監査に対する信頼性を向上させることを活動の中心に据えている。そのため監視活動を強化させ、監査エンフォースメントのスピードと有効性を強化することに活動の焦点を当てている[27]。

　FRCは、

- 監査人がクライアント企業との間に独立性を保持している
- 監査人が高度な技術と監査についての考え方を有している
- 適切なガイダンスとルールに導かれている
- 公正で開かれた市場で運営されている

といった4つの条件が満たされていると利害関係者が認識することが、監査の信頼性向上には必要不可欠であると考えており、監査契約の入札をはじめとした監査人の独立性強化を中心にさまざまな規定を設定してきている。

　しかしながら、近年のBHSやSports Directといった一連の企業不祥事を契機に、FRCに対して、大胆な改革を行わない、改革のペースが遅い、規制当局と過度の親密性を有しているといった批判がなされている。このような批判に対してBEISがキングマン卿を委員長とする独立委員会を組織し、FRC改革の方向性を探っている（BEIS 2018）。

　独立委員会は2018年12月に、キングマンレビューと呼ばれる報告書を提出しており、そこでは、

- FRCは英国のCGCの有効な管理者であり、依然として世界をリードする

203

とみなされている
- FRCは，法的な裏付けが存在しないにもかかわらず，自主的にBig 6[28]監査法人の監視を強化するための取り決めを実施するなど，限られた法定権限を超えて行動する意思と力を有している
- 財務報告ラボの創設など，FRCのいくつかの革新は成功を収めている

といったFRCの強みはあるものの，
- 明確で正確な目的と使命を持っている
- 金融情報の作成者ではなく利用者の利益にしっかりと焦点を当てている
- 当局の業務に依存する人々によって尊重され，必要に応じて規制対象から恐れられる
- 業務を遂行するために必要な権限とリソースを持っている
- 最高の能力を有する人材を引き付けることができる

といった，FCAおよびPRAの2つの主要な金融規制機関が満たしている要件をFRCは満たしていないといった批判を行っている。こうした弱点の背景として，公的な機関ではなく，資金調達の多くを監査法人や企業に依存しているため，監査法人や企業を規制する規制機関として不適切であるという点をあげている。

このことから，Big 6に関する直接的な規制を行う権限を有しておらず，イギリス経済の重要な地位を占めている監査事務所が，依然として独立した機関によって規制されているのではなく，事実上，彼らの業界団体によって規制されていることがわかる。それゆえ，FRCの監査品質に関する作業は，米国公開会社会計監督委員会（Public Company Accounting Oversight Board：PCAOB）と同じ信頼性を示すものではないこと，FRCの企業報告レビュー（Corporate Reporting Review：CRR）の作業は，イギリスのCGCに規定されている原則および規定に反する企業の報告ならびにそれらの報酬報告等，報告の重要な分野が除外されていることにみられるように，規模と範囲が限られていることを問題視している。このような，懸念から他の規制当局を分割したり，あるいは，他の規制当局に統合したりするといった大規模な組織変更を求めているわけではないものの，FRCを公的権威を有した規制当局へと置き換えるべきであるとの提言を行っている。

また，監査市場そのものの改革も俎上に載せられている。監査市場そのものの改革に関してはCMA (The Competition and Markets Authority) が"Statutory audit services market study"（以下，CMAレポート）を2018年12月18日に公表している[29]。この報告書もキングマンレビューと同様に，近年の企業不祥事による監査に対する社会的信頼の低下に対応したものである。CMAレポートが問題視しているのは，企業自らが独自の監査人を選択して報酬を支払うという事実が質の高い監査の妨げになっているという考え方である。企業の情報が完全に透明でないことを利用して経営者が自己の利益を図る可能性がある以上，監査委員会に監査法人の選択を行わせることは部分的な解決策にすぎないとしている。
　さらに，大企業にとって監査人の選択肢が極端に限られている点も問題であるとしている。Big4とそれ以外の監査法人の間に大きなギャップがあるということは健全ではなく，何らかの取り組みを行わない限り持続するであろうこと，過去のいくつかの市場改革はいくらかの側面を改善したが，Big4に続く監査法人を育成することへの障壁を打破することはできなかった点が問題であるとしている。
　そして，非常に有能で，専門的かつ懐疑心に満ちた監査を行う最強のインセンティブを生み出すためには，品質に焦点を当てた競争が行われる必要があると指摘している。そのためには長期にわたって実行可能な十分な選択肢を有する競争が行われなければならず，Big 4だけではない選択肢がある監査市場の創設が必要であるとして以下の提言を行っている。

a. 監査人の選任とマネジメントに対する規制当局による精密調査
b. Big4に続く監査法人に対する障壁の除去
c. 監査とコンサルティング業務を行う組織の分離
d. 規制当局に依頼され，規制当局に報告される監査業務のピアレビュー

　Big4への偏りがなくなるように監査人の選任を強制することは，現在のところヨーロッパの法的枠組みでは不可能であると考えられるため，次善の策としてこのような提言を実行し，十分な競争が行われる健全な監査市場を育成できるような規制を設けることが提言されたのである。

おわりに

　イギリスでこのような監査制度改革が行われようとしている大きな要因として Brexit がある。Brexit については，2019 年 3 月 14 日に EU 離脱を半年延期することが議会下院で可決されたものの，イギリスの金融市場が魅力的なものであり続けるためには，監査制度に対する信頼性の向上が不可欠であるとイギリス政府が考えているからである。

　監査サービスの市場をうまく機能させることにより，投資家・顧客・サプライヤーらの意思決定に使用される企業自らが提供する情報に対する信頼性を確保することが何よりも必要であるとの認識がイギリス政府にはある。それゆえ，キングマン委員会と CMA の委員会が連携して，監査市場改革と FRC 改革によってイギリス資本市場の魅力を維持しようと大胆な監査制度改革に乗り出しているのである。

　監査市場における選択肢のなさは世界的な問題であり，監査法人のローテーション等が導入できないのもこのことが一因ともなっている。監査報酬ではなく監査の品質を焦点とした競争原理を監査市場に導入できるかは監査制度に対する社会的信頼向上にとって非常に重要となるであろう。イギリスではさらに，企業が自ら監査法人を選任するという，現在の監査制度の前提を覆すような改革にまで踏み込んだ検討を始めている。

　このような，監査のあり方にまで踏み込んだ改革については，さまざまな困難な課題が生じてくると思われる。イギリスの監査制度の改革については今後もその動向を注視し続けたい。

注

(1) 金融行動監督機構とされる場合もあるが，本稿での訳語は小立（2012, 28 頁）に依っている。
(2) 本節は小俣（2016）を加筆修正したものである。
(3) 原文は "statutory auditor" であるが，イギリス会社法制研究会（2017）に従い会計監査役と訳している。
(4) この間の経緯については中村（2010, 1361 頁）を参照されたい。
(5) JETRO は会社総務役と訳しているが，本稿ではイギリス会社法制研究会（2017）に

(6) 公開会社と私会社の相違については中村（2010）1364頁に依っているが，多岐にわたっている公開会社と私会社の相違のうち，ここでは会社のガバナンス構造に関連するものだけをあげている。
(7) 以下会社法条文の訳語はイギリス会社法制研究会（2017）に拠っている。
(8) 設立時のモデル定款が適用され，その後のモデル定款の修正には影響されない。
(9) 前掲書252頁　小町谷（1962）はA表80条に規定があるとしているが，現在の附表A"COMPANIES（TABLES A TO F）REGULATIONS 1985 AS AMENDED BY SI 2007/2541 and SI 2007/2826"70条にこの規定が置かれている。
（https：//www.gov.uk/guidance/model-articles-of-association-for-limited-companies）
(10) 会社法モデル定款については，2019年3月現在，公開会社，私会社ともにhttps：//www.gov.uk/guidance/model-articles-of-association-for-limited-companies#examples-of-model-articlesから入手可能となっている。モデル定款に準拠していれば設立時に，定款を提出する必要はなく，その後のモデル定款の修正も影響されない。
(11) 本節は小俣（2016）を加筆修正したものである。
(12) なお，パートナーシップ企業も雇用者0人であるため企業数と総雇用者が一致していない。
(13) ロンドン証券取引所からUKLAへの上場審査の移管については日本証券経済研究所（2008）66頁に依っている。
(14) これまでにPSM（Professional Securities Market），SFM（Specialist Fund Market）等の区分も設けられたが，2016年からメインマーケットとAIMに区分された。
(15) LSEは市場区分を1995年，2005年，2007年，2011年に市場区分を変えており，2011年にこれまでUK Main MarketとInternational Main Marketに区分していたMain MarketをMain Marketに一本化した。
(16) LSEのInstrument Listの株式を上場している企業の統計による。
（https：//www.londonstockexchange.com/statistics/companies-and-issuers/instruments-defined-by-mifir-identifiers-list-on-lse.xlsx）
(17) 詳しくはLSE（2010）を参照されたい。
(18) FRC設立までの基準設定主体の変遷についてはFRC（2014b）を参照されたい。
(19) FRCとBEISとの関係については"Memorandum of Understanding between the FRC and the Department for Business, Innovation and Skills"に依っている。ビジネス・イノベーション・技能省（Department for Business, Innovation and Skills：BIS）はBEISの前身であり，Memorandumそのものは，現在もホームページで公開されており，BISとの協定は現在も有効となっている。
(20) 以下のFRCのWEBサイトを参照されたい。
http://www.frc.org.uk/About-the-FRC/FRC-structure/FRC-Board.aspx
(21) 以下のFRCのWEBサイトを参照されたい。
http://www.frc.org.uk/About-the-FRC/FRC-structure/FRC-Board/Members.aspx
(22) 以下のFRCのWEBサイトを参照されたい。
http://www.frc.org.uk/About-the-FRC/FRC-structure.aspx
(23) 2010年の改訂に関して詳しくは中川（2011）を参照されたい。
(24) 2012年の改革について詳しくは小俣（2016）を参照されたい。
(25) 2014年の改訂について詳しくは小俣（2016）を参照されたい。
(26) 2016年改革については小俣（2017）を加筆修正したものである。

⑵⑺ その他には，他の規制当局との積極的な連携と，Brexit がもたらす課題と機会に対処して国際的な影響力を保つことも目標としている。
⑵⑻ Big4 に Grant Thornton と BDO を加えた大規模監査法人を指している。
⑵⑼ CMA レポートは 2019 年 4 月 18 日に最終報告書が公表されている。

参考文献

イギリス会社法制研究会（2017）『イギリス会社法：解説と条文』成文堂。
伊藤靖史（2003）「イギリスにおける会社法改正：「競争力ある経済のための現代的会社法最終報告書」および白書「会社法の現代化」を中心に」『同志社法学』第 54 巻第 5 号，1-35 頁。
大久保拓也（2003）「イギリス法における取締役の報酬規制：イギリス通商産業省の諮問文書「失敗に対する報酬」の検討」『比較法制研究』（国士舘大学），第 26 号，93-113 頁。
大橋善晃（2008）FSA ディスカッション・ペーパー「上場制度の仕組みの見直し」日本証券経済研究所，4 月 4 日。
小俣光文（2014）「英国における監査報告書改訂の動向」井上義弘編著『監査報告書の新展開』同文舘出版，第 9 章所収，149-177 頁。
——（2016）「イギリスにおける連携の状況」『監査役監査と公認会計士監査との連携のあり方』同文舘出版，第 6 章所収，131-158 頁。
——（2017）「英国における監査制度改革の動向」『会計・監査ジャーナル』第 29 巻第 5 号，82-88 頁。
川島いづみ（2012）「イギリス法における不実の企業情報開示に関する民事責任：判例法の展開」『早稲田社会科学総合研究』第 13 巻第 1 号，31-56 頁。
菅野泰夫（2014）「英国コーポレートガバナンス・コード改訂の最新動向：2014 年 9 月改訂版とコンサルテーション・ドキュメントの紹介」『大和総研調査季報 2014 年秋季号』第 16 号，40-53 頁。
金融庁（2014）「英国・コーポレート・ガバナンス・コード（仮訳）」10 月 20 日時点。
小立敬（2012）「英国の新たな金融監督体制：マクロプルーデンスに重点を置いた体制作り」『月刊資本市場』第 323 号，28-34 頁。
小町谷操三（1962）『イギリス会社法概説』有斐閣。
正井章筰（2009）「EU におけるコーポレートガバナンスをめぐる議論：ヨーロッパ・コーポレート・ガバナンス・フォーラムの声明を中心として」『比較法学』第 43 巻第 1 号，1-46 頁。
谷口友一（2009）「コーポレートガバナンス規制における補完性と柔軟性イギリスにおける『遵守又は説明』規定の生成と展開」『法と政治』第 60 巻第 3 号，51-109 頁。
中小企業庁事業環境部財務課（2010）『諸外国における会計制度の概要：中小企業の会計に関する研究会事務局参考資料 1』。
中川照行（2011）「「2010 年規範」と「監督規範」による英国の新しいガバナンス構造」『経営戦略研究』（関西学院大学経営戦略研究科）第 5 号，25-41 頁。

中村信男（2010）「イギリス会社法における公開会社と私会社の区分の規制分化」『国際商事法務』第38巻第10号，1359-1369頁。
日本証券経済研究所（2008）『イギリスの証券市場2009年版』。
八田進二・橋本尚（2000）『英国のコーポレートガバナンス』白桃書房。
林隆敏（2014）「〈研究〉EUにおける監査規制の動向」『商学論究』（関西学院大学商学研究会）第62巻第2号，49-69頁。
淵田康之（2012）「欧米で再び高まる監査法人改革論」『野村資本市場クオータリィー2012 Winter』，143-160頁。
安本政恵（2009）「アメリカとイギリスにおけるコーポレートガバナンス制度に関する一考察（一）：ステークホルダーの利益保護という視点から」『広島法学』（広島大学法学会）第33巻第2号，143-179頁。
有限責任監査法人トーマツ（2010）『会計基準改訂にかかる情報開示制度等に関する調査研究』（経済産業省委託「平成22年度総合調査研究」）。
吉田裕訳（2003）ロバート・ブラックバーン「英国中小企業の現状」『信金中金月報3月増刊号』第2巻第5号通巻359号，1-22頁。
The Competition and Markets Authority ［CMA］（2018）Statutory audit services market study.
Department for Business, Energy and Industrial Strategy ［BEIS］（2018）Statistical Press Release Business Population Estimates for The UK and Regions 2018.
—— (2018) Independent Review of the Financial Reporting Council.
Financial Conduct Authority ［FCA］（2013）Reader's Guide：an introduction to the Handbook.
—— (2014a) Listing Rules（LR）.
—— (2014b) Disclosure Rules and Transparency Rules（DTR）.
—— (2014c) Financial Conduct Authority Handbook：Glossary terms used in the Handbook.
Financial Reporting Council ［FRC］（2011a）Developments in Corporate Governance 2011 The impacts and implementation of the UK Corporate Governance and Steward ship Codes.
—— (2011b) The Sharman Inquiry Going Concern and Liquidity Risks：Lessons for Companies and Auditors（Preliminary Report and Recommendations of The Panel of Inquiry）.
—— (2011c) Boards and Risk：A summary of discussions with companies, investors and adviser.
—— (2012a) Consultation Document Revisions to the UK Corporate Governance Code and Guidance on Audit Committees April 2012.
—— (2012b) Feedback Statement Revisions to the UK Corporate Governance Code and Guidance on Audit Committees.
—— (2012c) The UK Corporate Governance Code.
—— (2012d) Guidance on Audit Committees.
—— (2012e) The Sharman Inquiry Going Concern and Liquidity Risks：lessons for Companies and Auditors（Final report and recommendations of the Panel of

Inquiry).
—— (2013a) Revision to ISA (UK and Ireland) 700 Requiring the auditor's report to address risks of material misstatement, materiality and a summary of the audit scope (For audits of entities that report on how they have applied the UK Corporate Governance Code).
——(2013b) *Feedback Statement : Implementing the recommendations of the Sharman Panel.*
—— (2014a) *Guidance on the Strategic Report.*
—— (2014b) *The FRC and its Regulatory Approach.*
—— (2015a) *Developments in Corporate Governance and Stewardship 2014.*
—— (2015b) Enhancing Confidence in Audit : Proposed Revisions to the Ethical Standard, Auditing Standards, UK Corporate Governance Code and Guidance on Audit Committees.
—— (2016a) *Developments in Corporate Governance and Stewardship 2015.*
—— (2016b) *Developments in Audit 2015/16.*
—— (2016c) *Feedback Statement and Impact Assessment : Enhancing Confidence in Audit Proposed Revisions to the Ethical Standard, Auditing Standards, UK Corporate Governance Code and Guidance on Audit Committees.*
—— (2017a) Developments in Audit February 2017 Update.
—— (2017b) Audi Committee Reporting.
—— (2018a) Development in Audit 2018.
—— (2018b) Post Implementation Review 2016 Ethical and Auditing Standards Changes to Implement the Audit Regulation and Directive Call for Feedback.
—— (2019) Post Implementation Review of the 2016 Auditing and Ethical Standards : Next Steps Position Paper.
London Stock Exchange [LSE] (2010) *A guide to listing on the London Stock Exchange.* Companies Act 2006.
(http://www.legislation.gov.uk/ukpga/2006/46/pdfs/ukpga_20060046_en.pdf：最終閲覧日 2019 年 3 月 9 日)

第14章

金商法監査におけるKAMの記載についての一考察
——契約法および金商法等の法律の検討を通じて

はじめに

　2018年7月5日，金融庁企業会計審議会監査部会より，「監査基準の改訂に関する意見書」（以下：監査基準意見書）が公表された。ここでは監査報告書について，国際的な動向を踏まえつつわが国の監査プロセスの透明性を向上させる観点から，監査報告書において「監査上の主要な検討事項」（Key Audit Matter : KAM)[1]の記載を求める監査基準の改訂が図られている。これにより監査人が実施した監査の透明性が向上するとともに，監査報告書の情報価値が高まることが期待されるとしている。

　金融市場のグローバル化に伴い会計基準の国際化が進行する中，監査基準の国際化も合わせて進行していくことはある意味必然とも言え，国際的な動向を踏まえてわが国の制度を考えていくことも必要な作業と考える。

　他方，上記国際的な動向を別として，監査報告書は，法律上は，監査人と被監査会社であるクライアントとの監査契約から始まる一連のプロセスの結果であることに鑑みるに，改めて監査報告書の変更と監査契約との関係の理解は欠かせない[2]。監査基準の変更により監査報告書に記載する内容に変更があった場合，監査プロセスの起点ともいえる監査契約における債権債務関係に何らかの変更があるのか，あるいは法解釈論として，監査報告書上の情報量の拡大は監査人の法的責任に影響を与えるのか，また契約法あるいは不法行為法の視点から監査報告書に記載できる内容等について制限が加えられる可能性はあるのか

について検討する。

本稿は、金商法上で求められる公認会計士監査、およびその結果として報告される監査報告書について、主に契約法の視点を通じた接近を試みる。特に契約法については、民法学の分野でも近年は契約概念の変化が見られており、債務不履行責任とは別に、あたかも不法行為法との融合と観念できる状況も見てとれる。そこで本稿では、主に契約法の視点から監査報告書上のKAMの記載について、また守秘義務の解除等について検討する。

I 監査契約に関連する法規

1 民事上の規定等

日本公認会計士協会が公表する法規委員会研究報告第16号「監査及びレビュー等の契約書の作成について」（以下，16号報告）では、監査契約の法的解釈について、「会社法上、株式会社と会計監査人との関係は、委任に関する規定に従うこと（会社法330条）とされている。金融商品取引法の規定に基づく監査契約の法的性質も会社法のそれと変わりはないものと考えられる」[3]としている。

また同報告では、監査のような、必ずしも委嘱者が期待する無限定適正意見の監査報告書が提出されるだけではないような契約に、労務の提供そのものではなく、労務の提供による仕事の完成を目的とした請負契約はなじまないとした上で、「この点から、監査は、準委任契約と解されている」[4]と説明している。

これと関連して、法規委員会報告第1号「公認会計士等の法的責任について」（以下，1号報告）では、「公認会計士等は、受任者としての委任の本旨に従い、委任された業務を善良な管理者としての注意をもって履行する義務があり、履行期限内に履行しなかったり、履行が不完全なものであったことにより被監査会社又は業務の委嘱者が損害を被った場合は、債務不履行の責任が問われることになる。この債務不履行責任は、…被監査会社又は業務の委嘱者との間に生じる責任の基本をなすものであり、…会社法第423条1項に定める被監査会社に対する任務懈怠責任は、この債務不履行責任の典型的な場合を規定したもの

といえる」[5]と説明している。

　次に不法行為責任について、「監査証明業務及び監査証明業務以外の業務に関連する公認会計士等の不法行為責任とは、監査業務等に関連して個人会計士、監査法人の社員又は公認会計士等の従業者が、故意又は過失によって被監査会社、業務の委嘱者若しくは第三者の権利（財産権、人格権）又は法律上保護される利益を侵害した場合、公認会計士等がこれによって生じた損害を賠償する責任を負うことをいう」[6]としている。

　また第三者に対する責任について、「…監査業務に関連して第三者に対して責任を負う場合として重要なのは、監査報告書が被監査会社から第三者に提出され、その結果、第三者が損害を被った場合、たとえば、監査報告書が被監査会社を通じて金融機関に提出され、金融機関がその内容を信頼して融資を実行したが、重大な虚偽の表示を見過ごして監査報告書が作成されていたため、金融機関が損害を被ったといった場合である」[7]としている。

　ここでは企業の作成する財務諸表等に重要な虚偽表示があったにも関わらずにそれを見過ごして監査報告書が作成された事例を示している。他方、監査人が主体となって作成する監査報告書自体に、もしも投資者の意思決定等を誤らせるような記載があった場合、どのような法的責任が発生するのかはこれとは別に検討すべきと考える。

2　監査契約と強行法規

　16号報告では、監査契約について、契約自由の原則により、基本的には当事者の自由な意思で決定することができるとしつつも、「…ただし、全くの自由意思で決定できるわけではない。法律の規定を「強行規定」と「任意規定」に分類した場合、…強行規定に反するような契約は認められず、「契約自由の原則」は適用されない。また、法定監査等法律等の定めに従って行う業務については、その法律の定めに従ったものとなるように契約しなければならない。なお、契約自由の原則に基づき、当事者間で合意があれば、強行規定に反しない限りは法律の規定よりも当事者間の合意、すなわち契約の内容が優先される」[8]としている。

　合わせて、同報告では、「契約書に定めがない部分には、法律の規定が補充

的に適用される。また，契約書に定めがない部分について，契約当事者の協議によって解決する旨が定められることがあるが，問題が生じてから協議して解決を図ることは難しい場合が多い。したがって，取引を円滑に進めるべく，取引実態に合った内容を取り決めておこうと思えば，可能な限り契約書で細部にわたって取り決めておくことが望ましい」[9]と述べており，当事者間に発生する可能性のある問題について，可能な限り文書化しておくことが望ましいとする見解を示している。

次に，上記で示す具体的な強行法規の一つといえる金商法は，その目的について，「この法律は，企業内容等の開示の制度を整備するとともに，金融商品取引業を行う者に関し必要な事項を定め，金融商品取引所の適切な運営を確保すること等により，有価証券の発行及び金融商品等の取引等を公正にし，有価証券の流通を円滑にするほか，資本市場の機能の十全な発揮による金融商品等の公正な価格形成等を図り，もって国民経済の健全な発展及び投資者の保護に資することを目的とする」としている（金商法1条）。

合わせて，同法は，上場会社等について「…この法律の規定により提出する貸借対照表，損益計算書その他の財務計算に関する書類で内閣府令で定めるものには，その者と特別の利害関係のない公認会計士又は監査法人の監査証明を受けなければならない」と規定している（金商法193条の2）。

公認会計士の使命について，公認会計士法は，「公認会計士は，監査及び会計の専門家として，独立した立場において，財務書類その他の財務に関する情報の信頼性を確保することにより，会社等の公正な事業活動，投資者及び債権者の保護等を図り，もって国民経済の健全な発展に寄与することを使命とする」と定めている（公認会計士法1条）。

上記規定中の，「もって国民経済の健全な発展に寄与することを使命とする」ことについて，日本公認会計士協会は，「公認会計士が監査証明という公共性の高い業務を行うことを主な業務としていることによって，最終的には国民経済全体の健全な発展に貢献することが位置付けられたものであり，公認会計士の存在が「公共の利益の擁護」に貢献するという意味も含んでいます」[10]と説明している。

監査人とクライアントの関係は準委任契約であるとする民事上の契約関係は

格別，法定監査の場合は特に，監査人とクライアントの監査契約は公益的性格をもつため，同契約は強行法規である金商法の目的を達成する必要性が出てくる。ここで監査人と金商法との関係において，特に金商法の目的の中でも，「金融商品等の公正な価格形成等を図り，…投資者の保護に資することを目的とする」ことは，監査との関係で大きな意味を持つと考える。

　たとえば，外部環境要因等を特に考慮せず，企業業績以外の要素に変化がないならば，原理的には，株式の市場価格は主として企業のファンダメンタルズを反映すると考えるため，財務会計に求められる機能としては，投資者保護に資するため，当該企業業績に即した適正な財務諸表が適時に開示される必要がある。次に会計監査に求められる機能として，監査人は，監査契約を締結したクライアントの財務諸表が，一般に公正妥当と認められる企業会計の基準に準拠してすべての重要な点において適正に表示していることの保証を通じて上記目的の一翼を担うことになる。したがって，金商法監査の大きな目的の1つは，クライアントが作成した財務諸表が適正であることの合理的保証を通じて，市場参加者の意思決定をサポートすることで，結果として金融商品等の公正な価格形成が図られることにあると考える。ここで開示される財務諸表の作成責任は経営者にあり，監査人は，あくまで会社が作成した財務諸表の適正性の保証を通じて当該責任を果たすという，いわゆる，二重責任の原則を再確認することができる。

　監査における保証，および監査人の法的責任について，岸田は，「…監査を行う根拠が法律（法定監査）であろうが，当事者間の任意の契約であろうが，法律上の監査の形態は，被監査会社と監査人との間の自由意思の合致すなわち契約である。この監査人と被監査人（被監査会社）間の監査契約に基づき監査が行われるのである。従って監査保証の法的効果もその契約内容によって規定される。…監査においては必ず監査の結果に関する監査意見を述べる必要がある。この監査意見，すなわち結果の報告は，単なる事実の記載なのか，それともその真実性を保証するといった何らかの意思の表明なのかが問題となる。これをどう解するかは監査人の意思内容の解釈によるが，法律的に考えれば，もし監査意見が単なる事実の報告であって，その他に保証しあるいは責任を負う意思をまったく含まないものとすれば，そのような監査意見の法的な意義はほとんどなくなる

と思われる。従って法的には,監査契約に基づく監査意見は,その意見内容が妥当でない場合には,債務不履行として契約に基づく損害責任を負うと考える方が自然であると思われる」(岸田 1999, 2-4 頁)と説明している。

監査人が負う責任が債務不履行責任なのか,あるいは別の責任なのかは格別,上記説明にもあるように,監査人の意見が,「その真実性を保証するといった何らかの意思の表明」でないならば,その法的責任を問うまでもなく監査は実質的に意味がなくなると考えるため,監査における保証と監査人の法的責任はパラレルな関係と解釈できる。

つまり金商法監査における監査契約は,法律上,監査人とクライアントとの私的契約関係ではあるものの,他方で,金商法が標榜する投資者保護に資するため,そこではクライアントが作成する財務諸表等の真実性の保証を通じて当該目的の達成が求められる公益性を帯びた契約関係と評することができる。

II 監査報告書におけるKAMの記載

金融庁企業会計審議会は,KAMの決定について,監査人は,監査の過程で監査役等と協議した事項の中から,「特別な検討を必要とするリスクが識別された事項,又は重要な虚偽表示のリスクが高いと評価された事項」,「見積りの不確実性が高いと識別された事項を含め,経営者の重要な判断を伴う事項に対する監査人の判断の程度」,「当年度において発生した重要な事象又は取引が監査に与える影響」等について考慮した上で,特に注意を払った事項を決定し,当該決定を行った事項の中からさらに当年度の財務諸表監査において,職業的専門家として特に重要であると判断した事項を絞り込み,KAMとして決定するとしている[11]。

次にKAMと企業による開示との関係について,「企業に関する情報を開示する責任は経営者にあり,監査人によるKAMの記載は,経営者による開示を代替するものではない。したがって,監査人がKAMを記載するに当たり,企業に関する未公表の情報を含める必要があると判断した場合には,経営者に追加の情報開示を促すとともに,必要に応じて監査役等と協議を行うことが適切である。この際,企業に関する情報の開示に責任を有する経営者には,監査人か

らの要請に積極的に対応することが期待される。また，取締役の職務の執行を監査する責任を有する監査役等には，経営者に追加の開示を促す役割を果たすことが期待される。監査人が追加的な情報開示を促した場合において経営者が情報を開示しないときに，監査人が正当な注意を払って職業的専門家としての判断において当該情報をKAMに含めることは，監査基準に照らして守秘義務が解除される正当な理由に該当する」(12)と説明している。

合わせて，「監査人は，KAMの記載により企業又は社会にもたらされる不利益が，当該事項を記載することによりもたらされる公共の利益を上回ると合理的に見込まれない限り，KAMとして記載することが適切である。財務諸表利用者に対して，監査の内容に関するより充実した情報が提供されることは，公共の利益に資するものと推定されることから，KAMと決定された事項について監査報告書に記載が行われない場合は極めて限定的であると考えられる」(13)との見解を示している。

経営者がすでに財務諸表上で開示している内容を，監査人がKAMとして報告することについては，守秘義務が問題とされることはない（もっとも，監査人の記載上の瑕疵等により，利用者が誤った理解をするという課題は別途残ると思われる）。他方，会社が未公表の情報をKAMに記載することについては，金商法上の要請は格別，これまでの監査契約の解釈からは積極的に導くことができない実務となるため，契約法の視点からもさらなる検討が必要と考える。

Ⅲ 監査契約と信認義務

1 契約の解釈

契約は申込みと承諾で成立するという原則は格別，契約が意思表示に関わらず締結される，あるいは契約書上で明記されていないにも関わらず，契約に係る当事者の義務の範囲が拡大することは広く認識されている（例，医師による救急患者の往診義務，借地人の権利の拡大，金融商品取引業者の説明義務等）(14)。

内田は契約法の現代的展開とする説明にあたり，「…現実の契約は，民法や商法だけで規律されているわけでないということである。契約自由の原則の上

に立って契約に関する法システムの大枠を定めている民法・商法に加えて，非常に多くの特別法がさまざまな規制を行っている。しかし現実には，民商法よりもそちらの方が重要なことが多い」（内田 2000, 5-7 頁）としている。

上記特別法による規制には，契約自由への介入の根拠という観点から3つの類型に分けることができるとし，第1に，公益的な観点から契約の成立や内容に対する規制を行う立法（たとえば，医師法など），第2に，いわゆる「弱者」保護のために契約の成立や内容に対して直接介入するという規制，第3に，契約当事者に合理的な判断を可能にするために，書面の交付や契約内容の開示を中心とした情報開示を義務付ける規制があるとし，この第3の規制の例として，「金融商品の販売等に関する法律」をあげている。合わせて，同第3類型について，「契約自由の原則との原理的な抵触を避け，当事者が自らの意思で合理的な選択をすることができるようにして，市場メカニズムが機能するよう環境を整えるというタイプの規制」と説明している（内田 2000, 8 頁）。

内田の説明を借りるなら，本稿で対象とする金商法に基づく監査契約も，私的自治が貫徹されるわけではなく上記の夫々の特徴を持つ契約と解釈できる。

次に継続性を要する契約について，これはまさに一定期間の役務の提供を要する監査契約が該当すると推量できるが，内田は，「継続性を要する契約には，当初，当事者がめざした共通の目標がある。…この目標を達成するために，当事者の関係を一層密にし，強固に発展させることが必要となる。これを法的に表現すれば，契約の進行に応じて，徐々に義務が発生し，また既存の義務がいろいろ形を変えて修正されていく，ということである。このように，契約の進行につれて義務が発生したり，あるいは既存の義務が形を変えるということは，古典的な契約法の規定をどう結びつけても出てこない法理であり，もはや古典的な契約法のモデル自体が妥当性を失っているのではないか，とも思われる」（内田 2000, 23-24 頁）[15]としている（圏点は筆者による）。

中田は，契約ですべてを明確にするといった契約の固定制に関する批判と対応の中で，「当事者の裁量」を説明している。そこでは，「…将来起こりうる事態を網羅する詳細な契約を締結するのではなく，当事者の一方が他方を信頼して，自己の身体や財産に関する事柄をその裁量に委ねる関係がある。この場合，相手方は専門家として高度の注意を払いつつ自らの技能を十分に発揮して

委ねられたことを行う義務（高度善管注意義務）とともに，与えられた信頼を利用して自己や第三者の利益を図ってはならないという義務（忠実義務）を負う。このような関係を「信認関係」と呼ぶこともある。ここでは，契約の固定性とは異なる法律関係がみられる」（中田 2017, 50-51 頁）[16]と説明している。

樋口は，「信認関係は，実体的な義務の点でも，契約と異なる面を示す。代表的なものは忠実義務である。契約関係においては，100 パーセント相手の利益だけを考えて契約当事者が行動することなどありえない。契約関係継続中でも，それを破棄することを念頭に，別の当事者と契約交渉をはじめることもむろん許される。だが信認関係では，定められた報酬は別として，受益者の利益だけを図られねばならない。自己取引や利益相反取引は直ちに違反となる。信認関係に関連して得た情報についても，受益者の利益だけを考えて利益を守ったり，あるいは受益者に情報提供をする義務を負う」（樋口 1999, 247 頁）[17]としている。

上記文中で樋口が示す受益者について，本稿で扱う監査契約の当事者だけでなく，株主・投資者がそれに該当するとの理解は可能なため，その場合，当該利益に資する目的の範囲での KAM の記載は，この点で信認義務に違反するわけではないとの解釈は十分に可能と考える。他方で，受益者の利益を損なうような KAM の記載はその分だけ制限されるとも解釈できる。

2 KAMの有効性と制限

監査契約は，最終成果物の完成を約すような請負契約とは違い，また必ず無限定適正意見が意見表明される契約でもない。しかしながら，内田の説明を使用するなら，「当事者がめざした共通の目標」があるはずであり，それが無限定適正意見であることに異論はないと考える[18]。また無限定適正意見を目指すからこそ，監査実務上の指導的機能という概念も導かれると考える。

ところでこれまでの短文式監査報告書については，「我が国を含め，国際的に採用されてきた従来の監査報告書は，記載文言を標準化して監査人の意見を簡潔明瞭に記載する，いわゆる短文式の監査報告書であった。これに対しては，かねてより，監査意見に至る監査のプロセスに関する情報が十分に提供されず，監査の内容が見えにくいとの指摘がされてきた」[19]とし，その問題点が示され

ている。

　また金融庁におかれた、会計監査に関する懇談会では、「監査人が、会計監査の最終的な受益者である株主・投資家等の財務諸表利用者に対し、自ら行った監査に係る説明を行うことは、監査人の職責に含まれるものであり、会計監査の品質向上・信頼性確保に向けた自律的な対応の一環として、監査人は、自らの説明責任を十分に果たしていくことが求められる」[20]としている。

　監査の透明性が図られることは、多くの利害関係者にとって望ましいと考えるが、しかしながらKAMの記載が、監査人の当初意図したとおりの理解が利用者側で十分になされないようなケースでは、市場に誤ったメッセージが発信される恐れも惹起される。それ以上に、前記したように、会社が未公表である情報のKAMへの記載については、監査人発での情報が金融資本市場に何らかの影響を及ぼす可能性は否定できない。これは監査プロセスの透明性の向上や、監査報告書の透明化とは別の影響となるため、このような監査人の関わりは、これまでの監査契約の解釈では、受嘱者に求められる機能とは考えられないため、ここで改めて監査契約についての現代的解釈が必要と考える。

　ところで経営者が作成する財務諸表に関する規制の必要性について、久保は、「投資者がある有価証券に投資を行うかどうかを判断する際に、財務諸表は重要な情報を提供するものである。しかし、そのような情報が発行主体によって恣意的に作成された場合、投資判断をゆがめる可能性がある。…また仮にそのようなごまかしがなく、正確な情報が開示されているとしても、開示されている情報の範囲や形式、またその数値の計算方法等が発行主体によってバラバラでは、投資者は発行主体間の比較を容易に行うことができず、結果として投資活動にかかる費用を押し上げ、投資のインセンティブを損なうことになりかねない」（久保 2010, 144頁）と述べている。この指摘は妥当であり、原則的に、企業の実体がそのままに投資者に開示され、また伝える側の意図のとおりに投資者が理解できることが適正なディスクロージャーと考える。

　上記の理解はそのまま監査報告書においても妥当すると思われる。すなわち、株主・投資者に監査のプロセスを明らかにするという目的を超えたKAMの記載は、かえって市場のノイズになる可能性もある上、加えて監査契約の信認関係においても、一方当事者、あるいは受益者の利益を害する可能性もないとは

言い切れない。

　日下部は、「…思うに、近代監査の主目的である利害関係者の保護のためには、彼等に対して適切な判断の資料を提供する必要があり、公表される財務諸表はすべて適正であることが望ましい。適正でない信頼できない財務諸表が公表されたのでは、たとえ監査人の批判が監査報告書に記載されていても、会計に熟達していない利害関係者としては判断に迷うことにもなろう。それゆえ監査人は、財務諸表の欠陥を発見したときは、それを監査報告書に書く前に、まず会社に対して修正勧告を行い、速やかに欠陥を修正するように指導し、もし会計制度が不備であるなら、その改善を求めることが必要である」（日下部 1975, 22-23頁)[21]としている。

　上記説明はKAMについて説明した文脈ではないものの、監査報告書について大きくパラダイム変換が起こっているとされる現代においても、十分に意義をもつ主張と考える。KAMの記載にあたっては、まず監査人は、ガバナンスに責任を持つ者等を通じて経営者に当該事項の財務諸表上での開示を促すことが必要であり、これに対して経営者がどのような対応をするかが特に重要性をもつと考える。

おわりに

　本稿は、金商法監査におけるKAMの記載を主題に置いたが、KAMの記載を媒介として監査契約のあり方を検討した側面もある。公益性を重視すればするほど、監査契約という私的契約関係の意義は薄まり形式的になるため、監査契約の法的意義について再構築が必要と考える。通常の準委任契約とは異なり委嘱者の利益よりも公益性を重視せざるをえない状況においては、監査契約の解釈のあり方も再検討すべきである。

　特に法定監査の場合は私的自治が貫徹されるわけではなく、強行法規の内容の変更等に応じて、監査人が果たすべき義務や性格等も影響を受けることがわかっている。公益的性格を持ちつつ、強行法規等の複雑な要請に応える必要のある監査契約は、監査契約書上で詳細を決めることはできないため、たとえば、監査人は監査基準に準拠して監査を実施する、ことを定める程度の形式的なも

のとなってしまう。しかしながら監査契約書が形式的なものであっても，法解釈上は（これはなにも監査契約に限らず現代の契約全般に言えることであるが），契約当事者の信認関係を基礎としながら，第三者との関係で，あるいは広く社会との関係で契約内容の実質が判断されるべきと考える。

契約からではなく，社会的な関係性等から導かれる現代の契約関係では，債権債務関係が不明瞭なことも多いと考えられるため，契約当事者，あるいは第三者に損害が発生した場合などは，不法行為責任での責任追及が便宜となる場合も多いと考える。この点で，現代の契約関係について契約法と不法行為法の融合と捉えられる側面が観察できることになる[22]。

より具体的には，日本公認会計士協会が公表する監査契約書のひな形が変更されて，たとえば，「受嘱者は，監査基準に従ってKAMを報告する」，あるいは「委嘱者は，KAMの記載について受嘱者の裁量に委ねる」などの約款が仮に加わったとしても同じであろう。契約の内容は，契約書上からだけでなく，契約当事者が含まれる社会的な関係性等も総合的に考慮された上で，相互が果たすべき義務や責任が判断されることになる。

監査基準意見書では，クライアントが未公表である情報の開示について，守秘義務が解除されるケースを示しているが，これとは別に，監査契約書上においてKAMの記載が可能である旨の規定が入ろうが入るまいが，監査契約書上での債権・債務関係の明示とは別に，契約当事者には信認関係があり，双方は信認義務に縛られると解釈できそうである。そうなると，クライアントの未公開情報の開示について，監査人がKAMとして記載することはその分だけ制限される可能性が指摘できるため，内容によっては不法行為責任の対象となるケースもないとは言い切れない。

私人間契約である監査契約よりも公益性が重視されるという理解の下では，KAMの記載に伴い守秘義務が一定程度免除されるケースは想定できるが，しかしながら契約当事者等の信認関係（端的には忠実義務といえる）が解除されるわけではないと考える。

海外の動向も踏まえ，KAMによる監査報告書の透明化は必要な方向であったものと推量できるが，監査契約に関連する当事者の社会的・経済的関係性や，関連する法律等との親和性なども考慮するに，KAMに記載する内容にまった

く制限がないとは考えにくい上，同内容は経営者が開示する内容を基礎として判断されるべきである。仮に会社が未公表である内容であるならば，監査人はその指導的機能を発揮して，クライアントの利益，また受益者である株主・投資者の利益のために当該記載を促すべきであり，結果的に同機能によりコーポレートガバナンスに寄与することになれば，KAM はより実効性を持つと考える。

注

(1) 監査基準意見書（2018）では，「監査上の主要な検討事項」という用語を使用しているが，誌面の関係もあり，本稿では便宜上 KAM と表記する。
(2) 佐藤（1967, 268 頁）は，監査報告書の重要性について，「…まことに「監査報告書」（Audit Report）こそは，公認会計士その他の監査人が，監査業務を終了する最後の段階であり，同時に監査の最も重要かつ困難な部分を構成し，又，依頼者が監査の内容や結果を知り得る唯一の資料であり，さらに又，監査人の監査業務に対する知識，経験，技能等が直ちに判明し，有能無能が明白に決せられる資料ともなり，同時に又，株主，債権者その他の利害関係人に重大な影響を与えるものであって，監査報告書こそは，実に監査の結論書や決算書であるといっても過言ではない。したがって監査報告書は，多くの人々が単純に考えるように，単なる形式・様式・書式の問題ではなく，監査手続はもとより，監査全般にわたる問題を討究し，解決する最も重大な問題であり，監査報告書を離れて監査を論ずることは不可能であるというべきであろう」と述べている。
(3) 法規委員会研究報告第 16 号（2019）「監査及びレビュー等の契約書の作成について」日本公認会計士協会，6 頁。日本公認会計士協会の報告する研究報告等はソフトローとして監査規範の一部を構成すると考えるため適宜参照する。
(4) 16 号報告（2019）6-7 頁。合わせて同報告では，「…印紙税法上は，監査契約書は監査に係る労務の提供そのものではなく，その成果物である監査報告書の提出を目的とする等の点から，請負に関する契約書として取り扱われる」（16 号報告，7 頁）としている。道垣内（2017, 199 頁）は，「胃かいようで医師の診療を受ける，という場合，一連の治療全体を 1 つの契約に基づくものと捉えると，その契約はたしかに委任（準委任）であろう。しかし，すでに述べたように，個々の具体的な行為，すなわち，「手術をしてくれ」「注射をしてくれ」というレベルで捉えると，そういった「仕事の完成」を目的としているのであって，請負契約といえないわけでない」と説明しており，印紙税法上の規定に通ずる解釈を示している。
(5) 法規委員会研究報告第 1 号（2016）「公認会計士等の法的責任について」日本公認会計士協会，4-5 頁。
(6) 1 号報告（2016）7 頁。
(7) 1 号報告（2016）7-8 頁。
(8) 16 号報告（2019）2-3 頁。
(9) 16 号報告（2019）3 頁。

| 第 2 部 | 監査・ガバナンス

(10) 日本公認会計士協会「公認会計士の使命」
https://jicpa.or.jp/cpainfo/introduction/about/vocation/（2019年3月19日アクセス）
(11) 監査基準意見書（2018）2頁。
(12) 監査基準意見書（2018）3-4頁。
(13) 監査基準意見書（2018）4頁。
(14) 内田（2000, 5-7頁）は，申込みと承諾で成立する従来からの契約を「古典的契約像」と称している。
(15) 内田は，同著において，この考えの延長上で，当事者の意思に基づく古典的契約理論とは別の「関係的契約説」（内田 2000, 30頁）を紹介している。またその後は，「制度的契約論」（内田貴著『制度的契約論—民営化と契約』羽鳥書店，2010年）へとその主張を発展させている。
(16) 田村（2016, 112-113頁）は，契約と信認関係について，ここでは弁護士の法的地位の説明であるが，「契約関係と信認関係に着目するのは，そもそもイギリス・アメリカをはじめとする英米法もしくはコモン・ローの諸国では，信託（trust）およびその根底に流れる信認法理（fiduciary）は，契約法理と同じか（時としてはそれ以上に）重要な法原理であるとされ，これらの国での弁護士の法的地位は，信認法理により理解されているところに起因する」と説明している。
(17) 信認関係については，たとえば，経済学の分野でもその重要性を指摘するものが見られる（岩井 2015, 355-360頁）。岩井も，忠実義務が信認関係の中核と指摘している。
(18) この結果が最初から見込めないようであれば，本来，監査契約を締結すべきでないということもできるであろう。
(19) 監査基準意見書（2018）1頁。
(20) 会計監査についての情報提供の充実に関する懇談会（2019）「会計監査に関する情報提供の充実について：通常とは異なる監査意見等に係る対応を中心として」金融庁，2頁。
(21) これに対して，すでにパラダイムシフトしており，投資者の想定レベルは従来から高くおかれているとの指摘もあると考える。他方で，政府は「貯蓄から投資」を標榜し，一般投資家の金融市場への参加を促している。また裁判例として，東京高判平成8・11・27（判例時報1587号72頁）では，「証券会社及びその使用人は，投資家に対し証券取引の勧誘をするに当たっては，投資家の職業，年齢，証券取引に関する知識，経験，資力等に照らして，当該証券取引による利益やリスクに関する的確な情報の提供や説明を行い，投資家がこれについての正しい理解を形成した上で，その自主的な判断に基づいて当該の証券取引を行うか否かを決することができるように配慮すべき信義則上の義務を負うものというべき…」と判示している。これによるなら，裁判の場では，必ずしも高いレベルの投資者像を想定しているわけではないとも解釈できる。また監査基準意見書（2018）においても，KAMの記載を有意義なものとするためとして，「…財務諸表利用者にとって有用なものとなるように，監査人は，過度に専門的な用語の使用を控えて分かりやすく記載するよう留意する必要がある」とも説明している（同3頁）。
(22) 来栖（1974, 523頁）は，「…医師や弁護士のように，委任事務の処理に学問と技術を必要とする場合には，その　過失の責任を追及することには甚だしく困難が伴う。しかし，医師の過失の責任は最近しばしば追及されるようになった。もっとも，契約上の責任としてよりも，むしろ不法行為上の責任として。…」と説明している。ここで指摘する専門家に監査業務を実施する公認会計士は当然に含まれると考える。

参考文献

岩井克人（2015）『経済学の宇宙』日本経済新聞出版社。
内田貴（2000）『契約の時代：日本社会と契約法』岩波書店。
——（2010）『制度的契約論—民営化と契約』羽鳥書店。
会計監査についての情報提供の充実に関する懇談会（2019）「会計監査に関する情報提供の充実について：通常とは異なる監査意見等に係る対応を中心として」金融庁，1月22日。
企業会計審議会（2018）「監査基準の改訂に関する意見書」7月5日。
岸田雅雄（1999）「監査保証をめぐる諸問題：法的観点から見た監査保証」『現代監査』第9号，2-10頁。
日下部與市（1975）『新会計監査詳論』中央経済社。
久保大作（2010）「開示制度」神田秀樹・山下友信編『金融商品取引法概説』有斐閣，第2章所収。
来栖三郎（1974）『契約法・法律学全集21』有斐閣。
佐藤孝一（1967）『新監査論』中央経済社。
田村陽子（2016）「日本の法制度における信認関係と契約関係の交錯：注意義務と忠実義務の横断的考察」『筑波ロー・ジャーナル』第21号，111-151頁。
道垣内弘人（2017）『リーガルベイシス民法入門第2版』日本経済新聞社。
東京高判平成8・11・27（判例時報1587号72頁）。
中田裕康（2017）『契約法』有斐閣。
日本公認会計士協会（2016）法規委員会研究報告第1号「公認会計士等の法的責任について」7月25日。
——（2019）法規委員会研究報告第16号「監査及びレビュー等の契約書の作成について」3月29日。
樋口範雄（1999）『フィデュシャリー「信認」の時代：信託と契約』有斐閣。

第15章

機械学習による会計不正発見の研究動向

はじめに

　近年，会計不正について注目が集まっている。1つには，会計不正の問題が国際化し，複雑化している状況がある（八田ほか 2019, 15-22頁）。複数の国をまたいだマネーロンダリングやタックスヘイブンを利用した租税回避など，国際化とともに不正の手口が複雑化し，問題の解決を阻んでいる。それに対応すべく，「財務諸表の監査における不正への対応」（日本公認会計士協会 2006）が公表され，会計不正への取組みが強化されているのは周知のとおりである。

　またもう1つには，ITの進展により会計不正の発見や防止などにそれを役立てようとする動きが盛んになっていることである。たとえば新日本監査法人（EY Japan）では2016年7月に，公開情報（財務諸表など）に含まれる過去の虚偽や訂正の事例から人工知能（artificial intelligence：AI）が監査先企業の将来のリスクを予測する不正会計予測モデルを導入し，東京大学の首藤昭信教授らとモデルの精緻化や非財務情報の拡充などに取り組んでいる（EYJapan 2017）。そして，その成果の一部は『企業会計』の2017年6月号の特集「FinTechで変わる会計の世界」において公表されている（市原・首藤 2017）。

　本稿ではこのうち，後者の問題，すなわちAI手法を用いた会計不正の発見についての動向について扱うことにする。近年のAIの手法を用いた会計不正発見についての研究は，たとえば市原（2017）によくまとめられているが，このような研究動向についてもう少し系統的に文献レビューをしてみたいということが本稿の動機である。AI監査に対する期待は大きい。日本公認会計士協会（2017）は，機関誌『会計・監査ジャーナル』において「AIの可能性と会計監査への活用」と題する特集を組み，その可能性を大いにアピールしている。一

方で，AI監査の進展を危惧する意見もある（高田2018）。AIとひとくくりにせず，これまで議論されてきた機械学習アルゴリズムや，その応用研究についてつぶさに取り上げ，何がどこまで可能かを明らかにできればと思っている。

I 会計不正とは

1 会計不正の定義

　ところで本稿で取り上げる「会計不正」について，少しばかり考察することにしたい。「会計不正」はしばしば「不正会計」と倒置されて呼ばれたり，かつては「粉飾決算」という表現も多用されていたりした。会計不正と紛らわしい表現として「不適切会計」という表現もある。英語ではaccounting fraudと表現するのが一般的である（ちなみにfraud accountingという表現はほとんど見られない）。また，accounting scandalsという表現もしばしば見られるが，これは「粉飾決算」と訳されることが多い。

　監査基準委員会報告書240『財務諸表における不正』（日本公認会計士協会2018）では，「財務諸表の虚偽表示は，不正又は誤謬から生ずる。不正と誤謬は，財務諸表の虚偽表示の原因となる行為が，意図的であるか否かにより区別する」とあるように，財務諸表の虚偽表示を生じさせる主たる原因の1つである。この定義からすれば，会計不正は「意図的である」ことが要件となるため，誤謬による財務諸表の虚偽表示の場合に「不適切会計」を使っていると理解してもよいかもしれない。

　それでは，その「不正」はどのように定義されているだろうか。同じく監査基準委員会報告書240によれば，「不当又は違法な利益を得るために他者を欺く行為を伴う，経営者，取締役等，監査役等，従業員又は第三者による意図的な行為をいう」となっている。そして違法な利益を得るために他者を欺く行為とはどのようなものであるかを，同報告書から拾ってみると以下のような記述を見つけることができる。

- 計上すべき金額を計上しないこと（11頁）
- 必要な開示を行わないこと（11頁）

- 利益の平準化又は目標利益水準を達成するために，引当金等が全て過小又は過大表示されること（20 頁）
- 利益調整が行われたことを示唆することがある会計方針の選択及び摘要（25 頁）

これらの具体的な方法にはどのようなものがあるだろうか。井端（2015, 13-19 頁）によれば，最近の粉飾決算は概ね以下のパターンに分類できるという。

- 利益水増し（資産の水増しと負債の隠蔽）：（事例）アイ・エックス・アイ，ミサワホーム九州
- 循環取引：（事例）アイ・エックス・アイ
- 利益先食い（売上先行計上）：（事例）ミサワホーム九州
- 繰延税金資産水増し
- 投資事業組合などを利用した連結逃れ：（事例）ライブドア
- のれん償却年数の操作：（事例）楽天，ACCESS

2 会計不正の事例

　上記の粉飾決算の事例は，刑事事件として摘発され，後に訴訟にまで発展する場合もあるし，監督機関から指摘されたものの，修正をし訴追を免れたものもある。また監査の過程で公認会計士に指摘され，表立つことなく終わるものもあるだろう。Kwon and Feroz（1996）によれば，「倒産」（bankrupcy）に対する研究は数多くなされてきたが[1]，「会計不正」（financial reporting fraud）については倒産に比べプライオリティが低く，十分な文書化や追跡がなされてこなかったとのことである。つまり会計不正を行った事例のうち，倒産に至ったものについてはある程度トレースがなされていたが，倒産に至らなかったその他多くの事例については，十分な記録が残されていないということになる。会計不正についての事例を収集するのが，倒産事例に比べるとやや難しいのは，このあたりに事情がありそうだ。

　アメリカにおいて，1970 年代終わりから 1980 年代にかけて，米国証券取引所委員会（Securities and Exchange Commission：SEC）は会計監査執行通牒（Accounting and Auditing Enforcement Releases：AAER）を公表し[2]，不正な財

務報告を発見し予防することを会計プロフェッションへ働きかけた。その後アメリカ会計士協会（American Institute of Certified Public Accountants：AICPA）がトレッドウェイ委員会を立ち上げ，さらには監査基準書（Statement of Audit Standard：SAS）53号の公表へとつながったことは周知のとおりである。しかしSAS53号が公表された以後も，監査人が不正な財務報告を発見することに資するべきという議論には，ほとんど注意を払われていなかったと言える（Moyes and Hasan 1996）。

アメリカにおいて，不正対応に対して重い腰をあげるきっかけになったのは，周知のとおりエンロンやワールドコムといった粉飾決算事件であり，これに対応するためにSarbanes-Oxley法が施行され，内部統制監査が実施されることになった。内部統制による会計不正への対応の淵源は，1973年から1976年にかけて行われたウォーターゲート事件に対する調査結果をきっかけとして制定された1977年海外腐敗行為防止法（Foreign Corrupt Practices Act：FCPA）に求めることができるが，健全な内部統制の整備が会計不正を防ぐことができるといった基本理念が背後にあったと言える（COSO 1992）。しかしながら，その有効性については限定的であるとの意見もある（秋山2005）。

ところで，機械学習によって会計不正を発見するということであれば，会計不正の事例をなるべく多く集める必要がある。なぜならば，まずは「教師あり学習」（supervised learning）で正解のデータ，すなわち会計不正があった事例のデータを与える必要があるからである。

日本において発生した比較的大きな会計不正事例については，たとえば米澤（2014）にも紹介されているように，『Profession Jounral』における「会計不正調査報告書を読む」シリーズを追うことが考えられる。同じく比較的大きな粉飾決算の事例については，浜田（2008）や井端（2015）がその著書の中で詳しく述べている。しかしながら，いずれも取り上げている年度，範囲，粒度が一定ではなく，会計不正の事例を網羅的に収集することは，それゆえ非常に困難である。このことは，機械学習を会計不正発見に応用しようとする研究の宿命であることは，肝に銘じておきたい。

II 不正発見アルゴリズムの分類と関連文献

1 機械学習アルゴリズムの導入

　会計不正に対し，不正発見にAIの手法である機械学習アルゴリズム（machine learning algorithms）を適用した研究はこれまでにもいくつか公表されているが，おそらく最初に導入したのはFanning et al.（1995）であろう。経営者による不正を発見するために，Loebbecke et al.（1989）が適用したロジット・アプローチに比べ，ニューラル・ネットワーク（neural network）の手法を適用した方が，不正発見の可能性が高まることを示している。同じくニューラル・ネットワークの手法を応用したKwon and Feroz（1996）が指摘しているように，1990年中頃において，会計不正への応用はまだまだ未開拓の領域であった。

　その後，Green and Choi（1997）がニューラル・ネットワークを適用することで，従来の分析的手続に比べて不正を効率的に分類できるかどうかを検証した。そして分析的手続よりもニューラル・ネットワークを用いた方が優れていると主張している。その翌年，Fanning and Cogger（1998）もまた，ニューラル・ネットワークを使って経営者不正の発見モデルの開発を試みており，1990年代後半が会計不正に対する機械学習アルゴリズム導入の黎明期であったことがうかがえる。その後2000年代に入ると，たとえばGottlieb et al.（2006），Perols（2011），Li et al.（2015）のように，明示的に機械学習アルゴリズムを導入した研究が散見されるようになる。

2 金融不正発見関連文献の分類のためのフレームワーク

　Nagi et al.（2011）は，機械学習を応用した金融不正に対する研究について，分類のためのフレームワークを提示している。

　1つめの視点は「金融不正」についての分類である。彼らは金融不正を，「銀行不正」，「保険不正」，「証券・商品不正」，「その他の金融不正」の4つに分類し，銀行不正についてはさらに「クレジットカード不正」と「マネーロンダリング」に，保険不正については「自動車保険不正」「作物保険不正」「健康保険不正」に，その他の金融不正については「マスマーケティング不正」と「企業

機械学習による会計不正発見の研究動向 | 第15章 |

不正」とに細分化している。

2つめの視点は，応用されたデータマイニング手法についての分類である。彼らはデータマイニング手法として，「分類」「クラスタリング」「異常値発見」「予測」「回帰」「視覚化」に分類し，さらにその具体的手法として前述の分類にまたがって「ニューラル・ネットワーク」「回帰モデル」「ナイーブベイズ」「決定木」「ファジー論理」「CART」「遺伝アルゴリズム」「k近傍法」「ベイジアン・ネットワーク」等の手法が示されている。これら両方の視点から検討すべきというのが，彼らの主張である（図表15-1）。

これらの金融不正のうち，会計不正はどこに分類されるかと言えば，「その他

図表 15-1　金融不正発見文献レビューのためのフレームワーク

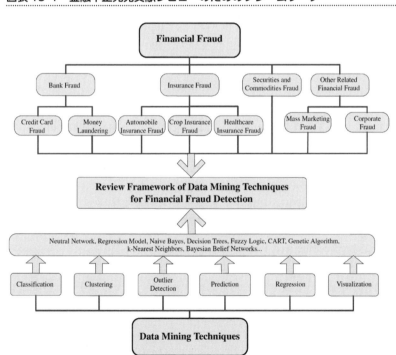

出所：Nagi et al.（2011, p. 563）.

の金融不正」の「企業不正」に分類されることになる。金融不正全体からすれば，会計不正（財務諸表不正）は，ごく一部のものであることが理解できる。

3 不正発見アルゴリズムの分類

　不正発見に応用された機械学習アルゴリズムの分類について言えば，Nagi et al. (2011) よりも West and Bhattacharya (2016) によって示された分類の方が詳しい。そこで彼らの分類を以下に示すことにしよう[3]。

　なお各手法の説明と関連文献は，基本的に彼らの論文に依拠しているが，彼らが言及していない文献についても，適宜追加してある。

- ニューラル・ネットワーク（Neural network）
　新しい傾向の問題に適用可能で，非定型的な問題の解決にも応用でき，分類や予測の問題に適用できるとされている。このアルゴリズムを適用した文献としては，Fanning et al. (1995), Fanning and Cogger (1998), Bose and Wang (2007), Kirkos et al. (2007), Ravisankar et al. (2011) などがある。
- ロジスティック・モデル（Logistic model）
　不正発見などカテゴリー分類に適しており，しばしば回帰分析で用いられる。このアルゴリズムを適用した文献としては，Ravisankar et al. (2011) がある。
- サポート・ベクター・マシン（Support vector machine）
　不均衡データと変数間の複雑な関係を扱うことができ，分類と予測に用いられる。このアルゴリズムを適用した文献としては，Ravisankar et al. (2011) がある。
- 決定木（Decision tree, forest, CART）
　使いやすく，しっかりとした文献の裏付けのあるアルゴリズムであり，分類や予測などによく使われる手法である。このアルゴリズムを適用した文献としては，Bose and Wang (2007), Bai et al. (2008), Kirkos et al. (2007) などがある。
- 遺伝アルゴリズム（Genetic algorithm/programming）
　母集団の精度を示す適合度関数のような二項分類に適したアルゴリズム

で，分類によく用いられる手法である。この手法を適用した文献としては，Ravisankaret et al.（2011），Hoogs et al.（2007）などがある。
- テキスト・マイニング（Text mining）
  文章の学習可能性をもった手法で，問題に対する新たな視点を与えうるアルゴリズムであり，クラスタリングや異常発見などによく使われる手法である。この手法を適用した文献としては，Glancy and Yadav（2011），Cecchini et al.（2010）などがある。
- GMDH（Group method of data handling）
  ニューラル・ネットワークのように，多くの利点を持つアルゴリズムであり，予測にしばしば用いられる。この手法を適用した文献としては，Ravisankar et al.（2011）がある。
- 応答曲面法（Response-surface methodology）
  問題に対し，どの手法を用いるのが最適であるかを決定するのに有用なアルゴリズムである。この手法を適用した文献としては，Zhang and Zhou（2004）がある。
- ベイジアン・ネットワーク（Bayesian belief network）
  広くさまざまな問題に対して良い結果をもたらす構造化・公式化されたアルゴリズムであり，予測や異常検知によく使われる手法である。この手法を適用した文献としては，Kirkos et al.（2007）がある。
- 折衷法（Hybrid methods）
  複数の標準的なアルゴリズムの強みを組み合わせて，新たにより改善されたものを産み出すことができ，分類・クラスタリング・予測・回帰・異常検知を自由に組み合わせることができる。この手法を適用した文献としては，Cecchini et al.（2010），Humpherys et al.（2011）などがある。

上記の他にも，自己組織化マップ（Self-organizing map），プロセス・マイニング（Process mining），人工免疫システム（Artificial immune system）の3つが列挙されているが，クレジットカード不正や保険の不正請求など，会計不正とは直接関係のないもののみへ応用されたアルゴリズムであるため，ここでは割愛する。

なお，近年注目を浴びているディープ・ラーニングについては，ここには含まれていないことに注意しなければならない。したがって，上記の手法に加えて以下の手法も加えることにしよう。

- ディープ・ラーニング（Deep learning）
 ニューラル・ネットワークの中間層（隠れ層）をさらに多層化し，畳み込み自己符号化器（convolutional autoencoder）を実装した畳み込みニューラル・ネットワークへと展開したものである。この手法を適用した文献としては，Chouiekh and Haj（2018）や Choi and Lee（2018）を挙げることができる。

Ⅲ 機械学習アルゴリズムの2つの方向性

　これまで機械学習アルゴリズムが会計不正発見にどのように応用されてきたかを概観してきたが，機械学習アルゴリズムを深化させるためには，大きく2つの方向性があることがわかる（西尾 2015, 30頁）。1つは「能力拡張路線」で，ロジスティック回帰やサポート・ベクター・マシンへと展開していった流れである。そしてもう1つは「積み重ね路線」で，多項ロジスティック回帰やニューラル・ネットワーク，そして最終的にディープ・ラーニングへと至った流れである。

　現時点での研究動向というか，現時点で大きな展開を見せているのは，サポート・ベクター・マシン等の「能力拡張路線」ではなく，「積み重ね路線」のディープ・ラーニングであろう。ディープ・ラーニングの元になったものは，McCulloch and Pitts（1943）による形式ニューロン（人口ニューロン）であろう。その後さらに Rosenblatt（1958）は，形式ニューロンのアイデアをもとに「パーセプトロン」（perceptron）を開発した。このパーセプトロンは，Minsky and Papert（1969）によって，線形非分離の問題を解けないことが指摘されたため，一時期下火になってしまったが，Rumelhart et al.（1986）が開発した誤差逆伝搬学習法（backpropagation）を導入した多層パーセプトロン（Rumelhart and McClelland 1986）が提唱され，階層型ニューラル・ネットワークが登場することで，線形非分離問題が解決されるに至った。さらに，「畳み込み層」

(convolutional layer) と「プーリング層」(pooling layer) の組み合わせを何度か繰り返すことで特徴的な要素を抽出し，最終段階では多層パーセプトロンに受け継がれ，何らかの値を出力するという構造を持った「畳み込みニューラル・ネットワーク」(convolutional neural network) が登場したが，これがいわゆるディープ・ラーニングの正体である[4]。

一方，「能力拡張路線」についてはどうであろうか。能力拡張路線はさらなるアルゴリズムの改善と知識ベースの改善の2つという方向性があるといえるが，知識ベースの改善策として登場したものがオントロジー (ontology) である。オントロジーについては，溝口 (2012) が詳しいが，現時点においてブレークスルーとなるようなオントロジーが構築されたとは寡聞にして知らず，いまだ十分な成果が出ていないようである[5]。となると，アルゴリズム改善に挑んだ最新動向を把握しておく必要があるだろう。この中で注目すべきものとして取り上げたいのは，サポート・ベクター・マシン (Support Vector Machine：SVM) である。

サポート・ベクター・マシンは，Vapnik (1963) によって当初開発されたものである。初期のサポート・ベクター・マシンは，ニューラル・ネットワークと同様に線形非分離問題を解決することができなかったが，Boser et al. (1992) が線形非分離問題に対応しうるよう拡張し，一時期はニューラル・ネットワークの手法よりも優れた認識性能を示していたといわれている (小野田 2001)。ディープ・ラーニングが隆盛の今日においても，サポート・ベクター・マシンを応用した研究は散見される (Li et al. 2015；Jan 2018)。このことは，まだまだ会計不正発見のための分類器 (classifier) として可能性を秘めていると思われる。

おわりに

本稿では，近年のAIブームにおいて注目を浴びている機械学習アルゴリズムに焦点をあて，その研究動向をサーベイした。機械学習自体は思いの外歴史が古く，古くは20年以上も前にFanning et al. (1995) の研究を見つけることができる。この種の研究の常であるが，その背後にある機械学習アルゴリズム

の進展なくしては，応用研究である会計不正発見への適用をすることはできない。

そこで，会計不正に限らず広く金融不正の問題に機械学習を取り入れた研究のレビューを試みた。その際，Nagi et al. (2011) のフレームワークを用い，金融不正の分類と，データマイニング手法の分類という2つの視点から研究を仕分けることにした。そしてWest and Bhattacharya (2016) による機械学習アルゴリズムの分類に従い，彼らが示していない文献を含め，その分類へとプロットしてみた。

また近年の機械学習アルゴリズムの研究動向として，ディープ・ラーニングに代表される「積み重ね路線」と，サポート・ベクター・マシンに代表される「能力拡張路線」の2つの方向性を識別した（西尾 2015）。これら2つの方向性を見失わないように，今後の研究動向を見つめる必要があることがわかる。

ディープ・ラーニングもサポート・ベクター・マシンも，そのアルゴリズムを真に理解するためにはかなりの数学の素養が必要であるが，幸いにしてRをはじめとする統計ソフトウェアには，いくつかのパッケージが用意されており，手軽にその実行結果を得ることができるようになっている。またかつてはワークステーション・クラスの高価なコンピュータを計算に必要としていたが，近年のハードウェア（とりわけグラフィック処理ユニット Graphic Processing Unit：GPU）の劇的な性能向上と，無料で入手できる Chainer や TensorFlow といったディープ・ラーニング・フレームワークが公開され，誰でも少しだけハードウェアへの投資をすれば実行できる環境が整っている。本稿が，会計不正発見における機械学習の応用研究が進むことに資することを期待したい。

注

(1) 倒産分析については，Beaver (1966) の財務比率を用いた分析や，Altman (1968) のZスコアが公表されて以来，さまざまな手法が応用されてきた。たとえばPrusak (2018) は，中央・東ヨーロッパ地域において公表された倒産予測分析研究のみをレビューしているが，それでも240篇もの論文が列挙されており，会計不正に焦点を当てたものに比べると圧倒的に多くの研究がなされていることがわかる。
(2) これら一連の会計監査執行通牒のうち，監査に関連の深い13の事例については，福川 (2018) によって翻訳されている。

(3) 機械学習アルゴリズムについては，この他にも Sharma and Panigrahi（2012）が応用されている手法についてレビューをしているが，取り上げている手法は少ない。また Barboza et al.（2017）も多くの手法を取り上げているが，これは倒産分析に特化した研究である。
(4) 以上の説明は，斎藤（2016）および橋本（2017）に多くを負っている。ここに記して感謝したい。なお，会計研究におけるディープ・ラーニングの適用可能性については，坂上（2017）を参照されたい。
(5) オントロジーとは哲学領域における「存在論」という意味もあるが，ここでいうオントロジーとは，Gruber（1993）のいうオントロジーのことであり，「対象世界にかかわる諸概念を整理して体系づけ，コンピュータにも理解可能な形式で明示的に記述したもの」（図書館情報学用語辞典編集委員会 2013）と定義される。オントロジーの会計学への応用については，Geerts and McCarthy（2002），坂上（2008），Fischer-Pauzenberger and Schwaiger（2017）を参照されたい。

参考文献

秋山純一（2005）「米国会計不正対策とその効果」『経営・情報研究：多摩大学研究紀要』第 9 号，127-132 頁。
井端和男（2015）『最近の粉飾：その実態と発見法（第 6 版）』税務経理協会。
市原直通（2017）「不正会計は AI で見抜けるか」『情報センサー』Vol. 1117（January），2-5 頁。
市原直通・首藤昭信（2017）「FinTech ×監査の現状：AI で見抜く不正会計」『企業会計』第 69 巻第 6 号，775-783 頁。
小野田崇（2001）「サポートベクターマシンの概要」『オペレーションズ・リサーチ：経営の科学』第 46 巻第 5 号，225-230 頁。
斎藤康毅（2016）『ゼロから作る Deep Learning：Python で学ぶディープラーニングの理論と実装』オライリージャパン。
坂上学（2008）「オントロジーによる会計事象の把握」『會計』第 174 巻第 4 号，515-528 頁。
―――（2017）「会計研究におけるディープラーニングの適用可能性」『産業經理』第 77 巻第 3 号，84-97 頁。
高田直芳（2018）「AI 監査は，会計不正を見抜く以上に監査の質を劣化させるか」『会計物理学＆会計雑学講座』。
　URL：http://cpafactory.jp/201809/article_7.html（2019 年 4 月 26 日確認）
図書館情報学用語辞典編集委員会（2013）『図書館情報学用語辞典 第 4 版』丸善出版。
西尾泰和（2015）『ルールベースから機械学習への道』サイボウズラボ。URL：https：//www.slideshare.net/nishio/ss-53221829（2019 年 4 月 26 日確認）
日本公認会計士協会（2006）『財務諸表の監査における不正への対応（監査基準委員会報告書第 35 号）』日本公認会計士協会。
―――（2017）「AI の可能性と会計監査への活用：山田誠二人工知能学会会長と未来の監査専門委員会との意見交換」『会計・監査ジャーナル』第 742 号（5 月号），14-17

頁。
―― (2018)『財務諸表における不正(監査基準委員会報告書240)』日本公認会計士協会。
橋本泰一 (2017)『データ分析のための機械学習入門：Pythonで動かし，理解できる，人工知能技術』SBクリエイティブ。
八田進二・堀江正之・藤沼亜起 (2019)『【鼎談】不正－最前線：これまでの不正，これからの不正』同文舘出版。
浜田康 (2008)『会計不正：会社の「常識」監査人の「論理」』日本経済新聞出版社。
福川裕徳 (2018)『SEC会計監査執行通牒：1982年－1985年』国元書房。
溝口理一郎 (2012)『オントロジー工学の理論と実践 (知の科学)』オーム社。
米澤勝 (2014)『企業はなぜ，会計不正に手を染めたのか：「会計不正調査報告書」を読む』清文社。
Altman, E. (1968) Financial Ratios, Discriminant Analysis and the Prediction of Corporate Bankruptcy, *Journal of Finance*, September, pp.189-209.
Bai, B., J. Yen and X. Yang (2008) False financial statements：characteristics of China's listed companies and CART detecting approach, *International Journal of Information Technology & Decision Making*, Vol.7, pp.339-59.
Barboza, F., H. Kimura and E. Altman (2017) Machine Learning Models and Bankruptcy Prediction, *Expert Systems With Applications*, Vol.83, pp.405-417.
Beaver, W.H. (1966) Financial Ratios as Predictors of Failure, *Journal of Accounting Research*, Vol.4 No.3, pp.71-111.
Bose, I. and J. Wang (2007) Data mining for detection of financial statement fraud in Chinese Companies, *Paper presented at the International Conference on Electronic Commerce, Administration, Society and Education*, pp.15-17.
Boser, B.E., I.M. Guyon and V.N. Vapnik (1992) A Training Algorithm for Optimal Margin Classifiers, in Haussler, D (ed.), *5th Annual ACM Workshop on COLT*, pp. 144-152.
Cecchini, M., H. Aytug, G.J. Koehler and P. Pathak (2010) Making words work：Using finan-cial text as a predictor of financial events, *Decision Support Systems*, Vol.50, pp.164-75.
Choi, D. and K. Lee (2018) An Artificial Intelligence Approach to Financial Fraud Detection under IoT Environment：A Survey and Implementation, *Security and Communication Networks*, Vol.2018, Article ID 5483472, pp.1-15.
Chouiekh, A. and E. H. I. E. Haj (2018) "ConvNets for Fraud Detection analysis," *Procedia Computer Science*, 127: 133-138.
Committee of Sponsoring Organization of the Treadway Commission [COSO] (1992) *Internal Control － Integrated Framework*, AICPA. (鳥羽至英・八田進二・高田敏文訳『内部統制の統合的枠組み 理論篇』白桃書房，1996年)
EYJapan (2017)「EY新日本，AIによる会計仕訳の異常検知アルゴリズムを実用化」『ニュースルーム』(https：//www.eyjapan.jp/newsroom/2017/2017-11-06.html)。
Fanning, K. and K. Cogger (1998) Neural Network Detection of Management Fraud Using Published Financial Data, *International Journal of Intelligent Systems in*

Accounting, Finance and Management, Vol.7 No 1, pp.21-41.
Fanning, K., K.O. Cogger and R.P. Srivastava (1995) Detection of Management Fraud: A Neural Network Approach, *Intelligent Systems in Accounting Finance & Management*, Vol.4 No.2, pp.220-223.
Fischer-Pauzenberger, C. and W.SA. Schwaiger (2017) The OntoREA Accounting Model : Ontology-based Modeling of the Accounting Domain, *Complex Systems Informatics and Modeling Quarterly*, Article54 Issue11, pp.20-37.
Geerts, G.L. and W.E. McCarthy (2002) An Ontological Analysis of the Economic Primitives of the Extended-REA Enterprise Information Architecture, *International Journal of Accounting Information Systems*, Vol.3 No.1, pp.1-16.
Glancy, F.H. and S.B. Yadav (2011) A computational model for financial reporting fraud detection, *Decision Support Systems*, Vol.50, pp.595-601.
Gottlieb, O., C. Salisbury, H. Shek and V. Vaidyanathan (2006) Detecting Corporate Fraud : An Application of Machine Learning, URL : https : //www.researchgate.net/publication/254407408_Detecting_Corporate_Fraud_An_Application_of_Machine_Learning（2019年4月16日確認）
Green, B.P. and J.H. Choi (1997) Assessing the Risk of Management Fraud Through Neural Network Technology, *Auditing : A Journal of Practice & Theory*, Vol.16 No. 1, Spring, pp.14-28.
Gruber, T.R. (1993) A Translation Approach to Portable Ontology Specifications, *Knowledge Acquisition*, Vol.5 No.2, pp.199-220.
Hoogs, B., T. Kiehl, C. Lacomb and D. Senturk (2007) A genetic algorithm approach to detecting temporal patterns indicative of financial statement fraud, *Intelligent Systems in Ac-counting, Finance and Management*, Vol.15, pp. 41-56.
Humpherys, S.L., K.C. Moffitt, M.B. Burns, J.K. Burgoon and W.F. Felix (2011) Identification of fraudulent financial statements using linguistic credibility analysis, *Decision Support Systems*, Vol.50, pp.585-94.
Jan, C. (2018) An Effective Financial Statements Fraud Detection Model for the Sustainable Development of Financial Markets : Evidence from Taiwan, *Sustainability*, 10, 513, pp.1-4.
Kirkos, E., C. Spathis and Y. Manolopoulos (2007) Data mining techniques for the detection of fraudulent financial statements, *Expert Systems with Applications*, Vol.32, pp.995-1003.
Kwon, T. and E. Feroz (1996) A Multilayered Perceptron Approach to Prediction of the SEC's Investigation Targets, *IEEE Transactions on Neural Networks*, Vol.7 No.5, September, pp.1286-90.
Li, B., J. Yu, J. Zhang and B. Ke (2015) Detecting Accounting Frauds in Publicly Traded U.S. Firms : A Machine Learning Approach, *JMLR : Workshop and Conference Proceedings*, Vol.45, pp.173-188.
Loebbecke, J., M. Eining and J. Willingham (1989) Auditor's Experience with Material Irregularities : Frequency, Nature, and Detectability, *Auditing : A Journal of Practice & Theory*, Vol.9, pp.1-28.

Minsky, M. and S. Papert (1969) Perceptrons : An Introduction to Computational Geometry, The MIT Press.

Moyes, G.D. and I. Hasan (1996) An Empirical Analysis of Fraud Detection Likelihood, *Managerial Auditing Journal*, Vol.11 No.3, pp.41-47.

McCulloch, W.S. and W. Pitts (1943) A Logical Calculus of the Ideas Immanent in Nervous Activity, *The Bulletin of Mathematical Biophysics*, Vol.5 No.4, pp.115-133.

Nagi, E. W. T., Y. Hu, Y.H. Wong and Y. Chen (2011) The Application of Data Mining Techniques in Financial Fraud Detection: A Classification Framework and an Academic Review of Literature, *Decision Support Systems*, Vol.50 No.3, pp.559-569.

Perols, J. (2011) Financial Statement Fraud Detection : An Analysis of Statistical and Machine Learning Algorithms, *Auditing : A Journal of Practice and Theory*, Vol.30 No.2, pp.19-50.

Prusak, B. (2018) Review of Research into Enterprise Bankruptcy Prediction in Selected Central and Eastern European Countries, *International Journal of Financial Studies*, Vol.6 No.60, pp.1-28.

Ravisankar, P., V. Ravi, R.G. Raghava and I. Bose (2011) Detection of financial statement fraud and feature selection using data mining techniques, *Decision Support Systems*, Vol.50, pp.491-500.

Rosenblatt, F. (1958) The Perceptron : A Probabilistic Model for Information Storage and Organization in the Brain, *Psychological Review*, Vol.65 No.6, pp.386-408.

Rumelhart, D.E., G.E. Hinton and R.J. Williams (1986) Learning Representations by Back-Propagating Errors, *Nature*, Vol.323, pp.533-536.

Rumelhart, D.E. and J.L. McClelland (eds.) (1986) *Parallel Distributed Processing*, The MIT Press.

Sharma, A. and P.K. Panigrahi (2012) A Review of Financial Accounting Fraud Detection Based on Data Mining Techniques, *International Journal of Computer Applications*, Vol.39 No.1, pp.37-47.

Zhang, D. and L. Zhou (2004) Discovering golden nuggets : data mining in financial application, *Systems, Man, and Cybernetics, Part C : Applications and Reviews, IEEE Transactions on*, Vol.34, pp.513-22.

Vapnik, V. (1963) Pattern Recognition Using Generalized Portrait Method, *Automation and Remote Control*, Vol.24, pp.774-780.

West, J. and M. Bhattacharya (2016) Intelligent Financial Fraud Detection: A Comprehensive Review, *Computers & Security*, No.57, pp.47-66.

第16章
経営者の倒産申立義務とゴーイング・コンサーン監査

はじめに

　取締役の破産申立義務は，会社債権者保護のための制度として，かつて商法に規定されていたが，昭和13年商法改正によって廃止された。これに対してわが国商法および破産法の母法であるドイツ商法（株式法）では，経営者の倒産申立義務が存続している。そのため，近年，わが国においてもドイツに倣い当該義務の復活に関する議論がなされている。そこで，本稿では，取締役の破産申立義務が廃止された経緯を明らかにするとともに，ゴーイング・コンサーン監査の導入によって倒産申立義務を復活させることに支障がない点，ゴーイング・コンサーン監査が経営者の倒産申立義務の機能の一部を補完することが期待される点を明らかにする。また，ゴーイング・コンサーン監査と法的倒産処理手続開始原因に関するドイツの先行研究等を踏まえて，平成30年監査基準改訂により，経営者の倒産申立義務の機能の一部を補完する機能がより強化されることが期待できる点を明らかにすることを，狙いとする。

Ⅰ　倒産申立義務制度

1　倒産申立義務に関するわが国の制度

（1）取締役の破産申立義務

　昭和13年改正前における旧商法174条2項では「会社ノ財産ヲ以テ会社ノ債務ヲ完済スルコトヲ能ハサルニ至リタルトキハ取締役ハ直チニ破産宣告ノ請求ヲ為スコトヲ要ス」として，株式会社が債務超過の場合における取締役の破産

申立義務が課され，これに違反する場合には過料の制裁が規定されていた（旧商法262条6号）。しかし，当該規定は後述する理由から昭和13年商法改正において削除されている。

(2) 清算人の破産申立義務

清算株式会社の債務超過が明らかになったときには，清算人は，直ちに破産手続開始の申立てをしなければならない（会社法484条1項）。この規定は，かつて平成17年改正前旧商法430条1項が合名会社の規定を準用し，また同124条3項が「清算中に法人の財産がその債務を完済するのに足りないことが明らかになったときは，清算人は，直ちに破産手続開始の申立てをし，その旨を公告しなければならない。」とする旧民法81条を準用していたものについて，平成20年民法改正において旧民法81条が削除され，当該規定が平成20年制定法人法（一般社団法人および一般財団法人に関する法律）215条に継承されたことに伴って，平成17年改正前旧商法430条1項が平成17年制定会社法484条1項に継承されたものである。

(3) 清算人の特別清算申立義務

清算株式会社に債務超過の疑いがあるときには，清算人は，特別清算開始の申立てをしなければならない（会社法511条2項）。この規定は，平成17年改正前旧商法431条における1項「清算ノ遂行ニ著シキ支障ヲ来スベキ事情アリト認ムルトキハ裁判所ハ債権者，清算人，監査役若ハ株主ノ申立ニ依リ又ハ職権ヲ以テ会社ニ対シ特別清算ノ開始ヲ命ズルコトヲ得会社ニ債務超過ノ疑アリト認ムルトキ亦同ジ」，2項「会社ニ債務超過ノ疑アルトキハ清算人ハ前項ノ申立ヲ為スコトヲ要ス」とする規定を継承したものである。

以下では，昭和13年商法改正において削除された取締役の破産申立義務を中心に考察する。

2 昭和13年商法改正の経緯

昭和13年商法改正において取締役の破産申立義務が廃止された経緯については，貸借対照表における財産評価に関する商法計算規定と深い関係がある。

経営者の倒産申立義務とゴーイング・コンサーン監査 | 第16章 |

　まず，明治23年制定旧商法32条においては，貸借対照表について時価主義が採用され，「財産目録及ヒ貸借対照表ヲ作ルニハ総テノ商品，債権及ヒ其他総テノ財産ニ当時ノ相場又ハ市場価値ヲ附ス弁償ヲ得ルコトノ確ナラサル債権ニ付テハ其推知シ得ヘキ損失額ヲ控除シテ之ヲ記載シ又到底損失ニ帰ス可キ債権ハ全ク之ヲ記載セス」（原文は旧漢字）と規定されていた。また，明治32年改正商法26条においても「財産目録ニハ動産，不動産，債権其他ノ財産ニ其目録調整ノ時ニ於ケル価格ヲ附スルコトヲ要ス」（原文は旧漢字）とされ，時価主義に基づく財産目録を基礎に貸借対照表を作成すべき旨が規定されていた。これらの時価主義に基づく貸借対照表における債務超過，すなわち資産合計額を負債合計額が超えることは，それが直接的に財産がその債務を完済するのに足りない状態である支払能力の危機を示していた。

　しかし，明治44年改正商法26条2項において「財産目録ニハ動産，不動産，債権其他ノ財産ニ価額ヲ附シテ之ヲ記載スルコトヲ要ス其価額ハ財産目録調整ノ時ニ於ケル価額ニ超ユルコトヲ得ス」（原文は旧漢字）と規定され，時価以下主義が導入されたことから債務超過の意味に揺らぎが生じ始めたことになった。

　さらに，昭和13年改正商法34条2項においては，「営業用ノ固定財産ニ付テハ前項ノ規定ニ拘ラズ其ノ取得価額ハ製作価額ヨリ相当の減損額ヲ控除シタル価額ヲ附スルコトヲ得」（原文は旧漢字）という規定が追加され，営業用固定資産に取得原価主義が導入されたことによって，貸借対照表における債務超過，すなわち資産合計額を負債合計額が超えることが，必ずしも支払能力の危機を意味するとは限らなくなり債務超過の有無の判定が容易でなくなった。また，以上のような貸借対照表規定の軟化現象（安藤1997, 97頁）だけでなく，債務超過時に取締役が破産を申立てることや，その違反に関する罰則の適用が実行された例がないことから（松本1929, 291頁），取締役の破産申立義務が削除されることとなったのである。

3　倒産申立義務に関するドイツの制度

　以上のように，わが国においては昭和13年商法改正において取締役の破産申立義務が廃止されたが，わが国商法の母法であるドイツ商法においては，これが廃止されることなく，今日においてはドイツ株式法（Aktiengesetz：AktG）に

継承されている。

すなわち、AktG 92条2項においては「会社が支払不能になると、取締役は遅滞なく遅くとも支払不能の発生後3週間以内に倒産手続の開始を申請しなければならない。会社の債務超過が生じるときも、それに準じて適用される。」という内容が規定され、当該義務について故意過失により違反した場合においては、刑事罰だけでなく損害賠償責任も生ずる（AktG 401条、同823条）。

4　倒産申立義務を巡る議論

前述のようにドイツにおいて取締役の倒産申立義務は存続しているが、わが国においても取締役の破産申立義務を含む、経営者の倒産申立義務復活について以下のような議論が行われている。

(1) 研究者による議論

経営者の倒産申立義務に関する研究者による議論としては、まず、支払能力を欠くにも関わらず仕入取引を行った代表取締役に対する監視義務を怠ったとして、取締役に対して会社法429条1項（旧商法266条の3）に基づく損害賠償責任を肯定した福岡高裁平成9年（ネ）第101号同11年5月14日判決（判タ1026号254頁、金判1074号30頁）における「第三者との関係においては、経営が逼迫している状況下では、その損害を回避するため、事業の縮小・停止、場合によっては破産申立をすべきでないかを慎重に検討する必要があるというべきである。」を示しながら、会社債権者保護のための立法論として、破産申立義務違反に関する罰則の実効性には疑問ではあるが、当該義務違反について無過失の立証責任を取締役等に負担させることによって実効性が高まる可能性があるとする主張がなされている（弥永2007、510頁）。

次に、旧商法における最低資本金制度が会社法においては廃止されたことによって会社債権者保護が大きな課題となったことを理由に、ドイツに倣い取締役の倒産申立義務をわが国に導入すべきとする主張もなされている[1]（浦川2011、21-36頁）。

これに対して、債務超過でも事業を継続している企業が多く存在していること等を理由に取締役の倒産申立義務をわが国に導入すべきでないとする主張も

見られる（四宮 2015, 135頁）。しかし，債務超過であっても事業が継続可能である場合とは，多くの場合，経営者からの借入金等のように当面の弁済が強制されない債務が存在するケースである。しかしながらこれは経営者からの借入を他の債務と区別するか否かという債務超過判定方法の問題であること，また当該状態を放置するといずれは経営者からの支援に限界が生じ国民経済レベルで望ましくない問題もあるため倒産申立義務導入に反対する理由としては議論の余地があると考えられる。

(2) 経営者団体による議論

　2013（平成25）年に政府から公表された「日本再興戦略」に続いて，その翌年に公表される予定であった「第2段成長戦略」に対する提言として，2014（平成26）年4月に公益社団法人経済同友会から「〈第2弾成長戦略〉に向けた提言」が公表されている。そこでは，生産性の高い産業構造への速やかな転換を図るため，既存産業の新陳代謝を促進する制度改革が必要とされている。そのため，諸外国の倒産法と比較しながら「低生産性企業の早期かつ穏やかな集約・退出を促すために，経営者の倒産申立の義務化または私的整理の成立要件の緩和を行うことが考えられる」（経済同友会 2014, 16頁）という提言がなされている。ここでの議論は，本来，経営者の倒産申立義務が会社債権者保護を趣旨としていたのとは異なる観点から当該義務の制度化を提言していることに特徴がある。

(3) 公益法人制度改革に関する有識者会議第13回
　　非営利法人ワーキンググループによる議論

　平成20年改正前における民法70条では，1項において「法人がその債務につきその財産をもって完済することができなくなった場合には，裁判所は，理事若しくは債権者の申立てにより又は職権で，破産手続開始の決定をする。」，2項において「前項に規定する場合には，理事は，直ちに破産手続開始の申立てをしなければならない。」として，法人が債務超過の場合における理事の破産申立義務が規定されていた。しかし，上記の民法70条1項は破産法19条に規定されていること，同条2項については前述したとおりすでに商法で削除されて

いることや，破産申立義務に基づく実例がほとんどないことから，平成20年民法改正において削除されている。

この平成20年民法改正に先立つ議論として，民法70条2項の破産申立義務について「議論の余地があると私は思っているわけでして，ドイツなんかは今でもあるんですよね。（中略）理事は一番よく法人の財務を知っている。大抵破産の申立てとかああいうのはぐずぐず遅れて被害を大きくするものですから，破綻状態になった法人の理事は，なるべく早く破産を申立てて，債権者の被害を最小に食いとめる義務があるというのが70条2項の思想ですね。ヨーロッパでは割とそういう規定を置いている。」（公益法人制度改革に関する有識者会議2003，5-6頁）として，当該義務が必要であり存続すべきとする主張がなされている。

また，そこでは「なぜ，商法で削除したかと申しますと，1つは計算規定との関係がありまして，計算上は債務超過になっていても，いわゆる取得原価主義の会計の下では，それでも会社の運営自体が成り立っていく場合が多いものですから，そういうのを債務超過だということだけで，破産原因ありとされ，破産申立義務を課すのは行き過ぎではないかということが1つにはあったんです。しかし，最近，時価主義会計に変わってきていますので，そういう面から本当は考え直す余地もあると思うんですね。」（公益法人制度改革に関する有識者会議2003，7頁）として，商法において破産申立義務が廃止された経緯とともに現在の資産負債評価に時価が多く用いられていることを理由に，当該義務を復活することに問題がないとする主張がなされている[2]。

II 経営者の倒産申立義務とゴーイング・コンサーン監査

1 継続企業の前提に関する開示・監査制度の導入（平成14年監査基準改訂）

前述のとおり，経営者の倒産申立義務は昭和13年商法改正によって廃止されたが，母法であるドイツ商法（株式法）においてはこれが存続されていること，わが国においてもドイツ商法（株式法）に倣い当該義務の復活を巡る議論がな

されている。

　以下では，平成14年監査基準改訂によってわが国に導入された継続企業の前提に関する開示・監査制度が，経営者の倒産申立義務制度復活を巡る議論に与える影響について考察する。

(1) 制度の概要

　貸借対照表日において，会社が将来にわたって事業活動を継続するとの前提，すなわち継続企業の前提に重要な疑義を生じさせるような事象または状況が存在する場合であって，当該事象または状況を解消し，または改善するための対応をしてもなお継続企業の前提に関する重要な不確実性が認められるときに，経営者は，財務諸表等に必要な注記開示を行わなければならない（財務諸表等規則8条の27，連結財務諸表等規則15条の22，中間財務諸表等規則5条の18，中間連結財務諸表等規則17条の14，四半期財務諸表等規則21条，四半期連結財務諸表等規則27条，会社計算規則100条）。

　ここで，継続企業の前提に重要な疑義を生じさせるような事象または状況とは，平成21年改正前における旧財務諸表等規則の条文上において「債務超過等財務指標の悪化の傾向，重要な債務の不履行等財政破綻の可能性その他会社が将来にわたって事業を継続するとの前提（以下「継続企業の前提」という。）に重要な疑義を抱かせる事象又は状況」としてまず債務超過が例示されている。また，平成14年改訂監査基準「監査基準の改訂について」において「継続企業の前提に重要な疑義を抱かせる事象や状況として（中略）より具体的に例示するとすれば，財務指標の悪化の傾向としては，売上の著しい減少，継続的な営業損失の発生や営業キャッシュ・フローのマイナス，債務超過等が挙げられる。」として，ここでも債務超過が例示されている。さらに，監査・保証実務委員会報告第74号「継続企業の前提に関する開示について」，監査基準委員会報告書第570号「継続企業」Ⅲ適用指針A1，国際監査基準第570号「継続企業」適用指針及びその他の説明資料A2においても，継続企業の前提に重要な疑義を生じさせるような事象または状況を示す財務関係の指標として債務超過が例示されている。

　以上のことから，昭和13年商法改正に取締役の破産申立義務が削除されたの

が，取得原価主義会計の導入によって債務超過の有無の判定が必ずしも容易でなくなったことが理由の1つとされているが，今日において当該理由は妥当性に欠けると考えられる。その理由は，債務超過の判定が容易か否かに関わらず，平成14年監査基準改訂以降において，経営者は継続企業の前提について評価を行う義務があり，ここでの債務超過は存立中の合名会社および合資会社を除く法人の法的倒産処理手続開始原因であるから（たとえば破産法16条など），よって企業の継続可能性に重大な影響を及ぼす状況だからである。

次に，監査人は，継続企業の前提に重要な疑義を生じさせるような事象または状況が存在すると判断した場合には，当該事象または状況に関して合理的な期間について経営者が行った評価および対応策について検討したうえで，なお継続企業の前提に関する重要な不確実性が認められないことを確かめ（監査基準第三・三・8，中間監査基準第二・9，四半期レビュー基準第二・9），継続企業の前提に関する事項が財務諸表等に適切に記載されていると判断して無限定適正意見（または有用意見，無限定の結論）を表明する場合であっても，当該継続企業の前提に関する事項について監査報告書等に追記しなければならない（監査基準第四・六・1，中間監査基準第三・8(1)，四半期レビュー基準第三・12(1)）。以下では，このような監査人の対応をゴーイング・コンサーン監査とする。

ここで，昭和13年商法改正に取締役の破産申立義務が削除された理由の1つとして，債務超過時に取締役が破産手続開始を申立てることや，その違反に関する罰則の適用が実行された例のないことが挙げられているが，当該理由についても今日においては妥当性に欠けると考えられる。すなわち，平成14年監査基準改訂におけるゴーイング・コンサーン監査の導入により，企業の継続性に関する経営者の検討が適切か否かについて監査人が検討することで，仮に倒産申立義務を導入しても高い実効性が確保されることが期待できるからである。

したがって，ゴーイング・コンサーン監査の制度が導入されたことによって，経営者の倒産申立義務を復活させることに大きな支障はないと考えられる。

また，平成14年監査基準改訂以降においては，債務超過など企業の継続性に関する注意喚起が行われることにより，会社債権者による倒産申立（たとえば破産法18条など）の機会を提供することになる。そのため申立権者は異なるものの，会社債権者を保護する点において，ゴーイング・コンサーン監査制度は

経営者の倒産申立義務とゴーイング・コンサーン監査 | 第16章 |

倒産申立義務による効果の一部を補完する機能があると考えられる。

(2)ドイツにおける先行研究

　経営者の倒産申立義務制度が存在するドイツにおける，ゴーイング・コンサーン監査と法的倒産処理手続開始原因（債務超過判定）に関する先行研究として，Scheffczyk（2007）による「継続企業の仮定の構造における年度決算監査の下での法的債務超過の研究」がある。本研究では，予防的債権者保護の観点から倒産申立原因としての債務超過判定について，そこでの企業継続予測の要求基準に関する判例や文献を調査し，年度決算監査によって継続企業の仮定を保証する法的関係を明らかにしている。

　ドイツ商法（Handelsgesetzbuch：HGB）252条1項2号においては，資産および負債の「評価は，現実または法的な状況の妨げとならない限り，企業活動の継続を前提とする」という根本原則が規定されており，継続企業を前提とすることに「現実または法的な状況の妨げとならない」ことが要求されている。

　よって，詳細な支払能力予測は年度決算監査の構成要素ではないが，年度決算監査によって危機的企業の再生計画の検討などにより，間接的に破産原因の不存在が法的にも保証されていると主張されている。そして，再生計画の検討に関する監査手続においては，経営者や決算監査人のために行われるのではなく，債権者保護のために行われるべきであるから，経営者による再生計画でも決算監査人によるものでもなく，企業内の専門的知識を有する分析者による監査証拠が必要とされている。

　すなわち，わが国のゴーイング・コンサーン監査においては，監査人が経営者の提示する評価および対応策を検討するのに対して，倒産申立義務制度が存在するドイツにおいては，より客観的かつ強力な監査証拠が要求されると解されている点が特徴である。

2　ゴーイング・コンサーン監査制度の改正（平成21年監査基準改訂）

　2008（平成20）年以降のリーマンショックにおいて顕著となった企業業績の悪化を受けて継続企業の前提に関する開示が急増したことへの対応として，ゴーイング・コンサーン監査制度について以下の改正が行われた。

(1) 継続企業の前提が問題となる場合の改訂

　従来，貸借対照表日において，会社が将来にわたって事業活動を継続するとの前提，すなわち継続企業の前提に重要な疑義を生じさせるような事象または状況が存在する場合において，継続企業の前提について問題としていたのに対して，さらに「当該事象または状況を解消し，または改善するための対応をしてもなお継続企業の前提に関する重要な不確実性が認められると」いう条件が付加され，重要な不確実性が認められない場合には，有価証券報告書（四半期報告書）における財務諸表および監査報告書の外における「事業等のリスク」に記載されることとなった。

(2) 監査手続等の改訂

　平成21（2009）年改訂前監査基準第三実施基準・三・7においては，経営者が継続企業の前提に関する疑義を解消させるための経営計画等の合理性まで検討しなければならなかったのに対して，現行制度上は当該規定が削除され，改訂後の経営計画に関する考え方については，ISA（国際監査基準）570第16項(b)における'feasible（実現可能）'という表現を引用しつつ，50％以上程度のニュアンスであればよい見解が示されている（三井2009，83頁）。

　以上の改正により，ゴーイング・コンサーン監査上問題となるケースが限定されるため，開示企業が倒産に陥る精度は高まることが期待できる（町田2009，92頁）が，早期に支払能力の危機を開示する企業全体の数は減るため，倒産申立義務制度による効果の一部を補完して会社債権者を保護することが期待できる機能としては，低下するおそれがあった。

3　平成30年監査基準改訂の影響

　平成30年監査基準改訂においては，ゴーイング・コンサーン監査について次の改訂が行われている。

(1) 記載場所の変更

　継続企業の前提に関する事項は，従来は監査報告書の追記事項であったのに対して，独立掲記されることとなった（監査基準第四報告基準・二・2）。これに

より継続企業の前提に関する経営者の開示とゴーイング・コンサーン監査の内容がより明確になることが期待され，この点において倒産申立義務による効果の一部を補完して会社債権者を保護することも期待できると考えられる。

(2) 監査上の主要な検討事項（KAM）の導入

監査人は，当年度の財務諸表の監査の過程で監査役等（監査役，監査役会，監査等委員会または監査委員会）と協議した事項のうち，職業的専門家として当該監査において特に重要であると判断した事項（監査上の主要な検討事項（Key Audit Matter：KAM））として監査報告書に記載することが必要となった。

このKAMには，「事業等のリスク」に記載される重要な不確実性が認められない継続企業の前提に重要な疑義を生じさせるような事象または状況と，いかなる理由によって重要な不確実性が認められなかったために財務諸表において注記開示されるに至らなかったかについて記載されることが考えられる。そこで，企業の継続性に関する開示や前述した福岡高裁平成11年5月14日判決で示された破産申立の必要性に関する検討が適切に行われたかについて，監査人と監査役等のコミュニケーションが適切に行われ，より強力な監査証拠が必要となると考えられる。また，KAMを理解し，対応できる人材を監査役等として選任することも期待できるため（弥永2018, 54頁），前述のScheffczyk（2007）が主張するような，経営者でも会計監査人でもない専門的知識を有する分析者としての監査役等の役割が期待できる。

よって，監査報告書にKAMが導入されることによって，監査人と監査役等のコミュニケーションの頻度・密度が高まり，企業の継続性に関する強力な監査証拠を入手できることが期待できるため，ゴーイング・コンサーン監査の倒産申立義務による効果の一部を補完する機能が高まることが期待できる。

おわりに

以上，取締役の破産申立義務が昭和13年商法改正によって廃止され経緯に照らして，ゴーイング・コンサーン監査の導入により，今日復活が議論されている経営者の倒産申立義務を導入することに支障がない点，ゴーイング・コン

| 第 2 部 | 監査・ガバナンス

サーン監査が経営者の倒産申立義務による効果の機能の一部を補完することが期待され，平成30年監査基準改訂により，企業の継続性に関する検討についてKAMとして開示されることから当該機能がより強化されることが期待できる点について明らかにした。

確かに，経営者の倒産申立義務が法定されていれば，違法行為の有無も併せて検討されるので，会社債権者保護のためにゴーイング・コンサーン監査との相乗効果が期待できるとも考えられるが，屋上屋を重ねる結果になるおそれもあり，これについては別途議論する必要があると考えられる。また，平成30年監査基準改訂が実際に適用され，企業の継続性に関するKAMが開示された場合，当該事例等を通じて，その機能および問題点などを明らかにして行きたい。

注

(1) 最低資本金制度は，平成2年商法改正から平成18年までの一時的な制度であり，これが会社債権者保護にどの程度貢献したか疑問であり，当該制度の廃止が会社債権者保護における課題としての重要性について議論の余地があると考えられる。
(2)「商法と企業会計の調整に関する研究会報告書」（平成10年6月16日大蔵省・法務省）においては，金融商品の時価評価や税効果会計の適用を示しながら，金融商品取引法適用会社については，企業会計基準委員会による会計基準の適用が強制されると解することが適当とされている。また，たとえば，監査・保証実務委員会実務指針第81号「減価償却に関する当面の監査上の取扱い」（日本公認会計士協会平成19年4月25日公表，平成23年4月12日改正）のように，日本公認会計士協会から公表されている監査実務指針は，企業会計基準委員会による会計基準を前提としていることが多いため，金融商品取引法適用会社ではない会計監査人設置会社においても，企業会計基準委員会による会計基準が適用される実務が行われていると解される。そのため，「公益法人制度改革に関する有識者会議第13回非営利法人ワーキンググループ」の議論は，金融商品取引法適用会社または会計監査人設置会社については妥当であると解される。

参考文献

安藤英義（1997）『新版商法会計制度論』白桃書房。
五十嵐邦正（2005）『会計理論と商法・倒産法』森山書店。
浦川章司（2011）「会社の債務超過または支払不能における取締役または業務執行者の責任」，『近畿大学短大論集』第44巻第1号。
経済同友会（2014）『「第2弾成長戦略」に向けた提言』。

（https：//www.doyukai.or.jp/policyproposals/articles/2014/pdf/140416a.pdf）
公益法人制度改革に関する有識者会議（2003）「第 13 回非営利法人ワーキンググループ議事録」。（https：//www.gyoukaku.go.jp/jimukyoku/koueki-bappon/yushiki/wg.html）
四宮章夫（2015）「私的整理の研究 2」『産大法学』（京都産業大学法学会）第 49 巻 1/2 号。
野村秀敏（1999）『破産と会計』信山社。
町田祥弘（2009）「監査基準改定の背景と残された課題」『企業会計』第 61 巻第 6 号。
松本烝治（1929）『日本會社法論』巌松堂書店。
三井秀範（2009）「「継続企業の前提に関する注記」に係る制度改正と実務上の対応」『企業会計』第 61 巻第 6 号。
弥永真生（2007）「債権者保護」浜田道代先生還暦記念『検証会社法』信山社。
──（2018）「KAM の記載が監査役等と会計監査人とのコミュニケーションに与える影響」『企業会計』第 70 巻第 11 号。
Scheffczyk, E.（2007）, *Untersuchung der rechtlichen Überschuldung bei der Jahresabschlussprüfung im Rahmen der Going-Concern-Anname*, EUL VERLAG.
IDW（2010）, *IDW Prufüngsstandard：Die Beurteilung der Fortführung der Unternehmen-stätigkeit im Rahmen der Abschlussprüfung*（*IDW PS 270*）.
IFAC（2010）, *2010 Handbook of International Quality Control, Auditing, Review, Other Assurance, and Related Services Pronouncements－Part I*.（国際監査基準第 570 号「継続企業」日本公認会計士協会（国際委員会））

第 **17** 章

「会計上の見積り」の監査に関する実務上の課題

はじめに

　本稿では，公認会計士が「会計上の見積り」の監査を実施するに当たり，直面する困難性およびどのような事象が生じる可能性があるのか，その主なものについて検討する。なお，本稿の内容および見解は，筆者の所属する組織や団体の見解等を反映したものではなく，個人的な見解に基づくものであることをお断りしておく。

　筆者が監査業務に従事し始めた約30年前から「会計上の見積り」は，監査の重点項目として第一に挙げられる項目であった。近年，会計基準における会計上の見積りに対する要求水準が高まり，見積数値と実績数値がある程度異なる場合には，見積りを行った時点での誤りではないかという疑念を呈されることも少なくない。会計上の見積りは，経営者が利用可能な情報に基づいて，見積りを行う時点で不確実な事項に関して何らかの仮定を設定して行う概算値であるため，後日，実績が明らかになり，見積値と実績値には差異が生じることが通常である。このため，結果が出てから遡って，財務諸表作成時点での見積りや判断が誤っていたのではないかと言われてしまうのである。

I 会計上の見積りと会計監査

1 会計上の見積りに対する監査の特性

　経営者は，見積り時点で，入手できる限りの情報を用いて，適切な仮定を設けて会計上の見積りを行うが，限られた決算期間の中で，有効性，効率性，経

済性等を勘案してその水準を決定し，見積値を算定する。監査上はそれが妥当か否か判断することになるが，その妥当性の判断を画一的に行うことは困難であり，被監査会社ごとの個別の環境下において会計上の見積りが合理的になされたか否かを確かめることになる。この合理性の評価について，監査人ごとに監査手続や判断にバラツキが生じてしまう可能性もある。

2 品質管理レビューや検査での指摘

このような事情から，監査に対する品質管理レビューや検査で「会計上の見積りに対する監査」について指摘されることは少なくない。監査監督機関国際フォーラム（International Forum Independent Audit Regulators：IFIAR）の2017年度の検査指摘事項調査において，1件以上の指摘事項があった個別監査業務の状況を前年度と対比したものは図表17-1のとおりである。約3割の個別監査業務において，会計上の見積りの監査についての指摘を受けていることになる。わが国の公認会計士・監査審査会の「検査結果等の取りまとめ」においても会計上の見積りの監査に対する検査指摘事項は上位に位置付けられる項目である。

II 「会計上の見積り」に対する会計実務と監査実務

1 会計上の見積りに介在する主観的要素

(1) 見積りを楽観的に行うか，悲観的に行うか

「会計上の見積り」に関連した項目には，必ず主観が介入し，会計上の判断，監査上の評価や判断が難しい。経営環境，経営者の方針，会計上の見積りを行う担当者の経験と能力なども影響する。会計上の見積りを行う担当者について，楽観的な人の楽観的見積り，悲観的な人の悲観的見積り，平均的な人の楽観的見積り，平均的な人の悲観的見積りを概念的に示せば，図表17-2のように考えることができるのではないだろうか。楽観的な人の悲観的見積りと平均的な人の楽観的見積り，悲観的な人の楽観的な見積りと平均的な人の悲観的見積りの関係は一義的ではないと考えられるため示していない。

| 第 2 部 | 監査・ガバナンス

図表 17-1　IFIAR の検査指摘事項〔個別監査業務〕

監査領域	2017年度 検査対象となった件数	2017年度 指摘事項があった件数	2017年度 割合	2016年度 検査対象となった件数	2016年度 指摘事項があった件数	2016年度 割合
会計上の見積り，公正価値評価を含む（Accounting Estimates, including Fair Value Measurement）	584	172	29%	514	166	32%
統制テスト（Internal Control Testing）	769	127	17%	689	124	18%
サンプリング（Audit Sampling）	611	78	13%	507	85	17%
グループ監査（Group Audits）	434	55	13%	408	44	11%
品質管理レビュー（Engagement Quality Control Review）	485	53	11%	361	20	6%
財務諸表および開示の妥当性（Adequacy of Financial Statement Presentation and Disclosure）	575	60	10%	539	48	9%
分析的実証手続（Substantive Analytical Procedures）	453	45	10%	368	47	13%
棚卸（Inventory Procedures）	347	30	9%	329	38	12%
収益認識（Revenue Recognition）	748	52	7%	680	88	13%
不正対応（Fraud Procedures）	630	43	7%	568	26	5%
専門家の利用（Use of Experts and Specialists）	345	23	7%	284	25	9%
関連当事者取引（Related Party Transactions）	320	20	6%	205	12	6%
レビューおよび現場管理の妥当性（Adequacy of Review and Supervision）	478	28	6%	406	21	5%
リスク評価（Risk Assessment）	888	36	4%	815	39	5%
継続企業の前提（Going Concern）	263	8	3%	224	9	4%
監査報告（Audit Report）	500	14	3%	438	14	3%
監査委員会とのコミュニケーション（Audit Committee Communications）	649	11	2%	508	9	2%

出所：IFIAR（2017），B-4 から抜粋して作成。

図表17-2　楽観的な人と悲観的な人の見積りの関係

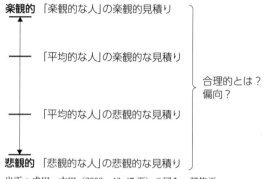

出所：成田・吉田（2008，46-47頁）の図を一部修正。

　また，見積りを行う事象に対して経験や知識のある人が行う見積りとそうでない人が行う見積りにも差が生じることが考えられる。楽観的か，悲観的か，知識が豊富か，そうではないのか等の組み合わせを考えると，どの見積りをいわゆる「合理的」と判断するのかは難しい。また，合理的な見積りはどれか1つに限定されるものではなく，幅（レンジ）で示すことしかできない場合や見積り自体が困難な場合もある。

(2) 会計上の見積りに介在する偏向

　会計上の見積りについては，経営者の偏向（バイアス）という問題もある。利益に対して一定方向の影響を与える可能性である。いいとこ取りで利益操作を意図しているのではないか，必要性に欠ける損失を計上し翌期のV字回復を目論んでいるのではないか等々といった部分である。偏向については無意識の偏向（アンコンシャス・バイアス）もあるため，その見極めは簡単ではない。「偏向」の可能性を低くするためには，客観性を高め，偏りのないように複数の担当者が会計上の見積りに関与することや外部の第三者が関与する等の方法が考えられる。俗に「三人寄れば文殊の知恵」と言われるように，複数の人が関与することでより合理的な見積りを行える可能性は高くなると思われる。また，人工知能（Artificial Intelligence：AI）を活用することも考えられる。ただし，AI

にどのような学習をさせ，どのように活用するのかについてのノウハウの蓄積は大きな課題である。

　会計上の見積りに対する監査では，原則，監査人も見積りを行い，被監査会社の行った見積りと比較するが，監査人にも楽観的な監査人，悲観的な監査人，経験のある監査人とそうでない監査人といった監査人側の個性が影響する可能性もあり，監査人が必ずしも完璧な見積りを行えるわけではない。そのような中でも，監査人は「中立的な」評価を行える可能性が高く，その意味で経営者による偏向を修正し，見積りを担保するという役割を担っていると言えるであろう。また，監査においても AI の活用は実務上の課題である。

2 「会計上の見積り」に対する会計実務および監査実務の動向

　最初にも述べたとおり，筆者が監査業務に従事し始めた約30年前から「会計上の見積り」は，監査の重点項目として第一に挙げられる項目であった。しかし不確実性があるがゆえに，当時はある程度の幅や許容範囲といったものが許されており，「金額を概算する」ということからも，慣行として，たとえば貸倒引当金であればざっくりと売掛金残高の5％，債務超過や倒産した会社についてはどうなるかわからず見積りが難しいので債権残高の50％を引き当てるといった方法が採用されていた。また，タックスクッションであれば納税額の10％を計上するなどの方法が，わが国に限らず監査実務上容認されていたように記憶している。なお，これらの方法は現在では容認されるものではない。

　会計上の見積りについては，時代を追うにつれてより精緻さが求められてきており，過去の実績のみでなく，将来の可能性を見込むという方向に会計基準，会計実務，そして監査実務も動いていると思われる。

　わが国においては，貸倒引当金の見積りに過去の実績率を用いる等の見積りが行われているが，今後は過去の実績率のみでは十分とはされず，過去の情報を出発点として使用するものの，そのうえで，現在および将来の両面に関する情報が織り込まれた合理的かつ裏付け可能な情報に基づいて予想損失を見積もるための修正を加え，バックテストにより定期的にこれを見直すという方向になっていくものと思われる（たとえば，国際財務報告基準（International Financial Reporting Standards：IFRS）第9号 B5.5.50以降など）。

バックテストとは，一般的には，過去のデータについて仮説やシナリオが正しいかどうかを検証する手法であり，監査上は過去の見積りについて実績と比較し，見積りを行った時点での仮定，仮設，シナリオの合理性を検討する手法である。たとえば，過去の事業計画をその実績と比較分析して，過去の事業計画の合理性を遡及して検討すること，過年度の引当金計上額と実績とを比較分析して過去の引当計上の合理性を事後的に検証することなどが該当する。

バックテストは，「過年度の見積りと確定金額に対する遡及的レビュー」などと表現されることもある（奥西 2014）。

III 会計上の見積りに対する監査実務

ここでは，監査人が実務において直面する可能性のある困難な事象および会計上の見積りの中でも見積りの不確実性が高く，会計処理においても，監査判断においても対応が難しいとされる項目の中から取り上げられることが多い，具体的な項目について検討する。

1 職業的懐疑心

近年の監査においては，より深度のある監査の実施が求められている。「会計上の見積り」の監査においても話を聞いただけで，状況から見ておかしなところがないと納得するのみでは十分ではない。話を聞いただけで，「ふんふん」「なるほど」などと納得してしまっては，「ふんふん監査」「なるほど監査」などと評価されてしまう。

監査人であれば，誰しも職業的懐疑心を保持して監査を実施しているが，どこまで突っ込んで検証作業を行い，監査証拠を入手すればよいのかはその時の状況によって異なるが，会計上の見積りに対しては，誰もが合理的と納得する監査証拠の入手が要請され，専門家として妥協することは許されない。

ただし，業務の集中で過労の中，曜日感覚や時間感覚も乏しくなり，集中力も途切れがちとなる限界的状況で監査が行われることも少なくないため，十分な職業的懐疑心を発揮できない可能性がないとは言えない。職業的懐疑心を十分に発揮するためには，心身の充実が必要であり，監査期間を十分に確保し，

深度のある監査を実施できる状況にしなければならない。

　監査業務に従事する公認会計士であれば，今日中あるいは明日までに監査証拠を入手して監査手続が終了しないと監査報告書を提出できないといった状況や，監査スケジュールを延期してもらうといった経験を持っている人も少なくないであろう。心身の充実とともに十分な監査期間の確保は喫緊の大きな課題である。

2　会計上の見積りの精緻化への対応

　前述したように現在の監査実務においては，バックテストなど，見積りを行った時点での仮定，仮設，シナリオの合理性の検討を監査人が行うことが要請されている。このような見積り項目に対する監査の精緻化は，監査対象である会社の見積値の精緻化が前提となっていることは言うまでもない。被監査会社の対応なしには制度として十分に機能しないのである。

3　固定資産，のれんや有価証券の減損，繰延税金資産の回収可能性

(1) 将来の事業計画の合理性の検討

　固定資産の減損，投資有価証券や関係会社株式の減損，繰延税金資産の回収可能性については，会社自身もしくは投資先の将来の事業計画が大きな影響を与える。中期経営計画，予算などについては，標準としての意味合いよりも目標としての意味合いが強い場合もあり，達成可能と見込まれる上限で作成されることも少なくないし，大きな右肩上がりで作成されることもある。このような達成にリスクのある経営計画を監査上の判断に用いる場合には，現実的に達成可能な計画とするための調整が必要になるが，どの程度割り引いて考えるのかという判断も実務上は難しい。単純に，保守的に考えればよいというものではなく，過度に保守的ということも避けなければ，合理的な計画とはならない。将来の業績の見込みは高度な見積りが必要であり，監査上の検討もどこまで詳細に行うのかを決めることはプロフェッショナル・ジャッジメントである。

　将来計画の合理性については，AIの活用で，より適切なシナリオに基づいた将来計画の設定，キャッシュ・フローの見積りを行える可能性があると考えられる。

(2) 会計基準の影響

わが国の減損会計基準では，減損の兆候を認識し，蓋然性（確実性，発生可能性）が高い場合に減損損失を測定・計上し，減損損失は戻し入れないこととされており，蓋然性という見積り要素が大きく影響している。IFRSのように戻し入れ可能な会計基準を採用した場合，会計実務は戻し入れの処理等で複雑化する可能性はあるが，監査実施過程において監査人と被監査会社との離齬が生じるケースは少なくなると思われ，外部監査を含めた決算業務全体を効率化できる可能性がある。非上場関係会社株式への持分法評価の導入なども同様と考えられる。監査への影響も考慮し，総合的な会計実務への影響を会計基準設定の際に検討することが必要である。

(3) 繰延税金資産（税効果会計）

税効果会計における繰延税金資産の回収可能性については，将来的に課税所得が発生し，税務上の一時差異を減算することができるという蓋然性が高いことが必要となる。また，監査上，益金，損金を，将来のどの期にスケジューリングするのかについて被監査会社の行ったスケジューリングの妥当性を検討しなければならないが，含み益のある資産売却などの経営判断も影響するため，より実態に応じた高度な判断が必要となる。

(4) のれんに関する事項

近年，巨額なのれんを貸借対照表に計上する会社も増えている。のれんに関しては，企業買収等の際の取得価額の妥当性，効果の発現期間（償却期間），回収期間，取得原価の配分手続（Purchase Price Allocation：PPA），買収に用いた事業計画の合理性，減損ルールなど幅広い事項を被監査会社，監査人の双方で検討しなければならない。

取得価額は支払った額であるが，企業価値評価を基礎として売主と買主が協議して決定する。企業価値評価については，①インカム・アプローチ：将来の収益，割引キャッシュ・フロー（Discount Cash Flow：DCF）など，②市場価格参照方式：同業種批准，株価収益率（株価/1株当たり当期純利益）など，③純資産評価法，の3つが主に用いられるが，DCF法など対象企業の将来の収益獲得

能力により評価されることが多く、将来の事業計画という見積りが大きく影響する。

一般的にのれんは超過収益力と考えられており、将来の事業計画のいかんによっては、効果の発現期間、投資の回収期間、減損ルールに影響する。また、「取得価額—純資産」で求められる差額のうち、資産として分離して認識すべきものとのれんとの区分作業であるPPAにも見積りが介入する。このように、のれんに関連する会計処理の多くに会計上の見積りが大きく介在する。

上場会社をマネジメント・バイ・アウト（Management Buy Out：MBO）[1]により、非公開会社化する際には特別目的会社（Special Purpose Company：SPC）などのビークルを用いることがほとんどであるが、このSPCと買収した会社を後日合併させることにより多額ののれんが計上されるケースもある。いわば、自己創設のれんの実在化であるが、このようにして計上されたのれんの効果の発現期間などを見積ることも難しいことである。また、企業買収等の際には、専門家の企業価値評価書を用いることが通常であるが、前提も含めて合理性を実質的に検討しなければならないことは言うまでもない。

4 棚卸資産の評価の例

滞留棚卸資産について、陳腐化、機能劣化等のリスクに備えるため、評価額が3年後ゼロまたは備忘1円となるように毎年評価減を行い、滞留1年目40％評価減、滞留2年目に追加で30％、滞留3年目になるとさらに追加で30％の評価減を行うというような評価方針を採用している会社も少なくない。最近は、なぜ3年なのか、なぜ1年目40％、2年目30％、3年目30％の評価減を行うのか、といった仮定の妥当性、合理性も監査証拠として求めることが要請される。

被監査会社から見れば、「従前からの方針でいまさら」と考えるかもしれないが、アカウンタビリティ（説明責任）の高度化により、必要とされる監査証拠の深度も深まっていることを被監査会社に理解してもらうことも監査を行ううえでの課題である。

5 工事原価等の見積り

(1) 工事原価

工事原価の見積りは,受注するかどうかの判断,予算管理,利益管理,工期管理等に大きく影響する。また,工事進行基準の場合には,見積総工事原価に対する工事原価発生割合を工事の進捗率として売上を計上することが一般的であり,見積総工事原価が適切でない場合には,工事の進捗率に応じて計上される売上高も適切に計上されないこととなる。

工事進行基準の適用においては,見積総工事原価の適時適切な見直しを漏れなく実施することが大きなポイントとなる。監査上も適切に見直されていることを確かめることが不可欠である。

工事が進捗するに応じて,当初見積もることができなかった原価が発生するような場合には,取引先と協議が行われ,追加請求の可否が決まるため,監査人は追加請求の可能性についても検討しなければならない。また,当初よりもコストダウンが見込まれる場合には,コストダウンの見積りの妥当性,合理性を検討しなければならない。

(2) 受注損失引当金

受注損失引当金は,「工事契約等の受注契約において,損失の発生の可能性が高く,かつ,その金額を合理的に見積もることができる場合に計上される引当金」である(企業会計基準第15号「工事契約に関する会計基準」19項)。

受注金額よりも工事原価が大きく,損失が見込まれる場合に計上されるものであるため,追加請求できるかどうか,工事原価の削減ができるかどうかによって,計上金額が変わってくることとなる。

受注金額についての追加請求,見積総工事原価における原価削減見込みなど,経営者が使用した仮定が合理的かどうか,実現可能なものであるかどうかについて,十分に確かめる必要がある。

6 貸倒引当金

ビジネスとして貸し倒れの潜在的リスクが存在しているが,貸倒実績がない

という状況下にある場合の貸倒引当金の計上については，高度な判断が必要である。監査上はその合理性を確かめなければならないが，一律に判断することは困難である。また同じような状況下にあっても，会社によって貸倒引当金の計上額が異なることもあるが，合理的見積りと判断されれば監査上はいずれも妥当と判断することになるであろう。極端な例になるが，債務超過に陥っている会社に対して売掛債権を有する会社が複数ある場合に，ある会社は過去の貸倒実績率を用いて貸倒引当金を計上し，別の会社は債務超過会社であることを鑑みて売掛債権の50％の貸倒引当金を計上し，またある会社は売掛債権の100％の貸倒引当金を計上するというように，会社により判断が分かれる可能性もある。このような場合，一律にいずれかの会社の判断が正しく，他が間違えているということにはならないであろう。このような3つの会社を同じ監査人が担当する可能性もあるが，各社ごとの判断が合理的か否かを検討したうえでいずれも適切と判断することもあるであろう。別の言い方をすれば，各社ごとの実態と会社の引当金計上ルール（減損や株式評価などの評価ルールも同様）が整合し，会社の実態に照らして妥当であるかどうかを監査上検討しなければならないということになるが，会社と意見が食い違う可能性が高い領域でもある。

7 見積りに大きな幅がある場合の取り扱い

見積りに大きな幅があるケースもある。偶発債務，訴訟，課徴金，移転価格税制などの場合である。たとえば，偶発債務の発生可能性が高く，見積り額が5億円から50億円の範囲で考えられる場合，合理的な発生見込み額を算定できる場合には合理的に算定した金額で計上し，監査上も合理性を確かめることになる。

しかしながら，5億円から50億円のいくらが合理的かを見積もることが困難な場合にはどのような処理や注記が適切なのか判断することは難しい。5億円はほぼ確実に発生すると見込まれるのであれば，5億円は偶発損失引当金を計上し，最大の50億円については注記により補完する場合もあるであろう。また，発生すると見込まれる金額をまったく見積もることができない場合には，注記のみにより対応する場合も考えられるであろう。ただし，単に会社が算定困難と言っているということのみでは監査手続不足であり，監査証拠の入手が

不十分と言われることとなるであろう。

8 構成単位の監査人（特に海外の監査人）との連携

(1) 報告期日

現代の会計監査の環境は，期日を考慮するのは当然であるが，期日までに終わらない場合は期日延長をして監査を完了させなければ監査意見は出せないという環境ではあるものの，構成単位の監査人，特に，海外の監査人とは常に連携し，可能な限り期日どおりに結果を入手できるようにしておくことが重要であり，時には親会社監査人としてサポートすることも必要になることがある。

(2) 状況の変化による見積りの修正

日本の監査事務所が親会社の監査を行い，海外の子会社の監査を海外の構成単位の監査人が担当している場合には，親会社監査チームが設定した期日に構成単位の監査人が海外子会社の財務数値が適切であるとのクリアランスを行う。しかしながら，親会社の監査報告書日までの間に海外子会社の置かれている経済情勢等が変化し，当初採用した仮定が適さなくなり，構成単位の監査人がいったん適切であると表明していた子会社の財務数値に対して修正が必要である旨を報告してくることもあり得ないことではない。

企業を取り巻く環境や状況は刻々と変わるので，見積りを行う時点で設定した何らかの仮定や前提が変わり，監査報告書日までに見積りも変えなければならなくなってしまう可能性も考えられるのである。一般的に，短期間に環境や状況が変わることは少ないとは言えるが，親会社の監査チームと構成単位の監査人は常に連携し，情報を共有しアップデートしていなければ，対応を誤ることがないとは言えない。構成単位の監査人との連携は非常に重要である。

監査人は，期末日の翌日から監査報告書日までの間に発生し，財務諸表の修正または財務諸表における開示が要求されるすべての事象が，識別され，財務諸表に適切に反映されているかどうかについて，十分かつ適切な監査証拠を入手するために立案した監査手続の実施が必要である（監査基準委員会報告書540．A65，監査基準委員会報告書560 5項及び7項）が，決算日後，監査報告書日までに発生した事象が会計上の見積りに影響することも考えられる。

図表17-3　主な会計基準における発生可能性の考え方の概要

IFRS		米国基準		日本基準	高いか低いか	蓋然性の程度
Probable	more likely than not（発生しない可能性より発生する可能性が高い＝可能性が50%以上）	Probable	= likely to occur（発生の可能性が高い）	発生の可能性が相当程度高い	高	70%～80%超？
		reasonably possible	more than remote but less than likely（可能性がわずかではないが高くもない）	発生の可能性が中程度		50%超
				発生の可能性が低い	低	10%～50%？
		remote	occuring is slight（わずかに起こる）			10%未満？

出所：筆者が概念図として作成。

(3) 見積りの発生可能性の考え方

　主な会計基準での発生可能性の考え方について，概ね図表17-3のように考えられると思われるが，発生可能性について，慎重な実態判断が必要となる。

Ⅳ 内部統制と会計上の見積り

　内部統制は，監査の前提である。会計上の見積りについても見積りに関する内部統制が影響し，金融商品取引法に基づく内部統制報告書で開示すべき重要な不備となるケースもある。公表された財務諸表は修正されており，適正な財務諸表となっている場合であったとしても「開示すべき重要な不備」と判断されることも少なくない。

　財務報告に係る内部統制については，財務諸表で表示されている数値が最終的に間違っていなければよいというものではなく，内部統制の不備によって財

務報告を誤る可能性があるのかどうか，財務報告に大きな影響を与える可能性があるのかどうか，が問題となる。したがって，たまたま数値誤り等が生じておらず顕在化していない場合であっても不備と判断されることもある。実質的に統制が機能しているかどうかが重要であって，形式的に整っていればよいというものではない（たとえば書面に承認印が押されていればそれでよいということではない）。特に，会計上の見積りに関する内部統制をどのように整備し，運用するのかは財務諸表作成側の大きな課題であり，どのように監査を行って合意していくのかは，監査上の大きな課題である。さらに，わが国においては内部監査機能の充実も大きな課題といえるであろう。

おわりに

　筆者が監査論を勉強しはじめた約30年前には，「監査はアート（技芸）である」[2]と言われていた。これは画家が絵を描くのと同様に，アスリートがスポーツをするのと同様に，また，職人の技と同様に，監査は熟練に基づいた技術と経験と感性に基づくものであると理解していた。

　現代の監査実務は，監査基準の要求事項を満たす目的をもって具体化した各監査事務所のマニュアルに基づいて非常に組織的かつ標準的に実施されており，監査事務所が異なっても，どの監査チームの監査も監査時間を十分に確保しマニュアルに従う限り，多少の違いはあっても一定水準を確保しているものと考える。しかしながら，各監査担当者が監査手続を同じように実施したとしても，ある者は気づき，ある者は気づかないということもありえないことではない。

　技量の異なる監査人の監査品質を一定水準以上に保ち続けるためには，組織的な対応と各監査人個々人の絶えざる研鑽と努力が必要である。監査人は職業的懐疑心を保持し，自己の研鑽した技術と経験と勘を十二分に駆使し，さらにテクノロジー，AIなどを活用し，より効果的かつ効率的な監査を実施することが必要である。

　このような理解のうえで「会計上の見積りの監査に関する実務上の課題」への対応を考えると，AIを含めた情報技術（Information Technology：IT）の活用，監査事務所内でのコンサルテーションの活用，審査担当者のより深い関与，経

験を有する業務執行社員の人数の増加などが考えられる。

　また，根本的な前提として，被監査会社の協力が欠かせない。財務諸表そのものの作成責任は経営者に，経営者の作成した財務諸表に対する意見の表明責任は監査人にあるという二重責任の原則に基づいて社会的責任を分担して果たしていることから，この責任を認識し，監査に協力してもらうことが何よりも重要である。加えて，責任を果たせなかったことに対する罰則も重くなければ制度として有効に機能するものではない。監査実務の現場では，昔から「最後は人を見ろ」といわれることも少なくない。人が行う行為の結果が会計数値であり，その信頼性や合理性については，担当した人を評価するという意味合いである。財務諸表作成者側も監査人側もそれぞれ担当する職務をどれだけ誠実に実行するかが重要である。アカウンタビリティのよりいっそうの発揮が財務諸表作成者側には必要となり，監査人には職業的懐疑心を常に保持し続け，より深度ある監査の実施が欠かせないのである。

注

(1) 会社の経営陣が自社を買収すること。会社全体のこともあれば，事業部門等のこともある。一般的には買収するためのSPCを設立し，経営陣がファンドや金融機関から買収のための融資を受けることが多い。

(2) 現在でも欧米の公認会計士と話をすると'Auditing is both a science and an art'と言うことが多く，監査は科学と技を駆使して実施するものと理解されている。

参考文献

奥西康宏（2014）「会計上の見積りの監査における経営者の偏向に関する検討」『専修商学論叢』第98号，29-43頁。

越智信仁（2016）「公正価値等監査における監査人のアカウンタビリティ」『尚美学園大学総合政策論集』第22号，43-56頁。

企業会計基準委員会（2007）企業会計基準第15号「工事契約に関する会計基準」12月27日。

―――（2008改正）企業会計基準第10号「金融商品に関する会計基準」3月10日。

―――（2009）企業会計基準第24号「会計上の変更及び誤謬の訂正に関する会計基準の適用指針」12月4日。

公認会計士・監査審査会（2016）『公認会計士・監査審査会の実効性の向上：大規模監査法人を中心に』.
小林裕明（2014）「制度会計上の貸倒引当金の変遷及び法人税法における原則の廃止の検討」『会計プロフェッション』第9号, 65-79頁.
新日本有限責任監査法人（2016）『完全比較：国際会計基準と日本基準【第3版】』清文社.
中村元彦（2014）「IT会計帳簿の現状と課題」『CUC policy studies review』（千葉商科大学大学院政策研究科）No.37, 19-42頁.
長吉眞一（2013）「会計上の見積りに対する監査」『会計論叢』（明治大学会計専門職大学院）第8号, 1-12頁.
成田智弘（2000）「他の監査人への依拠（シリーズ［会計・監査実務の事例研究］）」『JICPAジャーナル』第12巻第10号, 19-24頁.
成田智弘・吉田健太郎（2008）『キーワードでわかる公認会計士監査』税務研究会出版局.
日本公認会計士協会（2011）「監査基準委員会報告書620『専門家の業務の利用』12月22日.
──（2015改正）監査基準委員会報告書540「会計上の見積りの監査」5月29日.
──（2018）監査基準委員会報告書500「監査証拠」10月19日.
IASB（2014）IAS No.9 *Financial instruments*.（IFRS財団編企業会計基準委員会, 財務会計基準機構監訳『国際財務報告基準　第9号金融商品』中央経済社, 2015年）
International Forum Independent Audit Regulators［IFIAR］（2017）Survey of Inspection Findings 2017.

第18章

わが国におけるPPP（Public Private Partnerships）推進の方向性

はじめに

　官民連携，公民連携（Public Private Partnerships：PPP）については，文献によってさまざまな定義がなされている（OECD 2008；町田 2009；根本 2011）。たとえば，IMF（2004）は，「伝統的に政府が提供してきたインフラ資産とサービスをプライベート・セクターが供給する取り決め（arrangement）」と定義している。

　また，OECD（2008）は，何がPPPを構成する要素であるかに関する明確な定義は存在しないとしたうえで，PPPが伝統的な公共調達と民営化の中間に位置することを前提として，PPPを伝統的な公共調達と民営化のいずれとも明確に区別する必要があるとしている。そのうえで，OECD（2008）はPPPを，「政府のサービス提供の目的が民間のパートナーの利益目的と整合し，かつ，その整合の有効性が民間のパートナーに対する十分なリスクの移転に依存するような方式で，民間のパートナーが当該サービスを提供する，政府と単一もしくは複数の民間のパートナー（運営者と資金提供者を含む場合がある）との間の合意」と定義している。

　一方，内閣府は，PPPを「公共施設等の建設，維持管理，運営等を行政と民間が連携して行うことにより，民間の創意工夫等を活用し，財政資金の効率的使用や行政の効率化等を図るもの」と定義している（内閣府 2017）。

　このように，PPPについては多様な定義がなされているが，公共部門，民間部門および住民のパートナーシップを重視し，公共部門と民間部門双方の利益

わが国における PPP (Public Private Partnerships) 推進の方向性 | 第18章 |

に適う広範囲にわたるパートナーシップに基づき，公共サービスを提供するスキームの集合であるといえる。

町田 (2009) は，PPPの具体的な手法として，PFI (Private Finance Initiative)，指定管理者制度，市場化テスト，公設民営 (Design-Build -Operate：DBO)，包括的民間委託，アッフェルマージュ，コンセッション (Concession)，WMI (Wider Market Initiative)，自治体業務のアウトソーシングを挙げている。

このうち PFI については，わが国では，1999 (平成11) 年7月における「民間資金等の活用による公共施設等の整備等の促進に関する法律」(以下，PFI法) の成立によって，実施が可能となった。その後，6次にわたる PFI 法の改正を経て，多様な PPP 手法が可能となった。政府は現在，PFI 法に基づき実施可能な PPP 手法を「PPP／PFI」と呼称して，その推進を図っている。

本稿では，PFI 法の改正内容や政府の取組みに焦点を当て，わが国における PPP 推進の方向性について考察する。具体的には，PFI 法改正の概要，政府が推進している PPP／PFI の事業類型，バンドリングの順でそれぞれの概要について述べた上で，PPP 推進の方向性について考察する。

I PFI法改正の概要

現在まで，PFI 法は6次にわたり改正されている (図表18-1)。PPP 手法の多様化と事業範囲の拡張に資する改正内容は5つに整理することができる (条番号は本稿執筆時現在のもの)。

1. 行政財産の貸付制度の創設と拡充 (第1次改正，第2次改正) (第69条)
   ① PFI 事業者への行政財産の貸付けを可能とした。
   ② 公共施設等と民間施設等を合築する場合に，行政財産である土地を，民間施設部分を譲渡された PFI 事業者以外の第三者に対し，貸付可能とした。
   ③ 合築以外の形態により民間施設等を併設する場合に，特定施設のうち PFI 事業の実施に資するものについては，行政財産 (土地，施設) を，PFI 事業者および PFI 事業者から特定施設の譲渡等を受けた第三者に対し，貸付可能とした。

2. PFIの対象施設の拡充（第3次改正）（第2条第1項）

PFI法の対象となる「公共施設等」について，「公営住宅」を「賃貸住宅」に改正するとともに，「船舶，航空機等の輸送施設及び人工衛星（これらの施設の運行に必要な施設を含む。）」を追加した。

3. 民間事業者による提案制度（第3次改正）（第6条）

PFI事業を，地域の価値や住民満足度をより高める事業とするために，民間事業者が行政に対してPFI事業を提案できる制度を導入した。

4. 公共施設等運営権の導入と公共施設等運営事業に対する支援の拡充（第3次改正，第5次改正，第6次改正）（第4章（第16条～第30条），附則第4条）

①利用料金の徴収を行う公共施設等について，公的機関が施設等の所有権を有したまま，施設等の運営権（公共施設等運営権）を民間事業者に設定する事業方式を可能とした。

②公共施設等運営事業の円滑かつ効率的な実施を図るため，専門的ノウハウ等を有する公務員を退職派遣させる制度を創設する等の措置を講じた。

③公共施設等運営権者が公の施設の指定管理者を兼ねる場合において，利用料金の設定と指定管理者の指定の手続きについて，地方自治法の特例を設けた。

④平成30年度から令和3年度までの間に実施方針条例を定めることなどの要件の下で，水道事業・下水道事業に係る公共施設等運営権を設定した地方公共団体に対し，当該事業に係る旧資金運用部資金の繰上償還を認めるとともに，繰上償還に係る地方債の元利償還金以外の金銭（補償金）を受領しないものとした。

5. 株式会社民間資金等活用事業推進機構による金融支援（第4次改正）（第5章（第31条～第67条），第9章（第88条～第94条））

政府と民間の出資による「株式会社民間資金等活用事業推進機構」を設

わが国におけるPPP（Public Private Partnerships）推進の方向性 | 第18章 |

立し，利用料金を徴収する公共施設等の整備等を行い，利用料金を自らの収入として収受する事業（特定選定事業）を実施する民間事業者に対し，出融資による資金支援を行うこととした。

図表18-1　PFI法改正の主な内容（条番号は改正時点のもの）

○第1次改正（2001（平成13）年12月12日公布）
1．PFI事業に係る行政財産の貸付けの取扱い（第11条の2）
　①合築について
　　・PFI事業とPFI事業以外の他の事業との施設の合築（一棟の建物の区分所有）を行う場合，一定の条件の下，PFI事業者に対し行政財産（国有・公有）である土地を貸付けることができる。
　　・これにより，PFI事業とPFI事業以外の他の事業（民間収益施設等の付帯的施設）との合築が可能となり，民間事業者の事業機会の拡大，行政財産の有効活用，さらには当該PFI事業の効用の拡大等に資することとなる。
　②行政財産の貸付け
　　・PFI事業の用に供するため，PFI事業者に対し，行政財産の貸付けを行うことができることとする。
　　・これにより，PFI事業者がPFI事業の実施のため，土地，建物等を利用するにあたり，一時的な使用を認められていたという立場（使用許可：原則1年）から，賃借権等の設定を行うことが可能となり，土地，建物等の利用に関し，その位置付けの明確化や長期間にわたる安定的な事業の継続に資することとなる。
2．公共施設等の管理者の範囲の拡大（第2条第3項第1号）
「公共施設等の管理者等」に，衆議院議長，参議院議長，最高裁判所長官，会計検査院長を加え，当該機関の長が管理する公共施設等の整備等へのPFI法の適用を可能とする。

○第2次改正（2005（平成17）年8月15日公布）
1．PFI事業がサービス分野を対象とすることの明確化（第1条）
　目的規定において，「国民に対する低廉かつ良好なサービスの提供を確保」することを明記。
2．基本理念等において国公有財産の有効利用等の観点を明確化（第3条，第4条）
　・「基本理念」における配慮事項（第3条第1項）
　　PFI事業として民間事業者に委ねるに際しては，「行政の効率化又は国及び地方公共団体の財産の有効利用にも配慮」することを明記。

- 「基本方針」を定めるにあたっての特定事業の選定に係る配慮事項（第4条第3項）
「安全性を確保」しつつ，「国民に対するサービスの提供における行政のかかわり方の改革，民間の事業機会の創出その他の成果がもたらされるようにする」ことを追加。
3．国公有財産（行政財産）の貸付けの拡充（第11条の2，第11条の3）
①公共施設等と民間施設等との合築建物の場合（第11条の2）
合築建物に係る行政財産である土地を，<u>PFI事業者のみに貸付け可能である</u>としていたものを，<u>PFI事業者から民間施設部分を譲渡された第三者にも貸付け可能（再譲渡の場合も同様）</u>とされた。
②合築以外の形態による民間施設の併設の場合（第11条の3）
<u>行政財産の貸付けは不可能としていたものを，特定施設（第2条第1項第3号および第4号に掲げる施設）の設置事業でPFI事業の実施に資するものについては，行政財産を，PFI事業者およびPFI事業者から特定施設の譲渡等を受けた第三者に貸付け可能（再譲渡の場合も同様）</u>とされた。
4．民間事業者の選定にあたっての評価方法の明確化（第8条第2項）
公共施設等の管理者等は，民間事業者の選定を行うに当たっては，「原則として価格および国民に提供されるサービスの質その他の条件により評価を行うものとする」ことを新たに規定。

○第3次改正（2011（平成23）年6月1日公布）

1．PFIの対象施設の拡大（第2条）
- 「公営住宅」を「賃貸住宅」に改正
- 「船舶，航空機等の輸送施設および人工衛星（これらの施設の運行に必要な施設を含む。）」を追加
2．民間事業者による提案制度の導入（第5条の2）
民間事業者が行政に対してPFI事業を提案できる制度を導入
3．公共施設等運営権の導入
（第2条第6項，第2条第7項，第4章（第10条の3～第10条の17）等）
利用料金の徴収を行う公共施設等について，公的機関が施設等の所有権を有したまま，施設等の運営権（公共施設等運営権）を民間事業者に設定する事業方式を可能とした。
4．民間事業者への公務員の派遣等についての配慮（第18条の2）
5．内閣府民間資金等活用事業推進会議の創設（会長：内閣総理大臣）
（第20条の2，第20条の3）

○第4次改正（2013（平成25）年6月12日公布）

1．株式会社民間資金等活用事業推進機構による特定選定事業等の支援等
（第5章（第31条～第67条），第9章（第86条～第92条））
官民連携によるインフラファンドの機能を担う「株式会社民間資金等活用事業推進機構」を設立し，独立採算型等のPFI事業に対し金融支援等を実施する。

2．既存の条について枝番号を整理

○第5次改正（2015（平成27）年9月18日公布）

1．専門的ノウハウ等を有する公務員を退職派遣させる制度の創設等
（第22条第1項第4号，第78条，第79条）
　公共施設等運営事業の円滑かつ効率的な実施を図るため，専門的ノウハウ等を有する公務員を退職派遣させる制度を創設する等の措置を講ずる。

○第6次改正（2018（平成30）年6月20日）

1．公共施設等の管理者等および民間事業者に対する国の支援機能の強化等
（第15条の2，第15条の3）
　公共施設等の管理者等および民間事業者による特定事業に係る支援措置の内容及び規制等についての確認の求めに対して内閣総理大臣が一元的に回答する，いわゆるワンストップ窓口の制度の創設，内閣総理大臣が公共施設等の管理者等に対し，特定事業の実施に関する報告の徴収並びに助言および勧告に関する制度の創設等の措置を講ずる。
2．公共施設等運営権者が公の施設の指定管理者を兼ねる場合における地方自治法の特例（第23条第3項，第26条第5項）
①利用料金の設定の手続については，実施方針条例において定められた利用料金の範囲内で利用料金の設定を行うなどの条件を満たした場合に地方公共団体の承認を要しない旨の地方自治法の特例を設ける。
②公共施設等運営権の移転を受けた者を新たに指定管理者に指定する場合において，条例に特別の定めがあるときは，事後報告で可とする旨の地方自治法の特例を設ける。
3．水道事業等に係る旧資金運用部資金等の繰上償還に係る補助金の免除
（附則第4条）
　政府は，平成30年度から令和3年度までの間に実施方針条例を定めることなどの要件の下で，水道事業・下水道事業に係る公共施設等運営権を設定した地方公共団体に対し，当該地方公共団体に対して貸し付けられた当該事業に係る旧資金運用部資金の繰上償還を認め，その場合において，繰上償還に係る地方債の元利償還金以外の金銭（補償金）を受領しないものとする。

出所：内閣府が公表しているPFI法改正に関する資料に基づき，筆者作成。

II　PPP／PFIの事業類型

　前述したPFI法の改正によって，PFI事業の範囲を拡張するとともに，民間収益施設を組み合わせた事業，民間提案に基づく事業，公共施設等運営事業（コンセッション）といった，民間のノウハウをより積極的に活用するPPP事業

を実施するための基礎条件を整備した。

そして，内閣府民間資金等活用事業推進会議は，2013（平成25）年6月に，『PPP／PFIの抜本改革に向けたアクションプラン』（以下，抜本改革アクションプラン）を決定した。抜本改革アクションプランは，以下の問題意識に基づき，PPP／PFIについて抜本的な改革を行うこととし，その目標および具体的取組についての包括的な方針を定めたものである（内閣府民間資金等活用事業推進会議2013）。

- これまで実施されたPFI事業の大半（約4分の3）は，PFI事業者が整備した施設等の費用と事業期間中の管理費等を，公共施設等の管理者等が税財源から「延べ払い」で支払う方式であり，民間の資金，経営能力および技術的能力を活用して，効率的かつ効果的に社会資本を整備するとともに，国民に対する低廉かつ良好なサービスの提供を確保するという法の本来の目的が十分に達成できているとは言い難い状況にある。
- 財政状況が厳しさを増す中，インフラの老朽化対策や大規模災害に備える防災・減災対策が課題となっており，真に必要な社会資本の整備・維持更新と財政健全化を両立させるために，民間の資金・ノウハウを最大限活用することが急務である。
- そのためには，官と民が適切に連携することにより最適な公共サービスの提供を実現するという，PPP／PFIの本来の趣旨に立ち返り，できるだけ税財源に頼ることなく，かつ，民間にとっても魅力的な事業を推進することにより，民間投資を喚起し，必要なインフラ整備・更新と地域の活性化，経済成長につなげていくことが必要である。

抜本改革アクションプランは基本的な考え方として，PFIについては，「延べ払い型」からの抜本的な転換を目指すこととし，「公共施設等運営権制度」の活用を推進するとともに，収益施設を併設・活用すること等により事業の収益性を高め，税財源以外の収入等で費用を回収する方式の活用・拡大を図ることとする。また，より広義のPPPについては，民間主導で最適なサービスの提供を実現し，地域の価値や住民満足度の最大化を図るというPPPの効果を最大限発揮させるために，公的不動産の有効活用などを通じて民間の提案を大胆に取り

わが国における PPP（Public Private Partnerships）推進の方向性 ｜ 第 18 章 ｜

入れた事業を推進するとしている。

　このような考え方に基づき，抜本改革アクションプランは，PPP／PFI 事業として以下の 4 つの事業類型を示し，事業類型ごとの事業規模の目標とその推進のための具体的取組を定めた（図表 18-2）。

① 　公共施設等運営権制度を活用した PFI 事業（コンセッション事業）
② 　収益施設の併設・活用など事業収入等で費用を回収する PFI 事業等（収益型事業）
③ 　公的不動産の有効活用など民間の提案を活かした PPP 事業（公的不動産利活用事業）
④ 　その他の事業類型（延べ払い型 PFI 事業（業績連動契約・複数施設の包括契約等））

　このうち，①〜③は，民間事業者に収益を獲得する機会を積極的に提供することにより，公的負担を縮減しようとする手法である。
　その後，内閣府民間資金等活用推進会議は，上記事業類型のうち，①コンセッション事業の積極的な活用の拡大を実現すべく，新たに，2016（平成 28）年 6 月に『PPP／PFI 推進アクションプラン』（以下，推進アクションプラン）を定めた。推進アクションプランは，2017（平成 29）年，2018（平成 30）年と，1 年ごとに改定されており，コンセッションについては，重点分野が，抜本改革アクションプランにおける 4 分野（空港，水道，下水道，道路）から 10 分野（空港，水道，下水道，道路，文教施設，公営住宅，クルーズ船向け旅客ターミナル施設，MICE 施設，公営水力発電，工業用水道）まで拡張され，事業規模目標についても，当初の 2 〜 3 兆円から 7 兆円へと，重点分野の拡大に併せて増額されている。
　なお，内閣府民間資金等活用事業推進会議がこれまでに決定したアクションプランについて，事業類型ごとの事業規模目標と，コンセッションにおける重点分野と重点分野ごとの事業件数の目標を整理したものが図表 18-3 である。

| 第2部 | 監査・ガバナンス

図表 18-2　PPP/PFI の事業類型

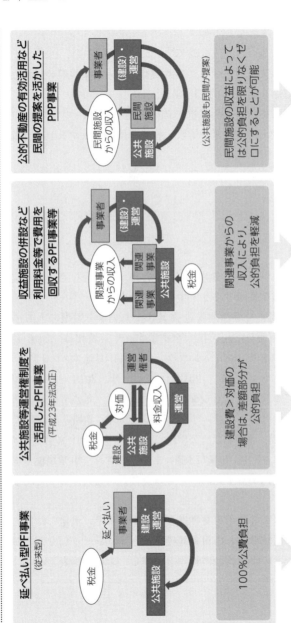

出所：内閣府民間資金等活用事業推進会議（2013）。

わが国におけるPPP（Public Private Partnerships）推進の方向性 | 第18章 |

図表18-3　内閣府民間資金等活用事業推進会議が決定したアクションプランの概要

○PPP/PFIの抜本改革に向けたアクションプラン（2013（平成25）年6月6日）

今後10年間（平成25～令和4年度）で12兆円に及ぶ4類型（コンセッション事業，収益型事業，公的不動産利活用事業，その他の事業（業績連動・複数施設の包括化等））の事業を重点的に推進することとした。
- 事業規模目標：コンセッション事業　2～3兆円　収益型事業　3～4兆円
　　　　　　　　公的不動産利活用事業　2兆円　その他の事業　3兆円

このうち，コンセッションについては，空港，上下水道事業におけるコンセッションの積極的導入を図るとともに，地方道路公社の有料道路事業におけるコンセッションの活用を推進することとした。

○PPP/PFIの抜本改革に向けたアクションプランに係る集中強化期間の取組方針について（2014（平成26）年6月16日）

コンセッションについて，集中強化期間・重点分野・数値目標を設定し，アクションプランの事業規模目標（10年間で2～3兆円）を前倒しし，政府一体となって取り組むこととした。
- 集中強化期間：平成26年度から28年度
- 重点分野：空港，水道，下水道，道路
- 数値目標：事業規模　2～3兆円
- 事業件数目標：空港6件　水道6件　下水道6件　道路1件

○PPP/PFI推進アクションプラン（2016（平成28）年5月18日）

平成25，26年度の実績をフォローアップし，新たな事業規模目標を設定するとともに，コンセッション事業等の重点分野に文教施設および公営住宅を追加した。
- 事業規模目標：21兆円（平成25～令和4年度）（現行目標：10～12兆円）
（コンセッション7兆円，収益型5兆円，公的不動産利活用4兆円，その他5兆円）
- コンセッション事業等（コンセッション事業を基本とするが，将来コンセッション事業につながる事業類型も対象）の重点分野と事業件数目標：
　　空港6件　水道6件　下水道6件　道路1件　（平成26～28年度）
　　文教施設3件　公営住宅6件　（平成28～30年度）

○PPP/PFI推進アクションプラン（平成29年改定版）（2017（平成29）年6月9日）

平成28年版の「6. PDCAサイクル」に基づき，施策のフォローアップや，平成26年度から28年度を集中強化期間とする重点分野の進捗状況を踏まえて，平成29年改定版としてとりまとめられた。
- 事業規模目標：21兆円（平成25～令和4年）（現行目標：10～12兆円）
（コンセッション7兆円，収益型5兆円，公的不動産利活用4兆円，その他5兆円）

- コンセッション事業等の重点分野と事業件数目標：
  空港【6件達成】
  水道【6件：〜平成30年度】
  下水道【6件：〜平成29年度】
  道路【1件達成】
  文教施設【3件：〜平成30年度】
  公営住宅【6件：〜平成30年度】
  クルーズ船向け旅客ターミナル施設【3件：〜平成31年度】
  MICE施設【6件：〜平成31年度】

○ PPP/PFI推進アクションプラン（平成30年改定版）（2018（平成30）年6月15日）

平成29年改定版の施策のフォローアップや重点分野の進捗状況を踏まえて，平成30年改定版としてとりまとめられた。
- 事業規模目標：21兆円（平成25〜令和4年）（現行目標：10〜12兆円）
  （コンセッション7兆円，収益型5兆円，公的不動産利活用4兆円，その他5兆円）
- コンセッション事業等の重点分野と事業件数目標：
  空港【6件達成】　水道【6件：〜平成30年度】
  下水道【具体的検討6件達成（うち事業開始1件，実施方針策定1件），実施方針策定目標6件：〜令和元年度】
  道路【1件達成】
  文教施設【3件：〜平成30年度】
  公営住宅【6件：〜平成30年度】
  クルーズ船向け旅客ターミナル施設【3件：〜令和元年度】
  MICE施設【6件：〜令和元年度】
  公営水力発電【3件：〜令和2年度】
  工業用水道【3件：〜令和2年度】

出所：内閣府が公表している各アクションプランに基づき，筆者作成。

Ⅲ バンドリング

　推進アクションプラン（平成28年版）では，規模が小さく，単独では事業化が困難なものについて，「バンドリング」や「広域化」等により，事業としての成立性を高めるなどの工夫を行うことが重要であるとしている（内閣府民間資金等活用事業推進会議 2016）。同アクションプランでは，「バンドリング」を「同種又は異種の複数施設を一括して事業化する手法」，「広域化」を「複数の地方公共団体が公共施設等の管理者等となってPPP／PFI事業を実施する手法」と

定義している。

　さらに，内閣府民間資金等活用事業推進委員会の下に設置された「事業部会」(2016（平成28）年11月24日から2017（平成29）年2月8日まで）が公表した報告書によれば，バンドリング（以下，広義のバンドリング）を以下の3つの形態に分類している（内閣府民間資金等活用事業推進委員会事業部会 2017）。

①バンドリング（単一地方公共団体による）（以下，狭義のバンドリング）：
　単一の地方公共団体が公共施設等の管理者となり，複数施設を一括して事業化する手法（事例：京都市「京都市立学校耐震化PFI事業」）
②集約化・複合化：
　複数施設を1つの施設に集約化・複合化する手法（事例：大府市「おおぶ文化交流の杜PFI事業」）
③広域化：
　複数の地方公共団体が公共施設等の管理者となり，複数施設を一括して事業化する手法（事例：「群馬東部水道事業団（一部事務組合）」）

　同報告書は，広義のバンドリングの効果として，民間資金の活用により複数施設の整備等を一斉に実施できること，民間ノウハウを活かした効率的な事業実施，一括発注による公共側の事務負担の軽減，事業コストの削減を挙げている。また，学校施設や公営住宅のように，老朽化した施設が大量に更新時期を迎えることが見込まれる分野において，広義のバンドリングが有効な解決策となると期待されるとしている（内閣府民間資金等活用事業推進委員会事業部会 2017）。

　PPP手法それ自体は所与の事業規模の下での効率性の向上を目指すものであり，事業規模の適正化のための手法ではない。この点からいえば，広義のバンドリング手法のうち，「集約化・複合化」と「広域化」は事業規模の適正化を目指すものであり，公共施設等のスリム化を図る上で有効な手段である。また，狭義のバンドリングは，事業規模には変化がないが，複数施設を一括して事業化することにより，事業の効率性を高めることが可能となる。

おわりに

　本稿では，PFI法改正の概要，PPP／PFIの事業類型，バンドリングの概要について概観してきた。

　これらを踏まえ，政府のPPP推進の方向性を整理すると，まず，PFI法の改正によってPFI事業の範囲を拡張するとともに，民間収益施設を組み合わせた事業，民間提案に基づく事業，公共施設等運営事業（コンセッション）といった，民間のノウハウをより積極的に活用するPPP事業を実施するための基礎条件を整備した。

　次に，PFI法の改正を踏まえ，PPP／PFI手法について4つの事業類型を提示したうえで，民間事業者に収益を獲得する機会を積極的に提供することで，公的負担を縮減することを目指し，「PPP／PFIの抜本改革に向けたアクションプラン」や「PPP／PFI推進アクションプラン」を策定し，コンセッション事業，収益型事業，公的不動産利活用事業といった収益機会提供型PPP／PFI手法の推進を図っている。特に，近年はコンセッション事業を積極的に推進している。

　さらに，事業規模の適正化や事業の効率化を図るべく，「バンドリング」，「集約化・複合化」，「広域化」といった，複数の事業を束ねる手法（広義のバンドリング）を推進している。

　これらの取組により，PPP手法の多様化が可能となり，広義のバンドリングと収益機会提供型PPP／PFI手法を組み合わせることにより，事業規模の適正化，事業の効率化，収益獲得によって公的負担を縮減するための道筋を描くことが可能となった。

　ただ，現状では，コンセッション事業について，水道や下水道などなかなか事業化が進まない分野があり，広義のバンドリングについてもそれほど取り組みが進んでいない。

　しかし，巨額の公的債務，人口減少に伴う税収や料金収入の減少，公共施設等の老朽化等，公共サービスを取り巻く環境は年々厳しさを増している。本格的な人口減少社会の下で公共サービスの持続性を確保するためには，「広義のバンドリング」や収益機会提供型PPP／PFI手法について，地方公共団体に

おける積極的な活用が欠かせない。

参考文献

根本祐二（2011）「PPP研究の枠組みについての考察(1)」『東洋大学PPP研究センター紀要』2010年度創刊号，19-28頁。
町田裕彦（2009）『PPPの知識』日本経済新聞出版社。
International Monetary Fund［IMF］（2004）*Public-Private Partnerships.*
Organizatin for Economic Co-operation and Development［OECD］（2008）*Public-Private Partnerships : In Pursuit of Risk Sharing and Value for Money.*（平井文三訳『官民パートナーシップ：PPP・PFIプロジェクトの成功と財政負担』明石書店，2014年）

参考資料

内閣府（2001）『PFI法の改正について（要点）』民間資金等活用事業推進委員会第17回合同部会（11月15日）資料。
――（2005）『PFI法の主な改正事項』。
（https://www8.cao.go.jp/pfi/whatsnew/pdf/gaiyou.pdf）（2019（平成31）年3月28日アクセス）
――（2006）『PFI法の改正について』民間資金等活用事業推進委員会第10回総合部会（2月9日）資料。
――（2011）『PFI法改正法に関する説明会』PFI法改正法に関する説明会資料。
（https://www8.cao.go.jp/pfi/whatsnew/kiji/pdf/setumeikaisiryou.pdf）（2019（平成31）年3月28日アクセス）
――（2011）『民間資金等の活用による公共施設等の整備等の促進に関する法律（PFI法）の一部を改正する法律』第26回民間資金等活用事業推進委員会（8月24日）資料。
――（2013）『民間資金等の活用による公共施設等の整備等の促進に関する法律（PFI法）の一部を改正する法律案の概要』第30回民間資金等活用事業推進委員会（5月29日）資料。
――（2015）『民間資金等の活用による公共施設等の整備等の促進に関する法律の一部を改正する法律』第37回民間資金等活用事業推進委員会（11月19日）資料。
――（2017）『水道事業の基盤強化とPFI導入推進　PPP／PFIの推進について』民間資金等活用事業推進室。
（https://www.cas.go.jp/jp/seisaku/gyoukaku/H27_review/H29_fall_open_review/siryo21.pdf）（2019（平成31）年3月28日アクセス）
内閣府ホームページ『PFI法の改正（平成27年）』。
（https://www8.cao.go.jp/pfi/hourei/kaisei/h27_pfihoukaisei.html）（2019（平成31）年3月28日アクセス）

――『PFI 法施行令の改正（平成 28 年）』。
　（https：//www8.cao.go.jp/pfi/hourei/kankei_hourei/h28_pfihoureikaisei.html）（2019（平成 31）年 3 月 28 日アクセス）
――『PFI 法の改正（平成 30 年)』。
　（https：//www8.cao.go.jp/pfi/hourei/kaisei/h30_pfihoukaisei.html）（2019（平成 31）年 3 月 28 日アクセス）
内閣府民間資金等活用事業推進委員会事業部会（2017）『民間資金等活用事業推進委員会事業部会報告書』。
内閣府民間資金等活用事業推進会議（2013）『PPP／PFI の抜本改革に向けたアクションプラン』。
――（2014）『PPP／PFI の抜本改革に向けたアクションプランに係る集中強化期間の取組方針について』。
――（2016）『PPP／PFI 推進アクションプラン』。
――（2017）『PPP／PFI 推進アクションプラン（平成 29 年改定版）』。
――（2018）『PPP／PFI 推進アクションプラン（平成 30 年改定版）』。

第 19 章

非上場企業における
コーポレートガバナンス改革
——英国での新しい動向

はじめに

　わが国におけるコーポレートガバナンス改革の議論は，企業の持続的成長をよりいっそう促進させるべく，「形式」から「実質」へと深化させていくステージに入った。2017 年 6 月 9 日に閣議決定された「未来投資戦略 2017—Society 5.0 の実現に向けた改革—」において，コーポレートガバナンス改革が形式的な対応に留まっているとの指摘があったのを端緒として，以後機関投資家との建設的な対話，および取締役会や経営陣の役割・責務をどのように実効性のある形で実現させるかという方向で議論が進んでいる。具体的には，2018 年 6 月の「コーポレートガバナンス・コード」改訂やコーポレートガバナンスに関する会社法の一部改正など，多岐にわたる法規範の整備が進行中である。

　こうしたわが国におけるガバナンス改革の議論で常に模範とされてきたのが，英国におけるガバナンス改革の取組みと実践である。英国では，1992 年のキャドベリー報告書（Cadbury Report）以来，形成・展開されてきたコーポレートガバナンスの規範は，わが国のみならず，多くの先進諸国から高い評価を受け，各国の規範形成の議論に大きな影響を与えてきている。

　コーポレートガバナンス改革は，世界的に，上場企業にフォーカスして推進されてきた。英国では，2018 年 7 月，コーポレートガバナンス・コード（UK Corporate Governance Code，以下，CG コード）の改訂版が公表され，一定の上場企業に対するガバナンス改革が不断に続けられている。他方で，これとほぼ同時期に進められてきたのが，これまで改革議論の対象から外れていた一定の

285

| 第 2 部 | 監査・ガバナンス

事業規模を有する非上場企業におけるガバナンス改革という新しい思潮である。その背景にあるのは，たとえ非上場でも大規模な会社ともなれば，労働者，サプライヤー，投資家や顧客というステークホルダーに対して大きな影響を及ぼしうる存在となるため，上場会社と同様にガバナンスにおける一定の透明性を図る必要性があるという問題意識である。そこで英国は，政府のイニシアチブの下，非上場会社のうち，一定の規模を有する会社をターゲットとした新たなガバナンス改革の断行するに至ったのである。

本稿では，こうした英国における新しいガバナンス改革の動向に着目し，その改革内容について概観し，若干の検討を行うものである。

I 英国における非公開会社のガバナンス改革の経緯

英国政府は，2016 年 11 月 29 日，「コーポレートガバナンスの改革：緑書（Corporate Governance Reform：Green Paper）」（以下，2016 年緑書）を公表し，そこで，コーポレートガバナンスにおける 3 つの改革課題を掲げ，2006 年会社法その他規則の改正を視野に入れた見直しを提案した[1]。その 3 つの項目とは，第 1 に業務執行取締役の報酬をめぐる透明性の確保と不公平感の是正，第 2 に長期的な会社事業の成功を促進する取締役の義務（2006 年会社法 172 条）の下で，株主以外のステークホルダーの意見を取締役会の意思決定等に反映させるための新たな枠組みの構築，そして，第 3 として本稿で取り上げる大規模非公開企業（large privately-held businesses）[2]におけるガバナンスの強化である。とりわけ，第 3 の課題に関しては，大規模な非公開企業の場合には，その所有構造の相違から，公開会社と同水準によるガバナンスや開示に関する規律付けがなされてこなかったが，今や，その種の会社の数は相当数に上り[3]，ひとたび不祥事が生じれば，ステークホルダーに対する影響は上場会社に匹敵するとの懸念によるものである。そこで，一定の事業規模を有し，かつ有限責任を享受している非公開会社についても，少なくとも公開会社に類似する規範を設け，遵守させるべきであることが要望され（para.3.2, 3.3）[4]，そのうえで，改革に向けた具体的な 2 つのオプションが提示された。1 つは，大規模な非公開会社における高度なコーポレートガバナンスを実現するため，当該会社にも CG

コードを拡大して適用するか、またはこれとはまったく別の任意のコードを策定するというオプション（para.3.10, 3.12）であり、もう1つは、当該会社における報告義務の水準を引き上げることによって情報開示の規制を強化するオプションである。

こうした政府の諮問を受け、2017年8月29日、ビジネス・エネルギー・産業戦略省（Department for Business, Energy and Industrial Strategy：BEIS）が、「コーポレートガバナンス改革への政府回答（Government Response：Corporate Governance Reform）」（以下、2017年政府回答）を公表し、2016年緑書に対するパブリックコメントの手続きを経て集約された各界の意見および政府による結論なるものが示された。この2017年政府回答では、2016年緑書で諮問された上記3つの見直し内容に対応する8項目の改革提案がなされ[5]、大規模な非公開企業のコーポレートガバナンスに関して、以下の2項目の施策（Action 10&11）が提示された。

第1の施策としては、政府は、英国財務報告評議会（Financial Reporting Council：FRC）に対して、まずビジネスに関する豊富な知見を有する企業人を議長に据え、取締役協会（Instisute of Directors：IoD）や英国産業連盟（Confederation of British Industry：CBI）、ファミリービジネス協会、英国プライベートエクイティ・ベンチャーキャピタル協会（British Private Equity and Venture Capital Association：BVCA）等と協働して、巨大な非公開会社（largest private company）のコーポレートガバナンスに関して自主的な原則の策定を要請するものである（Action10）[6]。すなわち、巨大な私会社が抱える諸々の事情やその所有構造は千差万別であるとしても、これらの会社に相応しいコーポレートガバナンスの原則の策定を促進する方針が固められた（para.3.24）。大規模な会社の経営とガバナンスは、その法的地位如何に関わらず、労働者や供給業者、顧客その他の利益に大きな影響力を有するため、大規模な事業への信頼を高めるためには、適切な経営とコーポレートガバナンス対する責務、そしてオーナーや株主と同等に幅広いステークホルダーの利益に配慮した事業運営を一般社会に対して保証し、実践していかなければならないという認識に基づくものである（para.3.23）。この原則は、その適用を対象会社に強制するものではないが、その信頼性を高めるため、ビジネスに精通した専門家により策定されるべきである

とし，公開会社か否かを問わず，経営陣において労働者の意見や他のステークホルダーの利益を確保することの重要性が反映されたものでなければならないとする（para.3.26, 3.27）。

　第2の施策としては，2,000人超の労働者を有する一定規模の会社に対して，従位的立法（secondary legislation）により，コーポレートガバナンスの取組みを取締役報告書およびWEBサイトによる開示の義務付けを実現し，また，同規模のLLPs（limited liability partnerships）にも同様の義務付けを検討するというものである（Action11）。これは，ロンドン証券取引所Main MarketのPremiumおよびSatndardの上場会社に課している開示義務を，それ以外の一定の巨大企業にも拡大するものであり，それにより，ガバナンスの透明性を求めるステークホルダーからの理解を得ようと目論むものである（para.3.29, 3.30）。ただ，どの程度の規模の会社に開示を義務付けるかについては，引き続き検討課題とされるようであるが（para.3.30），労働者数が規模区分の基準に採用されたことは，このガバナンス改革で労働者の立場を横断的に強化せんとする政府の強い方針の徴表といえよう。

Ⅱ　コーポレートガバナンスに係る開示義務の創設

　以上の一連の改革議論を経て，2018年7月17日に「2018年会社（各種報告）規則（The Companies (Miscellaneous Reporting) Regulations 2018, SI. 2018/860）」（以下，2018年規則）が制定され，一定規模を有する非公開会社のガバナンス改革が結実するに至った。

　まずその1つが，巨大な非公開会社（very large private companies）などに向けた新しい開示規則である。2018年規則の下，「2008年大・中規模会社とグループ（会計と報告）規則（The Large and Medium-sized Companies and Groups (Accounts and Reports) Regulations 2008, SI.2008/410）」を改正し，そのスケジュール7第8節として，新たに「コーポレートガバナンスの取決めに関する表明（Statement of corporate governance arrangements）」と題する一連の規則が新設され，所定の規模区分を満たす場合には，コーポレートガバナンスへの取組み状況を一定の方法で開示することが義務付けられることになった[7]。

まず，開示義務の適用対象となる会社とは，①労働者数が2,000人を超えること[8]，または②売上高が2億ポンドを超え，かつ貸借対照表上の総資産額が20億ポンドを超えること，のいずれかの要件に該当する巨大な非公開会社（very large private companies）および非上場の公開会社（unlisted public companies）である[9]。そして，これらの会社は，最初の事業年度において，取締役報告書（Director's Report）に「コーポレートガバナンスの取決めに関する表明」を含むことが義務付けられる。具体的には，会社が当該会計年度においてコーポレートガバナンス・コード（corporate governance code）[10]を適用した場合，①適用したコーポレートガバナンス・コード名，②適用の方法・状況，③コーポレートガバナンス・コードを遵守しなかった場合においては，遵守しなかった項目とその理由について記載しなければならない[11]。また，会社が，当該会計年度において，いかなるコーポレートガバナンス・コードも適用しなかった場合，適用しない旨を決定した理由および当該会計年度において適用したコーポレートガバナンスに関する取決めの内容について記載しなければならない[12]。また，これらの記載事項の公表方法については，取締役報告書（または戦略報告書）への記載による開示ともに，会社またはその代理人が運営するWEBサイト上でもその内容を開示することが要求されている[13]。

2018年規則の施行日である2019年1月1日以降，巨大な非公開会社は，コーポレートガバナンスの取組み状況に関して，一定の説明責任を果たしていかなければならなくなった。これによって，経営陣において，自社の取組みの現況を把握し，対外的なコミュニケーションが効果的な手法で行われているかを検証する契機になるものと期待されている[14]。特に，実務上も大きなインパクトを有すると思われるのは，何らかのコーポレートガバナンス・コードを適用した場合においては，そのコードの名称や適用状況等を開示することが義務づけられ，逆に，コードを適用しなかった場合にはその理由について説明しなければならないという点である。すなわち，これまでCGコードの強制適用から免れてきた巨大な非公開会社は，今後，適切なコーポレートガバナンス・コードを採用し，その規範に従ってガバナンスに取り組むべきことが事実上強制されたものといえる。

III 大規模非公開会社版「コーポレートガバナンス原則」の策定

1 Wates原則の策定作業

　非公開会社のガバナンス改革における2つ目が，大規模非公開会社（large private company）を念頭に置いたコーポレートガバナンスの原則の策定である。2016年緑書を起点とする一連のガバナンスをめぐる議論において，大規模非公開会社は上場会社と同等の経済的・社会的重要性を有するため，こうした企業で不祥事が生じれば，多岐にわたるステークホルダーに多大なリスクがもたらされうるとの問題認識が一貫して示されてきた。そこで，大規模非公開会社ガバナンスに対するかかる懸念に対処するため，2016年緑書における提案では，当該会社へのCGコードの適用拡大，あるいはFRCによる新たなコードの策定という2つのオプションが示され，2017年政府回答では後者が採択された（本稿 I 参照）。

　これを受けて，FRCは，2018年1月，BEISから任命されたJames Wates氏[15]を議長として，経済・産業界の関連団体—英国プライベートエクイティ・ベンチャーキャピタル協会（BVCA），ファミリービジネス協会，取締役協会（IoD），英国産業連盟（CBI），気候変動開示基準委員会（Climate Disclosure Standards Board），企業倫理協会（Institute of Business Ethics）など—を中心に構成された連合グループ（Coalition Group）を形成し，具体的なガバナンス規範の構築作業を進めた。この間，連合グループは，国内外のコーポレートガバナンス・コードの分析，ステークホルダーとの断続的な議論を実施し，また一方では，非公開企業の経営者などで構成されたExecutive Sounding Boardの助言や協力なども得て，2018年6月から9月まで3ヶ月程の諮問期間の後，同年12月10日，「Wates Corporate Governance Principles for Large Private Companies 2018」（以下，Wates原則）が公表されるに至った[16]。

　従来，非公開会社は，有限責任を享受しながら，一方で，上場会社と同水準の報告義務や説明責任を果たすことが要求されてこなかった。伝統的に，非公開会社とは，個人所有に由来し発展した会社であって，公開株式市場による信

非上場企業におけるコーポレートガバナンス改革 | 第19章 |

頼を負うことが予定されていないからである。また，非公開企業と一口に言っても，そこにはファミリー企業や一人会社，子会社など多様な所有構造が見られ，当然それに伴い，それぞれの会社内における株主，取締役および経営トップの相互関係も著しく状況が異なるため，非公開会社のガバナンスを統一的に規律づけることが困難であるとの認識が強かったからでもある（FRC 2018, p.4）。したがって，非公開会社のコーポレートガバナンスのあり方全般について正面から議論され，かつ，こうした会社に相応しいコーポレートガバナンスに関する規範が策定されたことは，前例のない画期的な取組みといえる。

2 Wates原則の全体像

Wates 原則は，6つの原則（Principle）およびそれぞれの指針（guidance）から構成されている（図表19–1）。原則はいずれも簡潔に掲げられ，その下には，各会社で原則を実践するための補助的な手引きとして指針が位置づけられ，各原則を敷衍する内容となっている[17]。

図表19–1　Wates 原則の構造

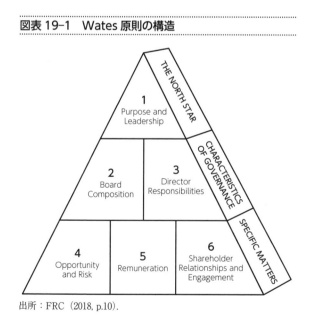

出所：FRC（2018, p.10）.

291

まず，Wates原則の道標（the north star）として位置づけられている原則1「目的とリーダシップ（Purpose and Leadership）」は，取締役会によって，会社の目的が発展・助長され，その目的と連携した企業の価値，戦略および文化を確保されるとする。

次に，ガバナンスの特質として，以下の2つの原則を掲げる。原則2「取締役会の構成（Board Composition）」では，実効性のある取締役会の構成に求められることは，有能な議長が存在することと，会議体としてスキル，経歴，経験および知見に関するバランスが保たれているとともに，個々の取締役が有益な貢献をなし得る十分な能力をもつことであるとする。また，取締役会の規模（size）は，会社の規模および構造の複雑さに応じて，しかるべき規模が導かれるべきであるとする。また，原則3「取締役会の責務（Director Responsibilities）」は，取締役会とそのメンバーは自らの説明責任と責務を明確に理解し，取締役会の方針と手順によって，実効性のある意思決定と独自の挑戦が持続されなければならないとする。

最後に，特定課題として，原則4「機会とリスク（Opportunity and Risk）」，原則5「役員報酬（Remuneration）」および原則6「ステークホルダーとの関係と対話（Stakeholder Relationships and Engagement）」が挙げられている。原則4は，取締役会は，企業の価値を創造し維持する機会を見極め，かつ，リスクの分析とその軽減の監視を確立することによって，会社が長期的かつ持続可能な成功を促進しなければならないとする。原則5では，取締役会は，社内の報酬支払条件を考慮し，会社の長期的に持続可能な成功に連動する業務執行取締役の報酬体系を策定しなければならないとする。原則6は，取締役は，会社の目的に密接に連携するステークホルダーとの関係性を推進しなければならず，取締役会は，労働者を含むステークホルダーとの有意義な対話を監視するとともに，意思決定する際には彼らの意見を考慮する責務を負わなければならないと定める。

3　Wates原則の特徴

Wates原則と2018年に改訂されたCGコード[18]を比較すると，両規範に共通して重要視されている理念・課題が散見される。まず，取締役会はステーク

ホルダーと対話を含めた積極的な関係を構築すべきことが横断的に強調されている点である。Wates原則は、ステークホルダーの範囲を労働者、顧客、サプライヤーに加え、業務監査機関（regulator）、政府、年金基金、債権者、地域団体も含むとし、特に、最大かつ主要なステークホルダーを労働者（workforce）と位置付ける点が注目される（原則5指針）[19]。会社には、労働者が経営幹部と考えや関心を共有できる双方向で意味のある対話が実現できるように、公式・非公式のルートを展開して、労働者の方針や実践が企業目的とその価値に連携することを求め、また、取締役会には、他のステークホルダーも含めた対話をどのように実施し、そこでの対話内容を経営の意思決定でどう考慮し採用したかを開示すべきであるとする[20]。また、両規範は、コーポレートガバナンスにおける企業文化の重要性を強調し、健全な企業文化を組織に浸透させることを求める。Wates原則によれば、健全な企業文化は、会社の競争的優位性にとって不可欠であり、企業の長期的価値の創造と保全の源泉であるから、取締役会、株主および経営陣は、望ましい企業文化を組織全体に定着させることに関与し続けなければならないとする（原則1指針）。そして、こうした企業文化をモニタリングするための有益な方法として、従業員意識調査、労働組合との対話、欠勤率、退職者面談、取締役会による調査結果の分析などが含まれるともしており（原則1指針）、会社が、コーポレートガバナンスの実践を通じて企業文化を醸成していく中で、企業文化を従業員レベルに根付かせるため従業員のコンセンサスを得ながらその浸透を検証していくことができるとする。この他にも、取締役会に関しては、取締役会議長の取締役会での実効性ある議論に対する責務、議長とCEO（chief executive officer）の分離、取締役会におけるダイバーシティの促進などについても両規範でそれぞれ明記されているところであり、これらの点は、上場の有無に関わらず、幅広いステークホルダーとの関係が予定される事業規模の大きい会社に望ましい規範として認識されていることと思われる。

　他方、Wates原則には、CGコードと指向が異なる点も見られる。まず、取締役会に関して、Wates原則では、組織の戦略的要求と挑戦に応え、かつ実効性のある意思決定を可能にさせるため、取締役会の規模と構成に対する特段の配慮を取締役会に要請する点が特徴的である（原則2指針）。慎重かつ実効性の

ある意思決定を導く取締役会の規模を工夫することによって，取締役会の質と効率性を向上させる意図であると解される。他方で，独立性のある非業務執行取締役（non-executive directors）に関しては，CGコードでは，独立性の要件を具体的に列挙したうえで，取締役会の半数以上を独立非業務執行取締役が占めるべきとするのに対し，Wates原則は，独立非業務執行取締役を定義せず，単にその任用する意義を検討すべきであるとするに留まる（原則2指針）。また，CGコードでは指名・監査・報酬委員会（committee）の役割と権限を明確に定め，三委員会の設置を求めるのに対して，Wates原則では，取締役会に対して，後継者計画，会計報告，リスクおよび報酬といった課題の検討を支援する委員会の利用を認めるとするに過ぎず，委員会の設置までは強制していない（原則3指針）。Wates原則が取締役会や組織内に複雑かつ厳格な組織構造まで要求していないのは，非公開会社の所有構造や取締役会の規模の多様性に配慮し，ガバナンス上の柔軟な対応を容認したものと解される。

　Wates原則による規律づけの特徴としては，まず，CGコードが採用している 'comply or explain' と異なり，'apply and explain' のアプローチを採用している点である。すなわち，Wates原則を適用する会社は，6つの原則を自らの組織にとって最適な方法で遵守し，かつ，どのような実践をして各原則を達成したかを取締役会が自らの言葉で各原則の下での実践を説明しなければならない。CGコードの場合，原則とともに諸規定（Provisions）についても，'comply or explain' の対象とされる。これに対して，Wates原則には，各原則を実践するための手引きとしての指針がそれぞれ示されているが，遵守していることを説明すべき対象事項は原則のみである（FRC 2018, p.8）。Wates原則では詳細な規定は設けず，その代わりに，会社が自社の抱える事情に応じて各原則を適用・遵守していることを説明する際に参考となる補助的な指針を定めるにすぎない。つまり，CGコードの諸規定と異なり，Wates原則の指針は 'apply and explain' の対象とはされていない。ただ，その代わりに，原則を遵守したコーポレートガバナンスの実践の状況とその成果を説明させることによって，ステークホルダーにとってガバナンスの透明性が増し，他の規則で義務付けられる報告規制にも対応することができると期待する（FRC 2018, p.8）。

　また，いわゆる 'tick box' アプローチによる形式的な遵守からの脱却を目指す

点も規律づけの工夫である。すなわち，遵守項目のチェック欄にイエスかノーでチェックするだけの，'tick box' アプローチでは，原則の文言が単に遵守されるに過ぎず，原則の精神まで遵守されていないおそれがあるとの疑問が呈されてきた。そこで，Wates 議長は本原則の序文（foreword）において，「よいコーポレートガバナンスはチェック欄にチェックすることではない。事業活動に対する一般公衆の信頼を増幅させるためには，他人の言葉を用いた規制を通して達成させることは不可能である。会社自身が会社の存在意義，目的を果たす方策について真摯に考え，そのうえで，どのように Wates 原則を実行に移すかについて―会社自身の言葉で―説明するしかない」とする（FRC 2018, p.3）。すなわち，Wates 原則は，従来の形式的・画一的な対応で済まされないよう，ガバナンスの取組みに関する説明の「質」を高めることを指向するものであり，これこそがステークホルダーおよび一般公衆からの信頼の構築を実現しうる透明性を図る方策であるという考えに基づくものである。

最後に，Wates 原則は，CG コードと異なり，その適用があくまでも完全に任意であるということに留意したい。なぜなら，大規模な非公開会社においては，経営および所有構造が各々異なり，いずれも均質ではないことから，その規律づけのあり方としていわゆる 'one-size-fits-all' アプローチは適さないからである（FRC 2018, pp.4, 8）。よって，取締役会は，適用しないと決定した場合，その理由とコーポレートガバナンスに関する取決めについて相応しい既存の規範を採用し，実践するよう推奨される（FRC 2018, p.3）。もっとも，2018 年規則の下，巨大な非公開会社はコーポレートガバナンスへの取組みに係る開示義務が課せられるため（本稿Ⅱ参照），Wates 原則は，その実践の拠り所となる規範として適用され，遵守されることが大いに期待されるところである。

おわりに

　一定の規模を有する会社は，その形態がどのようなものであれ，事業活動を展開する中でステークホルダーの多様な利益に大きな影響を及ぼす。このような問題認識に基づき，英国では，限られた上場企業に傾斜してきたガバナンス改革の議論を非上場企業にシフトさせ，会社の規模に着目したガバナンスの規

律強化の方向に一歩を踏み出した。大規模な会社に対して，コーポレートガバナンスへの取組みにつき対外的に情報開示させていくことは，当該会社のみならず，当該国の経済社会全体への信頼の向上につながるのであって，ステークホルダーに考慮して透明性の高いガバナンスの構築を促進する英国での改革の方向性には十分な合理性があると考える。また，経済界主導の下で一定のコンセンサスを形成しながら大規模な非公開会社のガバナンスのあり方の議論を慎重に進め，いわば「非公開会社版コーポレートガバナンス・コード」を創設したことも注目すべき試みである。

　こうした英国での取組みは，わが国の会社法における株式会社の区分規制上，大会社に関する規制を考えるに当たって一つの模範となろう。わが国の会社法上，大会社が所有者と経営者の利害の一致する非公開会社である場合，株主による経営に対するコントロールが発揮されやすいとの理由から，現行法上は経営者を監視・監督するガバナンスの構造や規律が緩やかなものとなっている。確かに，大会社では債権者等のステークホルダーが多く，会計監査人の設置強制（会社法328条1項2項）といった会社の財務情報の信頼性を高める機関設計は強化されているが，上場していなければ，コーポレートガバナンス・コードの適用がなく，ガバナンスの透明性を高める補充的なルールを及ぼせない以上，情報開示の面で補充的にガバナンスの規律づけの必要性は，つとに指摘されるところである（久保田2018, 19頁）。持株会社の子会社のように未上場で巨大な事業会社を想定した場合には，コーポレートガバナンス・コードの適用のある親会社や企業グループ全体での子会社管理とは別に，子会社単体のガバナンスに関する規律づけも別立てで議論を深めていかなければならないと考える。また，その設立数が年々増加傾向にある合同会社に関しても，株式会社のガバナンスの制度設計とは根本的に異なるとはいえ，規模が大きい場合に関しては同様のロジックが当てはまる。大規模な合同会社がステークホルダーに与える影響の大きさに鑑み，こうした合同会社に向けて，ガバナンス上の強化策をどのように図るべきであるのか，検討の余地があると指摘されている（中村2017, 110頁）。

　さらにいえば，大規模な非上場会社のガバナンス強化の議論の先には，無数に存在する中小規模の非上場会社のガバナンスの規律という難題も控えている。

従来のコーポレートガバナンス改革が，資本市場の中心的な存在である機関投資家へのアピールによる自国市場への投資誘導という経済政策に基づく議論であったため，資本市場に参加しない非上場会社は直接的な関わりがなかった（小塚 2018, 44 頁）。しかし，非上場会社の場合，上場会社のような株主と経営者のエージェンシー問題は深刻ではないが，その代わりに，会社対債権者，多数株主対少数株主のエージェンシー問題が強く生起し，非上場会社に特有のガバナンス上のリスクが存在することはすでに指摘されているとおりである[21]。非上場会社では，その規模が中小いずれであろうとも，営利活動を通じて経済社会に参加している以上，これらの潜在的なリスクをまったく看過することはできない。規律づけの方法は別としても，非上場企業に焦点を当て，その抱える固有の問題の整理を通してガバナンスの議論を醸成することが，中小未上場会社の経営者の意識改革に一石を投じる意味を持つ。会社制度に対する国民からの信頼を損なわせないようにするため，今後わが国でもコーポレートガバナンスをめぐる議論の裾野が広がることが期待される。

注

(1) これらの方針は，2016 年 7 月のメイ首相の演説と 2017 年保守党のマニフェストですでに言及されていた内容である。2016 年緑書の内容は，中村（2017）75 頁以下が詳しい。
(2) 2016 年緑書における large privately-held businesses とは，具体的に，private company と limited liability partnership（LLPs）を指す。英国における 2006 年会社法（The Companies Act 2006）は，会社を public company と private company に分類し，両者の根本的な相違は資金調達の手法にある。すなわち，前者が一般公衆に対して株式や社債を発行する方法によるのに対して，後者は株式・社債の公募が禁じられるため（2006 年会社法 755 条），閉鎖的であり，個人資産または銀行からの融資を通じて行う（Hannigan 2016, p.14；訳書 525 頁）。一般に，前者は公開会社，後者は私会社と訳出されるが，2006 年会社法 4 条 1 項において，private company とは，public company でない会社と定めていることから，本稿では，あえて private company を非公開会社と訳出することにした。
(3) 2004 年以来，非公開会社（private companies）は，会社全体の 96％超を占めている（Companies House, Companies register activities: 2018 to 2019（27 June 2019））。
(4) 大規模な非公開企業を規制する必要性として，コーポレートガバナンスが適切に実践されることに関して，株主だけでなく，労働者，サプライチェーンや年金受給者を含むステークホルダーも強い利害関係を有すること，コーポレートガバナンスが高い水準で実施されていれば，有限責任の濫用に対する外部からの懸念を払拭することができるこ

と，公開市場での取引へのより高度な政府による監督と型どおりのコーポレートガバナンスに係る規律から免れるために非公開会社を選択する傾向が顕著であること，適切なガバナンスは会社の評価および長期的成功の構築につながること，などが指摘されている（para.3.3）。

また，2016年に生起した大規模非公開会社による不祥事が，こうした改革議論を加速させたともいえる。これは，2000年に公開会社である英国住宅会社（BHS）を2億ポンドで買収したPhillip Green卿が，BHSを非公開会社に変更した数年後に，BHSに会社の利益額を超える数億円もの配当金を支払わせ，その大部分がGreen卿の妻が支配するモナコ王国に設立された会社に流出していたという事件である。2016年4月，BHSは総額13億ポンドの負債を抱え，売却先も見つからないまま，清算に至った。BHSの年金基金は欠損が571万ポンドに達し，11,000人もの従業員が職を失う結果となった。

英国議会は本件について調査を実施し，BEIS委員会による調査報告書（Business, Energy and Industrial Strategy Committee, 'The sale and acquisition of BHS inquiry' (2016)）によれば，BHSの競争会社の大多数がCGコードを遵守していたのに対して，BHSは非公開会社であるがゆえに遵守していなかったなどとして（ibid. para.125），以下のように結論付けた。「Phillip卿は会社を個人支配により経営することを選択し，取締役会は個々の会社の利益よりも，彼の希望に与した意思決定をした。また，取締役会のメンバーは株主構成と重複し，独立非業務執行取締役は重要案件の決定に参加していなかった。……こうしたガバナンスへの取組みの脆弱性によって，Green一族の支配利益が露になり，会社財産を親会社のオーナーで最終的な受益者であるGreen卿の妻に流出させることも容易であったといえる。……コーポレートガバナンスにおける脆弱性が実質的にBHSを最終的に破綻へと導いたのである。」（ibid. paras.135,137）。英国では，BHS破綻事件を契機に，大規模非公開会社のガバナンス改革の必要性が強く認識されるに至ったわけである。

(5) これらに加えて，FRCの権限に関する改革案が提案された（2017年政府回答Action12）。
(6) この点は，2017年4月，下院に設置されたBEIS委員会によるBEIS Committee, Corporate Governance Fourth Report of Session 2016-17, (HC702) で，英国経済界の主導による新コードの策定が推奨されていた（§74）。
(7) 2018年規則によれば，本来コーポレートガバナンスは広汎な概念であるが，適用対象会社との関連から，①会社組織の性質，構成または機能，②会社組織の運営方法，③会社組織に課された要求事項，④会社組織間の関係性，⑤会社と株主との関係性，を指すものと定義されている（The Companies (Miscellaneous Reporting) Regulations 2018, SI.2018/860, Reg.14, para.25)。
(8) 英国政府によれば，適用対象となる会社のうち労働者数が2,000人を超える会社数は，最大で1,400社と予測されている（2017年政府回答 para.3.30）。
(9) supra note5, SI.2018/860, Reg.14, para.23(3).CGコードまたは海外のコードの遵守が要請される上場会社の子会社及びグループ全体の取締役報告書を作成している親会社の連結子会社も要件を充たす場合は当該開示義務が課せられる（BEIS, The Companies (Miscellaneous Reporting) Regulations 2018-Frequently Asked Questions, June 2018, p.12, Q9～11）。ただし，適用除外となるのは，開示指針および透明性に関する規則（Disclosure Guidance and Transparency Rules：DTR）§7.2の下で「コーポレートガバナンス・ステートメント（corporate governance statement）」の提出が義務付けられているロンドン証券取引所Main Marketのpremiumおよびstandard listingの上場会社

非上場企業におけるコーポレートガバナンス改革 | 第19章 |

(2006年会社法472A条)，2014年会社（監査・調査及びコミュニティ企業）法（Companies (Audit, Investigations and Community Enterprise) Act 2004（c.27））の適用を受けるコミュニティ利益会社（community interest company）およびチャリティ会社（charitable company）である（SI 2018/860, supra note 6, Reg.14, para.22）。

(10) 'corporate governance code' とは，コーポレートガバナンスに関する実践のコードを意味するものとされ，フレームワークや原則なども含まれる（Id, Schedule 7, Reg.14, para.25）。具体的には，CGコードや本稿Ⅲで紹介するWates原則のほか，上場会社連合（Quoted Companies Alliance：QCA）が主にロンドン証券取引所AIMに上場する中小規模の会社（small and mid-sized quoted companies: SMQCs）向けに策定したQCAコード（QCA Code, 最新版は2018年4月に公表されている）が挙げられる。

(11) Id, Schedule 7, Reg.14, para.26(1)。

(12) Id, Schedule 7, Reg.14, para.26(2)。

(13) Id, Schedule 7, Reg.14, para.27(2)(4)。また，記載内容については，無償で外部に提供するとともに，閲覧やハードコピーの入手も自由に行えるようにしなければならないとされる（Id, para.27(5)）。

(14) BEIS, Explanatory Memorandum to The Companies（Miscellaneous Reporting）Regulations 2018, No.860, §7.3。

(15) James Wates氏は，巨大な非公開会社として建設業を中心に展開するWatesグループの会長を務める。

(16) Coalition GroupおよびExecutive Sounding Boardの構成員名簿は，FRC（2018, p.23）参照。

(17) 本稿では，紙幅の関係上，Wates原則の原則部分のみを紹介し，各原則の指針の部分に関しては，本稿Ⅲ・3において若干言及するにとどめ，指針のすべての内容については別稿で紹介したい。

(18) 2018年に改訂されたCGコードは，5つの章で構成されており，第1章：取締役会のリーダーシップと企業の目的，第2章：責任の分離，第3章：取締役会の組織，後継者，評価，第4章：監査，リスク，内部統制，第5章：報酬であり，各章に主要原則，さらに補充原則が定められている。2018年の改訂で大きく変更された点として，①労働者その他のステークホルダーとの対話の推奨，②企業文化の醸成の要請，③取締役会の質向上への取り組みの進化，④報酬委員会の責務拡大が挙げられる（須磨2018, 29頁）。

(19) 'workforce' とは会社と正式な雇用契約（formal contract of employment）を締結している者（正規雇用，有期雇用，ゼロ時間雇用協定（zero-hours））および取締役会の決定で指定された者（たとえば，役務提供者，派遣労働者（agency workers），在宅勤務者）を含み，労働者（employee）における法律上の定義と一致する概念ではない点に注意したい（原則1指針注6）。

(20) 2018年規則では，大会社（large companies）に，取締役による会社の成功を促進する義務を定める2006年会社法172条1項(a)～(f)所定の事項につき，取締役がどのようにステークホルダーの利益を考慮したかを戦略報告書に記載することが新たに義務付けられた。Wates原則は，このような報告義務の履行と，本原則を遵守し，説明責任を果たすことは密接に連携することになるとする（原則6指針）。

(21) 非上場会社のコーポレートガバナンスにおける具体的な問題として，経営者あるいは創業者ファミリーにおけるコンプライアンス意識の問題や企業承継に対する懸念が指摘される（小塚2018, 47頁）。

299

| 第2部 | 監査・ガバナンス

参考文献

久保田安彦（2018）『会社法の学び方』日本評論社。
小塚荘一郎（2018）「非上場企業の2大課題を克服するプチ・コーポレートガバナンスのすすめ」『ビジネス法務』第18巻第8号。
須磨美月（2018）「英国コーポレートガバナンス・コードと改定の概要」『資料版商事法務』第414号。
中村信男（2017）「イギリスにおける会社法改正構想：2016年緑書『コーポレート・ガバナンスの改革』に示された会社法改正構想の概観と示唆」『比較法学』（早稲田大学比較法研究所）第51巻第2号。
Department for Business, Energy and Industrial Strategy ［BEIS］（2016）*Corporate Governance Reform*：*Green Paper*.
―（2017）*Government Response*：*Corporate Governance Reform*.
BEIS（2018）The Companies（Miscellaneous Reporting）Regulations – Frequently Asked Questions, June.
BEIS Committee（2017a）*Corporate Governance Third Report of Session 2016-17*,（HC 702）.
―（2017b）*Corporate Governance Fourth Report of Session 2016-17*,（HC702）.
Financial Reporting Council ［FRC］（2018）*The Wates Corporate Governance Principles for Large Private Companies, December*.
Hannigan, B.（2016）Company Law, 4th ed.（イギリス会社法制研究会『イギリス会社法：解説と条文』成文堂，2017）

第20章
委託業務の内部統制と監査

はじめに

　今日では，会社の経営にあたり，業務の一部を外部に委託するのは一般的であり，その範囲および内容に関しても高度化し拡大の一途をたどってきている。上場会社については，金融商品取引法により内部統制監査が実施されている。本稿では委託業務に係る内部統制の評価に関して，生じている問題点，およびこれに関する今後の検討課題を示してみたいと思う。

I　委託業務の意義

1　法律概念としての委託業務

　内部統制実施基準においては委託業務に関し，企業が財務諸表の基礎となる取引の承認，実行，計算，集計，記録または開示事項の作成等の業務を外部の専門会社に委託している場合を例に挙げ，これに該当すれば，委託者が責任を有しており，委託業務に係る内部統制についても評価の範囲に含まれるとしている。

　委託業務という用語は，一般的には広く使われる用語であるが，法律上，明確に定義づけられていない。具体的には，委託業務の委託とは，民法上の請負契約または委任契約（準委任契約）を意味するものといわれている（道垣 2008, 192-195頁）。法律上，それぞれ「請負は，当事者の一方がある仕事を完成することを約し，相手方がその仕事の結果に対して，その報酬を支払うことを約することによって，その効力を生ずる。」（民法第632条），「委任は，当事者の一方

が法律行為をすることを相手方に委託し，相手方がこれを承諾することによって，その効力を生ずる。」(民法第643条) と示されている。なお，民法第656条によって，法律行為でない事務の委託についても，「準委任契約」として定めている。この請負契約と委任契約の基本的な違いは，請負契約は，仕事の結果に対して責任を負い，委任契約は，「善良なる管理者の注意義務」(民法第644条) を負うものの，行為の過程に対して責任を負うことになる。実務上は業務委託契約を締結する場合，民法上の請負契約と委任契約の混合契約として行う形態が多く，このことが契約関係を複雑にしているといえる。

2 委託業務とアウトソーシング

委託業務は，これを広く捉えて，業務の運営と業務の企画・設計の有無により，①コンサルティング，②アウトソーシング，③人材派遣，④請負・外注 (代理) に区分する考え方もある (中央青山PwCコンサルティング2005, 2-3頁[1])。このうち，アウトソーシングと請負・外注 (代理) に関しては，業務の運営を行い，コンサルティング，アウトソーシングに関しては業務の企画設計を行うものであると考えられる。このように理解すれば，アウトソーシングは，業務の企画設計および業務の運営の双方を行うものであるということになる。内部統制実施基準にいう委託業務は，委託者が責任を有し，業務の運営を行っていることを前提としているものの，その内容は必ずしも明らかではない。企画・設計の意味をどのように解釈するかにもよるが，上記の意味でのアウトソーシングを含むことは間違いないであろう。ただ，企画・設計を伴わない請負・外注をも含めて考えてよいかどうかについては議論のあるところであろう。

3 アウトソーシングの目的

アウトソーシングは古来より，経営の三要素といわれる人・物・金の不足を補充するために，人類の知恵として生み出されてきた手法であり，活用され続けてきた。特に小規模な生産手段しか所有しない組織の段階においては，必然的に利用されてきていた。しかしこれが戦略的な経営手法として，理論付けられ，脚光を浴びるようになったのは，比較的最近になってからのことである。この意味でのアウトソーシングとは，会社が自社の最も核となる戦略的事業領

域を強化するために，社外の経営資源を有効に活用しながら，経営効率を高めるための，戦略的な経営手法と意義付けすることができる。具体的には，米国において，業績が悪化する会社が本社機能の経営効率を向上させることを目的とし，リストラの一環として，会社の再建に使われたことが発端であるといわれている。コダック社やGE社の情報部門の分社化が，その嚆矢であるといわれている（妹尾 2000, 3-4頁）。今日においては創業間もない会社から大会社まで，成長に欠かせない経営手法として，浸透し広く普及してきている。

アウトソーシング導入のメリットは一般的に次のようなことがいわれている。
①経営資源のコア業務への集中投下
②業務効率の向上
③コスト削減
④専門知識の利用

わが国においても，いわゆるバブル経済の時期において，経営の多角化こそ経営資源の有効利用との考えにより，思いつくままに事業の拡大を図り，失敗した例を数多く経験してきた。経済が成長発展してきている時期においては，経営資源の無駄使いに気づかずにいた多くの会社が，経済の成長鈍化という内外の環境の変化に対応するために，会社経営の再構築に有効な手法としてアウトソーシングを幅広く受け入れるようになったということができる。

Ⅱ 委託業務の分類と問題点

1 委託業務先の分類

業務委託先の会社については，基本的には，次のように分類される。

(1) 資本関係のない外部の会社に委託するケース

このケースに関しては，自社の専門的な知識の不足を補うために利用する場合が多いようである。

(2) 企業内部の部門を分社化するケース

　企業を分社化し，社内の間接業務を本体から切り離して，グループ会社の業務も合わせ，集中的に処理するケースである。このように業務の標準化を行い，コストの削減をはかり，経営効率を高めようとする経営手法をシェアードサービスという。また，このようなグループ会社の場合，外部に委託する場合であっても，いったんグループ全体の業務を標準化したうえで，まとめて外部企業に委託した方がよりコストの削減効果が大きくなるといえよう。さらに，資本関係のない他社の業務も受け入れて，収益を上げられるような，より専門性の高い企業へと発展していく場合も見られる。わが国においては，機密保持，セキュリティーの観点から，グループ会社が多い大企業に，この手法が広く受け入れられているようである。

(3) 技術を有する会社と合弁会社を設立し委託するケース

　その分野で優れた技術を有する会社と技術提携をはかり，そのノウハウを活用して，相互に経営資源を活用し合うような，合弁会社の形態である。

2　委託業務の種類による分類

　今日，企業の業務を委託する経営手法は広く受け入れられ，その可能な分野はビジネスフロー全体のほぼすべての領域において可能であるが，主だった分野を挙げれば，以下のとおりである。

(1) 総務・経理系分野

　総務・経理系分野は，年金制度管理業務，給与計算代行業務，経理記帳代行業務等，人事・総務・企画・経理といった，業務上必要不可欠な分野であるが，間接部門のコスト削減から企業が最も効率化したい分野である。この分野は，人件費コストの削減を目的に人材派遣という形で最も早くから手を付けられ，意思決定に関わらない定型的な業務に効率的な仕組みとして，最も普及している分野であるといってよいであろう。

　しかし最近では，経営の意思決定に直結するような法務分野，財務分野の業務委託が増加傾向にある[2]。具体的には契約書類の作成，人事考課，給与計

算，財務書類の作成に関連する業務などである。これらの分野の人材は，専門性の高いスキルが要求され，本来企業内において必要不可欠の存在であるが，小規模なベンチャー企業等においてはコスト的にも業務量的にも人材として雇用することが困難な場合が多く，外部の専門的なノウハウを活用しようという動きが高まってきている。

内部統制報告制度との関連においては，とりわけ経理業務の委託は，会計数値を直接的に扱う分野であることから，最もリスクの高い分野として，委託会社には慎重な対応が求められる。

(2) 情報系分野

情報システムは，企業にとって重要なインフラであり，データセンター・クラウドサービス・ASP (Application Service Provider) 事業の利用やシステムの企画，開発，導入，運用，保守というライフサイクルとして把握できる。技術革新の激しいこの分野に関するソフト・ハードに関わる投資や，高度な専門的な知識を有する人材を確保するためには，多額な資金を必要とする。最近では，高いセキュリティー要件の確保等も要請されている。このため，情報システムを戦略的に活用しようとする企業は，経営戦略と経営効率の同時達成を狙って，当該業務を外部の専門事業者等に委託することがある。

ところが現実には，多くの企業は，いまだ「金が掛かる，人がいない，難しい」といった後ろ向きの姿勢から，アウトソーサーに丸投げしているケースが目立つように見える。内部統制報告制度との関係においては，情報システムに依存して財務数値が算定されるケースがほとんどであることから，その意味で高いリスクを抱えた分野である。

(3) 物流系分野

物流システムも情報システムと並び，また絡み合って，企業の重要な業務プロセスとなっている。単純なケースでは商製品の配送業務からその入出庫までを管理する倉庫業，さらには受・発注システムまでも有し，在庫管理まで行う総合的な物流システムを受託する企業も存在している。

トヨタ自動車のカンバン方式に代表されるように，必要な物を必要な時に必

要なだけ生産する,というジャストインタイム方式に対応した多頻度少量配送への対応が必要となってきていることから,総合物流トータルシステムへの取組みが要求されつつある。そのためには,設備の保有・システムの構築等,莫大な資金・人員が必要となり,一社で賄うのは困難な状況にあるため,物流総合会社に委託するだけでなく,同業社において共同で会社を設立したりするなど,いろいろな形態が見られるのがこの分野の特徴である。内部統制報告制度との関係においては,この分野も購買・販売に関わる重要な業務プロセスであるため,評価対象とされることがほとんどであろう。

(4) 生産系分野

近年,自社では生産設備や生産人員を持たず,外部の工場に生産を委託し,自らは研究開発に特化しているベンチャー企業も多数存在している。このような企業は,ファブレス企業と呼ばれて特許戦略を重視している。生産委託はベンチャー企業に限らず,大手家電メーカーにおいても,自社の得意分野を活かし,生産工程の内,切り出せる部分について同業者の間で生産を委託する場合も多く見受けられる。また逆に,生産を受託する企業は,ファウンドリー企業と呼ばれ,多くの企業から同種の製品を受注し,高い技術水準を維持し,生産コストを引き下げることが可能となる。

この分野は直接的には生産管理に関係するものであるが,内部統制報告制度との関係においても,原価標準の設定やそれに基づく原価管理等,さらには外部報告用の適正な製造原価の算定という点で無関係とはいえない分野である。

3 業務委託の問題点とそれへの対応

わが国の業務委託に対するユーザー企業の構造的な特徴には,次のようなものがある。いずれも,日本の経営組織の特徴に由来するものであり,これが業務委託の発展を妨げている問題であり,これを無視して実行することにより,将来的に問題を引き起こす要因となるものである(経済産業省 2008)。

(1) 業務の可視化・標準化の遅れ

わが国の会社で多く見られる業務分担の特徴として,各業務を個人個人に任

せており，そのノウハウを他の個人に移転させることが難しい点をあげることができる。内部統制報告制度の導入により期待される効果の1つに，業務プロセスの可視化を行い，内容を分析し，それを標準化し，発生しうるリスクを明確にして対処することが，業務の効率を高めることに結びつくことがある。具体的には業務を標準化し，職務分掌規程を作成することにより，責任と権限を明確にする。また業務マニュアルやチェックリストの作成により，業務を可視化し，リスクを未然に防止することにより，業務に対するコントロールやモニタリングを容易にできるようにすることである。これにより，会社の外部に委託できる業務の区分けが明確になされることになるが，これが不可能な状況にある会社が多い。

(2) 戦略的なコア業務の区分

　明確な経営戦略を有していない会社では，コア業務の区分が事実上困難である。明確なドメインを有する会社は，コア業務は長期的な経営戦略から抽出されるものであり，その結果として，それ以外の委託される業務が決められるべきである。業務を委託することの目的であるコスト面や外部の専門的なノウハウだけに着目することにより，業務の丸投げ的な発想が生まれてくる可能性が挙げられる。結果として，社員のモラル意識の低下を招くことにより，経営管理上，重大な問題を引き起こす可能性がある。そのため，社員に対して委託業務の内容を周知させるための情報提供や啓蒙活動を行う必要がある。また，社内に委託業務を管理できる人材を確保して，進捗状況等のチェックやフィードバック体制を構築することが必要である。

(3) 契約の不明瞭性

　業者との契約にあたり，重要な項目を契約の中に織り込まず，曖昧な表現での契約を締結するケースが目立つ。業務の仕様が不明確であったり，度々変更したりなどである。しかしそれに対して品質への過度な期待があり，最初から高いサービスを要求するケースも多いようである。予算を楯に別料金の請求が認められなかったりするのも，「あうんの呼吸」を求める日本の会社の特徴であろう。サービスのレベルや金額等は，それを維持管理するためにも，あらかじ

め契約に盛り込むべきでる。特に監査条項を明記することが重要である。また企業の固有な技術や顧客情報の流出の可能性を挙げて，業務の委託に対して躊躇するケースが見受けられる。そのための対策として，委託側では情報管理体制をしっかりと確立しておく必要がある。具体的には，契約によって秘密保持事項やその違反に対する制裁事項を入れる等の対処が求められる。

(4) 委託業務に対する評価

わが国の会社は，委託業務による効果の測定を十分に行っていないケースが多く見受けられる。サービスの質による業者の選定や導入後における費用削減の結果分析なども不十分なように思われる。これは委託の対象となる業務の多くは間接部門に対するものが多く，委託する以前のコストの把握等が十分に行われていないため，そのメリットが十分に測定できないことによる。また多くのリスクは委託業務が引き継がれる時に発生することが多いが，引き継ぎ後のコントロール，モニタリングが不十分である場合も多い。本来であれば，委託先とのコミュニケーションを十分にはかり，管理することが重要になる。

Ⅲ 委託業務に係る内部統制の評価と監査

1 委託業務に係る内部統制の評価の必要性

今日では，ほとんどの会社が何らかの業務を外部に委託している状況にある。このようなもとで財務報告の信頼性を確保することを目的とする内部統制評価の対象を，会社の内部のみに限定した場合，一連の業務プロセスが欠落した状態となり，重要なリスクを見逃してしまう恐れが生じる。

このような観点から，内部統制実施基準では，業務プロセスの評価範囲は幅広くとり，原則として連結ベースで行うのみならず，企業集団外部の専門会社に委託した業務についてもその範囲に含め，内部統制の有効性評価の対象としなければならない旨の指示を与えている。これは，量的には評価の範囲を広げ，この中から重要性を考慮して，会社の実情に即した裁量的な判断の下に，業務プロセスに関して評価をするという絞り込みをかけ，質的に内部統制の評価の

実効性を高めるという考え方に基づいていると考えることができる。
　また，外部に委託している業務のプロセスを整理し，業務上のリスクを認識し，見直すことは，単に財務報告の信頼性を確保するのみならず，長期的には経営の効率化にも大きく寄与することになると考えられる。

2　内部統制の有効性の評価方法

　内部統制の評価の対象となる委託業務は，企業の財務諸表数値に直接影響を及ぼすような取引の承認，実行，計算，集計，記録または開示事項の作成等に関連する業務をいう。このような業務に関しては，委託会社が責任を有しているため，経営者はその業務を提供している外部の受託会社の業務に関しても，その内部統制の有効性を評価しなければならないとされている。しかし，重要性を考慮した裁量的な業務プロセスの絞り込みの判断や，委託会社が基本的には企業集団外部の企業であることの問題などから，具体的な方法に関しては，いろいろと複雑な問題を引き起こしている。
　委託業務が，企業の重要な業務プロセスの一部を構成していないと判断される場合には，内部統制の評価を行う必要はないが，そうでない場合には何らかの形で，経営者は，委託業務に係る内部統制について，その委託先（受託会社）が実施している内部統制の整備及び運用状況を把握し，適切に評価しなければならない。その際には，委託会社による直接評価が可能であるかどうかを判断し内部統制の有効性を評価することになる。内部統制実施基準によれば，内部統制の有効性の評価手続として以下の方法を例示している。

(1) サンプリングによる検証

　委託業務結果の報告書と基礎資料との整合性を検証するとともに，委託業務の結果について，一部の項目を企業内で実施して検証する。たとえば，給与計算業務について，受託会社に委託した給与データの対象人数を受託会社から受領した計算データの件数と，企業において比較するとともに，無作為に抽出したその一部について，企業において検算を実施する。

| 第2部 | 監査・ガバナンス

(2) 委託会社の評価結果の利用

　委託業務に係る内部統制の整備及び運用状況に関しては，経営者は，委託業務に関連する内部統制の評価結果を記載した報告書等を受託会社から入手して，自らの判断により委託業務の評価の代替手段とすることが考えられる。その際，経営者は，その報告書等が十分な証拠を提供しているかどうかを検討しなければならない。

3　委託業務に係る内部統制の保証報告書の利用

　内部統制報告制度において，委託業務については委託会社が責任を有するとされても，委託先（受託会社）の内部統制の状況を直接的に確かめることには限界がある。委託会社の内部監査人等が受託会社に出向いて評価を行う実務も行われているが，受託会社側から見たとき，委託会社が相当数にのぼると，いちいち対応しなければならない煩雑さがある。そこで，財務諸表監査において，その利用が想定されている委託業務に係る内部統制の保証報告書を，委託会社が受託会社から入手することが考えられる。

　この委託業務に係る内部統制の保証報告書とは，受託会社の監査人の作成した，委託業務に関連する内部統制の評価結果を記載した監査報告書である。

　わが国においては，監査・保証実務委員会実務指針第86号「受託業務に係る内部統制の保証報告書」（以下，実務指針86号）が公表されており，「受託会社のシステムに関する記述書並びに内部統制のデザインに関する報告書」（type1報告書）と「受託会社のシステムに関する記述書並びに内部統制のデザイン及び運用状況の有効性に関する報告書」（type2報告書）の2種類が示されている。

　「受託会社のシステムに関する記述書並びに内部統制のデザインに関する報告書」とは，委託会社の財務諸表監査に関連して，受託会社が作成した内部統制に関する記述書に，一定時点（基準日）における受託会社の内部統制が適切に記載されているか否か，および当該内部統制が統制目的に照らして適切に設計（デザイン）され，かつ実際に業務に適用されているか否かについて，受託会社監査人が意見を表明した報告書である。

　一方，「受託会社のシステムに関する記述書並びに内部統制のデザイン及び運用状況の有効性に関する報告書」とは，上述のtype1報告書の記載内容に加え

て，特定した内部統制（主として統制活動）の一定期間の運用状況の有効性について，受託会社監査人が意見を表明する報告書をいう。

実務指針86号報告書の利用にあたっては，受託会社の内部統制の整備状況しか明らかにならないtype1の報告書では不十分であるから，type2の報告書が入手されることになるであろう。

なお，「財務報告に係る内部統制の監査に関する実務上の取扱い」（監査・保証実務委員会報告第82号）では，受託会社からの報告書として，①受託会社内部で作成された報告書，②日本公認会計士協会が公表している実務指針86号に定める「受託会社のシステムに関する記述書並びに内部統制のデザイン及び運用状況に関する独立受託会社監査人の保証報告書」，③アメリカ公認会計士協会（American Institute of Certified Public Accountants：AICPA）が策定したStatement on Standards for Attestation Engagements (SSAE) No. 16「Reporting on Controls at a Service Organization」による報告書，④国際会計士連盟（IFAC）の中に設置されている国際監査・保証基準審議会（International Auditing and Assurance Standards Board：IAASB）が策定したInternational Standard on Assurance Engagements (ISAE) No. 3402「Assurance Reports on Controls at a Service Organization」による報告書等の諸外国の制度における報告書の利用を例示している（日本公認会計士協会 2012, 180項）。

しかし，これらの報告書を利用する場合においても，ただ単に入手すればそれですべてが済むといったものではなく，委託業務に係る内部統制評価の責任は経営者にあり，評価範囲，評価手続，評価期間等，報告書の内容を理解したうえで，評価に用いることができるか否かを検討しなければならない。そのためにも，経営者が評価を行うための委託業務に対する手続きは確立しておく必要がある。もし，受託会社監査人の報告書が，評価のために十分な証拠になりえないと判断した場合には，受託会社監査人に追加の評価手続の実施を依頼するか，委託会社の側で補完的な手続きを実施しなければならない。

4 受託会社監査人の保証報告書の記載事項

受託会社監査人の保証報告書には，受託会社の経営者が特定した統制目的と，受託会社監査人がその統制目的を達成するために効果的と判断した特定の

内部統制（主として統制活動）について実施した統制評価手続の内容と範囲，実施時期およびその結果を記載した書面を添付することになっている。

以下に示すのは，監査基準委員会報告書第86号で示されている「委託会社監査人の保証報告書（type2）」の雛形である（一部省略）。

> (1) 表題
> (2) 範囲
> (3) 受託会社の責任
> (4) 受託会社監査人の責任
> (5) 受託会社の内部統制の限界
> (6) 意見
>   - 記述書は＊年＊月＊日～＊年＊月＊日にわたってデザインされ，業務に適用されているシステムを適正に表示している。
>   - 内部統制は＊年＊月＊日～＊＊年＊月＊日にわたって適切にデザインされている。
>   - 内部統制は＊年＊月＊日～＊年＊月＊日にわたって有効に運用されている。
> (7) 運用評価手続の記述
> (8) 想定利用者と目的
> (9) 利害関係

5 委託業務に係る外部監査人による監査

内部統制実施基準によれば，監査人は，内部統制の有効性に係る経営者の評価を検討するために，以下の手続きを実施することとされている。

① 委託業務に係る内部統制について，受託会社が実施している内部統制，および受託会社が提供している業務に対し，企業（委託会社）が実施している内部統制を理解する。

② 受託会社の業務に対し企業（委託会社）が自らサンプリングによる検証を実施している場合には，経営者の行った検証の状況を確認する。

③ 委託業務について受託会社が実施した内部統制の整備及び運用状況に関する評価の結果を記載した報告書等を企業（委託会社）が受託会社から入手している場合には，その報告書等が十分な証拠を提供しているかどうか 検討する[3]（内部統制実施基準4(2)③）。

そこで，委託会社の監査人は，次の点に留意して委託会社の財務諸表が受託会社の内部統制にどの程度影響を受けるかを検討しなければならない。
① 受託会社が提供する業務の内容と委託会社にとっての当該業務の重要性（委託会社の内部統制に与える影響を含む）。
② 受託会社が処理する取引，または影響を与える勘定や財務報告プロセスの内容と重要性。
③ 受託会社の活動と委託会社の活動との相互関連の度合い。
④ 受託会社が引き受ける活動に関する契約条項を含む，委託会社と受託会社の関係。
(監査基準委員会報告書402「業務を委託している企業の監査上の考慮事項」8)

実務指針86号によれば，受託会社によって処理される取引または関連する財務諸表項目が委託会社の財務諸表において重要性がある場合や，金額的には重要性はないがその取引または財務諸表項目の性質から考えて固有リスクが高い場合，委託会社の財務諸表に虚偽の表示が存在するかどうかは受託会社の内部統制に影響を受けると考えられるため，委託会社監査人は財務諸表監査を実施するに際して，受託会社の内部統制を理解しなければならないものとされている。

Ⅳ 委託業務に係る内部統制監査の問題点と課題

1 契約に関する問題点

契約に関する問題点は，わが国のアウトソーシングの特徴に見られるように，曖昧な契約により，委託業務を開始するケースが多く見られ，標準的なフォームによらず，詳細なサービスレベルアグリーメント（Service Level Agreement：SLA）を含む個別契約書を作成すべきであるが，これがなされていないケースが多い。特に，情報システム部門の人材では，このような問題点を解決できる人材が不足しているのが現状である。この傾向は日本企業において強いと感じられる。また情報システムのアウトソーシングに関しては，単なる計算処理を

外部に委託する場合と統制業務を含めて業務委託する場合とでは，委託会社側の受託会社に対する管理の内容が異なるが，契約にどこまで盛り込むかについて，議論が生じることも多いようである。業務委託契約には，当初より，必要な監査条項のようなものは必ず含まれるべきである。また法律上，委託という曖昧な概念により，契約にその内容を細かく記載する必要がある。民法上の委任は仕事の結果に対して責任を負う請負契約と異なり，行為の過程に責任を負うことになり，結果に対して必ずしも責任を負わされるものではない。そのため，リスクは委任者の側にあり，委任者は受任者の行為の過程を管理する必要がある。そのためにも受任者には報告義務（民645条～647条）が課せられているものと解される。なお，あえて契約の内容を外注契約や請負契約にして，業務プロセスの評価を回避しようとする行為も考えられる。

2 体制に関する問題点

どの分野の業務委託についてもいえることであるが，委託先での統制がこれまで十分ではなかった場合，どのような体制を整えるべきかについて多く議論されている。

本来であれば，「担当者と承認者」「開発者と運用者」等の職務分離がなされていることが基本であるが，コスト面から困難であるとの思惑が先行している。中には，委託会社の業務プロセスの中に統制活動を取り込み，外部委託業務の範囲から外す方法を考える会社も見られる。また，委託先に担当者が1人しかいない場合は，2人にする必要があるのかという単純な議論に発展することが多い。総務・経理系の専門知識を必要とする分野や情報系分野の委託業務に関しては，これまで，面倒・難しいという観点で業務委託を行ってきた経緯から，業務プロセスの評価に関して業務の分担や役割を見直して対処するという展開には進みづらいように感じられる。また受託会社の側においても，たとえ上場会社であったとしても，すべての業務プロセスについて，内部統制の評価の対象としているわけではなく，委託企業の要望に応えることは困難であるとする会社が多い。受託会社が非上場の場合においてはなおさらのことである。

3 監査に関する問題

　経営者による内部統制の評価を行うにあたり、業務プロセスの評価を行う際には、その評価範囲の決定プロセスに企業の実情に即した裁量的な判断が認められているため、混乱が生じてきているように思われる。特に委託業務に関しては、どこまでをその評価範囲に含めなければならないのか、すなわち何が重要な業務プロセスなのかということが、疑問となっているようである。
　このような疑問に対し多くの会社では、リスクという質的な側面からではなく、金額面など量的な側面から、委託する業務が企業の重要な業務プロセスの一部か否かという判断を行い、重要な業務プロセスではないと解釈し、評価する業務プロセスから外すことを考えるケースが見受けられる。また重要な業務プロセスの一部と判断し、評価対象に含め、委託会社の側でサンプリングなどにより直接評価する場合においても、受託企業の協力が得られるかが問題となっている。受託企業の側でも、数多くの会社から業務を受託している場合においては、それぞれに対応しなければならないため、その業務負担が膨大となる。また委託業務に関連する内部統制の評価結果を記載した報告書等を入手することを考えた場合、前述したとおり、報告書の内容が評価のために十分な証拠になりえないと判断される場合もあるので十分に検討する必要がある。また実務指針86号に基づく報告書等を入手するための費用負担も問題となっている。
　会計監査人の監査上の問題点としては、委託会社が、受託会社の業務をどのように利用しているかを理解していないことがあげられる。監査に関連する内部統制の理解においては、受託会社に係る内部統制等を含めて、受託会社が提供する業務に関連する被監査会社の内部統制の整備状況と業務への適用を評価しなければならない。近年はシステムのクラウド化などにより、委託会社が、受託会社から提供されたサービスの内容とその形態によって、財務報告の基礎となる業務に係る内部統制が被監査会社にあるか受託会社にあるかの判断を求められる場合がある。監査人は、受託会社が提供する業務の内容と重要性およびそれらが、委託会社の監査に関連する内部統制に与える影響に関して十分に理解する必要がある。単に被監査会社が入手した報告書等を閲覧するのみで、

| 第 2 部 | 監査・ガバナンス

受託会社監査人の実施した評価手続の適切性など，委託業務に関する評価を実施しなければならない。

おわりに―今後の検討課題―

　会社が業務の委託を行うことは事業を発展させ，成長させていくために必要不可欠なことであり，今後も進んでいくことと思われる。ただ，業務の委託に関しては会社の経営戦略と直接結びつくものであり，そのリスクをも含めて慎重に判断されるべきである。本来，業務の委託は内部統制環境を外部に移転することになり，その業務のコントロール・モニタリング機能は委託会社の中に残されていなければならない。今日における問題の多くはこの点を見落としていたことにあるような気がする。内部統制評価への対応として，何をすれば監査が通るのかという小手先の対応が先行しており，企業として何に対して統制を行うべきなのかという基本的な理解に立ったうえでの判断が弱いように感じられる。外部委託先との契約に関しては，委託した業務の品質やプロセスを本来，どのように確認しているかを委託会社の側が自ら再点検すれば十分であると思われる。また内部統制を評価する人材の問題であるが，内部監査担当者が，評価担当者として業務を担うのが一般的であろうが，この人材の質を高めることが重要であろうと思われる。委託業務に関しても，単に事後的な監査を行うということではなく，委託先の選定から，契約，評価という形で全過程に係わり，業務プロセスを熟知しているような人材が望まれる。今後，業務委託に関する正しい理解のもとに，会社の業務プロセス全般を見直し，より有効で効率的な組織を構築することが望まれる。

注

(1) 本稿においては花田モデルにより人材派遣・外注・コンサルティング・アウトソーシングの区分を示している。
(2) IDC Japan の調査によると，人事，カスタマーケア，財務／経理，調達／購買分野における 2018 年国内ビジネスアウトソーシング市場は，前年比 4.7％増の 7691 億円になる見込みで，2018 年から 2023 年までの同市場の年間平均成長率（CAGR）は 3.5％，2023

年の市場規模は9147億円と予測している。特に財務／経理，調達／購買業務分野は，単純な記帳業務が縮小傾向にある一方で，業務改革の一環として外部委託したいという需要や間接部門を包括的にサポートするサービスに対する需要は高い状態が続いている。こうした人材不足を背景としたRPA（Robotic Process Automation）に対する注目度の高さにも支えられ，安定した成長を続けると予想している（IDC Japan 2018）。

参考文献

経済産業省（2008）「BPO（業務プロセスアウトソーシング）研究会報告書」6月。
妹尾雅夫（2000）『アウトソーシングの知識（日経文庫）』日本経済新聞社。
中央青山PwCコンサルティング編（2005）『経理・財務・人事アウトソーシング・マニュアル』中央経済社。
道垣内弘人（2008）『ゼミナール民法入門 第4版』日本経済新聞出版社。
日本公認会計士協会（2012）監査・保証実務委員会報告第82号「財務報告に係る内部統制の監査に関する実務上の取扱い」。
IDC Japan（2018）プレスリリース「国内ビジネスアウトソーシング市場調査」10月。

第3部
会計制度・その他

第3部
会計制度・その他　解題

　私は，ライフワークとして国際会計研究に取り組んできたが，50名を超える染谷門下で，さらには稲門会の会計学者，会計に関するさまざまな学会における交流を通して，さまざまな研究課題に取り組む多くの先輩，同僚，後輩と出会うことができた。こうした多様性は，一方では学際的な研究へと導き，また他方では，異なる領域の研究成果から新たな着想が得られることもあった。また，長年にわたる大学・大学院教育の現場からも数多くの刺激を受けた。

　とりわけ，大学院生のころに，ゼミナールで実証研究に基づく発表をはじめて聞いたときには大きな衝撃を受けた。私自身は，実証研究の道に進むことはなかったが，会計学の研究領域や研究方法として，これまでにもさまざまなものが考え出されてきたが，これからも次々と新しいものが生まれてくるとの期待が大きく膨らんだ。「パラダイム」という言葉を初めて耳にしたのもこのころであった。

　会計の技術的構造面を支える複式簿記は，すでに14世紀から15世紀のころには技術的に完成の域に達していたといわれている。しかしながら，複式簿記という記録計算体系を久しく採用してきたために，企業会計によって提供される情報は内容的に限定される結果となり，社会のニーズに応えて有用な情報を提供しなければならないという社会的使命を果たすうえで，一定の限界が感じられるようにもなった。すなわち，すぐれて技術的な構造である複式簿記自体が，皮肉にも会計のコミュニケーション能力に一定の制約を課すことになるという会計情報の有用性喪失のパラドックスに悩まされることになった。

　アメリカ会計学会（AAA）から1966年7月に公表された基礎的会計理論報告書作成委員会の報告書（ASOBAT）は，当時においても，情報社会の到来を強く意識した斬新なものと受け止められていた。ASOBATは，会計を情報の1つと位置付け，貨幣的測定に限定されないとの立場を明らかにした画期的な報告書として高く評価されている。また，会計情報を外部利用者のためのものと，内部経営管理者のためのものに大別し，それぞれの改善策を提示している。こ

のうち，外部利用者のための会計情報については，取得原価による情報だけでは不十分であるとして，時価による情報をも包含した多元的評価による情報を提供すべきであると勧告している。こうした考え方は，今日の取得原価と時価との混合属性モデルに基づく財務報告に通ずるものがある。

　投資管理調査協会（AIMR，現在の勅許財務アナリスト協会（CFA Institute））が1993年11月に公表した『1990年代以降の財務報告』（『AIMR報告書』）とアメリカ公認会計士協会（AICPA）が1994年12月に公表した『事業報告の改善――顧客指向：投資家および債権者の情報ニーズを満たすこと』（『ジェンキンズ報告書』）は，グローバル化，情報ネットワーク化，ソフト化，複雑化として特徴付けられる新たな時代の到来を告げる先駆的，啓蒙的な報告書として高く評価されている。2つの報告書の共通点は，「意思決定有用性」の理念の下に，「顧客指向」の観点から情報利用者の声を反映させる形で目的適合性，有用性，信頼性および効率性を追求した財務報告ないしは事業報告の「構造改革」の青写真を示していることである。

　『ジェンキンズ報告書』の最大の特徴は，「顧客指向」の観点に徹している点である。すなわち，利用者の声を直接かつ広範にわたって聞くことにより，その真の情報ニーズを明らかにし，目的適合性を有する有用かつ効率的な企業情報の将来像を「包括的事業報告モデル」として提示している。

　財務諸表を中心とする従来の財務報告では，財務情報・過去情報に焦点が当てられてきた。これに対して，「包括的事業報告モデル」は，こうした情報では企業の実態を把握するうえで不十分であるとしながらも，さりとて，全面的に時価を導入することは，主観的となったり，変動性が大きくなるとして，非財務情報ないし定性的情報や将来指向的情報へと開示を拡充することを勧告している。

　『AIMR報告書』が財務報告の要である財務諸表の改善に焦点を当てて，財務報告という構図の中で改善策を模索しているのに対して，『ジェンキンズ報告書』は，財務数値だけに限定されない企業固有の情報に関する広範かつ革新的な開示内容を「事業報告」という概念の下に包摂し，財務諸表以外の情報の改善にも取り組む姿勢を明確にしている。

　財務諸表から顧客指向へと視点を変えることで，事業報告という観点から財

務諸表以外の情報の改善に取り組む必要性を指摘した『ジェンキンズ報告書』のシナリオの通り，事業報告の改善は，IT革命という追い風も受けて着実に進められてきた。他方，ニュー・エコノミーの台頭により脚光を浴びる形となった無形資産会計の問題は，事業報告の要である財務諸表自体の改善の必要性を再認識させるものである。事業報告の改善においては，これら両面における改善の相乗効果が期待されるところであり，ステークホルダーの企業に対する期待の広範化・多様化に迅速に対応するとともに，評価の厳格化を通じてディスクロージャーの信頼性を高める取組みが進められてきた。今日の統合報告をめぐる議論や国際会計基準審議会（IASB）による財務報告におけるコミュニケーションの改善への取組みの原点は，1990年代に公表された上記の2つの報告書に見出すことができる。

さて，会計制度に関しては，会計基準の設定主体のあり方に関する研究を進めていく中で次第に関心を寄せるようになった。会計行為を律する社会規範としての会計規範（会計基準）の形成方法については，従来，国際的に英米型と大陸型という2つの大きな潮流がみられた。

英米型とは，もともとは民間の職業会計士団体の合意に基づいて（今日では，社会の各層からの幅広い参加の下に），自主的・個別的な会計基準を設定していこうとするものである。国際会計基準委員会（IASC）による国際会計基準（IAS）の設定もこの形式で行われてきた。職業会計士団体から独立した第三者機関として誕生したアメリカの財務会計基準審議会（FASB）においては，組織上，独立性，透明性，受容性が強化されている。

英米型の会計基準は，慣習規範的な性格の強いものとなる。また，民間の設定主体が中心となる場合，規範性の付与が重要な課題となる。1934年証券取引所法により誕生したアメリカの証券取引委員会（SEC）は，会計プロフェッションが設定した会計基準に規制当局の立場から「実質的に権威ある支持」を与えることに徹してきた。また，一般的に英米型では，個別のテーマごとに会計基準が設定されるので新たな問題に迅速かつ機動的に対応できる反面，会計基準相互間の首尾一貫性・整合性をどのように確保するかが大きな課題となる。英米型の国々では，「概念フレームワーク」を設定して，会計基準相互間の理論的整合性を確保しようとしてきた。

従来，会計基準の形成は，基本的には帰納的アプローチにより行われてきたが，「概念フレームワーク」の形成に伴い，会計基準の理論的整合性や財務報告の目的との適合性が重視されるようになると，むしろ，会計基準設定主体のリーダーシップの下に，演繹的アプローチにより形成されるようになってきた。

他方，大陸型とは，強制的・体系的に設定していこうとするものであり，会計基準は，法規範的な性格の強いものとなる。また，大陸型では，政府機関が何らかの形で会計基準設定に関与するので，規範性を付与することは比較的容易である。しかしながら，会計を取り巻く状況の変化に即応して体系的な会計基準を維持していくことはむずかしく，頻繁な改正は，法的安定性を損なうことにもなりかねない。さらに，会計規範が組み込まれた法律の適用範囲は，基本的には，国内に限定されるので，大陸型の会計規範は，本来，国際化になじむものではない。資金調達方法が間接金融から直接金融へと大きくシフトし，資本市場のグローバル化が進む中で，大陸型の抱えるさまざまな制度的限界が露呈してきた。

わが国においては，長年，企業会計審議会により，関係各方面との意見調整を図りながら会計基準を設定し，これを会計関連の法令に組み込んでいくという方式が採用されてきた。会計基準は，商法や会社法との関わりにおいては，「公正なる会計慣行」や「一般に公正妥当と認められる企業会計の慣行」として，証券取引法や金融商品取引法との関わりにおいては，「一般に公正妥当と認められる企業会計の基準」として，法人税法との関わりにおいては，「一般に公正妥当と認められる会計処理の基準」として，これらの法規範の外延を形成してきた。

20世紀においては，会計基準設定主体の問題は，基本的には国という枠の中で議論されるのが通例であった。すなわち，会計基準の性格や形成方法，設定主体に関しては，「自生的か強制的か」，「個別的か体系的か」，「プライベート・セクター方式かパブリック・セクター方式か」，「帰納的アプローチか演繹的アプローチか」といった対立軸[1]により，歴史的に議論が展開されてきた。しかしながら，こうした会計基準の「2つの型」は，「並列的・対立的なものではなく，時系列的に見れば，一方が他方の克服から生じたという系譜」[2]として，すなわち，ある型は別の型の発展・展開として捉えることもできる。こうした

| 第3部 | 会計制度・その他

観点からは，20世紀における会計基準設定は，基本的には，国という枠の中にとどまっていたものの，会計を取り巻く状況の変化やグローバル化の進展に伴い，①強制的な設定方式に制度的限界が露呈しはじめ，②体系的設定から個別テーマごとの設定へとシフトし，③パブリック・セクター方式からプライベート・セクター方式へ，そして，プライベート・セクター方式でも独立の第三者組織として関係各層からの幅広い参加を求める設定主体へ，④帰納的アプローチから演繹的アプローチへといった時系列的な展開として捉えられよう。

　21世紀になりIASBが存在感を高めるに伴い，「国内の設定主体か国際的な設定主体か」という対立軸が新たに加わった。それに伴い，従来，会計基準の設定にあたって最大の課題とされてきた，小規模の専門家集団による機動性と，広範な支持を受けるための多様な集団の意見の反映という二律背反する要請をいかに設定主体や設定プロセスにビルド・インするかに関しても，あらためて国際的な舞台で，「国際的な会計基準設定主体による国際的な会計基準の設定」という視点からの議論が展開されるようになった。

　また，エンロン事件を契機に，不正防止に有効な会計基準は「原則主義か細則主義か」という観点にも注目が集まった。従来のアメリカの会計基準は，細則主義（ルール・ベース）の下，詳細かつ具体的な規定が設けられていた。このような細則主義によれば，一律の会計処理・開示がもたらされる一方で，会計基準の趣旨を骨抜きにしかねない巧妙なストラクチャリングなどによる会計基準の逃れがはびこることが憂慮され，それに対応するために，会計基準が膨大化し，その開発コストがかさむことも懸念された。これに対して，IFRSでは，原則主義（プリンシプル・ベース）が採用され，会計基準に詳細な規定がおかれることはなく，あくまで原理原則を示すという方針が貫かれ，個別・具体的な問題については，企業ごと，事例ごとに判断させ，その適否は監査人の専門的判断に委ねられるという方式が採用されてきた。会計不正の防止という側面だけでなく，グローバル・スタンダードとしての性格上も原則主義の会計基準の方が望ましいとの判断から，21世紀における会計基準設定は，国際的な会計基準設定主体により，デュー・プロセスの適切性を確保しつつ，原則主義に基づいて行われるようになった。

　国際的な会計基準設定主体による国際的な会計基準の設定は，文字通り世界

の会計プロフェッションの共同作業・共同責任によって行われる。しかしながら，国内の会計基準設定主体の場合と異なり，国際的な会計基準設定の場においては，各国ともある意味で戦略的な対応が求められる。このことは2013年に新設された会計基準アドバイザリー・フォーラム（ASAF）における議論からも明らかである。また，IASBのような国際的な会計基準設定主体の側にも，IFRSの品質を維持すべく，設定プロセスの透明性を高めたり，IASBのガバナンス体制の強化などのさらなる改革に取り組んでいくことを通じて，国際的信認を得ていくことがいっそう求められるようになってきている。

加えて，今から10年くらい前から，私は，一般社団法人大学監査協会，財政制度等審議会財政制度分科会法制・公会計部会および日本公認会計士協会の非営利組織会計検討会などで非営利組織の会計の議論にも関わりをもつようになった。

第3部には，会計制度・その他の領域に関する諸問題をそれぞれの切り口から解明しようと試みた研究成果が収録されている。これらの研究成果が，会計制度・その他の領域の研究に確かな足跡を残すことになることを確信し，今後のさらなる発展へ向けた一里塚となれば幸いである。

注

(1) このほか，ホイート委員会報告書では，票決方法（単純多数決か圧倒的多数決か）や会計基準設定主体のメンバーの処遇（常勤か非常勤か，有給か無給か），会計基準に反対意見を書くべきかなどといった論点についても検討されている。American Institute of Certified Public Accountants［AICPA］(1972) *Report of the Study on Establishment of Accounting Principles.*（鳥羽至英・橋本尚共訳『会計原則と監査基準の設定主体』白桃書房，1997年，29-159頁）
(2) 浅羽二郎 (1959)『会計原則の基礎構造』有斐閣，45頁。

第21章

土地再評価法を再考する
——会計ビッグバンの落穂

はじめに

　わが国では，戦後，企業会計原則の公表をはじめとして新たな会計制度が構築された。当時の国際化の1つとして会計制度も大革新がなされた時代である。それから約50年を経て新たな国際化という流れの中で平成という時代に会計基準・監査基準等の大きな改正が行われた。わが国独自の元号制のもとで「平成」という期間を区切ってみることに科学的根拠はないであろうが，会計・監査制度において，新たな国際化という流れの中で大きな改革がなされた時代という認識は共有することができるのではなかろうか。

　平成時代の会計改革と国際会計基準に関する研究は現代会計学のメインストリームであり，その第一人者が橋本尚先生である。したがって，平成時代の会計制度の国際化の正史は橋本尚先生にお任せするに如くはない。他方，会計の国際化という大きな流れに沿った会計制度の大改革に隠れて，ややもすれば忘れ去られてしまうような会計制度上のトピックスもある。この忘れ去られてしまいかねないトピックの1つに「土地の再評価に関する法律」（土地再評価法）があろう。土地再評価法は，第142回国会において大原一三衆議院議員等により提案されたいわゆる議員立法であり，平成10（1998）年3月31日に法律第34号として公布され，即日施行された。この法律に基づく土地の再評価は一過性の会計処理であったが，再評価により形成された巨額の評価差額は，わが国を代表するメガバンクや大企業の貸借対照表に計上されている。また，毎決算において種々の会計処理が必要となり，もちろん会計監査の対象ともなる。し

かし，筆者の見た限り，財務会計の教科書等でこれを取り上げているものはほとんどなく，公認会計士試験でも触れられることはない。

今般，筆者も平成の会計改革にいささか関わったこともあってか，あるいは同郷の誼からか，橋本尚先生の還暦記念論文集の執筆者に加えていただく機会を与えていただいた。そこで，平成という時代の終わりとともに忘れ去られてしまいかねない「土地再評価法」を取り上げて，いわば平成時代の稗史として書き残しておきたい。

I 土地再評価法の立法経緯

1 立法の背景

1990年代，わが国では株価の暴落や不動産価格の下落といったいわゆるバブル崩壊が起こり，金融機関，証券会社の破綻が現実のものとなった。1997年11月には，三洋証券，北海道拓殖銀行，山一證券があいついで経営にいきづまるに至り，預金者等が金融機関に行列をなすという事態が連日報道されていた。当時，筆者は大蔵省証券局に勤務していたが，明日はどうなるのだろうと感じる日々が続いていた。この時代，金融機関の不良債権をどう処理していくかが政治の中心的課題となっていた。この時代を目の当たりにしていない世代の方々には，まさに世情騒然となっていた時代背景を理解していただきたい。

金融機関の不良債権処理に関しては1998年4月から早期是正措置が導入されることとなった。早期是正措置は，金融機関の自己資本比率が一定の数値を下回ると，段階的に業務改善から業務制限等の行政上の措置を取るとしたもので，自己資本比率の一定の数値は，国際決済銀行（Bank for International Settlements：BIS）基準により都市銀行は8％，地方銀行以下の金融機関は4％とされていた。このため，1998年3月期から金融機関は金融検査マニュアルに基づき債権を自己査定して厳格な貸倒引当金の計上や債権の償却を行うこととされたが，貸倒損失や貸倒引当金繰入が増加すれば資本が減少し貸出余力がますます低下することとなる。このため，金融機関への13兆円の公的資金の投入などの対応が進められるという状況であった。

| 第3部 | 会計制度・その他

　他方，1996年11月に橋本総理大臣から金融システム改革（日本版ビッグバン）への取組みが指示され，会計分野では，企業会計審議会において連結財務諸表原則の見直しや金融商品会計基準など新たな会計基準の検討を促進していくこととなった。土地再評価法において議論になる税効果会計については，連結財務諸表原則の改訂の議論の中で，もともと個別財務諸表にも適用を広げることが議論されており，また，金融商品会計基準では有価証券やデリバティブの時価評価を想定していたことから，商法の規定との関係を整理するため，法務省と大蔵省において「商法と企業会計の調整に関する研究会」を設けて，これらの会計基準の実施に向けての検討が行われていたところである。

　なお，時価評価（評価差額の資本直入）や税効果会計などの企業会計上の議論は，結果的に，土地再評価法による会計処理と重要な関わりを有することとなるが，両者はまったく別に進められたものである。

2　立法の目的

　土地再評価法の目的は「金融の円滑に資するとともに，企業経営の健全性の向上に寄与すること」（第1条）と規定されている。法律上は抽象的に表現されている「金融の円滑」という文言を具体的にいえば，前述の金融機関への早期是正措置の導入への対処手法として，自己資本比率の数値を高めるという効果を想定している。

　自己資本比率は基本的には資本の額を総資産の額で除した数値であり，単純に言えば，資産が毀損して分子と分母が減少すれば，分子への影響が大きく自己資本比率は低下する。自己資本比率を上げるには利益の増加や増資により自己資本を増強することが最もいいが，バブル崩壊が続く中で資本増強ができない環境では，分母の資産を圧縮することで自己資本比率を名目的に上昇させることできるため，いわゆる貸し剥しといわれる貸出金の回収が行われ，借入金のある企業の経営をさらに圧迫するとの指摘がなされていた。

　BIS基準の自己資本比率算定基準は単純に企業会計上の数値を使うものではなく，分母の資産にリスク要素を考慮し，分子の資本は，資本金や剰余金などの中核資本（Tier1），劣後債や評価益などの補完的資本（Tier2）および短期劣後債等（Tier3）の合計により算定することとされていた。すなわち，企業会計

上の資本金項目のみならず,劣後債務や有価証券等の評価損益(企業会計上計上されているかとは関係なく)も自己資本として考慮され,Tier2 は Tier1 の額まで自己資本比率の算定に含めることができる。そこで,金融機関は昔から優良な土地を多数店舗として保有しており,その含み益を Tier2 として自己資本比率の算定に加えれば自己資本比率の数値を上げることができることとなる。

分母と分子との関係からすれば,自己資本比率8%が求められる都市銀行においては分子となる土地の評価益の金額の12.5倍(4%の場合は25倍)の分母となる資産を増加させることができる。これは,貸出金等の資産の圧縮を避け,あるいは貸出余力を増すことになるので,貸し剥しや貸し渋り対策としての効果を発揮することを期待することが政策意図であった。

3 国会における審議経過

土地再評価法は,大原一三衆議院議員が実質的に主導して立案し,自由民主党内の手続きを経て,平成10 (1998) 年の第142回国会において,大原一三議員他5名の議員により提案されたいわゆる議員提出による法律である[1]。土地再評価法は,商法における固定資産の評価の特例となるため法務委員会に付託されることになり,まず衆議院法務委員会において審議が行われた。

この法律の目的規定について,法案提出者の大原議員は,金融機関に適用することで金融の円滑化に資することが主目的であるとしており,「この提案は,金が行くわけではありませんから金融機関の流動性は増えません。自分で評価して自己資本を充実して貸し渋り対策をやりなさいということですから,得をするのは借手です」(大原 1998) と記しているが,法務委員会での審議における答弁においても,銀行救済ではなく借手救済という意味での金融の円滑化が主要な立法目的であることを繰り返し述べている。国会審議においては,法律の目的たる金融の円滑化の効果,対象企業の範囲,商法や企業会計原則の例外として再評価を行う必要性,再評価差額金の貸借対照表の表示(税効果会計),時価算定方法などが議論となった。

衆議院では,平成10年3月17日および18日に法務委員会において質疑が行われて18日の採決において可決された後,19日の衆議院本会議で可決された。参議院では3月27日および31日に法務委員会の審議が行われ,31日に委員会

で可決されたのち参議院本会議で可決成立した。なお，衆参の法務委員会での採決後に，法の周知徹底，帳簿の適正な処理と公正な会計監査，再評価差額金の計上のあり方の検討を趣旨とする附帯決議を付すことが議決された。

なお，土地再評価法は，平成11年3月および平成13年3月に後述する改正が行われたが，再評価期間終了後にも改正が行われている。

Ⅱ 土地再評価法の概要

1 再評価の対象となる土地

土地の再評価とは，販売を目的として所有するもの以外の土地（事業用土地）について時価により帳簿価額を改定することと規定されている。再評価を行うかどうかは，「再評価を行うことができる」との規定により，企業の選択によることとされている。ただし，再評価を行うこととした場合には事業用土地のすべてについて行わなければならず，たとえば含み益のある土地のみを再評価するといった選択的再評価を行うことはできない。したがって，再評価の対象となる土地は，前述の立法の趣旨からは主に帳簿価額が時価と大幅に乖離していると想定される金融機関の店舗などの長期保有土地を想定しているが，再評価を行うことができる対象を事業会社まで広げたことから，事業会社における事業所や工場も含まれることとなった。すなわち不動産業や建設業などで，バブル期に高額な投資を行った土地や賃貸用不動産に係る土地などに含み損が生じていることは明らかであり，評価益のある土地だけを再評価するといったつまみ食いはできないようにするため，再評価を行う場合はすべての事業用土地について行うこととされたのである。

2 再評価実施期間

土地の再評価ができる期間については，当初は，「施行の日から施行日以後2年を経過する日まで」（5条）の期間内のいずれかの決算期に一度だけ行うことができるとされた。平成10年3月決算会社に適用できるよう平成10年3月31日に法律公布即日施行となり，施行日以後（すなわち平成10年3月31日から）2

年を経過する日である平成12年3月30日までのいずれかの期末（3月決算会社では，10年3月期又は11年3月期）に再評価を行うことができることとされた。

　法律施行時に再評価を実施したのは都市銀行などの金融機関がほとんどであり，事業会社で再評価を行う法人がほとんどなかったことなどから，平成11年改正で期間を3年に延長し，さらに平成13年改正では「施行日以後3年」を「施行日後4年」に改正したため，最終的には平成14年3月31日までの決算期までの5年度の中で一回の再評価を行うことができることとなった（ただし，合併等を行った場合には特例がある）。

3　対象法人

　土地再評価法では，再評価を行うことができる企業は，「株式会社の監査等に関する商法の特例に関する法律」（商法監査特例法）に規定する大会社（他の法律で準用することにより会計監査人の監査を受けなければないない法人を含む），および，信用金庫，信用組合，農林中央金庫，農業協同組合，漁業協同組合など協同組織金融機関とされた。なお，条文からはわかりにくいが，銀行はすべて銀行法により資本金額が5億円以上であるため大会社に該当することから，銀行はすべて対象に含まれることとなった。また，商法監査特例法を準用して会計監査人の監査を受けなければならない法人としては，相互会社，保険会社，証券会社があり，いわゆる金融機関はすべて対象に含まれることとなっている。

　なお，平成10年に金融システム改革法と呼ばれる証券取引法の大幅改正が行われ，その1つとして，小規模の新興企業の上場を促進するため，有価証券の募集等における届出基準が5億円から1億円以上に引き下げられることとなった。この措置により，商法監査特例法上の大会社とはならない資本金5億円未満の上場会社が生まれることから，平成13年の土地再評価法改正により，大会社に該当しない証券取引法適用会社も対象に追加された。

4　再評価差額金

　再評価額と再評価前の帳簿価額との差額は再評価差額金として，貸借対照表に計上することとされた。当時は会計基準において税効果会計が設定されていなかったことや商法上も計算書類において税効果額を調整して当期利益を算定

| 第3部 | 会計制度・その他

することができることが明確でなかった等の制約から，貸借対照表における表示は政令委任規定を置き，政令において負債の部に計上することとされた。

再評価差額金については，平成11年改正において，税効果会計を適用して，評価損益に相当する再評価差額に係る税効果額を資産又は負債に計上し，これを再評価差額に加減した金額を再評価差額金として資本の部に計上することを法律に規定し，政令における負債計上規定（第3条）は削られた。なお，繰延税金資産又は繰延税金負債は税率等の改正により金額が変わったときは，再評価差額金も修正して計上し直すこととされている。したがって，平成10年3月期で負債計上した再評価差額金は，改正後は繰延税金負債（または繰延税金資産）を負債（または資産）に計上し，その控除額を再評価差額金として資本に表示する修正が行われた。以後も，税率変更などにより税効果額が変動すれば再評価差額金の金額も動くものであるから，一度計上した金額が固定されるわけではない。さらに，当初は再評価差額金の取り崩しは上記の場合に限定されていたが，再評価差額金を株式の消却原資とすることができる規定が加えられた。この点は，商法の原則との関係で種々の指摘がなされた。

再評価差額金は，再評価の対象となった土地を売却等により処分した場合，および，予測することができない減損が生じて帳簿価額を減額した場合は，これを取り崩さなければならず，併せて繰延税金資産又は繰延税金負債も調整されることとなる。なお，法人税法では原則として評価損益は益金又は損金とはされないため，再評価した土地を売却した場合に再評価前の取得価額と売却価額との差額が益金又は損金となる。このように再評価前の価額を保持するため再評価した土地の売却後7年間は帳簿を保存することも義務付けられた。

5　時価の算定方法

土地の再評価における時価の算定方法は政令によって次の5つの方法が挙げられている。この5つの方法の中で1つを統一的に使う必要はなく，土地ごとに異なる方法によることもできる。

①　近傍地の地価公示法により標準地について公示された価格に合理的な調整を行う方法
②　近傍地の国土利用計画法施行令により判定された標準価格に合理的な調

整を行う方法
③　地方税法による土地課税台帳等に登録されている価格に合理的な調整を行う方法
④　地価税法に規定する地価税の課税価格の基礎となる価格に合理的な調整を行う方法
⑤　不動産鑑定士による鑑定評価

　このように時価の算定方法が複数示されたことについては，後の法改正の際の国会質疑においても，恣意的であるとか国際的に会計数値の信用を失うといった批判が続いた。この点は，そもそも証券取引所のような市場がない資産について，一義的に時価が確定することは困難であることは言うまでもない前提である。たとえば，資産再評価法では減価償却資産に取得時期ごとに一定の倍数を掛ける方法を採った。これは算定方法については一律であるとはいえるが，それが時価そのものを表しているわけではない。土地の場合，上記の①および②の価格は，一応は売買価格を想定するものとされているものの公示・公表される地点は非常に少ないという問題がある。また，③は固定資産税の課税標準であり，④の地価税の課税価格は相続税評価額を基礎としている。これらは，課税目的に応じた価格であるため実際取引価格よりも低めに設定されていると言われ，また，相続税評価においても都市部は詳細な路線価が設定されているものの郊外地は固定資産評価に基づく倍率評価であり，郊外に立地する広大な工場用地などの時価算定は相当アバウトにならざるを得ない。さらに，相続税評価では各種の補正計算がある。加えて，こういった種々の価格の評価時点と再評価を行う企業の決算時は相違することが通例であるので，①～④の方法については価格に合理的な調整を行って算定するという規定とされたのである。また，こういった複数の方法を用いるために，その合理性を担保する観点からも公認会計士監査を受ける企業を対象とした（中小金融機関は行政監督による）のであり，算定された時価には一定の合理性は認められよう。

| 第3部 | 会計制度・その他

Ⅲ 土地再評価法の論点

1 再評価(時価評価)の是非

そもそも土地を再評価(時価評価)することの是非をどう考えるか。

国会審議では、参考人として意見を述べた長谷川徳之輔(明海大学不動産学部教授)氏[2]および中川美佐子(関東学院大学経済学部教授)氏[3]は、問題点も指摘しつつも法案には賛成している。中川教授は、諸外国でも再評価はインフレ時に行われることが通例であるが、「簿価と時価が乖離している日本企業の実態を考えたとき、財務諸表の利用者の立場から、簿価と時価の乖離を是正するために土地再評価法を制定すること自体に異論はありません」と陳述している。

戦後の長期間にわたって取得原価主義をベースとしてきた企業会計から見ると再評価は特異に見えるが、商法はもともと時価以下主義であり、企業会計原則の制定時は流動資産の有価証券には時価評価を採っており、評価基準としての時価は理論的にもあり得るものである。わが国では戦後のインフレ時に資産再評価法が実施されたが、諸外国でも、ドイツ、フランスなど再評価を実施している事例はある。また、いわゆるインフレ会計という観点からの研究は企業会計審議会でも議論されたこともあり(企業会計審議会 1980)、また、インフレが進んだ国々で種々の形で再評価を含む会計処理が実施された例もあり、歴史的には必ずしも特異な政策ではない。

法案提出者の大原一三議員は、大蔵省入省時に実施された資産再評価法に詳しいことから土地再評価法の着想を得たようであるが、資産再評価法は戦後のインフレの中で減価償却資産の償却費が過少となるため、資産価格をインフレ率によって引き上げて評価差額を費用化することが主要な目的であり、土地の再評価は任意とされていた。この点は、土地再評価法と異なることは大原議員も認識していたが、前例としては強力な法律であったことは間違いない。

また、当時、企業会計審議会等の関係者に法案を説明しており、企業会計審議会会長の森田哲彌氏は、貨幣価値自体が大きく変わってあまりにも土地の簿価が実勢価額と乖離してしまっては会計公準が成り立たないので、むしろたまにはインフレ修正を行ったほうがいいという趣旨の意見を述べられ、総じて土地を再

評価すること自体に大きな反対意見はなかったことは個人的には意外であった。

2 評価差額の性格

土地再評価法立法時には，再評価差額金は負債に計上することとされていた。この点は前述のとおり国会審議でも論点となり，本来キャピタルゲインであるから資本の一種であるという指摘が多くなされており，法案提出者の大原議員も，資産再評価法のようにいずれは資本とすべきと考えていた。

当時，企業会計審議会では，金融商品の時価評価に伴う評価差額の資本直入や税効果会計の個別財務諸表への導入を見据えていたものの，前述のとおり，会計基準が確定していない段階であり，また商法上の制約からも議員立法により会計処理を決められてしまうことは適当ではないと考えられたことから，法律では定めずに政令委任という形とした。その際，資産再評価法においても再評価差額を負債計上する規定があったこと，従来から法律よって認められている負債性引当金以外の引当金や準備金は負債計上されていたこと，新株予約権の対価の表示の議論においても当面は資本とせずに負債計上としていることなど，現状ではいわゆる仮勘定的な性格という面を持つので負債計上する考え方もあるという説明により，今後の見直しも含めて政令委任という形となった。このため，衆参の委員会において前述の附帯決議が付されることとなった。

その後，前述の「商法と企業会計の調整に関する研究会」報告も取りまとめられ，平成11年1月には金融商品会計基準が公表されたことから，平成11年3月の土地再評価法の改正において，評価差額については税効果会計を適用して，繰延税金負債（資産）を負債計上し再評価差額金を資本計上することに改められた。

3 自己株式の消却原資としての適切性

平成11年改正では再評価差額金一部が自己株式の消却原資とできる規定が追加された。再評価差額金は，現在の会計の考え方からすればその他の包括利益項目である。資産価値の増加という面から利益剰余金とみれば自己株式の消却を含め処分することは会社法上も可能と言える。ただし，再評価差額金は税効果相当額を控除しているとはいえ未実現の利益剰余金であり，これを株主への資本の払い戻しである自己株式の消却原資とすることが，会社法における債

| 第3部 | 会計制度・その他

権者保護の観点から妥当であるかという問題は指摘された。

　そもそも，平成10年の衆参の法務委員会審議では，土地再評価法案と同時に，議員提出の「株式の消却に関する商法の特例に関する法律案」（株式消却特例法案）の審議が行われていた。この法案は，配当可能利益の範囲内で自己株式を取得して消却することができるという商法の原則に対する例外として，資本準備金をもって自己株式を取得して消却できるとする法案である。この法案は，提出者によれば，バブル期に過大な時価発行増資により巨額の資本準備金が積みあがる一方で発行株式も増加して資本市場の硬直化と非効率化を招いているとの認識から証券市場の活性化を図るという目的であると説明されている[4]。このような商法の特例については，質疑において反対する議員もあり，また，参考人として意見陳述を行った上村達男（早稲田大学法学部教授）氏，奥島孝康（早稲田大学総長）氏も商法の債権者保護の観点から資本準備金を安易に原資とすることには反対を表明している。このように，商法の立場からはかなりリジット意見が多かったが，この法案は可決されたため，土地再評価差額金も消却原資としようということになったようである。ただし，さすがに未実現利益をすべて消却原資とすることは憚られたのか，3分の1は残すこととされた。他方，平成11年改正では，再評価差額金を資本に計上することとしたことに伴い，この再評価差額金は配当可能額計算から控除すると規定し株主への分配を制限したが，自己株式の消却原資との整合性には問題があろう。

　なお，自己株式の取得については，商法（会社法）の改正によって，平成13年に自己株式の取得が一般的に可能となり，取得と処分の手続きが定められたことから，特例法の意味はなくなったと言えるが，その他包括利益という会計上の概念を会社法上の債権者保護の観点からの維持すべき資本としてどのように捉えるかという問題は残っているのではないかと考えられる。

Ⅳ 土地再評価の実態と効果

1 土地再評価の実施状況

　法案審議の中での提案者である大原議員の国会答弁では，土地の再評価を

行った場合の予想として,「大蔵省に調べさせると,都市銀行19行で3兆6,7千億円ぐらい,‥地方銀行でアバウトでございますが2兆円ぐらいの評価益がでる」と説明していたが,平成11年の法改正の際の大原議員の国会答弁では約4兆円の評価益が計上されたとしている。

平成10（1998）年3月期時点で土地再評価を行った金融機関については,勝山進氏が集計と分析を行っている（勝山1999）。この勝山氏の集計によれば,土地の再評価を実施したのは,都市銀行9行中8行,地方銀行64行中34行,第2地方銀行63行中36行,長期信用銀行3行中1行,信託銀行7行中2行で,評価差額（評価益）合計は4兆384億8千万円であった。信用金庫は401金庫中57金庫が実施し評価差額金が2189億1000万円,信用組合は317組合中41組合が実施し再評価差額金は355億6000万円であった。

平成12（1999）年3月期までの3年間での企業の類型ごとの実施数と再評価差額金の金額について,銀行は106行で2兆1200億円,信用金庫は123金庫で2400億円,信用組合は106組合で380億円,事業会社は111社で6909億円との答弁がされている[5]。平成12年度の再評価差額金の金額は,税効果会計を適用しているため,平成10年度の金額よりも少なくなっている。

なお,5年間の中で土地再評価を行った再評価差額金の合計は公表されていないが,5年間の土地再評価実施期間にわたって東証1部に上場している企業をサンプルとした山本卓氏の研究によれば,東証1部上場企業1579社中342社が再評価を実施しており（金融・サービス業以外が267社）,年度別では最終年度の平成14（2002）年に182社が再評価を実施している（山本2004）。特に,最終年度には,事業会社で三菱地所や三井不動産など巨額の再評価差額金（評価益）を計上する企業があり,また,評価損として再評価を行う企業もあり,事業会社にとっても経営判断上一定の意味があったと考えられる。

2 土地再評価の効果

金融機関が実施した土地再評価の結果について,勝山氏は,この4兆円の再評価差額金は全国銀行の負債総額823兆9045億4000万円の0.5％に相当し,株主総資本24兆562億8000万円の16.8％になるとし,自己資本比率を主要銀行で0.4％,地方銀行で0.3％押し上げる効果があったが,報道によれば金融機関

の貸し渋りの解消には決め手とならなかったと分析している。また，都市銀行の事業用土地の簿価は7018億円であるが，再評価後は3兆4116億1000万円で評価差額金は2兆7097億3000万円となり，簿価の4.86倍にもなったことを指摘している。さらに，平成11年度の貸借対照表に注記された再評価翌年の時価下落は都市銀行合計で2178億円となっており，地価が約1割下落したことを意味すると述べている（勝山 1999）。

　山本氏は，時価算定方法が企業によりまちまちであるため企業間比較が困難なこと，差益が生じる場合には負債比率を低下させ財務体質を改善することが再評価実施の大きな動機であったと考えられること，株価への影響は含み損情報が株価にネガティブな影響を与えることが推定できることを指摘している（山本 2004）。なお，銀行の土地再評価に関しては，銀行の事業所は売却・現金化される可能性が低いこと，ある程度土地の時価情報を推測でき株価に織り込み済みであったこと，時価算定方法が多様で情報の信頼性を低くしてしまったことから，投資家はほとんど注意を払っていない一方，再評価を行うことは財務内容に問題があるというマイナスのシグナリング効果が働いた可能性があるとの研究結果が報告されている（宮田・近 1999）。

　このように金融機関の自己資本比率を高めることになったことは客観的に確認できる。ただ，金融機関はあまりにも総資産が巨額のため，自己資本比率の増加の12.5倍の貸出余力の拡大がされるとしても，他にも種々の不良債権対策が実施された中で固有の有効性を測ることは難しいと考えられる。そもそも，BISの自己資本規制は会計数値をそのまま使うわけではないので含み損益を財務諸表に顕在化させる必要があったかどうかは，会計とは別の議論である。また，株価への影響という点では，実証研究の結果の前に，平成10年以降もまだ土地の下落が続いている中では，市場全体として大きなプラスにはなり得なかったとも考えられる。

3　土地再評価法の財務諸表への影響

　土地再評価法の立法目的の是非あるいはその効果の有効性の観点とは別に，財務諸表の作成にどのような影響を及ぼしたかも検討しなければならないであろう。というのも，土地の再評価は1回限りの特例措置であったが，再評価後

の財務諸表の作成の影響を及ぼすことになったからである。

　まず，再評価差額金は土地を売却したときには取り崩すこととなるが，剰余金に直接振り替える会計処理を行うため損益計算書には計上し直さないこととされている。再評価差額金は未実現のその他包括利益とも考えられるが，リサイクルしないことはわが国の会計基準の考え方と異なる。また，立法当初は，合併により消滅する法人の再評価差額金は合併会社に引き継がれることとされていた（第9条）が，平成17年にこの条項が削除された[6]。このため，合併時にパーチェス法による評価替えが行われると再評価差額金は企業結合会計により処理されることとなった（日本公認会計協会・会計制度委員会 2005）。

　平成11年改正により再評価した差額は税効果会計を適用されることとなったため，税率変更等により繰延税金負債（資産）を調整した再評価差額金も修正を行っていくこととなったが，立法時点の法人税の実効税率は40％程度であったが，その後法人税率の引き下げによって再評価差額金は増加することになる。

　さらに，再評価による帳簿価額（再評価額）よりもその後の年度の時価が低下した場合には金額の注記を行うこととされたため，要は毎年，再評価時の算定方法による時価算定を継続して行うことが必要となった。再評価後も地価の下落は続き，再評価後に含み損の発生が続くこととなった[7]。また，その後，固定資産の減損会計の導入により，再評価後の土地も含めて減損処理することが求められる場合も生じることとなった。

　土地再評価は1回限りであったが，このようにその後の決算では，土地の売却による取り崩しの他，種々の計算によって会計数値は毎年変化しており，その影響は今日まで続いている。紙幅の関係から1例を挙げると，三菱UFJ銀行の例では，再評価1年後時点では，当時の三菱銀行と三和銀行の合計で，再評価差額金が3712億円・繰延税金負債が2690億円に対して660億円の含み損注記がされている。平成30年3月期では再評価差額金が1702億円・繰延税金負債が1171億円となっている。含み損は平成8～9年に一時解消したがその後また発生し平成16年にやっと解消している。いずれにせよ，財務諸表作成上もなお種々の影響があり，その結果として，会計数値や注記情報も非常にわかりにくいものとなってしまったといえる。

| 第3部 | 会計制度・その他

おわりに

　土地再評価法が立法されて20年以上が経過し，1度限りの再評価期間が終了して15年が経った。この間の経済社会情勢の変化はまことに激しいものがあった。立法時には銀行の事業用店舗等は売却される可能性は低いことを前提に再評価差額金を自己資本比率の向上に利用しようとしたが，三菱UFJ銀行のみならず，当時の都市銀行は1行もそのままの企業体で残ってはいない。金融機関の再編の中で事業用地の整理や再開発も行われてきた。

　他方，たとえば，平成30年3月期でも，三菱地所は再評価差額金5266億円（繰延税金負債2634億円），三井不動産は同3309億円（同1517億円）という巨額の計上をしている。事業会社にとっても，土地の時価は経営効率や財政上も重要な意味を持つ面があると思われる。リートなどの不動産投信では投資不動産についての時価などの詳細な開示が義務付けられている。

　今や，再評価を実施した企業の土地の取得価格は会計数値として定着している。会計上も不動産について金融投資の面から評価を考える方向もあり，その他包括利益という概念が導入され資産の時価評価差額の計上が一般化してきている中で，再評価差額金の取扱いはこのままでよいのかということも検討する時期かもしれない。

　土地再評価法は，通常の会計基準からすればイレギュラーな立法措置であるが，会計基準も進化し，求められる会計情報も変化してく中で，わが国の土地のように帳簿価額と時価があまりにも乖離している場合に会計情報としてこれを放置してよいのであろうか。将来また再評価の議論が必要となるときまで，過去の1つの知恵として土地再評価法を頭の隅に記憶しておいていただきたい。

注

(1) 政府提案の法律案は，所管省庁が法律案を策定し，内閣法制局の審査を経て閣議請議を行い，閣議の決定により国会に提出される。このため，法律案の提出者である政府（大臣等）に対して質疑が行われる。議員立法の場合は，提出議員が国会組織（調査室や衆参法制局）を用いて法律案を起案することとなる。もちろん，法案作成の過程で関係法令を所管する行政庁に資料を請求し，関係法令への委任や解釈などの必要な調整が行

われるが，最終的には議員の判断で国会に提出される。国会審議では，審議を行う委員会の委員から提出議員に対して質疑が行われる。
(2) 第142回国会衆議院法務委員会議事録第5号，1998（平成10）年3月18日。
(3) 第142回国会参議院法務委員会議事録第6号，1998（平成10）年3月27日。
(4) 上田勇議員の説明，第142回国会衆議院法務委員会議事録第4号，1998（平成10）年3月17日。
(5) 第151回国会衆議院法務委員会議事録第7号，2001（平成13）年3月23日。
(6) 会社法の一部を改正する法律の施行に伴う関係法律の整備に関する法律（2005年（平成17年）法律第87号）。
(7) 公示地価の1㎡の平均額のピークは1991年の73万円であるが，立法時の1998年は約23万円，2006年には最低額の17万円になり，2008年に20万円程度に回復するも2019年でも22万円程度である。

参考文献

大原一三（1998）「土地再評価法の成立について」『税経通信』第53巻第6号。
勝山進（1999）「土地再評価の実態と課題：金融機関を中心として」『企業会計』第51巻第11号。
企業会計審議会（1980）「企業内容開示制度における物価変動財務情報の開示に関する意見書（答申）」（5月29日）。
日本公認会計協会・会計制度委員会（2005）「土地再評価差額金の会計処理に関するQ&A」（9月8日改正）。
宮田慶一・近　暁（1999）「銀行の上場株式・土地に係る会計処理方法変更の株価への影響」。
日本銀行金融研究所（1999）「銀行の上場株式・土地に係る会計処理方法変更の株価への影響」（日本銀行金融研究所ディスカッション・ペーパー・シリーズ）No.99-J-14。
山本卓（2004）「土地再評価実施企業の特性」『JICPAジャーナル』第584号，98-103頁。

資料

『第142回国会衆議院法務委員会議事録』（1998）第4号，上田勇議員の説明。
『第142回国会衆議院法務委員会議事録』（1998）第5号。
『第142回国会参議院法務委員会議事録』（1998）第6号。
『第151回国会衆議院法務委員会議事録』（2001）第7号。
（http://www.shugiin.go.jp/internet/itdb_kaigirokua.nsf/html/kaigirokua/000415120010323007.htm）

第22章 会計情報の客観性に関する一考察

はじめに

　今日，会計の対象は財務面のみならず非財務面にも大きく拡大している。特に，ESGやサステナビリティへの関心の増大は，会計の対象を従来の経済事象から，環境や社会的側面へと拡大させている。

　それでは，なぜこのように会計情報は幅広く拡大し，世の中で受け入れられているのだろうか。それは，おそらく，会計情報には人々が信頼を寄せる何らかの特質があるからだろう。特に，数値になると人はそれを信用すると言われるが，これは，数値情報が持つ客観的な側面が信用を高めているのではないかと思われる。他方で，そのように信頼をおかれる数値情報は簡単に操作もできることから，いつの時代も粉飾や数字のごまかしが絶えないのも事実である。さまざまな事象が会計化していく中で，今一度，会計数値が信頼されることの意味を考えてみることが必要なのではないかと思われる。

　そこで，本稿では，会計数値の信頼性を担保する特徴と考えられる客観性の意義について，考察してみたいと思う。まずは，一般的な客観性の意味を紐解いたうえで，会計の分野で考えられている客観性の意味を考察する。

I 客観性の意義

　そもそも客観性とはどのような意味をもつものなのだろうか。

　最初に，辞書的な意味をみておくと，広辞苑では，「客観的」について，「特定の個人的主観の考えや評価から独立して，普遍性をもっていること。」とされている。また，『哲学・思想事典』(岩波書店) では，「客観性」について，「一

般に，主観とその特殊的状況や利害関心等から独立して存在する客観に帰属ないし適合した事態つまり客観的なもの，およびそれを正確に考察・探究・叙述する主観の認識のあり方を言う。」とされており，主観(性)と対立する概念として説明がなされている。客観性や客観的という概念は，近代科学の発展とも関連が深いとされていることから，近代科学の発展の中で客観性がどのような意味をもつものとして認識されているのか，また，客観性は社会的にどのような意義をもつのかについて，科学史研究者の視点から考察する。

1 近代科学の発展と客観性

　チャールズ・C・ギリスピーの『客観性の刃』は，西洋社会において近代科学の発展に偉大な貢献をした，主に17世紀から19世紀の科学者に焦点をあてて科学史を紐解いたものである。そこでは，近代科学を特徴付けるものとして客観性を位置付けている。会計も近代科学の一つと考えられる側面があることから[1]，科学という文脈での客観性の意義についてみておくこととする。

　ここでは，近代科学の始まりをガリレオにおいているが，ガリレオは，1604年に定式化した落体の法則において，時間を純粋な物理現象の抽象的なパラメータとして扱い，運動を数量化した（Gillispie 1960；訳書，1-3頁）。ガリレオは，物体における第一性質（数量的記述において本質的な物）と第二性質（知覚の部分），すなわち，客観と主観を区別することで，自然のすべてを客観的なものに還元した（訳書，25頁）。ここに，科学と倫理との決定的な離間が始まったとしている（訳書，27頁）。これは，古代のギリシャ科学が主観的で合理的，精神の内部から出発して現象を概念化したこととは対照的である（訳書，5頁）。17世紀に勃発した近代科学は，ベーコンやデカルトの思想によって推進されるが，その特徴は，実験による帰納法，数学的証明を重視したもので，ルネサンス科学・ギリシャ科学とは明瞭に異なるものであり，科学を哲学と分ける役割を果たした（訳書，45-58頁）。

　他方で，自然の客観化に対しては，自然科学が規範的意義をもたないこと（価値の領域における完全な無能力）への不満が起こり，科学と人間性との調整が求められるようになった。18世紀以降みられるようになったロマン主義の考え方は，物理学に対する抵抗から始まったもので，自然を完全に客観化すること

によって人間を疎外する計量的・数量的科学に対する抵抗とみられている。その後も度々，客観的な近代科学への抵抗として政治的にも影響を及ぼしてきたとしている（訳書，111-125頁）。

以上を要約すると，近代科学は客観性を生み出したといえるが，その特徴は，物事の観察から主観性を排除することにあった。また，そのことは，必然的に規範的な内容を排除することにつながり，人間疎外といった抗議を常に受けることにもなっていった。また，客観性を表現するのに，実験や数学が重要な役割を果たしたことが示されている。

2 客観性の社会的な意義

セオドア・M・ポーターの『数値と客観性』は，主に，イギリス，フランス，アメリカにおいて社会的にさまざまな数値化が進められてきた歴史を紐解き，そのプロセスから，数値に対する信頼の歴史を考察している。『客観性の刃』が自然科学を対象にしているのに対して，『数値と客観性』では，自然科学だけでなく，政治経済社会における多様な数値化を対象としている。会計は，社会科学の一つであるとともに，それは社会的影響力をもっていることから，数値がもつ客観性の社会的な意義をみておくこととする。

ここでは，定量的表現の特徴を，距離を超える技術であると要約している。すなわち，数学の言語は高度に構造化され，規則に制約され，使う人に厳しい規律を強要することから，それは一様性をもち，海を渡り，さまざまな活動を調整し争いの解決に使われる。数値や定量的操作を信頼することで，個人に由来する深い知識や信頼は最小限にしか必要とされなくなるため，定量化は，局地的な共同体の境界を越えるコミュニケーションにたいへん適しており，グローバルなネットワークとして構築されるための卓越した方法となっている（Porter 1995；訳書，11-12頁）。

また，尺度の標準化は，社会における管理目的から生じているとされる。規制目的のためには，すべての人が同じやり方で測定・報告することが重要であるが，そのためには，尺度は合理的に標準化されていなければ価値がない。このため，正確度の高い尺度よりも厳格で標準化可能な尺度が好まれる（訳書，44，50-51頁）。特に産業社会では，定量化は，計画や予測のために使われ，行

動指針としての役割を果たす。その数値が真理を表すかどうかは別として，標準化によってのみ計算は規範やガイドラインを確立することができるため，労働者や経営者の評価を可能にする（訳書，69-71頁）。

　数学には，論証するための規則があり，その規則は非常に拘束力があるため，個人の願望や偏見を排除できると仮定され，信用性を主張できた。厳密な定量化は計測や集計，計算によって実現されるが，これは，自然や社会を客観的に表現する最も信頼のおける戦略の１つとなっている（訳書，109-110頁）。

　他方で，客観性の追求は，主観性に対する挑戦となるが，これはエリート文化のように自我を重視する文化と対立する。アメリカの政治システムが定量化した客観的な知識を多用していたのに対して，イギリスでは，公共事業において定量的分析に頼るようになったのは1960年頃からである。フランスでも，行政の施策において早くから高いレベルで定量化が実践されていたものの，それを規則的に追求するようになったのは，第二次世界大戦後のことである。これらの国々では，エリート教育を受けた官僚によって組織されており，より非公式の論証やコミュニケーションに依拠することができていた（訳書，112，143，199頁）。

　さらに，客観的規制は，エキスパート・ジャッジメント（専門家判断）との関係においても重要な意義をもつ。エキスパート・ジャッジメントと機械的な客観性は両極にあると考えられるが，標準化が最良の判断を脅かす場合であっても，標準化を専門家自らが主張することがある。これは，外部者からの批判に対して脆弱な部分があったときに，これに適応するために生じるとされている。会計数値は所得税などの規制と結びつくことで，信頼が不可欠な要素となっているが，1930年代のアメリカの会計士は，エキスパート・ジャッジメントの公的信用性の維持に厳しい圧力がかけられ，主観的な判断力が疑われた結果，厳密な画一化と標準化を求める方向につながった（訳書，129-138頁）[(2)]。

　客観性とは科学の古典的理想の１つであり，その特性は，自然についての真実であること，没個人性，公正性，不偏性があること，そして，国籍，言語，個人的利害関心，偏見など，ものごとを歪めるあらゆる局所的因子から免れていることである（訳書，282頁）。

　定量的な規則は，制度のもつ権力や信頼性によって支持されるとき，円滑な

| 第3部 | 会計制度・その他

運営のプロセスが維持され，小さな争いを解決するのに十分となるが，これは力のある対抗者が不在だったことによっている。機械的客観性を追い求めることは，不信のひろがっている状況下では公共の事柄を解決するのに十分ではなくなっている。その例として，アメリカの原子力発電所の建設において，多様な利害関係者や専門家がかかわることで，合意が困難になった事例があげられている（訳書，279-280頁）。

以上を要約すると，客観性を示す数値化や標準化は，厳格性や一様性をもつために，狭い共同体を超えて，共通の知識基盤をもたない外の世界への，広いコミュニケーション手段となりうる。その必要性は主に，外部との関係性から生じており，特に外部からの圧力への防御の意味が大きい。また，数値化や標準化が拡大していった背景には，管理を推し進めようとする政治経済社会における要因がある。しかしながら，客観性を追求することは，真実の追求や専門的判断とは逆行する部分があり，複雑化した利害関係者集団の間の問題解決に必ずしも有用でないことが示されている。

Ⅱ 会計情報における客観性の意義

1 客観性の意味

Paton and Littleton（1940）は，「検証力ある客観的な証拠は，会計の重要な要素となり，信頼しうる情報を提供するという会計の機能を正当に遂行するうえに必要な附属物となった。」(訳書，29頁）としたうえで，「『客観的』(objective)とは，事実を個人的な偏見から乱すことなしに表現することを指している。すなわち，心理状態，希望，欺瞞の作為などの個人誤差が結果に影響をおよぼすことを示唆する『主観的』(subjective）という言葉と対照的なものである。『客観的な証拠』(objective evidence）とは，それゆえ，非個人的でその当事者の根拠なき意見または希望と対照的に，もっとも関係の深い当事者にとって外的な証拠である。」(訳書，30頁）と客観性の意味を述べている。以下ではさらに，客観性の概念について詳細に示した井尻（1968）をもとに，客観性の意味について考察する。

会計情報の客観性に関する一考察 | 第22章 |

　井尻（1968）では，会計測定の客観性は非常に定義しにくい概念であり，そのために意見の混乱と不一致が生じる（井尻1968，181頁）としたうえで，「一般に客観的という語は心の外に独立した存在をもつことと解釈されている。いいかえると客観性はそれを感知する人から独立した外界における実在ということである。しかし外界における別個の実在ということの正確な本質というものは，会計においてはとくにはっきりしないのである。」（井尻1968，181頁）として，客観性を，「知覚する人間から独立した客観的要素の存在ということに依存させないで，観察者または測定者のある集りのなかでの合意（consensus）というふうに考える方が現実に即している。」（井尻1968，181-182頁）と説明している。なお，ここでの定義は，独立した第三者による検証可能性という通常の定義と基本的には一致するものとしている（井尻1968，182頁）。

　ちなみに，ASOBATでは，「検証可能性は，適格者であれば，相互に独立して仕事をしても，おなじ証拠，資料または記録の検討からは，本質的に類似した数値または結論がでてくるという情報の属性である。」（AAA 1966；訳書，15-16頁）と説明し，4つの基本的基準の1つに検証可能性をあげている。FASB（2010）では，「検証可能性は，知識を有する独立した別々の観察者が，必ずしも完全な一致ではないとしても，特定の描写が忠実な表現であるという合意に達し得ることを意味する。」（FASB 2010, par.QC26）と定義しており，いずれも合意という意味で検証可能性が用いられている。

　ここで，会計の場合の合意は，対象となる目的物，測定規則と測定道具からなる測定システム，測定者の3つの要素に依存する。測定値の客観性の尺度は，測定結果の分散度（複数の測定者が特定の対象物を特定の測定システムで測定した結果の分散度）として示される。測定が非常に客観的なら，測定値は類似した結果となるため，誰が測定したかということは問題ではなくなり，この点が，客観性の中心になる。つまり，測定が客観的ならば，それは測定者の個人的な感情や偏見に左右されず，測定値の使用者は誰が測定したかにこだわらずに使用できることになる。他方で，客観性と有用性は明確に区別され，有用性は，その使用目的が決まらなければ決定することができないが，客観性は使用目的とは関係なく独立に決定することができる（井尻1968，182-185頁）。

　さらに，信頼性については，期待どおりに機能を発揮するということと，そ

347

の測定値が予測に役立つかどうかという使用目的の面からの2つの意味があり[3]，会計測定の信頼性においては，後者の意味が重要である（井尻1968，186頁）。客観性は，測定の平均値からどれだけ隔たりがあるかによって，信頼性は，正しい数値からどれだけ隔たりがあるかによって示されるが，正しい数値とは，予測者の立場からみてこうあるべきであったという数値で，測定値をどう使うかという使い方に依存する（井尻1968，188頁）。そして，「信頼度（R）＝客観度（V）＋信頼偏差（B）[4]」と定義されることから，信頼偏差Bを一定とすると，客観度を高める（Vを小さくする）ことで，信頼度は向上する（Rが小さくなる）が，客観度が高くても信頼偏差が高すぎる（Vが小さくなる以上にBが大きくなる）と，信頼度は低く（Rは大きく）なってしまう[5]（井尻1968，193-195頁）。このことは，信頼性を考慮する際には，客観度と信頼偏差の両方の観点が必要であることを示している。

以上まとめると，客観性は，会計の重要な要素であるが，会計上は，検証可能性という用語が用いられている。また，客観性は，信頼性を決定する要因となるが，それだけでは信頼性は評価できない。客観性と有用性は異なり，有用性が使用目的に依存するのに対して，客観性は独立して決定することができる，という特徴が示されている。

2 概念フレームワークにおける客観性

現在の会計基準の考え方は，概念フレームワークにおいてその基本的な考え方が示されている。ここでは，概念フレームワークを世界で最初に開発したFASBを取り上げ，客観性がどのように取り扱われているのかを検討する。

FASBは，IASBとの共同プロジェクトとして，概念フレームワークの見直しを行っていたが，2010年9月に完成した2010年版は，両者の内容が統合化されたものとなっている。また，このプロジェクトでは，FASBが主導的な立場を果たしたとされている（岩崎2014，371頁）。以下では，IASBとの共通フレームークとなったFASB（2010）[6]とその前身となるFASB（1980）を対象に考察する。

FASB（2010）では，有用な財務情報の基本的な質的特性として，「目的適合性」と「忠実な表現」をあげ，さらに，補強的な質的特性として，「比較可能性」「検証可能性」「適時性」「理解可能性」をあげている（FASB 2010, par.QC4）。

会計情報の客観性に関する一考察 | 第22章 |

それ以前との大きな変更点は，基本的特性と補強的特性とを明確に区別した点と，「忠実な表現」に関する変更点である。

　FASB（1980）では，「目的適合性」と「信頼性」を基本的特性とし，副次的又はその他の特性として「比較可能性」と「理解可能性」をあげていたが，そこには，優先順位を与えていなかった（FASB 1980, par.34.）。FASB（2010）では，その位置付けの変更について，2つの基本的な質的特性のない財務情報は，たとえ他の補強的特性があったとしても有用なものではなく，目的適合性があり忠実に表現されている財務情報は，たとえ補強的な質的特性がなくても，なお有用であり得る（FASB 2010, par.BC3.10），として，優先順位付けの意味を説明している。

　FASB（2010）で基本的特性にあげられた「忠実な表現」は，従来の「信頼性」という用語を置き換えたものである。FASB（1980）では「信頼性」の構成要素として，「表現の忠実性」「中立性」「検証可能性」が示されていたが，この点が大きく変更された。用語の置き換えに関して，FASB（2010）では，従来の「信頼性」の用語が，その意味するところを適切に伝えられておらず，忠実な表現よりも，検証可能性，誤謬がないことに焦点をあてて理解されていたことから，その意味を明確に示すために用語を置き換えたと説明している（FASB 2010, pars.BC3.23-3.25）。FASB（2010）では，「忠実な表現」に必要な特性として，「完全」で「中立的」で「誤謬がない」という3点をあげている（FASB 2010, par.QC12）。つまり，従来は「信頼性」の構成要素となっていた「検証可能性」は，置き換えられた「忠実な表現」の構成要素とはならず，他方，「中立性」は，「忠実な表現」の構成要素に含まれている。

　なお，ディスカッションペーパーの段階では，「検証可能性」は「忠実な表現」の要素と考えられていたが，最終的には位置付けが変わった。これについて，FASB（2010）では，検証可能性を忠実な表現の要素に含めると，容易に検証可能でない情報を除外する結果となり，目的適合性において重要な将来に関する見積り（期待キャッシュ・フローなど）の多くが，検証可能性が低いために除外されることで財務情報の有用性が低下してしまうことから，最終的に，検証可能性の位置付けを見直し，補強的特性にしたと説明している（FASB 2010, par.BC3.36）。なお，岩崎（2014）では，概念的枠組み全体が公正価値会計の処理に適するようなものとなっており，これが共同プロジェクトの隠れた目的で

あると指摘している（岩崎 2014, 382 頁）。

　これらの文脈からは，客観性と同意義に用いられてきた検証可能性の位置付けが後退し，検証可能性は必ずしも必要とされなくなった一方で，中立性は基本的特性を構成する要素として存在していることがわかる。

　ここで，中立性に関しては，「中立的な描写は，財務情報の選択又は表示に偏りがない。中立的な描写は，財務情報が利用者に有利又は不利に受け取られる確率を増大させるための，歪曲，ウェイトづけ，強調，軽視，その他の操作が行われていない。」（FASB 2010, par.QC14）と説明されている。ところで，井尻（1968）では客観性の概念を検証可能性と同義であるとしていたが，ここでいう中立性にも「偏り（偏向）がない」という一般的な客観性の意味が含まれている。この偏向に関して，FASB（1980）では，表現の忠実性の説明の中で「偏向の諸影響」を取り上げて説明している。

　会計情報には，測定方法の偏向と測定者側の偏向の 2 種類の偏向によって，表現しようとする事柄を忠実に表現しないことがあり（FASB 1980, par.78），「測定者と測定方法のいずれにも偏向が存在しないということは，根本的な事象および状況を正しく表現していることを保証するのに必要な情報から，重要な情報が除かれていないことを意味している。」（FASB 1980, par.79）としている。また，「測定者の偏向として最も単純な形は，意図的な不実表示から生じるものである。しかし，たとえ誠実な測定者であるとしても，とりわけ資産の実現のように，測定方法が将来の事象の結果の予測を伴う場合には，同一の測定方法を適用しても異なる結果になることがある。したがって，繰り返すことができなければならないというのは，会計測定値の望ましい特性である。会計原則審議会（Accounting Principles Board：APB）はこの特徴を検証可能性とよび，」検証可能性を定義したと説明している（FASB 1980, par.82）。ここで，「検証とは，合意を意味する。検証可能性は，ある特定の現象についての多数の独立した測定値の分散を調べることによって測定することができる。測定値の分散が一点に集中する度合が密になればなるほど，当該現象の測定値として用いられる数値の検証可能性は高くなる」（FASB 1980, par.84）と説明しており，これは，上記の井尻（1968）で，客観度として表現されたものとほぼ同じ内容を意味している。さらに，検証可能性は，単に測定者の偏向だけでなく，測定方法

にも依存し，現金のように容易に検証できるものもあれば，償却資産の簿価の計算のような見積り要素が多いものでは，合意を得るのが困難となる（FASB 1980, par.85）。つまり，測定者の偏向と測定方法に由来する不確実性がもたらす偏向も結果的に検証可能性に影響してくることになる。

また中立性は，財務諸表の作成者と会計基準の設定者の両方が対象になるものであり，「会計基準を形成しまたは適用する場合に，もたらされる情報の目的適合性および信頼性に最大の関心を払わなければならないことを意味しているものであって，新しいルールが特定の利害関係者に及ぼす影響に関心を払わなければならないことを意味しているものではない。」（FASB 1980, par.98）と説明している。さらに，「あらかじめ望ましい結果を求めたり，またそのような結果になるように情報を意図的に選択すれば，会計における中立性を否定することになる。中立であるには，会計情報は，ある特定の方向に人間の行動を向けさせる目的で情報が伝達するイメージに色づけをせず，経済活動をできるだけ忠実に報告しなければならない。」（FASB 1980, par.100）として，政治や政策から中立であることを説明している（FASB 1980, pars.103-106）。

つまり，検証可能性は，測定値にばらつきを生じさせる偏向の要因に広く焦点を当てているのに対して，中立性は，意図的に偏向をもたらそうとする要因（主に測定者）に焦点を当てているとみることができる。また，偏向のない状態（中立性）を達成するためには，検証可能性が求められることも含意されているとみることができるだろう。一般的に，客観性は測定者の偏向によって大きな影響を受けるものであるが，会計上は，測定方法や検証能力[7]によっても結果にばらつきをもたらすという意味で，客観性は大きな影響を受けることとなる。ちなみに，井尻（1968）の上記の数式「信頼度（R）＝客観度（V）＋信頼偏差（B）」は，「信頼性＝検証可能性＋表現の忠実性」と置き換えることができ，その意味ではFASB（1980）は理論的であったと考えられる。

以上要約すると，概念フレームワークでは客観性という用語を直接言及していないが，その内容を示すものとして，検証可能性，中立性が質的特性に含まれている。しかしながら，現行のフレームワークでは，検証可能性の位置付けが後退しているということができる。

「信頼性」が「忠実な表現」に置き換えられたことに関して，永野（2014）で

は，次のように批判している。そもそも，会計測定には，間接測定または規約的測定であるという特質があるため，忠実な表現として示そうとする「真値」というものは想定できず，また，社会的・実践的な測定であるため，会計測定者によって測定結果を変動させる要因がありうる。さらに会計測定が1回限りの測定であるという特質からは，過去に行われた1回限りの測定値に関して，その数値の妥当性や信頼性をどのように確保するかが課題となる（永野 2014，1–3頁）。「忠実な表現」は便利な言葉ではあるものの，その意味内容が明確には示されていないことから，より会計測定の特質を反映した，「信頼性」の用語に復活すべきである。ただし，ここでいう「信頼性」はFASB（1980）の定義ではなく，「検証可能性」と「硬度」という2つの概念をとり入れるべきであるとしている（永野 2014，11–15頁）。「硬度」とは，人々がその数字に異論をとなえるのが難しいように厳格に作られた測定値のことであり，それを会計情報が作られる元となるデータに適用すべきであるとしている（永野 2014，14頁）。ここでの永野（2014）の主張は，監査人の立場からみた検証可能性の概念に最も近いものではないかと考えられる。客観的な証拠の必要性を示す検証可能性の概念は，ASOBATやPaton and Littleton（1940）において示されていたが，ここでも監査人の視点が重視されていたものと考えられ，その当時の考え方である検証可能性に戻ることが示唆されているといえる。

おわりに

もともと会計では客観性を重要な要素として取り扱ってきていた。これは，会計の始まりが管理や説明責任と密接に関連していたことにも関係すると思われる。決算書に示される財務会計情報は，数値情報の中でも特に集約的な情報であり，その測定方法の標準化を通じて，会計の利用が拡大していったと考えることができる。客観性とは，一般的には，個人の主観を排除した状態という意味で用いられるが，会計では特に検証可能性という特別な用語が用いられている。これには，会計情報が信頼される背景には，検証（監査）の実務が大きくかかわっていることが影響している。信頼性を規定するものは，検証可能性と表現の忠実性であるとされていたことからも，信頼性の基礎に客観性が存在

していることは明らかであろう。

　他方で，現在の監査環境においては，高いレベルで心証を得られるような会計情報は限定的であり，検証可能性の低い情報がますます増加している。FASB (2010) において，検証可能性を補強的特性としたことで，見積り要素の大きな公正価値測定が拡大したことが影響していると考えられる。

　客観性をもつ情報は，厳格で一様性のある情報を伝達できるため，コミュニケーションを拡大させる一方で，情報から多様な意義を排除してしまうために，その意味内容が制限されるという欠点をもつ。これは，会計情報においては，目的適合性と信頼性との間のトレード・オフの関係として示されることとも対応している。現在の会計では，意思決定に有用な財務報告のために，目的適合性を重視し，客観性を示す検証可能性はその位置付けが後退している[8]。

　経済事象以外の非財務情報を会計化する際，このトレード・オフの問題はより深刻になるだろう。なぜなら，環境や社会的側面といった対象は，経済事象以上にその真の姿を特定して表現することが困難だからである。これらの情報の会計化の目的が，多様な利害関係者の間の利害調整や意思決定に関連するならば，客観性を重視した情報が，本来の目的を達しえないことになりかねず，他方で客観性を軽視した情報は，科学的でないとしてその信頼性を失うことになるだろう。このため，非財務情報の会計化を考えるうえでは，このトレード・オフ問題についてより慎重に検討することが不可欠であると考える。

注

(1) 会計を実践の側面からみると，その歴史は古代にさかのぼるが，20世紀に入り，会計は科学として認識されるようになったとされている（堀口 2018）。
(2) 千代田 (2014) では，アメリカにおいて，公認会計士が周囲からの圧力にどのように直面し，さらに，規制当局であるSECとの間でどのような決着を図って行ったのかが示されている。
(3) ここでは，気圧計を例にして，気圧計の数字を使って明日の天気が予報できるかどうかが問題となっている，と説明している。（井尻 1968, 186頁）
(4) 信頼偏差は，$(\bar{x} - x^*)^2$ で示される。$\bar{x}$：平均値，x^*：主張値（予測者が考える正しい値）（井尻 1968, 192-193頁）
(5) 数式は，客観度(V)と信頼度(R)について，実際には，主観度および不信頼度（つまり逆）を示すので，Vが小さいほど客観度が高く，Rが小さいほど信頼度が高くなる。（井

尻 1968, 192 頁)
(6) IASB (2010) と内容は共通している。
(7) FASB (2010) では，直接的な検証，間接的な検証，将来情報などの例を示しているが (FASB 2010, pars.QC27-28)，ここでは，これを検証能力として捉えている。
(8) 岩崎 (2014) では，論理的秩序関係として，まず目的適合性のある経済現象を決定し，次に目的適合的な情報の種類を明確化し，その忠実な表現が可能であるか否かを決定し，それらに補強的な特性があるか否かを検討するという順序を説明している。(岩崎 2014, 374-375 頁)

参考文献

石田三郎 (1987)「会計情報の信頼性と客観性：会計測定を中心として」『商學論究』第34巻第3号，63-84頁。
井尻雄二 (1968)『会計測定の基礎』東洋経済新報社。
岩崎勇 (2014)「FASB 概念フレームワークの IASB フレームワークへの影響について：質的特性を中心として」『經濟學研究』第81巻第4号，369-388頁。
千代田邦夫 (2014)『闘う公認会計士：アメリカにおける150年の軌跡』中央経済社。
永野則雄 (2013)「会計の概念フレームワークにおける忠実な表現から信頼性へのUターンに向けて(1)」『経営志林』第50巻第3号，65-77頁。
── (2014)「会計の概念フレームワークにおける忠実な表現から信頼性へのUターンに向けて (2・完)」『経営志林』第50巻第4号，1-19頁。
堀口真司 (2018)『会計社会学：近代会計のパースペクティヴ』中央経済社。
American Accounting Association [AAA] (1966) A Statement of Basic Accounting Theory, Florida：AAA.（飯野利夫訳『基礎的会計理論』国元書房，1969年）
Financial Accounting Standards Board [FASB] (1980) Statement of Financial Accounting Concepts No.2, Qualitative Characteristics of Accounting Information.（平松一夫・広瀬義州訳『FASB財務会計の諸概念』中央経済社，2002年）
── (2010) Statement of Financial Accounting Concepts No.8, Conceptual Framework for Financial Reporting, Chapter1, The Objective of General Purpose Financial Reporting, and Chapter3, Qualitative Characteristics of Useful Financial Information.
Gillispie, C.C. (1960) The Edge of Objectivity, New Jersey：Princeton University Press.（島尾永康訳『客観性の刃：科学思想の歴史 [新版]』みすず書房，2011年）
International Accounting Standards Boad [IASB] (2010) Conceptual Framework for Financial Reporting 2010.
── (2018) Conceptual Framework for Financial Reporting 2018.
Paton, W.A. and A.C. Littleton (1940) An Introduction to Corporate Accounting Standards, New York：AAA.（中島省吾訳『会社会計基準序説』森山書店，1958年）
Porter, T.M. (1995) Trust in Numbers, New Jersey：Princeton University Press.（藤垣裕子訳『数値と客観性：科学と社会における信頼の獲得』みすず書房，2013年）

第23章

「実現」概念の揺らぎと利益計算

はじめに

　近年，企業会計基準委員会より，企業会計基準 第29号「収益認識に関する会計基準」（以下，「企業会計基準」という）が公表された。当該基準は，収益の認識に関する包括的な会計処理および表示について規定され，収益の認識の指標が実現主義から顧客との契約へと変化したことが指摘されている（小野・橋本 2018, 21頁；佐藤 2018, 49頁）。従来，収益の認識は，「企業会計原則」において，実現主義の原則によるものとして規定されていた。また，当該原則は，収益の認識のみならず，実現利益といった会計制度上の利益概念として機能していたが，「企業会計基準」では，実現という用語は用いられてはいない。しかし，利益計算構造を規定する実現までその機能が失われたとはいえない。

　そこで，本稿では，収益認識基準あるいは原則としての実現がその役割を終え，揺らいでいる現状を考察し，これに対して，利益計算構造を規定する実現がよりいっそう存在感を増していく理由や実現の機能を，ささやかではあるが，明らかにしたい。

I　3つの「実現」概念

　従来，会計学の文献あるいは会計制度上，実現は，それぞれの文脈において，多義的に用いられてきた[1]。実現には，収益の認識における「実現主義」の原則，資産評価としての原価主義に結びついた実現および実現利益と未実現利益あるいは純利益と包括利益を区別するメルクマールとしての実現があると考えられる。そのことは，実現の意味ないしは意義を不明確にし，その解釈の混乱

| 第3部 | 会計制度・その他

をもたらしてきたといえよう。ここでは，さまざまな文脈で用いられてきた実現を整理し，その機能を3つに大別することができることを明らかにしたい。

1 収益の認識基準としての実現

　実現の第1の意味は，収益の認識原則としての実現主義の原則である[2]。この実現は，企業会計審議会（1982）やPaton and Littleton（1940）において用いられている。企業会計審議会（1982）では，収益と費用を発生主義の原則にしたがって，発生した期間に正しく割り当てることを求めているが，未実現収益は，損益計算に計上してはならないとしている。また，損益計算書のトップラインたる売上高は，実現主義の原則にしたがい，実現したものに限られる。Paton and Littleton（1940, p.46；訳書，79頁）において，収益は，経営努力によって稼得され，現金または他の有効な資産に転化[3]することによって，実現すると指摘されている。ここでは，実現に対して，期間帰属の決定と未実現保有損益の排除という規範的機能が付与され，実現は，利益測定プロセスを支える収益認識として位置付けられている（藤井2007, 51頁）。つまり，財や用役の交換に関連する取引（AAA 1964 Concepts and Standards Research Committee 1965, p.312）により生ずる収益の具体的な認識基準（ないしは収益の期間的な割り当て方法）に，実現の機能を求めることができる。これは，実現が収益自体の決定として機能していることから，フローの観点に焦点があてられている。さらに，この実現が利益計算構造全体に影響を及ぼすものではなく，あくまでも収益の決定という個別的な会計処理に限定して影響を及ぼすということをも意味していると考えることができよう。

　ただし，収益認識に実現の機能を求めることは，損益計算書のトップラインたる売上高やその他の収益が実現主義によって認識されている以上，そのボトムラインとしての利益は，必然的に，実現利益（処分可能利益あるいは分配可能利益）としての性質を有する結果をもたらす。そこでは，収益の計上のみに関して，実現と未実現を区別し，実現収益のみを計上しさえすれば，ボトムラインとしての純利益は，自動的に実現利益となることから，収益認識としての実現主義の原則のみが重要視されていたといえる。このような実現は，収益認識の制約条件として機能しているとみることができよう。

2 資産評価としての原価主義と結びついた実現

　実現の第2の意味は，資産評価としての原価主義に結びつくものである。次期以降に繰り越されるべき資産を過去の支出額によって評価することは，特に，保有利得としての評価益を財務諸表に計上しないという意味において，実現が堅持されている。このことは，原価主義会計の体系を支えている1つとして実現が位置付けられる（森田 1990, 18頁）。それは，資産が販売や消費を通じて流動化しない限り，収益や利益を認識しないことであり，資産の原価主義の意味が実現主義に基づく利益認識にほかならないとされる[4]（壹岐 2012, 93頁）。

　原価主義によって資産を評価すべきとの考え方は，すべての資産価値への変動の影響は，十分な証拠たる客観性と検証可能性に支えられなければならない（AAA 1964 Concepts and Standards Research Committee 1965, p.312）といった思考が存在している。この客観性と検証可能性を支える具体的な基準として，実現が機能する。

　この実現は，原価主義会計の体系の1つとして位置付けられ，原価主義会計が具備すべき客観性と検証可能性を担保する機能として，適用されていることを意味し，資産評価を制約する意味での実現ということができよう。すべての資産評価を原価に制約する場合，資産価値の変動による保有損益あるいは評価損益といった未実現利益を生じさせる余地がなく，損益計算書のボトムラインたる純利益は，必然的に，未実現利益が排除された実現利益としての性質を帯びる。また，この実現は，資産評価に結びついていることから，フローの観点ではなく，ストックの観点に焦点があてられている。

　後述するように，現在では，原価評価が行われる資産と時価ないしは公正価値評価が行われる資産が区別され，それぞれの資産への投資の性質によって，それぞれ評価が異なる。この点に着目すれば，この実現が利益計算構造全体に影響を及ぼすものではなく[5]，あくまでも個々の資産をいかに評価すべきであるのかという個別的な会計処理に限定して影響を及ぼすと考えることができよう。

　しかしながら，資産評価を制約する意味での実現は，原価評価に制約されなくなった場合，その機能が失われる。たとえば，棚卸資産について，取得原価

と取替原価とが著しく異なっており，十分な客観性および検証可能な証拠がある場合，取替原価で財務状態が示され，価格変動から生ずる保有利得あるいは損失は，発生した期間に報告されるべきであるとされる（AAA Committee on Concepts and Standards 1964b, p.709）。

長期性資産については，変動する技術あるいは需要の状況を反映する特定の価格変動や一般的な価格レベルの変動が生じ，客観性と検証可能性のテストに合致する場合，実現したものとして，純利益の測定において，その増加あるいは減少として取り扱われるべきとされる（AAA Committee on Concepts and Standards 1964a, p.697）。

資産評価が原価に制約されなくなった場合，実現の機能が失われるが，後述するように，金融投資については，この実現の機能が後退し，さらには，放棄すらされている。

3 利益の処分あるいは分配可能性を担保する基準としての実現

実現の第3の意味は，実現利益が備えるべき処分可能性あるいは分配可能性を担保するものである。これは，処分可能性をもった利益をスクリーニングすることに，実現の機能を求める思考（醍醐 1990, 82頁）である。この思考は，インフレーションが激しかった1960年代のアメリカにおいて，事業用資産を時価評価した場合の評価益と純利益の区別といった観点から議論されている。

AAA Committee on Concepts and Standards（1964a, pp.698-699）では，長期性資産の評価の基礎として現在原価が採用される場合における利益の計算および表示を提案している。それは，(1)留保利益勘定を①実現留保利益と②保有利得および損失を反映した現在原価の未実現調整の累計額と2つに区分すべきこと，(2)損益計算書の純利益には，保有利得および損失を含めるべきこと，(3)損益計算書の純利益と取得原価を基礎として計算された純利益の相違には，①取得原価と現在原価との減価償却費の相違，②保有利得および③売却などにより当期に実現した保有利得があるとされる。資産に現在原価を適用した場合，損益計算書の当期純利益について，取得原価を基礎とする純利益へと調整し，そのうえで，留保利益を分割することにより，実現利益を開示することを提案している。ここでは，資産を現在原価（ないし公正価値）で評価したとして

も,株主持分では,実現利益と未実現利益を区別し,処分可能性あるいは分配可能性を有する利益の算定を要請している。

また,AAA 1964 Concepts and Standards Research Committee (1965, pp.321-322) では,(1)事業利得と実現保有利得あるいは損失は,異なった経済事象であるため,それぞれを区分した損益計算書とし,純利益として報告すること,(2)市場取引や証拠の質に違いがあることから,純利益に未実現保有利得および損失を加減算すること,(3)貸借対照表の株主持分の部を実現留保利益と未実現保有利得および損失に区分することを提案している。また,純利益は,富の増加とし,その増加は,実現利益と未実現保有利得に区別し,純利益を実現によって細分化するという提案がなされている。この見解では,実現を介在させずに利益の算定を行い,利益のうち,改めて実現と未実現とに細分化するためのメルクマールとして実現が位置付けられている。

さらに,AAA Committee on Concepts and Standards, External Financial Reporting (1974, pp.217-218) では,認識と実現とを区別し,資産価値変動を認識することは,利益の実現を意味しないことを提案している。認識と実現を区別することにより,価値変動の可能性が高い事象の認識を加速させ,かつ実現される可能性が高くなるまで,過去に認識された価値変動の実現が繰り延べられることが期待されている。

この思考は,資産価値の変動を貸借対照表に反映するが,他方,当該変動を実現したものとみなさずに,損益計算書におけるボトムラインや貸借対照表の純資産において,実現した利益と区別することを含意している。このような思考は,今日の会計制度上で採用されている包括利益と純利益の区別の萌芽とみることができよう。また,損益計算書のボトムラインおよび貸借対照表の純資産において,実現利益と価値変動による差額を区別することに機能を求める思考は,利益の制約条件としての実現ということができる。これは,実現と未実現を区別する最後の砦となっており,ここでは,損益計算書のボトムラインとしてのフローと貸借対照表の純資産としてのストックの両者に対して,実現が機能しているとみることができる。

Ⅱ 「実現」概念の揺らぎ

　これまでの検討によって，実現は，収益認識の制約条件としての実現，原価評価の制約条件としての実現と利益の制約条件としての実現の3つに区別することができた。ここでは，前者2つの実現について，その概念が揺らいでいることを確認したい。

　会計実践上，実現が本格的にその機能を失った直接の契機は，有価証券を中心とした金融商品の時価（ないし公正価値）評価に求めることができる。

　1980年代後半から1990年代にかけて，多くの先進諸国の経済に占める製造業や商業活動の比率が徐々に小さくなり，それに変わって，金融活動が活発になってきた。同時に，金融商品が複雑化および精緻化し，さまざまな目的で利用され，普及率が増加し続けていた（AIMR 1993, pp.29-30；訳書, 45, 48頁）。

　金融活動の活発化および金融商品の増大により，財務報告上，2つの問題が主張された。それは，第1に，金融商品が貸借対照表に表示されないあるいは表示されたとしてもそれがもたらす損失の可能性が過小表示されるという問題である。第2に，歴史的原価会計を金融商品に適用することは，含み益の認識時期を操作することが可能であり，報告利益を操作する余地を与えるという問題である（AIMR 1993, pp.30-31；訳書, 48-49頁）。このことから，金融商品に対する取得原価評価は不適切であり，公正価値評価すべきであるということが主張された。その結果，アメリカでは，FASB（1993）が公表され，トレーディング目的の有価証券と売却可能有価証券を公正価値により評価し，トレーディング目的の有価証券の未実現保有利得および損失を稼得利益に含め，売却可能有価証券のそれは，実現するまで，株主持分の1つの構成要素として報告することが求められた（FASB 1993, pars.12-13）[6]。

　わが国では，1996年のFree, FairおよびGlobalな市場を目指すことを目的とした「金融ビッグバン」が行われた（橋本 2015, 269頁）。それに伴って，バブル経済崩壊への対応や会計基準の国際的調和化を志向した「会計ビッグバン」が行われ（橋本 2015, 266-270頁），金融商品全般の会計処理を規定した「金融商品に係る（現在は関する）会計基準」が公表された[7]。

　金融商品が公正価値により評価されるならば，評価差額が生ずる。このこと

自体，原価評価が達成されてはおらず，すでに原価評価の制約条件としての実現が機能してはいない。評価差額のうち特に評価益は，収益として損益計算書に計上されるか，貸借対照表の純資産に直入されるかあるいはその他の包括利益として包括利益計算書に計上される。わが国において，売買目的有価証券やデリバティブ取引により生ずる正味の債権あるいは債務の時価評価に伴って生ずる評価差額は損益計算書に計上されるが，その評価益は，実現しているものとみなされず，実現可能性によってのみ説明が可能とされる。つまり，この点で，実現が放棄あるいは後退しているとみることができる[8]。

他方，「企業会計基準」により，収益認識原則としての実現あるいは実現主義といった文言は姿を消している。この基準が設定された背景は，実現主義の具体的基準である販売基準以外にもさまざまな基準が認められ，販売基準自体についてもその意味が一意に求められず，利益の弾力性が問題となることやその適用は，実務的あるいは税法に委ねられ，利益管理に利用される恐れがあり，包括的かつ首尾一貫した収益認識基準が必要とされたことにある（伊藤ほか 2004, 6頁；松本 251-252頁）。

収益認識は，フローの概念による実現主義の原則からストックの概念による履行義務の変動へと転換し，顧客との個々の契約において生ずる履行義務の充足に応じて，段階的に収益を認識することへと変化した（日本会計研究学会スタディ・グループ 2018, 1, 10頁）。顧客との契約および履行義務の変動を基礎として収益を認識するため，(1)顧客との契約識別，(2)履行義務の識別，(3)取引価格の算定，(4)履行義務への取引価格の配分および(5)履行義務の充足に伴う収益の認識といった5つのステップによって収益が認識される（企業会計基準委員会 2018, par.17）。

紙幅の関係上，それらを詳細に検討することはできないが，ここでは，取引価格の配分が与える収益計上額への影響を検討したい[9]。

取引価格の配分は，契約において，複数の財あるいはサービスが存在する場合に，独立販売価格の比率に基づいて，それぞれの履行義務に取引価格を割り当てるものである（企業会計基準委員会 2018, par.17）。たとえば，電気通信会社であるA社が期首に2年間の通信サービス（月額1万円×24カ月）について，解約不能を条件に携帯電話を3万円で販売する契約を顧客Bと締結した。この場

合，携帯電話の独立販売価格が12万円および通信サービスが月額1万円であったとする（加藤 2018, 3-4頁）。取引価格は，携帯電話に9万円（取引価格の総額27万円×携帯電話の独立販売価格12万円÷独立価格の総額36万円）が配分され，通信サービスに残額18万円（1年間の通信サービスは9万円）が配分される。契約に基づく携帯電話の契約価格3万円と取引価格を配分した携帯電話の価格9万円とは異なっており，携帯電話の売上高としては，9万円が計上される。通信サービスは，1年間の通信サービスの契約価格12万円と取引価格を配分した9万円とでは異なり，通信サービスの売上高は，9万円が計上される。契約価格と取引価格の配分では，収益の計上額が異なるケースも存在している。

契約や義務履行に基づいた収益を計上する場合，伝統的思考たる実現主義の原則に基づいた売上高よりも多額の売上高となる可能性をもたらす。この相違は，独立販売価格の決定いかんに左右される。また，独立販売価格が直接観察不能な場合には，見積もることも認められる（企業会計基準委員会 2018, par.17）。このようなケースでは，実現主義の原則のもとでは計上されなかった未実現利益を計上する可能性をもたらすとも考えられる。ここに，実現主義の原則の揺らぎをみることができる[(10)]。

Ⅲ 利益に対する社会的合意と「実現」の意義

損益計算書のトップラインやその他の収益（特に，財務および金融上の収益）は，もはや実現とは関係なく計上されており，その結果，ボトムラインとしての利益は，実現利益に限定されてはいない。たとえば，純利益にその他の包括利益が加減算され，ボトムラインが実現利益および未実現利益を含んだ包括利益として計算される。また，純利益は，厳密な意味での実現利益のみで構成されてはいない。純利益あるいは包括利益のいずれにも未実現利益が算入される場合，利益の制約条件としての実現がその機能を果たす。

利益の制約条件としての実現は，投下資本の回収余剰計算という利益計算構造に組み込まれて機能する[(11)]。そこでは，投下資本から分離した分配可能な余剰を把握することに実現の意義が求められる。この利益計算構造では，投下資本は支出額と規定され，回収は収入額と規定される。素朴に考えると，収入

額から支出額を差し引いた余剰が利益として規定され，ここでの利益には，収入と支出以外から構成される利益は含まれない。

　収入と支出からなる利益（伝統的には純利益）が客観性や確実性といった理由のほかに，従来から支持されてきた理由の1つには，それがまさに利益が生ずるプロセス自体を表していると直観的に理解可能であり，社会的な合意を，普遍的に得ることが可能であったことによろう[12]。したがって，資本循環たる投下資本の回収余剰計算に組み込まれている実現は，社会的合意を示しているとも考えることができる。

　この点で，個別の会計処理によって生ずる実現利益と未実現利益との区別は重要であり，特に，実現利益に近い純利益と企業の実態開示を目的として計算される包括利益を区別するための指標としても実現が機能する。

　現在の制度では，実現利益に近い純利益と包括利益の2つが計算されるデュアル報告システム[13]が採用されている。まず包括利益が計算され，このうち，収入と支出といった社会的合意に支えられた投下資本の回収余剰という利益，制度上では純利益が次に計算される。実現は，現在のシステムの整合性を担保する点にも意義が求められよう。

おわりに

　本稿では，実現概念について検討し，実現が収益認識の制約条件としての実現，原価評価の制約条件としての実現および利益の制約条件としての実現の3つに区別されることを明らかにした。このうち，最初の2つは，個別的な会計処理に機能する実現であり，それが揺らいでいることを確認した。最後の1つは，資本循環たる投下資本の回収余剰計算に組み込まれている実現であり，利益計算構造の枠組みを規定するものであった。この利益計算構造は，利益発生のプロセス自体がすべての人々にとって理解可能であり，普遍的に，社会的合意を得る可能性があることを明らかにした。

　しかしながら，ここでの社会的合意は，あくまでも収入から支出を差し引いた利益が直観的に理解可能であるという意味に限定している。この利益計算思考が社会的合意を得るものであるかといったさらなる検討が必要とされる。

| 第3部 | 会計制度・その他

注

(1) 嶋村（1979, 127頁）においても，会計上の実現概念には広狭2義があり，それは，会計全般に関わる認識の基礎概念とみる見解と適用範囲の面で収益認識の基本原則であるとみる見解に大別できることを指摘している。

(2) AAA 1964 Concepts and Standards Research Study Committee（1965, p.312）は，一般的な実現の検討においては，資産の評価と認識と収益の認識の問題があることを指摘している。

(3) Paton and Littleton（1940, p.49；中島訳，84頁）は，収益計上における実現の意味の通説的な理解にも言及している。具体的に，収益は現金の受領や，受取債権その他の新しい流動資産で立証されたときに初めて実現され，この場合2つのテストが前提となっていることを指摘している。2つのテストのうち，第1は，法的な販売または同様な過程による転換および第2は，流動資産の取得による確定であるとされている。販売という用語に着目すれば，収益を認識する販売基準の上位概念として，実現主義の原則が位置付けられていると考えることができる。この位置付けは，企業会計審議会（1982）においても，同様であると考えられる。

(4) 壹岐（2012, 94頁）は，原価主義会計の体系として，実現主義と名目資本維持を基本構造とする会計体系であると要約することができ，原価主義会計では，名目資本維持に基づいた実現利益として期間利益が算定されることを指摘している。

(5) 付言すれば，利益計算構造全体を規定する場合，実現は資産評価のみを制約するという意味ではなく，資産と負債のすべての評価を制約する実現として機能しなければならないと考えられよう。すべての資産と負債の制約条件として実現が機能する場合に，それは，利益計算構造全体を規定し，原価主義会計の体系の1つとして，実現を位置付けることになると考えることができる。

(6) デリバティブ取引により生ずる金融商品については，その後，FASB（1998, par.4）において，その種類ごとに，公正価値で測定することが規定されている。

(7) 橋本（2015, 270頁）は，1990年代中期においては，会計基準の国際化といった場合，国際会計基準（International Accounting Standards：IAS）を取り入れることではなく，当時，世界最高水準にあると自他ともに認められていたアメリカの会計基準に合わせることを意味していたことを指摘している。

(8) 橋本（2004, 79頁）は，国際会計基準審議会（International Accounting Standards Board：IASB）における，2001年以降の，「業績報告」プロジェクトのなかで，再測定を表示する包括利益計算書の特徴として，実現概念の放棄を指摘している。また，CFA（2007, pp.8-9）では，公正価値情報が財務的意思決定のための最もレリバントな情報となるとして，公正価値による測定を推奨している。

(9) 佐々木（2018, 1-13頁）は，「企業会計基準」が会計実務に与える影響を検討している。そこでは，収益認識が早まるケースとして，①出荷基準の容認，②割賦基準の廃止，③原価回収基準の採用，④未利用商品券の残存額についての期間配分による収益計上が検討されている。また，小野・橋本（2018, 16頁）は，携帯電話の本体価格と料金プランの関係に言及しており，これらについて履行義務の単位ごとに金額を公平に按分することを指摘している。取引を反映するという観点から，取引価格の配分は合理的であると考えられ，ここでは，特に，独立販売価格の決定いかんによって，収益の認識を早める可能性があるケースを検討している。

(10) 実現主義の原則の揺らぎとしている理由は，「企業会計基準」が従来の実現に基づく考

え方と比較して，それほど変わったわけではなく，収益の認識により厳密な解釈が行われたに過ぎないという見解（佐藤 2018，57 頁）や会計基準のヒエラルキーにおける実現という概念や取引価格での財あるいはサービスの移転を描写するという原則に変更を加えたものではなく，ルールたる基準のレベルに変更を加えたものであるという見解（秋葉 2019，71 頁）も存在するためである。つまり，「企業会計基準」から完全には実現概念の思考が取り除かれ，後退あるいは放棄されていることを意味してはいないという意図による。

(11) 森田（1978，63-64 頁）は，原価主義会計を体系付ける意味で，実現を貨幣資本の循環過程が完了した時点で，初めて利益を認識する基準としている。また，その鍵概念を，拘束された資本の流動化と自由選択性資金の獲得としている（森田 1978，61 頁）。この実現は，本稿では，原価評価の制約条件としての実現に該当するが，利益計算構造に組み込まれた実現として参考にしている。

(12) 収入や支出の中心的な財となる貨幣について，吉沢（1981，63-66 頁）では，貨幣という財は交換の目的であり，交換は人間的行為と規定している。また，財は記号として社会に定着した意味をもつとし，社会のもつ規範・価値体系によって与えられるものであると指摘している。この意味において，経済は，貨幣を介して社会関係，規範・価値の体系に接合していることを明らかにしている。このことから，貨幣との交換から生ずる収入や支出は，社会，規範および価値を具体化するからこそ，社会的な合意が得られているとも考えることができよう。さらに，この思考を企業組織にまで，敷衍したものとして，渡辺（1983，240 頁）があり，企業組織における交換の目的は，社会の規範や価値の体系を体現する貨幣を獲得することに求められるとしている。さらに，貨幣の性質として，他のすべての財と容易に交換可能な財の世界の中心核と規定している。このことから，収入や支出による利益が社会的合意を得る過程として，「社会の規範や価値の体系→貨幣→交換→収入や支出→剰余としての利益→社会的合意」と考えることができるかもしれない。

(13) Bellandi, F（2012, p.276）は，デュアル報告システムにおいては，第 1 に，純利益と包括利益のジレンマが存在し，2 つの水準の利益が業績として何を意味するのかという問題，第 2 に，包括利益が純利益とその他の包括利益の結合であるのかあるいは純利益とその他の包括利益が包括利益の補足情報であるのかといったそれぞれの利益の位置付けの問題，第 3 に，リサイクリングの概念が不明確となっている問題を指摘している。収入や支出を基礎とする投下資本の回収余剰計算に組み込まれて機能する利益の制約条件としての実現は，これらの問題を解決する可能性があるが，詳細な検討は将来にゆずりたい。

参考文献

秋葉賢一（2019）「収益認識基準と企業経営への影響（下）」『会計監査ジャーナル』第 31 巻第 2 号，71-75 頁。

壹岐芳弘（2012）「時価主義と計算構造」北村敬子・新田忠誓・柴健次責任編集『体系現代会計学［第 2 巻］企業会計の計算構造』中央経済社，第 1 部第 4 章所収，93-126 頁。

伊藤大義・橋本尚・八田進二（2004）「問題の背景と課題」中央青山監査法人研究センター編『収益の認識 グローバル時代の理論と実務』白桃書房，序章所収，1-7頁。
小野行雄・橋本尚（2018）「対談 収益の認識：何が変わって，何が変わらないのか」『青山アカウンティング・レビュー』第2号，7-26頁。
加藤圭介（2018）「収益認識基準の解説」『情報センサー』第134号，2-6頁。（https：//www.eyjapan.jp/library/issue/info-sensor/pdf/info-sensor-2018-07-01.pdf）
企業会計基準委員会（2018）企業会計基準第29号「収益認識に関する会計基準」3月30日。
企業会計審議会（1982）「企業会計原則」（最終改正1982年4月20日）。
佐々木隆（2018）「新収益認識基準が会計実務に与える影響」『會計』第194巻第6号，1-13頁。
佐藤信彦（2018）「収益認識の基本的考え方：『実現』と『履行義務の充足』に関連して」『Disclosure & IR』第5号，49-58頁。
嶌村剛雄（1979）『会計原則コンメンタール』中央経済社。
醍醐聰（1990）「実現基準の再構成」『企業会計』第42巻第1号，81-87頁。
日本会計研究学会スタディ・グループ（2018）『顧客との契約から生ずる収益の認識に関する会計諸問題の研究：平成30年度中間報告』日本会計研究学会。
橋本尚（2004）「第3章 国際会計基準における収益認識規準の展開」中央青山監査法人研究センター編『収益の認識：グローバル時代の理論と実務』白桃書房，59-83頁。
――（2015）「会計ビッグバン(1)時代背景と会計制度の特徴」遠藤博志・小宮山賢・逆瀬重郎・多賀谷充・橋本尚編著『戦後企業会計史』中央経済社，第2部§2所収，266-270頁。
藤井秀樹（2007）『制度変化の会計学：会計基準のコンバージェンスを見すえて』中央経済社。
松本敏史（2014）「収益認識」平松一夫・辻山栄子編著『体系 現代会計学［第4巻］会計基準のコンバージェンス』中央経済社，237-273頁。
森田哲彌（1978）『価格変動会計論』国元書房。
――（1990）「企業会計原則における収益（利益）認識基準の検討：実現主義の観点から」『企業会計』第42巻第1号，18-24頁。
吉沢英成（1981）『貨幣と象徴』日本経済新聞社。
渡辺康良（1983）「Ⅳ 代理人説—管理者の観点」江村稔・津曲直躬編『利潤計算と会計制度』東京大学出版会，236-244頁。
American Accounting Association [AAA] Committee on Concepts and Standards (1964a) Long-Lived Assets, Accounting for Land, Buildings and Equipment, Supplementary Statement No.1, *The Accounting Review*, Vol.39 No.2, pp.693-699.
―― (1964b) Inventory Measurement, A Discussion of Various Approaches to Inventory Measurement, Supplementary Statement No.2, *The Accounting Review*, Vol.39 No.3, pp.700-714.
AAA 1964 Concepts and Standards Research Committee (1965) The Realization Concept, *The Accounting Review*, Vol.40 No.2, pp.312-322.
AAA Committee on Concepts and Standards, External Financial Reporting (1974) Report of the 1973-1973 Committee on Concepts and Standards, External

Financial Reporting, *The Accounting Review*, Supplement to Vol.49 No.4, pp.202-220.

Association for Investment Management and Research [AIMR] (1993) *Financial Reporting in the 1990s and Beyond*, AIMR.（八田進二・橋本尚訳『投資管理調査協会 21 世紀の財務報告』白桃書房，2001 年）

Bellandi ,F. (2012) *Dual Reporting for Equity and Other Comprehensive Income under IFRS*, A John Wiley & Sons Ltd. Publication.

Chartered Financial Analyst [CFA] (2007) *A Comprehensive Business Reporting Model : Financial Reporting for Investors*, CFA Institute Center for Financial Market Integrity.

Financial Accounting Standards Board [FASB] (1993) *Statement of Financial Accounting Standard [SFAS] No.115 Accounting for Certain Investments in Debt and Equity Securities.*

―― (1998) *SFAS No.133 Accounting for Derivative Instruments and Hedging Activities.*

Paton, W.A. and Littleton, A.C. (1940) *An Introduction to Corporate Accounting Standards*, AAA.（中島省吾訳『会社会計基準序説（改訳版）』森山書店，1958 年）

第24章
連単分離の展開

はじめに

　わが国において国内会計基準と国際会計基準との調整に関する議論が活発に行われるようになったのは，2000年代後半のことである。すでに欧州連合域内においては，2005年より上場企業の連結財務諸表の作成に際して国際会計基準が強制適用されるようになり，その一方でわが国の会計基準に対してEUから国際会計基準との同等性評価が行われた。この同等性評価に対処するため，わが国では，企業会計基準委員会を中心に，国内会計基準と国際会計基準との間の差異の縮減が進められた。とくにこのような方向性が明確となったのは，2007年8月における「東京合意」であり，わが国の会計基準と国際会計基準との間の差異の縮減を長期的にコミットするための枠組みが設けられ，以降，コンバージェンスの作業が強力に推進されることになった[1]。

　とくに，国際会計基準とのコンバージェンスの過程において会社法との調整が課題となっていたが，会社法とのコンフリクトを避けるため，調整が困難な項目については会社法が直接的には規制しない連結財務諸表において国際会計基準による会計処理を適用する一方で，個別財務諸表においては旧来の会計処理が維持されることによって，連結財務諸表に適用される会計基準と個別財務諸表に適用される会計基準とが異なる状態を許容する考え方が生まれることになる。いわゆる「連単分離」の考え方である。

I　連単分離と連結先行

　現実に連単分離の考え方を導入するに際しては，短期的には連単分離の状況を許容しながらも，長期的には連単一致を目指すという，連結財務諸表における国際会計基準の先行適用（連結先行）が議論されるようになった。この議論

は，2009年6月に企業会計審議会から公表された「我が国における国際会計基準の取扱いについて（中間報告）」において示された考え方であり，「今後のコンバージェンスを確実にするための実務上の工夫として，連結財務諸表と個別財務諸表の関係を少し緩め，連結財務諸表に係る会計基準については，情報提供機能の強化及び国際的な比較可能性の向上の観点から，我が国固有の商慣行や伝統的な会計実務に関連の深い個別財務諸表に先行して機動的に改訂する考え方」（二の1）を指す。連結先行論では，連結財務諸表において国際会計基準とのコンバージェンスを進めつつも，将来における国際会計基準とコンバージェンスされた国内基準の個別財務諸表への導入も示唆される。

しかし，この連結先行論に関しては，主に実務界から懸念が表明され，2010年4月には，企業会計基準委員会の委員11名と作成者・利用者の代表者4名をメンバーとし，金融庁，法務省，経済産業省，日本経済団体連合会からのオブザーバーを加えた「上場会社の個別財務諸表の取扱い（連結先行の考え方）に関する検討会」が組織され，2010年6月に同検討会における検討結果の概要が報告されている。同報告では，以下に掲げるような6個の具体的なケースが検討されている。

(1) 包括利益の表示
(2) 開発費の資産計上
(3) のれんの償却
(4) OCI（Other Comprehensive Income）のノンリサイクル処理
(5) 収益認識
(6) 負債と資本の区分

その後の会計基準開発の展開を観察すると，これらのケースに関して，現在（2019年4月時点）において連単で異なる取扱いがなされているのは，(1)の包括利益の表示のみである。(2)の開発費の資産計上は，連結財務諸表でも個別財務諸表でも導入されていない。(3)ののれんは，そもそも連単で認識されるものの範囲が異なっているが，償却する点では連単で異ならない。(4)のその他の包括利益（OCI）のノンリサイクル処理については，個別財務諸表において包括利益の表示が行われず，さらに連結財務諸表においてもノンリサイクル処理は導入されていない状態である。(5)の収益認識については，「収益認識に関する会

計基準」が2018年3月に公表されているが、連単で同一の会計処理を定めることとされている（第99項）。(6)の負債と資本の区分については、もちろん連結固有の非支配株主持分の表示の問題はあるが、それ以外の問題について連単で異なる取扱いが行われているものはない。(1)の包括利益の表示も、連単分離の状態に変化はなく、いわば連単分離が恒久化している。

このような状況は、主に、2012年6月に企業会計審議会から公表された「国際会計基準（IFRS）への対応のあり方についてのこれまでの議論（中間的論点整理）」において示された連単分離を許容する考え方に依拠している[2]。さらに2013年6月に企業会計審議会から公表された「国際会計基準（IFRS）への対応のあり方に関する当面の方針」においても、連単分離の方針は引き続き支持されている。

連単分離を許容する考え方が支持されてきた一方で、その後の会計基準の開発を観察すると、連単分離を促す会計処理が増加している傾向も見出すことができる。この中には、将来的に個別財務諸表への適用が想定できるものもあるが、連単分離の状態が恒久化されることが予想されるものもある。一口に連単分離といっても、さまざまな内容が含まれている状況にある。

本稿では、このような問題意識に基づいて、現在における連単分離の会計処理を洗い出し、その分類・整序を図るとともに、今後の連単分離の会計処理、ひいては連結財務諸表と個別財務諸表の関係について展望することを目的としている。

II 連単分離の現状

本節では、さまざまな連単分離の会計処理について歴史的な経緯を踏まえながら、その現状について整理する。

1 税効果会計

連単分離の実務として初期に存在していたものは、税効果会計である。

1997年の改訂前の「連結財務諸表原則」において、税効果会計は、連結財務諸表において任意での適用が認められていた会計処理であった（「連結財務諸表

の制度化に関する意見書」(1975年)三の2)。当時は,連結財務諸表制度の黎明期であり,税効果会計の任意適用の対象としても,未実現利益の調整が例示されるにとどまっていた。

個別財務諸表における税効果会計の適用に関しては,2000年を迎える直前まで,商法の解釈上疑問を呈する意見が強く,事実上繰延税金を資産または負債として計上することは認められていなかった。このような状況において,「商法と企業会計の調整に関する研究会報告書」が1998年に公表され,商法上も繰延税金資産および負債を計上することができる道が拓かれた。同研究会の立場は,「今後,商法の計算書類も含め個別財務諸表において税効果会計を採用することとする場合には,まず,連結財務諸表のみならず個別財務諸表を含め,企業会計上の税効果会計に関する会計基準において,繰延税金資産及び繰延税金負債が法人税等の前払税金又は未払税金として資産性・負債性があることが明確にされるならば,商法上も公正な会計慣行を斟酌する立場から,企業会計上の基準と同様に,これらを貸借対照表に計上することができるものと解される。」(Ⅲの2)というものであった。

税効果会計は,1998年10月に企業会計審議会から「税効果会計に係る会計基準の設定に関する意見書」が公表され,個別財務諸表および連結財務諸表においてともに強制適用されることによって,連単分離の実務が解消されることになる。

ただし,個別財務諸表と連結財務諸表の相違から必然的に,連結財務諸表においてのみ適用される税効果会計の対象項目がある。すなわち,連結固有の税効果会計として実施されているものであり,これらには次のようなものがある。

① 子会社の資産および負債の時価評価に伴う税効果
② 未実現利益の消去,貸倒引当金の消去に伴う税効果
③ 子会社株式の一部売却による資本剰余金計上額に係る税効果
④ 親子会社間の会計方針の統一に伴う子会社の資産および負債の修正に伴う税効果
⑤ 子会社の増加剰余金のうち親会社株主に帰属する部分に係る税効果

2 包括利益の表示

　2010年6月に公表された「包括利益の表示に関する会計基準」によって，わが国では，連結財務諸表に限って，包括利益の報告が行われるようになった。個別財務諸表への適用は，公表から1年後を目途に判断することとされていたが，2012年6月の改訂により，同会計基準は，「当面の間，個別財務諸表には適用しないこととする。」(第16-2項)とされた。事実上，連結先行の考え方は放棄され，連単分離の考え方が定着している。

　なお，2010年改正前における会社計算規則(法務省令)では，「損益計算書等には，包括利益に関する事項を表示することができる」(第95条)とされ，個別財務諸表における包括利益の開示についても，いったん道筋が示されたものの，一般に公正妥当と認められる会計慣行として，会社法上，強制されるには至らなかった。

　このような包括利益の表示に関しては，派生的なものを含め，連単に次のような差異が生じている。

　① 包括利益およびその他の包括利益の開示

　　　金融商品取引法上，連結包括利益計算書(二計算書方式による場合。なお，一計算書方式による場合には，連結損益及び包括利益計算書が作成・開示される)の作成・開示が求められるが，個別の包括利益計算書の作成・開示は求められない。したがって，連結包括利益計算書においては，その他有価証券評価差額金，為替換算調整勘定，繰延ヘッジ損益，退職給付に係る調整累計額の当期変動額がその他の包括利益として表示され，これを当期純利益に加減することによって包括利益が表示される。個別財務諸表においては，これらのその他の包括利益および包括利益は，開示されない。なお，為替換算調整勘定については，在外子会社の連結に際して生じることから，その残高および変動額は，個別財務諸表においてそもそも把握されない。

　② その他の包括利益累計額の開示

　　　連結貸借対照表上は，その他の包括利益の累計額が「その他の包括利益累計額」として表示されるが，個別の貸借対照表上は，「評価・換算差額等」として表示される。ただし，評価・換算差額等として表示されるのは，

①におけるその他有価証券評価差額金および繰延ヘッジ損益のみである(3)。為替換算調整勘定は，在外子会社を連結する場合に限られることから，個別財務諸表には生じない。退職給付に係る調整累計額は，個別財務諸表においては退職給付引当金または前払年金費用に含めて表示されるので，評価・換算差額等としては表示されない。

また，これに関連して，連結株主資本等変動計算書において，「その他の包括利益累計額」の変動の状況が示されるが，個別の株主資本等変動計算書においては「評価・換算差額等」の変動の状況として示される。

3 子会社株式の取得原価

2013年9月における「企業結合に関する会計基準」の改正により，親会社が子会社に対する支配を段階的な株式取得（段階取得）によって獲得した場合，連結財務諸表上，支配獲得日における時価をもって取得原価（取得の対価）を測定するものとされた（第25項(2)）。その際，支配獲得日前に行われた投資は，支配獲得日における時価によって再測定され，再測定差額は，「段階取得に係る差益」として連結損益計算書に計上される。このような連結財務諸表における取扱いとは異なり，個別財務諸表においては，子会社株式は，株式取得日ごとの投資原価の合計とされるため，支配獲得日前に取得していた投資を再評価することはしない（第25項(1)参照）。改正前の取扱いは，連結財務諸表においても，子会社株式の取得原価は，株式取得日ごとの投資原価の合計とされたため，段階取得に係る差益を計上することはなかった。

同様に，2013年9月における「企業結合に関する会計基準」の改正により，取得関連費用についても，連結財務諸表においては支出が生じた期間の費用とされることとなった（第26項）。これに対して，個別財務諸表においては，取得関連費用は取得原価に含めたままとされる(4)。改正前の「企業結合に関する会計基準」では，個別財務諸表上においても連結財務諸表上においても，被取得企業の取得原価を構成するものとされていた（このため，連結財務諸表上，多くの場合，取得関連費用は連結手続を経て実質的にはのれんの一部となっていた）。

4 子会社に対する持分の変動

親会社が有する子会社に対する持分が変動する場合も，個別財務諸表と連結財務諸表上において大きな差異が生じている。

2013年9月における「連結財務諸表に関する会計基準」の改正により，親会社がすでに支配を獲得している子会社の株式を追加取得した場合，追加取得した持分（追加取得持分）と追加取得の対価との差額（追加取得差額）は，資本剰余金として処理される。逆に，親会社が子会社の株式の一部を売却したものの，支配を継続する場合，一部売却によって減少した持分（一部売却持分）と一部売却によって得た対価との差額（一部売却差額）も，資本剰余金として処理される。

なお，個別財務諸表上は，追加取得の対価は子会社株式の帳簿価額に加算される。一部売却の場合は，売却した株式の簿価を平均法等の原価配分方法によって算定し，それによって受け取る対価との差額は，損益として処理される。このような個別財務諸表上の取扱いは，2013年9月の改正によっても，変更はない。

2013年9月の改正前は，子会社株式の追加取得によって生じる追加取得差額は，のれんまたは負ののれんとして処理されていた。また，子会社株式の一部売却によって生じる一部売却差額は，売却損益として処理されていた。個別財務諸表においては，追加取得による投資は，子会社株式の帳簿価額に加算されるが，一部売却によって損益が生じることになる[5]。追加投資によってその時点では損益が生じないこと（負ののれんが計上される場合を除く），および一部売却によって損益が生じることの2点においては，連結財務諸表と個別財務諸表の取扱いは共通性を有していたと考えられる[6]。

このような子会社に対する持分変動の会計処理の違いは，関連する企業結合や事業分離の会計処理にも影響を及ぼしている。たとえば，事業分離を行う分離元企業が分離先企業の株式を受け取って分離先企業を子会社とする場合，分離した事業に係る持分の減少と分離先企業の取得（持分の増加）が生じる。分離元企業の個別財務諸表上は，分離した事業の株主資本相当額をもって分離先企業の株式（子会社株式）を評価する。これに対して分離元企業の連結財務諸表に

おいては，分離した事業に係る持分の減少と移転したとみなされる額との差額（持分変動差額）は資本剰余金となり，分離先企業の識別可能純資産に対する持分と投資したとみなされる額との差額はのれんとなる。

Ⅲ 個別財務諸表および連結財務諸表における会計的認識

　以上のような連単分離の会計処理を整理するにあたっては，そもそも連結財務諸表と個別財務諸表の根本的な相違を識別しておく必要がある。連結財務諸表と個別財務諸表の根本的な相違に起因した連単分離であれば，ある意味でそれは当然の現象である。連結財務諸表と個別財務諸表の根本的な相違に起因しているものでなければ，そのような連単分離は，連単分離を行うニーズを再検討する必要があるし，連単分離の状態を解消できる可能性もある。

　本稿では，連結財務諸表と個別財務諸表の相違を会社的認識に焦点を当てて検討する。会計において認識とは，報告主体の経済活動または経済事象を財務諸表に取り込む手続である。一般に，会計的認識は，取引その他の観察可能な事象に限定してこれを行う点に特徴がある。したがって，どのような事象を対象として，どのようなタイミングで認識するかを考える必要がある。

1 エンティティの概念と子会社株式の評価

　連結財務諸表と個別財務諸表の根本的な相違について検討するに当たっては，会計公準論として議論される企業実体（エンティティ）の公準に遡らなければならない。

　一般に知られているように，個別財務諸表と連結財務諸表とでは，エンティティの範囲が異なる。個別財務諸表では法人格としての企業がエンティティであり，連結財務諸表では親会社が支配する子会社を含めた企業集団がエンティティとなる。問題となるのは，子会社株式の会計処理であるが，個別財務諸表では，エンティティを構成しない他の企業への投資として会計処理されるのに対して，連結財務諸表では，子会社の資産および負債をエンティティの資産および負債に含めるから，親会社による子会社への投資と子会社の資本は，エンティティ内部の取引の結果として相殺消去の対象となる。子会社に対する投資

の成果は，子会社（ひいては企業集団）の資産および負債（ひいては資本）の変動として認識されていく。

　個別財務諸表において子会社への投資を外部企業への投資と考えるとしても，その評価については，原価法による評価に限定されず，時価法や持分法による評価も考えられる。子会社株式を持分法によって評価する場合，子会社の事業の成果を親会社の財務諸表に取り込むことになるから，純利益や株主資本に及ぼす影響の点では，連結した場合に似た結果が得られることになる。持分法が子会社に対する投資の成果を会計的に認識する手続であると考えれば，持分法によって子会社株式を評価する場合，個別財務諸表においても子会社をエンティティの範囲に含めていると解することもできる（吉野 2019）。このように解する場合，通常の連結の手続が全部連結とよばれるのに対して，持分法による子会社株式の評価は一行連結（one-line consolidation）とよばれる。

　個別財務諸表における子会社株式の会計処理方法としての原価法と時価法も，全部連結との対比においてその特徴を整理しておく必要があろう。子会社株式を原価法で会計処理する場合には，子会社の業績を配当の受け取りがある時点において親会社の財務諸表に反映することになる。他方，子会社株式を時価法によって会計処理する場合には，子会社の業績を子会社株式の時価変動によって親会社の財務諸表に反映することになる。このように整理する場合，原価法，時価法および持分法は，子会社株式を一行で会計処理する点で共通するが，会計的認識のタイミングが異なるということになる。原価法では，子会社への投資の成果を子会社が配当を行う時点において認識するのに対して，時価法では，子会社株式の時価変動に基づいて認識する（配当は，時価の下落と相殺される）。さらに持分法では，子会社が資産および負債（ひいては資本）の変動を認識するタイミングで子会社への投資の成果を認識することになる。

　以上のような検討から，連結財務諸表との対比において，個別財務諸表の実質を定義するためには，子会社株式について純額で（一行で）会計処理することに加えて，子会社株式の評価を原価法・時価法・持分法のいずれの方法によって行うかについても定義しなければならない。子会社株式の評価をいずれの方法によって行うかについては，個別財務諸表を作成する目的を考慮して決定しなければならない。会社法や税法との関係において個別財務諸表が重視されて

きたことから，個別財務諸表においては利用者の意思決定のために有用な情報を提供するという情報提供目的に加えて，利害関係者間の契約の履行を支援する契約支援目的ないし利害調整目的も重視されてきた。これらの目的のためには，子会社に対する投資の成果をより確実に認識していくことが求められる。そのため，時価法を適用することは考えにくい。持分法についても，連結財務諸表とは別に個別財務諸表を作成する意義を考えた場合，これを個別財務諸表において適用する意義は乏しいと考えられる。消去法的ではあるが，個別財務諸表において子会社株式を原価で評価することには，子会社から配当を受け取ったときに投資の成果を認識することが契約支援目的ないし利害調整目的に資するという意味で，相当の理由が認められるといえよう。

2 持分の変動

　子会社株式の追加取得や一部売却（支配を喪失しない場合）に代表される，子会社に対する持分の変動は，個別財務諸表における認識（原価法）では，原価法が適用される他の資産と同様に処理される。すなわち，追加取得は子会社株式の帳簿価額への追加として処理され，一部売却では売却原価の減額と売却損益の認識として処理される。その延長線上で考えれば，連結財務諸表における認識でも，持分の取得と売却として処理することが考えられる。

　しかし，現行の「連結財務諸表に関する会計基準」では，子会社株式の追加取得や一部売却は，親会社株主と子会社非支配株主との間の持分の変動（資本取引）として捉えられるため，持分変動差額は資本剰余金の増減として処理される。これらの差異は，個別財務諸表における株主が親会社の株主に限定されるのに対して，連結財務諸表においては子会社の非支配株主も含まれることに起因している。

　このような状況は，形式的にみれば，これらの取引を資本取引とみるか否かという点で，個別財務諸表と連結財務諸表とで取り扱いが異なる，連単分離の状態となっている。もっとも，個別財務諸表における認識を持分法によって行う場合には，持分の変動から生じる持分変動差額を認識することになる。その場合でも，これを損益とするか資本剰余金とするかは別途の議論を要する。

3 連単の切り替え

さらに関連して問題となるのは，連単の切り替えの問題である。一般に，投資先業の成果の認識を個別財務諸表における認識から連結財務諸表における認識に（単から連に）切り替えるのは，子会社に対する支配を獲得した時点であり，パーチェス法の適用として議論されてきた問題である。

逆に，連結財務諸表における認識から個別財務諸表における認識に（連から単に）切り替えるのは，子会社に対する支配を喪失した時点である[7]。子会社に対する支配の喪失については，わが国の会計基準では，すべての持分を売却する場合には，従前の子会社に対する持分と売却価額との差額が損益とされるが，一部の持分を残している場合には残存する株式の評価をどのように行うかが問題となる。子会社株式の一部を売却し，支配を喪失するが，関連会社株式となる場合には，未売却の持分額（いわゆる連結財務諸表上の帳簿価額）で評価するため，その部分について売却損益は生じない。子会社株式の一部を売却して，支配を喪失し，その他有価証券になる場合には，未売却の株式に係る個別財務諸表上の帳簿価額で評価することになる[8]。

子会社に対する支配の喪失は，連単分離の状況を解消する事象であるはずであるが，関連会社として一定の継続的関与がある場合において連結されていたときに認識された投資の成果を清算しないなどの論点が残ることになる。

このように，個別財務諸表では成果（資本の増減）の認識は配当の受取時に行うのに対して，連結財務諸表では親会社のみならず会社の資本および負債（ひいては資本）の変動をも認識の対象とする。また，株主の範囲の差異に起因する資本取引の範囲の相違，支配の喪失時における連結財務諸表においての認識の継続・清算も追加的な問題となる。

IV 連単分離の会計処理の分類

本節では，II節で検討した連単分離の会計処理のうち，III節で検討した個別財務諸表と連結財務諸表における会計的認識の差異に起因するものとそうでな

いものとに分類する。個別財務諸表と連結財務諸表における会計的認識の差異に起因する連単分離は，連結財務諸表と個別財務諸表がそれぞれの役割を異にする以上，当然に生ずるものであり，解消することができないものである。逆に，このような連単の会計処理の差異に起因しないものは，連単分離の状況を解消することが可能である。

このような観点から，連単分離の会計処理を分類すると，次のとおりである。
A. 連単の会計的認識の差異に起因する連単分離
  - 連結財務諸表に固有の税効果会計
  - 包括利益の表示（為替換算調整勘定）
  - 支配獲得日における従前の投資の再評価
  - 取得関連費用の費用処理
  - 追加取得差額および一部売却差額の資本剰余金処理
B. 連単の会計的認識の差異に起因しない連単分離
  - 包括利益の表示（その他有価証券評価差額金，繰延ヘッジ損益，退職給付に係る調整累計額）

Aの連単分離は，個別財務諸表と連結財務諸表の関係を考えるうえで，定義上当然に生じるものであるから，連単分離に固有の論点とはならない。いいかえれば，Aで示した連結上の処理は，個別財務諸表においては採用できないものである。もちろん，段階取得に係る差益（再評価損益）と取得関連費用については，技術的には個別財務諸表においても採用は可能である。たとえば，その他有価証券または関連会社株式として保有していた株式が子会社株式となった場合にその時点での時価に評価替えする[9]とか，現行の個別財務諸表において取得原価に算入されていた取得関連費用を費用処理するなどの会計処理である。しかし，そのような処理は，前Ⅲ節で述べた，純額（一行）での会計処理と原価法によって定義される個別財務諸表における会計的認識と矛盾するので，本節では，これらの差異は，Aの連単の会計的認識の差異に起因する連単分離に分類している。また，子会社株式の取得原価と持分の変動の連結財務諸表における取扱いを従前のものに戻して，個別財務諸表における取扱いと整合させることも考えられるが，これが可能であればそもそも連単分離の状況は招かなかったはずである。

逆に，Bの連単分離が，固有の連単分離とでもいうべき論点であり，連結財務諸表上の会計処理を個別財務諸表においても採用することが考えられる。Bで示した連結上の取扱いは，原理的には，個別財務諸表においても実現することが可能である。たとえば，その他有価証券評価差額金と繰延ヘッジ損益については，個別財務諸表において評価・換算差額等として表示されているが，これらの当期変動額を，個別の包括利益計算書においてその他の包括利益として認識するというものである。退職給付に係る数理計算上の差異は，現行の個別財務諸表において，未認識項目とされ，退職給付引当金または前払年金費用の測定に反映されるという取扱いが行われている。この取扱いについては，未認識数理計算上の差異の当期変動額を個別の包括利益計算書においてその他の包括利益として認識し，その累計額をその他の包括利益累計額として表示することになる。

　このように考えると，真の意味での連単分離は，包括利益の表示に関するものだけということになる（ただし，為替換算調整勘定を除く）。とくに，退職給付に係る数理計算上の差異については，評価・換算差額としての認識も行われていないが，退職給付に係る積立状況を表示するという目的に資する情報を個別財務諸表において提供するという観点からは，連単一致の方向に修正することによって現状を改善する余地があると考える。

　そもそも，包括利益の表示は，純利益のみの表示によってはコスト・ベネフィットの観点から効率的な解を導くことができない問題について，第二の認識規準を設けることによってより効率的な解を与えるものである（Kawamura 2015）。また，トライアングル体制として知られていたわが国の企業会計制度において，包括利益の表示を導入することによってより柔軟な対応をする選択肢が与えられたという評価もある（加古 2002）。

　Bに分類される連単分離を連単一致の方向に導いていくことは，かつての連結先行の議論と異ならない。ともすれば，連結先行と連単分離が二者択一の問題として議論されていたかのように思うが，連単分離が恒久化されるべきものと連結先行を目指すことができるものとが混在したまま二者択一の議論が展開されていたように思う。

おわりに

　以上，本稿では，連単分離の考え方と具体的な会計処理について，歴史的な経緯も踏まえて網羅的に取り上げ，さらに連結財務諸表と個別財務諸表における会計的認識の差異に焦点を当てて分類・整理した。このような作業を通じて，連単分離が恒久化されるべき会計処理と，今後の議論によっては連単一致の方向（かつての連結先行）も目指せる会計処理とを識別した。

　本稿の議論が，今後の連単分離の方向性に示唆を与えることができれば幸いである。

注

(1) 当時の状況について，橋本尚教授は「2009年国際会計基準の衝撃」（橋本 2007）に著している。
(2) すなわち，「中間的論点整理」では，「国際的には連結財務諸表がより重視される一方，単体財務諸表については，会社法，税法，その他の規制等との関連に配慮が必要となる。連単はあくまで一体が原則であるとの指摘もあるものの，すでに連結での米国基準やIFRSの使用が許容されてきているように，連結会計基準の国際的な調和の過程において，いわゆる連単分離が許容されることが現実的であると考えられる。」と述べられている。
(3) 土地評価差額金については，時限立法に基づく制度であるため，本稿の検討の対象から除く。
(4) ただし，個別財務諸表での企業結合のうち，直接的に事業の資産および負債を受け入れるもの（吸収合併など）では，費用処理する。株式交換などの手法による企業結合の場合，取得関連費用は，個別財務諸表上，子会社株式の取得原価に含める。
(5) したがって，のれんも償却によって費用化されることを踏まえれば，追加取得差額も一部売却差額も，いずれは損益として処理される点では共通している。
(6) もちろん，追加取得の対価は，連結手続上，子会社の識別可能な資産および負債並びにのれんに配分される。また，一部売却によって生じる損益についても，個別財務諸表上は売却した株式に配分された取得原価を基準に算定されるが，連結財務諸表上は売却した連結上の持分額（いわゆる連結上の簿価）を基準に算定されるという点で差異が残る。
(7) 支配の喪失に伴う会計処理の問題については，川村（2017）において詳しく論じている。
(8) 未売却の株式に係る連結財務諸表上の帳簿価額を個別財務諸表上の帳簿価額に修正するために生じる差額は，「連結除外に伴う利益剰余金減少高」として処理され，損益計算書を通さずに，連結されていた期間に計上された利益剰余金が消去されることになる。仮に，その後当該その他有価証券を売却した場合には，かつて連結されていた期間に投

資の成果が認識されていたにもかかわらず,個別財務諸表上の取得原価と売却価額との差額が再び損益として認識されることになるから,投資の成果を二重に損益計算書に計上してしまっているという問題も指摘できる。
(9) このような親会社の個別財務諸表における子会社株式の時価評価のみならず,被支配企業である子会社の個別財務諸表において資産および負債の時価評価を行う,という議論もある。いわゆるプッシュ・ダウン会計である(平松2002参照)。

参考文献

加古宜士(2002)「グローバルスタンダードとトライアングル体制」『企業会計』第54巻第1号。

川村義則(2017)「連結財務諸表をめぐる残された課題—子会社の固有のれんと親会社の支配プレミアム」『会計・監査ジャーナル』第29巻第1号,78-85頁。

橋本尚(2007)『2009年国際会計基準の衝撃』日本経済新聞社。

平松一夫(2002)「会計のエンティティー」斎藤静樹編著『会計基準の基礎概念』中央経済社,第Ⅳ章所収,111-146頁。

吉野真治(2019)「持分法会計の研究」(博士学位論文,早稲田大学大学院商学研究科)。

Kawamura, Y.(2015) Cost-benefit analysis of mixed measurement model, *The Japanese Accounting Review*, Vol.5 pp.1-19.

第25章

ソクラテスおよびプラトン哲学と原則主義の会計基準の意義

はじめに

　国際会計の学問・研究領域はもともと非常に広く，かつては会計基準による国際的調和化，各国別の会計制度比較，為替変動および物価変動と外貨建取引の会計処理，振替価格の会計処理，多国籍企業における会計と業績管理なども国際会計の学問領域と位置付けられていたことがある[1]。現在では，誤解を恐れずにいえば，国際会計とは，ほぼ国際財務報告基準（International Financial Reporting Standards：IFRS）による会計を指しているといえよう。筆者の現在の研究テーマは，環境・社会・企業統治（Environmental, Social and Governance：ESG）問題への会計による取組みについて，特にその取組みの必然性について倫理（道徳哲学）にまで遡って探ることにある。では，IFRS による会計と筆者の研究テーマにはどのような接点が考えられるだろうか。おそらくそれは，IFRS において，なぜ原則主義（プリンシプル・ベース）が重視されるのか，といった点にあるのではないか。このように考え，この論題に至った。

I 原則主義の会計基準とは

　原則主義は，橋本教授が列挙している 8 つの IFRS の特色のうちその筆頭に挙げられており（橋本 2010, 122-123 頁）[2]，会計基準の設定において，上限値や下限値などの数値を盛り込んだ詳細な規定を設けるのではなく，「原理原則を明確にし，例外を認めないという原則主義に基づいて会計基準を設定」（橋本 2010, 123 頁）することをいう。大まかに原則的な基準を設定し，作成者側における個別・具体的な事情や監査人たる会計プロフェッションの判断を尊重する

ことで，基準に書かれてある数値基準を形だけ遵守するための操作や，基準に書かれていなければ何をしてもかまわないといういわば逸脱行為を避け，さらには基準自体の分量を抑制する効果も有する[3]。こうした原則主義による会計基準には詳細な規定がないため，適用を受ける側は基準自体の趣旨を理解かつ尊重したうえで自らが「正しい」と考える判断を下す必要がある。

これとは逆に，詳細な規定による会計基準は細則主義または規則主義（ルール・ベース）による会計基準と呼ばれる。橋本教授は，次のような例を挙げて原則主義と細則主義の違いを説明している。「日本では，たとえば減価償却の計算に必要な耐用年数は，設備ごとに税法で定められており，税法上の耐用年数に従った会計処理が可能です。日本基準や米国基準では，会計上の判断をするための細則が示され…（引用者中略）…一方のIFRSには，減価償却1つをとっても，細かな耐用年数の取り決めなどありません。基本的には『原則』に従って会計処理をする必要があるのです」（橋本2010，122頁）[4]。いわばマニュアルのような手取り足取りの細かい規定を求め機械的に[5]基準を適用しさえすれば「正しい」会計数値が開示されることを期待する者にとっては，原則主義の会計基準は不親切な基準といえよう。

原則主義の会計基準[6]は「おとなの対応が求められる世界」（橋本編著2009，118頁）と呼ばれ，適用者自らによる主体的な理解と取組みが必要となる。自らの判断において必要となる根拠には，絶対的な確実性はないことから，適用者自身の判断規準がぶれている場合には，判断結果もぶれることになり，あるいは判断を保留することで判断結果がぶれる危険性を回避することが考えられる。「おとなの対応が求められる世界」と呼ばれる理由は，適用者自らが適切な判断を下す必要がある点ばかりでなく，下した判断自体についても，適用者すなわち判断者が負うべき責任が細則主義の場合と比べて大きくなるという点に求められる。細則主義の会計基準を適用した場合には，基準の機械的な適用により，適用者自らが下すべき判断の領域が少なくて済むからである。

原則主義による会計基準の適用に際して適用者が下した判断に関しては，適用者・判断者自らが，判断を下した根拠について説明する必要がある。なぜなら，会計基準には詳細な規定がないため，なぜその判断に至ったのか，外部者たる情報利用者には開示・公開情報からしか判別のしようがないからである。

ソクラテスおよびプラトン哲学と原則主義の会計基準の意義 | 第 25 章 |

　判断者が自らの判断の根拠を説明できないようでは，情報利用者は判断者の判断を尊重することはできないことになる。また仮に後日，判断の結果が適切でなかったと判明した場合にも，情報利用者から問われる責任は細則主義の場合と比べて大きくなろう。責任を問われる対象が，会計基準ではなく，判断の根拠を有する判断者だからである。確かに，事前に判断者がその根拠を明らかにし，情報利用者がその内容に納得して投資等をしたのであれば，投資の自己責任の原則により，判断者への責任を問うのは適切でないと考えられるが，おそらく実態としては，適切か否かはさておき，判断者に向けて責任を問う声が大きくなるものかと思われる。

　前述したように細則主義においては，会計基準の内容について考えずに適用することが可能であるが，このように物事を深く吟味せず考えないことについて，これを臆断あるいは思い込み（ドクサ）として問題視したのが，プラトンの初期対話篇に書かれているソクラテスであった。ソクラテスが主人公となる対話篇の特徴としては，自分のことを何か（主として後述する四元徳のどれか）について専門家であると自負している者に対し，その徳（たとえば勇気など[7]）とは何かについて，自分は知らないから教えてほしい，とソクラテスが問うていく点が挙げられる[8]。そして質問をされ続ける相手は，結局，自分はその徳について知っていると思い込んでいただけで，実際にその徳とは何かについては知っていない，という結論に至るわけである。とくに善を実践するためには善が何かということを知っていなければならないから，ソクラテスは善とは何かについて吟味することを相手に要求した[9]。

Ⅱ　なぜ原則主義か

　原則主義による会計基準が細則主義に比べて望ましい理由については前述したとおりである。では，原則主義による会計基準は細則主義がよくないから，つまりいわば背理法によって望ましいことになるのであろうか。背理法による論駁は討論方法の1つではあるが，二項対立を前提としており，相手の矛盾を導くことによって自己の優位を証明する方法である。しかしこれでは2つの議論の中間案（折衷案），あるいはまったく方向性の異なる第3の案が提出された

| 第3部 | 会計制度・その他

　場合に自己の案を防御することはできない。中間案は，自己の案に当初の対案（の一部）を取り込んだものであり，つまりは自己の案と当初の対案との相違はある要素の多寡によって生じるものであるから，自己の案を否定する当初の対案の要素が含まれる限り，中間の案は当初の討論と同じ理由から否定されることになり，これを繰り返していくと，ついには自己の案自体を否定することになってしまう。また第3の案（あるいは第4，第5，第6，…の案）という方向性の異なる対案に対しては，(仮にそのような方向性もしくは質がいくつもあるとして) いずれの案に対しても1対1の二項対立関係において議論することになり，結局は前に述べたのと同じように，中間案に対して自己の案を防御できなくなる。

　それでは，原則主義が望ましい固有の理由，すなわち必然的に望ましい理由はどのように形成することができるであろうか。プラトンの対話篇『国家』では根源的な徳として，知恵，勇気，節制，正義の4つを挙げ（427e），これらを導き出す魂の部分は理性，意志，欲望の3つ（『国家』第4巻の440e-441a；訳書〔〈上〉pp.358-359〕の訳語では〈理知的部分〉，〈気概の部分〉，〈欲望的な部分〉）に分けられるとした。いわゆる四元徳と魂の三分説という考え方である。そして理性が意志と欲望を制御することでそれぞれが正しく働くと，理性からは知恵，意志からは勇気，欲望からは節制の徳が生れ，これらが調和した状態になると正義の徳が生まれるとしたのである。これらの関係を図に示すと図表25-1のようになる(10)。

　ここにおいて，理性が意志と欲望のどちらをも制御する過程においても，理性である限り，制御する側は吟味，すなわち考え続ける必要がある。前述したように，ソクラテスは対話篇において，ひたすら吟味し考え続けることを求めた。対話篇には，ソクラテスが問うた概念の普遍的定義が実際には何かという答えは明示されていないことが多い。つまり，最終的な答えはまさしく「神のみぞ知る」とされ，神ならぬ人間にはわからない，が，そのわからないことを認識しつつ（いわゆる「無知の知」の認識），答え（いわゆるイデア）を求めて考え続ける必要がある，これこそが知を愛する人たる哲学者の姿であるとしているのである(11)。

　『国家』では図表25-1のような考え方を国家の統治のあり方に適用し，国家

図表 25-1 プラトンにおける魂の三分説と四元徳との関係

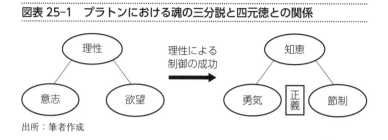

出所：筆者作成

における階級に関して，魂の三分説における理性に相当する哲学者が国民を制御することで，国家の正義が実現されると論じた[12]。そこでは理性に該当するのが統治者階級たる哲学者，意志に該当するのが防衛者階級たる軍人，欲望に該当するのが生産者階級たる職人・商人であるとした[13]。すなわち，理性を多く持つ階級として哲学者を措定し，このいわば「考える階級」が「考えない階級」を統治することを理想的な仕組みとしたのである[14]。

この考え方からすれば，原則主義の必然性は明らかになろう。前述したように原則主義の会計基準は考え，かつ判断を下す必要のある会計基準であり，細則主義の会計基準は考える必要のない機械的な適用が可能な会計基準であるとした。したがってプラトンが考える理想的な統治形態に従うと，会計制度に関わる仕組みにおいて原則主義による会計基準が，制御する側として上位に置かれ，考えない細則主義の会計基準は本来的に上に立つことができない。強いて図表25-1の中に細則主義の会計基準が置かれる立場を与えようとすれば，制御する側と制御される側との接点（図表25-1における直線）に該当するといえるであろうか。一方，制御される側についてはまだ筆者の検討は不足しているが，とりあえずの回答としては，意志に相当する階級がプラトンでは防衛者階級としていることから，会計制度においては強制力を伴う制裁がこれに該当し，プラトンでは欲望に相当するのは生産者階級とされることから，会計制度においては会計の技能を使いこなす技能者集団，ということにしておこう。

おわりに

　本稿であげた考え方は仮の結論であり，今後も検討を続けていきたい。たとえば次のような点についてはまだ検討の余地がある。細則主義の会計基準を適用するに際してもいくばくかの解釈が必要なことも生じうるから，細則主義の会計基準も原則主義の会計基準と同様に，考えて適用するものではないか，と捉えることもできる。したがって，機械的に適用できないという意味ではそのような細則主義の会計基準はすでに「原則主義化」されていることになる。ならば少し原則主義の要素が含まれている会計基準と，極端に原則主義的な会計基準とではどちらが望ましいか，という形に議論が進むことになってしまう。実際，細則主義の会計基準も適用に際し考えて判断を下す必要があるとすれば，どのような細則主義の会計基準も原則主義の要素をもった会計基準である，という結論になってしまう。ソクラテスの考え方にあっては，このような結論に対し，本稿では個別の細則主義の会計基準について論じているのであって，細則主義の会計基準そのもの（すなわち細則主義の会計基準それ自体，あるいは細則主義の会計基準の普遍的な定義）について論じているのではない，という回答を示すことが一応は可能である[15]。したがって本稿における考察では，原則主義の会計基準の必要性について論じただけであって，必ずしも現実に存在する個別の細則主義の会計基準が原則主義の要素を含んでいるか否かについて，また会計基準にいかなる程度に原則主義の要素を含んでいるのが望ましいかについては議論していないことになる。この点については今後，より精緻な検討を加えていきたい[16]。

　本稿では，還暦を迎えられる橋本尚教授へのお祝いとこれまでのご厚情への感謝の意味も込めてこの論題とした。本稿の意義もこの点にあろうかと思う。では，筆者の研究を通じて祝賀と感謝の意を伝えるにはどのようにしたらよいか。おそらくその方法は，橋本教授の研究領域，中でも国際会計，すなわちIFRSによる会計と，筆者の研究テーマとの接点を求めるところから始まるのであろう。これが本稿の論題を選んだ理由である。

注

(1) たとえば，吉田・隅田（1984）および Mueller et al.（1997）を参照されたい。
(2) 他の7つは，比較可能性の重視，資産・負債アプローチ，公正価値会計とキャッシュ・フロー会計と連結会計の重視，経営者の恣意性の排除，実質優先思考，豊富な注記，演繹的アプローチ，である（橋本 2010, 122-123頁）。なお，原則主義なる語がIFRSにおいてどのような形で登場したかについては，たとえば小津・加藤（2011, 48-51頁）を参照されたい。
(3) 後述する細則主義による会計基準では，「会計基準を詳細に規定すればするほど，それを骨抜きにするような巧妙な基準逃れが行われ，そんな不正を防ぐためにさらなる詳細な基準で対応するという悪循環」（橋本 2010, 124頁）から「規則が詳細かつ厖大化して」（橋本・山田 2018, 44頁）いくことに加え，「例外も設けられる」（橋本・山田 2018, 44頁）とさらに基準の分量が増大してしまう。
(4) 自動車の運転を例に用いた原則主義と細則主義の違いに関する説明については，たとえば橋本・山田（2018, 44-45頁）を参照されたい。それによると，細則主義による規制では「制限速度時速80km」と定められ，時速80kmで走行していれば規制を守っていることになるが，どのような道路事情においても時速80kmという規制を守っていれば安全運転をしていることにはならない。そこで状況に応じた規制を設けると雨のときには時速50kmで走行する，雪のときには時速20kmで走行する，という形で規制の分量が増えていくことになり，緊急車両は制限速度なしといった例外に関する規制も設けられることになる。一方，原則主義に基づく規制では「『ドライバーは，道路の状況に応じて安全速度で走行しなければならない』という原理原則が示される」（橋本・山田 2018, 44頁）ことになり，数値基準の制限速度は示されず，ドライバーは気象や道路状況などの要素を勘案して自らの専門的な判断を下すことになる，という。
(5) 文字どおり，「機械的に」適用できるということは，会計基準の適用についてAI（artificial intelligence：人工知能）が人間に代替できることを意味する。このような考え方が，AIの発展によって会計関連の業務がなくなるという発想を惹起する。もっとも，AIの発展により会計関連の業務に関してすべての作業がAIに代替されたとしても，人間たる会計人の存在が不要になるとは思われない。逆説的ではあるが，業務に誤謬やミスが生じた場合，もしくは業務自体は適切であったがそこからもたらされる結果が不適切あるいは不正確であった場合（たとえば見積りを含む会計情報が見積りどおりにその後のキャッシュ・フローの動きと一致しなかった場合など）には，AIによる業務を利用する者（会計においては会計情報の利用者，もしくは規制機関も含めた意味での市場関係者）が業務を行ったAIに対して責任を問うことは非現実的だからである。

AIに感情（場合によっては自らの金銭や生命）がないとすれば，AIに対してどのような制裁を加えれば被害等を受けた利用者は納得するであろうか。制裁の意味の捉え方にもよるが，復讐を果たす，といった意味合いが制裁にまったくないとはいえない。そのように捉えた場合に，感情等を持たないAIに対してどのような制裁を加えればよいというのであろうか。復讐が成り立つのは，相手に自分と同じ感情・思いを強制的に持たせることができる，といった側面があり，制裁においてこのような側面を否定することはできないと思われる。その場合には，AIの代わりにAIに業務委託の指示を出したプリンシパルたる会計人の存在が必要となるが，会計人がそれだけのために責任を問われることを納得するとは思えないため，AIにすべての業務を代替および委託させることはできない，と考えると思われる。

| 第3部 | 会計制度・その他

　　時代の推移とともに，復讐の観念なしに制裁措置が成立する（つまり制裁措置とは，今後同じような被害をもたらさないようにするための，いわば「前向きな」是正措置だけを意味し，「後ろ向きな」復讐という観念は考慮に入れない，との考え方が成り立つ）までに人間の感情は進化が可能であろうか。この点については引き続き筆者の検討対象としたい。
(6)　会計教育に関しても精力的に考察しておられる橋本教授は，IFRSの基本的な考え方が示された概念フレームワーク（『財務報告に関する概念フレームワーク』）を会計教育および研修に用いることで，原則主義を特徴として有するIFRSについて効率的に学習することができるとしている。たとえば橋本（2015，130頁）を参照されたい。
(7)　たとえばプラトンの対話篇『ラケス』（生島訳1975）では「勇気（勇敢さ）」，『カルミデス』（山野訳1975）では「節制」，『国家』（藤沢訳2008）では「正義」，『エウテュプロン』（今林訳1975）では「敬虔」について，それぞれ定義を求めようとしている。後述する四元徳のうち「知恵」については「知恵」のみを扱っている特定の対話篇は存在しないが，その理由は「『知恵』はこれらの対話篇においてその他の徳との関係において論じられたり，或は〔プロタゴラス〕や〔メノン〕においてのように，『徳は教え得られるか』という問題との関係において論じられたりしていたから」（山本1994，161頁）とされている。
(8)　このことについて三木（1984，108頁）では「例えば勇気についての知識の対象はもろもろの勇気ある行為ではない，それはすべての勇気ある行為に共通するものであり，『勇気とは何か』…（引用者中略）…という問に答えるものである。このようにソクラテスは彼の対話において『それは何であるか』…（引用者中略）…と尋ねるのをつねとした。それは事物の普遍的定義を求めることであり，この定義において限定されるのは事物の概念であり，この概念は事物の本質の何であるかを現わすものである」と述べている（ただし漢字およびひらがなは，引用者が当用漢字および新仮名遣いに修正した）。
(9)　ソクラテスが残した著作は現在のところ存在しないため，プラトンの対話篇をはじめとした，他人の著作をもとに判断する必要がある。したがって，アリストテレスのように，対話篇に登場するソクラテスの言葉はプラトンの学説であると考えることもできれば（たとえばBrun 1960，訳書19頁；加藤1988，212頁；廣松ほか1998，983頁を参照），初期のいわゆるソクラテス的対話篇についてはソクラテスの説をプラトンが忠実に再現したものであるとする考え方もある（たとえばPater 1893，訳書106頁；Taylor 1932，訳書24-27，255-276頁；長澤1947，43頁を参照）。
(10)　プラトンはこの仕組みを『パイドロス』（246A ff.）において以下のように二頭立ての馬車に譬えている。「そこで，魂の似すがたを，翼を持った一組の馬と，その手綱をとる翼を持った駆者とが，一体になってはたらく力であるというふうに，思いうかべよう。——神々の場合は，その馬と駆者とは，それ自身の性質も，またその血すじからいっても，すべて善きものばかりであるが，神以外のものにおいては，善いものと悪いものとがまじり合っている。そして，それゆえに，われわれ人間の場合，まず第一に，駆者が手綱をとるのは二頭の馬であること，しかも次に，彼の一頭の馬のほうは，資質も血すじも，美しく善い馬であるけれども，もう一頭のほうは，資質も血すじも，これと反対の性格であること，これらの理由によって，われわれ人間にあっては，駆者の仕事はどうしても困難となり，厄介なものとならざるをえないのである。」（藤沢訳1967，58頁）
(11)　一方で，神に関する概念のはっきりしない人にあっては，神に代えて専門家等，権威を有する者に対して過剰に信頼をし，自らは考えることなく他者たる専門家等にすぐに「正しい」答えを要求した上で，自己からの信頼と一致しない結果をもたらした場合には

信頼に対する裏切りと捉えて一転して専門家等に対する過剰な不信に至る，と考えられる。
(12) たとえば，『国家』(473d) では次のように述べている。「『哲学者たちが国々において王となって統治するのでないかぎり』とぼくは言った，『あるいは，現在王と呼ばれ，権力者と呼ばれている人たちが，真実にかつじゅうぶんに哲学するのでないかぎり，すなわち，政治的権力と哲学的精神とが一体化されて，多くの人々の素質が，現在のようにこの二つのどちらかの方向へ別々に進むのを強制的に禁止されるのでないかぎり，親愛なるグラウコンよ，国々にとって不幸のやむときはないし，また人類にとっても同様だとぼくは思う。…（引用者後略）…』」(藤沢訳 2008, [上] 452 頁)
(13) たとえば Brun (1960, 訳書 129-130 頁) を参照されたい。
(14) もっとも，誰をもって「考える階級」か「考えない階級」かを決めるのは，考える仕事であるから「考える階級」が行うものである，ということは論理的に矛盾している。体系の全体を体系内の部分が決めることになるからである。Coates (1972, 訳書 201-202 頁) を参照されたい。
(15) たとえばプラトンの対話篇『ラケス』(生島訳 1975) における議論を参照されたい。
(16) この点について橋本・山田 (2018, 45-47 頁) では 2003 年 7 月に米国 SEC（Securities and Exchange Commission：証券取引委員会）が公表した調査研究報告書を取り上げ，原則一辺倒主義と細則主義の両極端の中庸をいく会計基準設定としての「目的志向型の原則主義」という考え方について説明している。

参考文献

生島幹三訳 (1975)「ラケス：勇気について」北嶋美雪・山野耕治・生島幹三訳『プラトン全集 7』岩波書店，109-137 頁。

今林万里子訳 (1975)「エウテュプロン：敬虔について」今林万里子・田中美知太郎・松永雄二訳『プラトン全集 1』岩波書店，1-17 頁。

小津稚加子・加藤久明 (2011)「コスト・ベネフィット調査の論点整理(1)：原則主義・規制主義に関する問題」小津稚加子・梅原秀継編著『IFRS 導入のコスト分析』中央経済社，45-65 頁。

加藤信朗 (1988)『初期プラトン哲学』東京大学出版会。

長澤信寿 (1947)『西哲叢書 II プラトン (4 版)』弘文堂書房（初版 1936 年刊）。

橋本尚編著 (2009)『図解・イラストによる IFRS 国際会計基準入門』銀行研修社。

橋本尚 (2010)『図解雑学 よくわかる IFRS〈国際会計基準〉』ナツメ社。

——(2015)「フレームワークに基づく IFRS 教育」『会計プロフェッション』（青山学院大学）第 10 号，129-137 頁。

橋本尚・山田善隆 (2018)『IFRS 会計学基本テキスト（第 6 版）』中央経済社。

廣松渉・子安宣邦・三島憲一・宮本久雄・佐々木力・野家啓一・末木文美士編 (1998)『岩波 哲学・思想事典』岩波書店。

藤沢令夫訳 (1967)『パイドロス』岩波文庫（岩波書店）（訳書初版 1957 年岩波書店刊，田中美知太郎・藤沢令夫訳註『プラトン著作集第 1 巻』）。

——(2008)『国家(上)(下) プラトン著 改版』岩波文庫（岩波書店）（訳書初版 1976 年

岩波書店刊，田中美知太郎・藤沢令夫訳『プラトン全集 11』)。
三木清（1984）『大教育家文庫 ソクラテス（復刻版）』岩波書店（初版 1939 年刊）。
山野耕治訳（1975）「カルミデス：克己節制（思慮の健全さ）について」北嶋美雪・山野耕治・生島幹三訳『プラトン全集 7』岩波書店, 35-71 頁。
山本光雄（1994）『プラトン』勁草書房（初版 1959 年刊）。
吉田寛・隅田一豊編著（1984）『国際会計要説』税務経理協会。
Brun, J. (1960) *Platon et L'Academie* [*Collection Que Sais-Je? No.880*], Paris：Presses Universitaires de France.（戸塚七郎訳『プラトン』文庫クセジュ（白水社），1962 年）
Coates, K. (ed.) (1972) *Socialism and the Environment*, Nottingham：Bertrand Russell Peace Foundation.（華山謙訳『生活の質 岩波現代選書 57』岩波書店，1981 年）
Mueller, G.G., H. Gernon and G.K. Meek (1997) *Accounting：An International Perspective, 4th ed.*, Boston, Massachusetts：Irwin/McGraw-Hill.（野村健太郎・平松一夫監訳『国際会計入門〈第 4 版〉』中央経済社，1999 年）
Pater, P. (1893) *Plato and Platonism：A Series of Lectures*, London：Macmillan.（内舘忠蔵訳『プラトンとプラトン哲学 重版』理想社，1946 年）(訳書初版 1931 年刊)。
Taylor, A.E. (1932) *Socrates：The Man and his Thought*, London：Peter Davis.（林竹二訳『ソクラテス』櫻井書店，1946 年）

第**26**章

企業における日商簿記検定の利用状況に関する考察
―― 東京証券取引所上場企業に対する
　　アンケート調査をもとに

はじめに

　日本商工会議所および各地商工会議所主催簿記検定試験（以下，日商簿記検定）は，1954年の開始から2019年2月の試験で第151回を迎え，受験者数は延べ2600万人に上る。現在，公認会計士や税理士などの国家資格を除くと，簿記・会計に関して，受験者数が多く最も有名な試験といわれる（図表26-1）。この試験は学生から社会人まで幅広く受験しており，合格者には合格級に応じ，一定の会計知識を習得したとする評価が社会的に広く与えられている。

　日本商工会議所は日商簿記検定の各級を以下のように位置付けている。3級は「ビジネスパーソンが身に付けておくべき『必須の基本知識』として，多くの企業から評価される資格」であり，小規模企業の経理関連書類の適切な処理を行うために求められるレベル，2級は「経営管理に役立つ知識として，企業から最も求められる資格の一つ」として，工業簿記も含めて修得し財務諸表の数字から経営内容を把握でき，企業活動や会計実務を踏まえ適切な処理や分析を行うために必要なレベル，そして1級は極めて高度な簿記を修得し「企業会計に関する法規を踏まえて，経営管理や経営分析を行うために求められる」レベルと位置付けている[1]。

　また，日商簿記検定では会計諸基準の設定・改訂及び関係法令の制定・改正等を踏まえ適宜出題区分を改定してきていたが，2015年には近年のビジネススタイルや会計実務の動向を踏まえた改定を実施した。この改定では1級の出題

| 第3部 | 会計制度・その他

図表26-1　過去5年間の日商簿記検定受験者データの平均

	受験者数	実受験者数	合格者数	合格率
1級	10,605.6名	8,255.0名	774.2名	9.38%
2級	67,135.3名	51,094.6名	10,677.1名	20.90%
3級	107,119.4名	83,545.7名	36,320.2名	43.37%

出所：日本商工会議所のウェブサイトにおける「簿記　受験者データ」より，筆者作成（第137回から第151回までの過去5年間の平均値）。

内容とされていた連結会計，リース会計，外貨建取引などを2級に移行し，あまり一般的でなくなってきた内容を上位級に移行または除外するなど，より実践的なものとする出題区分の変更を発表し，2016年6月実施の第143回より順次実施している。

続く2018年には3級を中心とした改定を発表した。個人商店から小規模株式会社を前提とした出題に変更し，現代のビジネス社会における新しい取引を盛り込み，現在の実務と乖離が生じている項目を整理・削除して，2019年6月実施の第152回より適用することとした。

日商簿記検定は各級を前述のように位置付け，出題内容を改定することで企業などでの実務での利用を促そうとしているが，企業側での日商簿記検定の利用状況に関する調査はなかった。そのため，「ビジネスパーソン」が働く企業側で日商簿記検定の利用状況を明らかにする必要がある。

そこで本稿では，企業で日商簿記検定が実際にいかに利用されているのか，また利用されていないのであれば，利用される試験となるための改善点について検討することとした。

本稿では企業において，日商簿記検定に合格することをいかに評価しているのかに焦点を当て，評価を行うわが国の上場企業の人事担当責任者を対象に，正社員の採用や人事，また教育・研修での日商簿記検定の利用状況，日商簿記検定の合格に期待すること，そして簿記・会計教育に期待することについて，アンケート調査を行った。

I 日商簿記検定に関する先行研究・調査

1 先行研究・調査

　文献を渉猟したところ，日商簿記検定の利用に関する調査は見受けられなかったが，出題内容に関する先行研究・調査として，2003年に川村教授他により実施された「簿記教育に関する職業会計人の意識調査」(川村 2004) があった[2]。この調査では，任意抽出した1,000名の公認会計士を対象に日商簿記検定の出題区分表に即して，簿記教育の実務への適合性をアンケート調査により明らかにしている。調査から指摘された点は以下の4点である。

　第1に従来からの手書きシステム前提の簿記教育については，必要な内容と不必要な内容に分析する必要があること，第2に単純に取引データを処理するだけでなく，会計上認識すべき対象を資料から判断させる内容への移行が重要であること，第3に実務で行われている取引例を調査・研究して，簿記教育における取引例を変えていくことが必要であること，そして第4に新しい内容についても重要であれば早期に学習する必要があることであった。これらの指摘は，日商簿記検定の出題区分を再検討して実務への適合性をあげることが，企業での利用を促進するには必要であると解釈できる。

　また，会計教育を行う側に対する実態調査として，1995年に藤田教授他により実施された会計教育に関するアンケート調査（藤永 1998a, b）があった。これは日本の大学・短期大学での会計教育に対する取組みを調査したものであり，日商簿記検定合格者に対して，入学試験で特別な取扱いを行う大学・短期大学や，単位認定を行う大学・短期大学が一定数あることが明らかにされた。さらに2009年6月20日に日本簿記学会関東部会で実施されたアンケート調査[3]は簿記教育を行う高校や大学の教員に対して実施された。高校で69％，大学で68％が授業に日商簿記検定に対応する制度を取り入れていると回答した。さらに簿記検定制度が簿記教育に良い影響を与えているかの問いに対し，高校では与えているが62％，どちらとも言えないが38％，大学では与えているが36％，悪い影響を与えているが6％，どちらとも言えないが58％と，概ね簿記検定制度が良いものと認識されていた。また，日商簿記検定を意識した授業を行って

| 第3部 | 会計制度・その他

いるのが大学では38％，高校では100％との回答であった。これは日商簿記検定の合格が大学の推薦入学や就職活動に有利ということが影響したものと考えられる。

　上記のように高校・大学における簿記教育は少なからず日商簿記検定の影響を受けていることは明らかであろう。

　なお，上記藤田教授他の調査では「覚える会計教育から，考え・創造する会計教育に重点移行する必要がある」と財務諸表作成技術の習得から，財務諸表を分析して組織の実態を理解してそのあり方を考える能力を養う必要があると述べており，さらに八角・木村（2012）は，合格を意識するあまり，「考える」学習が定着しないまま検定試験対策に取り組み，基本的な理解が欠如し，応用力が養えず，学問としての興味が失われていくことになるため，「考える」学習が重要としている。いずれも日商簿記検定は合格がゴールではなく，学習した簿記会計の知識の利用方法の重要性を指摘しているものといえる。

　しかし，上記のいずれの研究も出題区分や教育内容に関するものであり，企業での利用状況に関するものではなかった。

2　その他の調査

　その他では就職支援企業等により日商簿記検定の意識調査が行われている。たとえば，企業がどのような資格を求めているのかを調査したものとして，2008年に株式会社リクルートエージェントが公表した「企業が求める資格ランキングトップ10」がある（図表26-2）。同調査では，日商簿記検定2級に対する求人件数が圧倒的に多く第1位，1級は第7位となっている。とりわけ2級は経理中心の求人であり，経理業務に対する基本理解を測る物差しとして，他の資格に比べ日商簿記検定に対するニーズの高さがうかがえる[4]。

　また，『日本経済新聞』，「日経Bizアカデミー」と『日経キャリアマガジン』が共同で実施した20〜40歳代のビジネスパーソンを中心とした「ビジネス系資格・語学調査」によると，日商簿記検定2級が取得したい割合は5.3％で第6位，3級は同じく5.2％で第7位になっていた[5]。この調査では財務・経理関連データの読取りを基本スキルと捉えて，日商簿記検定が幅広い関心を集めていることがわかる。

企業における日商簿記検定の利用状況に関する考察 | 第 26 章

図表 26-2　企業が求める資格ランキングトップ 10

順位	資格	求人件数
1	日商簿記検定 2 級	1,870
2	1 級建築士	1,310
3	宅地建物取引主任者	1,200
4	公認会計士	590
5	2 級建築士	580
6	第三種電気主任技術者	470
7	日商簿記検定 1 級	440
8	基本情報技術者	330
9	社会保険労務士	250
10	第一種電気工事士	200

出所：株式会社リクルートキャリア「転職における資格の有効性」における「企業が求める資格ランキングトップ10」2008 年（https://www.r-agent.com/guide/ranking/shikaku/）。

図表 26-3　取得したい資格ランキング

順位	資格	割合（％）
1	中小企業診断士	16.0
2	TOEIC® テスト（C レベル）	15.4
3	TOEIC® テスト（B レベル）	14.8
4	TOEFL® テスト	14.0
5	宅地建物取引士	12.5
6	日商簿記検定 2 級	5.3
7	日商簿記検定 3 級	5.2
8	TOEIC® テスト（A レベル）	4.9
9	TOEIC® テスト（D レベル以下）	4.5
10	ビジネス実務法務検定®準1級, 2級	4.4

出所：日経 Biz アカデミー「仕事で使える資格は何か〜資格ランキング 2016」（http://bizacademy.nikkei.co.jp/feature/article.aspx?id=MMACz20000080 12016&page=3）。調査期間は 2015 年 11 月 6 日〜11 月 12 日。回答者は 903 人。

このように日商簿記検定は，企業からも求人において経理業務の基本理解を測る基準とされ，資格を取得する側でもビジネスパーソンとしての基本スキルと捉えられていることがわかる。そのため，企業の採用や人事における日商簿記検定の利用状況や利用促進方法を明らかにすることには意義があると考えられる。

II　本研究の調査方法

本研究では企業において日商簿記検定が正社員の採用，人事および教育・研修にいかに利用されているのかのアンケート調査を行った。その調査方法は以

下のとおりである。

1 送付先

東京証券取引所1部上場企業2,050社,2部上場企業520社および東証マザーズ上場企業247社,計2,817社のうち,銀行業,証券・商品先物取引業,保険業,その他金融業を除いた計2,663社（2017年12月15日現在）の人事担当責任者に調査票を送付した。

2 回答の方法

調査票を郵送し,返信をFAXまたはメール添付で回収した。また企業名と回答者の部署および職位を記名式で回答してもらった。

3 実施時期

2017年12月15日（金）に発送し,2018年1月15日（月）までの期間で回収した。

4 回収社数及び回収率

回答社数は265社[6],回収率は9.95％であった。

5 回答企業の業種の内訳

回答企業の業種の内訳は,水産・農林業1社（0.4％）,鉱業0社（0％）,建設業20社（7.5％）,製造業102社（38.5％）,電気・ガス業1社（0.4％）,運輸・情報通信業39社（14.7％）,商業68社（25.7％）,不動産業10社（3.8％）,サービス業24社（9.1％）であった。

6 回答者の属性

回答者の属性は,人事担当責任者18名（6.8％）,人事総務課長・係長・マネージャーなど95名（35.8％）,採用担当者14名（5.3％）,人事総務部員（職位なし）122名（46.0％）,その他の部署員12名（4.5％）,記載なし4名（1.5％）であった。

なお回収率が10%に達していないが，公的機関によるアンケート調査でないことや，調査疲れにより回収率が下がる傾向があると言われている中で一定数の回答は集まったといえる。また，各企業の人事担当責任者宛で送付していたものの，人事担当責任者以外の人からの回答が多かったが，これらの回答者からの回答でも各社の状況を調査票の記載内容から把握することが可能なので問題はないと考えられる。

Ⅲ 本アンケート調査結果とその分析

1 本アンケート調査の集計結果

回収されたアンケートの集計結果は次のようになった。

(1) 正社員の採用に関して

ア 日商簿記検定の合格が採用の条件になるか

採用の条件となるという回答は各級合計で3.0%とわずかであった。

(単位：社)

採用の条件になる			採用の条件に
3級以上	2級以上	1級	ならない
3 (1.1%)	5 (1.9%)	0 (0%)	256 (97.0%)

※有効回答数 264 社

イ 日商簿記検定の合格が採用に有利に影響するか

採用に有利に影響する企業は各級合計で38.0%であり，一定数あった。

(単位：社)

採用に有利に影響する				影響しない
3級以上	2級以上	1級	級無回答	
18 (6.8%)	63 (24.0%)	17 (6.5%)	2 (0.8%)	163 (62.0%)

※有効回答数 263 社

ウ 日商簿記検定の合格が採用後の配属先決定に影響するか

希望部署に配属する企業が計31.5%，希望と関係なく配属先決定に影響するが15.6%と，半数近い企業が配属先決定に何らかの影響があると回答していた。

(単位：社)

配属先決定に影響する			影響しない
希望する部署に配属する	経理・財務部門なら希望先に配属する	希望とは関係なく配属先決定に影響	
3 (1.1%)	80 (30.4%)	41 (15.6%)	139 (52.9%)

※有効回答数263社

(2) 正社員の教育・研修に関して

ア 日商簿記検定の合格を推奨しているか

全社員が計13.7%，部署によるが計38.5%と約半数で合格を推奨していた。

(単位：社)

全社員に推奨			部署により推奨				推奨していない
3級以上	2級以上	1級	3級以上	2級以上	1級	級無回答	
30 (11.5%)	6 (2.3%)	0 (0%)	23 (8.8%)	70 (26.7%)	4 (1.5%)	4 (1.5%)	125 (47.7%)

※有効回答数262社

イ 日商簿記検定の合格を推奨している場合，その教育を実施しているか（複数回答）

合格を推奨している企業のうち，教育を実施していない企業が12.6%，自習にまかせる企業が50.4%と積極的に教育を行っていない企業が約6割あった。

またその他では，積極的に教育はしないが，自主的な学習に補助する企業が8社，独自の教育・研修などを実施する企業が4社，就職前に自習させる企業が1社あった。

(単位：社)

企業内研修を行う	専門学校に通学させる	通信教育を受講させる	自習にまかせる	実施なし	その他
9 (6.7%)	7 (5.2%)	28 (20.7%)	68 (50.4%)	17 (12.6%)	13 (9.6%)

※有効回答数135社

ウ　日商簿記検定に合格した場合，希望する職種への人事異動を行うか

　合格しても人事異動を行わない企業が90.8%であり，希望する職種への人事異動はほとんど行われていない。

(単位：社)

希望する職種への人事異動を行う			人事異動を行わない
3級以上	2級以上	1級	
0 (0%)	13 (5.0%)	11 (4.2%)	237 (90.8%)

※有効回答数261社

エ　日商簿記検定に合格した場合，昇進を行うか

　合格しても98.1%の企業で昇進を行われていなかった。

(単位：社)

昇進を行う			昇進を行わない
3級以上	2級以上	1級	
3 (1.1%)	2 (0.8%)	0 (0%)	258 (98.1%)

※有効回答数263社

オ　日商簿記検定に合格した場合，昇給を行うかとその昇給額

　合格した場合に昇給を行わない企業は96.8%で，昇給を行うとした企業はわずかであった。昇給する場合の昇給額は，3級以上でそれぞれ1,000円，5,000円，25,000円，金額無回答，2級以上で3,000円と4,000円，1級と回答した企業は金額が無回答であった。また級の回答はないが昇給額が600円とした企業があった。ほとんどの場合は合格しても給与には影響がないことがうかがえる。

| 第3部 | 会計制度・その他

(単位:社)

昇給を行う				昇給を行わない
3級以上	2級以上	1級	級無回答	
4 (1.6%)	2 (0.8%)	1 (0.4%)	1 (0.4%)	245 (96.8%)

※有効回答数 253 社

カ　正社員が日商簿記検定に合格した場合，一時金などを支払っているかとその支払額（複数回答）

　合格した場合に一時金などを支払っている企業は66社であり，内訳は，すべての級が22社，3級と2級が2社，2級と1級が32社，2級のみが1社，1級のみが9社であった。

　支払っている金額は，3級で平均値7,408.7円，中央値5,000円，2級で平均値14,705.7円，中央値10,000円，1級で平均値42,428.1円，中央値30,000円という回答であった[7]。回答企業中，1級で25.4%，2級で21.9%と一時金を支払い，一定の評価を与えていることがわかる。

(単位:社)

支払う			支払わない
3級	2級	1級	
24 (9.2%)	57 (21.9%)	66 (25.4%)	194 (74.0%)

※有効回答数 260 社

キ　合格することに期待することは何か（複数回答）

　経理・財務部門で必要な知識の習得を，事務職として72.4%，管理者として47.5%の割合で期待されている。また，一般業務を行う上での一般知識の習得が52.1%，その他の管理者としての一般知識の習得が31.4%の割合で期待されている。

　またその他では，主に情報・通信業の5社で「業務コンサル，システム開発に必要な知識」など経理・財務系のシステムやソフトウェア開発・導入に必要な知識を期待し，3社で「なし」と回答した。

　経理・財務部門において必要な知識として期待される回答が一番多いが，一

般業務における一般知識としても期待される一方，一部企業では業務上必須の知識とされていることがわかった。

(単位：社)

経理・財務部門で事務職として働くために必要な知識の習得	経理・財務部門管理者として必要な知識の習得	一般業務を行う上でのビジネス上の一般知識の習得	左記以外の部門管理者としてのビジネス上の一般知識の習得	その他
189 (72.4%)	124 (47.5%)	136 (52.1%)	82 (31.4%)	11 (4.2%)

※有効回答数261社

ク 日商簿記検定に期待することは何か（複数回答）

　日商簿記検定に対して期待される項目では，実施日の増加（27.1％）や企業内での受験（27.1％）など受験方法の項目が多く，次に会計ソフトの使用方法の出題が15.9％と多かった。そして国際財務報告基準（International Financial Reporting Standards：IFRS）の出題が12.6％，TOEICのような点数評価が11.1％，論述問題の出題が7.7％と続いた。

　また，その他では2社で「現状のままでよい」，1社で「目標のない人が勉強するきっかけになること」，1社で「PC受験」との回答があったが，残る34社で「特になし」という回答であった。具体的な回答がなかったのは対象が人事担当責任者であったためと思われる。

(単位：社)

TOEICのような点数評価	実施日の増加	企業内での受験	論述問題の出題	IFRSの出題	会計ソフトの使用方法の出題	その他
23 (11.1%)	56 (27.1%)	56 (27.1%)	16 (7.7%)	26 (12.6%)	33 (15.9%)	38 (18.4%)

※有効回答数207社

ケ 教育・研修を実施するにあたり，日商簿記検定以外の簿記・会計教育に期待することは何か（自由記入）

　これまでの質問は，日商簿記検定についてであったが，今後の簿記・会計教

育に役立てるべく、その他の簿記・会計教育に関連して企業でどのようなことを期待しているのかを回答してもらった。64社から回答があり、自由記入された内容で、主だったものは次のとおりであった。

財務諸表を読み解き、自社や他社の分析などに役立て、今後のプランを考えることができる力を養う教育をあげる企業が14社あった。

また、「知識の多さに限らず、スキルとして実務につなげられる教育体系」など実務に役立つ教育をあげる企業が9社、コスト意識を持つことに期待する企業が3社、経営視点で物事を捉えられる力を期待する企業が3社あった。

今後の簿記・会計教育に期待する内容として、各社度合いの違いはあるが、業務内容に必要とされる能力を育成することを挙げる企業が多かった。

なお、建設業の企業では、業種特有の資格（建設業経理士）を重視しているとの回答が20社中9社（45％）あった。日商簿記検定の合格を推奨するかの設問に、全社員に対して推奨する回答はゼロであるが、部署によって推奨するとの回答が50％あった。これは建設業経理士取得の基礎として日商簿記検定を捉えているのではないかと考えられる。

2 本アンケート調査の集計結果の分析

本アンケート調査の集計結果を、規模別と業種別に分け、各調査項目についてクロス集計を行い、集計結果に差異があるかを χ^2 検定により分析した結果で、有意であるとされたもののみを以下では述べていく。

(1) 規模別の調査結果の比較

調査票を送付した2,663社の総資産額の中央値を求め、これを境に総資産額が大きい会社と小さい会社に分けて、調査結果の比較を行った。なお、原則として連結ベースで判定を行うが、単体ベースの総資産額のみ公表されている企業については単体の総資産額の中央値を求めて判定を行った[8]。その結果、規模が大きい企業（以下、大企業）が131社、規模が小さい企業（以下、小企業）が134社となった。

その結果、規模の大小で相違がみられたのは(2)「ア日商簿記検定の合格を推奨しているか」であった。

規模別の合格の奨励状況は，図表26-4のとおりである。この集計結果に，χ^2検定を実施したところ，5％水準で有意差がみられ，規模の大小で合格を推奨する傾向に差異が認められた。さらに大企業では，全社員にも部署によっても日商簿記検定の合格を推奨する傾向が強いことがわかった。

ただし推奨する級の内訳については規模の大小で差異は認められなかった。

図表26-4　合格を推奨しているか（規模別）

(単位：社)

	全社員に推奨	部署により推奨	推奨していない	χ^2値
大企業	23 (18.0%)	55 (43.0%)	50 (39.0%)	$\chi^2(2) = 8.447$
小企業	13 (9.7%)	46 (34.3%)	75 (56.0%)	$p < 0.05$

※有効回答数　大企業128社，小企業134社

(2) 業種別の調査結果の比較

調査票を送付した9業種のうち8業種から回答があり，一番多かった製造業（102社）と，製造原価報告書の作成がない商業（68社）とサービス業（24社）のグループ（計92社）との2つに分けて比較した。

その結果，業種別のグループで相違がみられたのは，規模の大小と同様，(2)「ア 日商簿記検定の合格を推奨しているか」であった。

図表26-5　合格を推奨しているか（業種別）

(単位：社)

	全社員に推奨	部署により推奨	推奨していない	χ^2値
製造業	13 (13.1%)	45 (45.5%)	41 (41.4%)	$\chi^2(2) = 6.066$
商業・サービス業	15 (16.3%)	26 (28.3%)	51 (55.4%)	$p < 0.05$

※有効回答数　製造業99社，商業・サービス業92社

業種別の合格の奨励状況は図表26-5のとおりである。この集計結果にχ^2検定を実施したところ，5％水準で有意差がみられ，業種別で合格を推奨する傾向に差異が認められた。製造業の方が日商簿記検定の合格を推奨する傾向が強い

ことがわかった。

さらに推奨する級の内訳を比較した結果が図表26-6である。

図表26-6　日商簿記検定の合格を推奨しているか（業種別・内訳）

(単位：社)

	全社員に推奨			部署により推奨			推奨していない	χ^2値
	3級以上	2級以上	3級以上	2級以上	1級	級未回答		
製造業	10 (10.1%)	3 (3.0%)	7 (7.1%)	36 (36.4%)	0 (0%)	2 (2.0%)	41 (41.4%)	$\chi^2(2)$ = 13.445 $p < 0.05$
商業・サービス業	14 (15.2%)	1 (1.1%)	9 (9.8%)	14 (15.2%)	1 (1.1%)	2 (2.2%)	51 (55.4%)	

※有効回答数　製造業99社，商業・サービス業92社

　この集計結果にχ^2検定を実施したところ，5%水準で有意差がみられ，業種別でも合格を推奨する級の傾向に差異があることが認められた。特に製造業で部署により2級以上の合格を推奨する傾向が強いことが読み取れるが，これは2級以上で工業簿記が試験科目とされており，原価計算の知識が製造業で必要とされているからと思われる。

(3) 集計結果の分析

　企業の規模の大小，業種別，いずれも合格の推奨に関する傾向で差異があるとの結果が出た。この結果は各企業の状況によって日商簿記検定の合格者に対するニーズが異なることを表している。当然各企業の業務は異なり，必要とされる知識の度合いにも差異が生じているものと思われる。大企業ではより広い業務を行う基礎知識として合格が推奨され，また製造業では原価計算の知識に対する必要性から合格が推奨されていると考えられる。

おわりに

　今回のアンケート調査結果からわかったことは，次のとおりであった。

日商簿記検定は採用にあたり，採用条件にはほぼ利用されていないが，採用や配属先決定の判断指標として利用している企業が多いことがわかった。

採用後では，日商簿記検定の知識を企業で働くうえで必要と捉えた半数を超える企業で合格が推奨されていた。これは業務に必要な知識として日商簿記検定が利用されている証といえる。そのニーズは経理・財務部門などの専門業務に必要な知識が一番高いが，一般業務に必要な知識も高く，正社員がいかなる業務を行うかで必要とされる度合いが異なると捉えられていると考えられる。

さまざまな業務に必要な知識と捉えられるが，合格だけでは，人事異動，昇進，昇給はほぼ行われない。各正社員の業務と日商簿記検定の内容が等しくなく，合格が人事評価に直結しないのであろう。ただし，合格に一時金を支払う企業は一定数あり，人事評価の１つの基準として利用されていることがわかった。

以上より，第１に日商簿記検定は採用や配属先決定の際の１つの判断指標として利用されることが多く，第２に採用後には人事評価などで合格が評価されることは少ないが，行う業務を問わず基礎知識として期待されることは多く，その知識の業務での活用が期待されていることがわかった。

日商簿記検定以外の簿記・会計教育に期待することとしてあげられた内容ではあるが，財務諸表を読み解くことや実務に役立てることを期待する企業は多く，日商簿記検定の利用を促進するには，試験内容をより実務で利用しやすい形に変えることが必要と考えられる。

近年の日商簿記検定は大幅な出題区分の変更を行い，実務に近い内容に変わってきており，従来の解答テクニックだけで合格できる試験ではなくなってきている。

Ⅰの１で触れた先行研究で述べられた「覚える会計教育から，考え・創造する会計教育」への移行が重要であり，日商簿記検定も「考える」試験に変化させ，業務に役立てられる内容へと移行できれば，より企業における利用を促進できるのではないだろうか。日商簿記検定の今後の変化に注目したい。

今回は，人事担当責任者を対象として，採用や人事，教育・研修での日商簿記検定の利用状況をアンケート調査により明らかにした。しかし調査時は日商簿記検定の出題区分や内容が変化する過渡期であり，その内容はまだ浸透して

| 第3部 | 会計制度・その他

いない状況であったと考えられる。そのため，これらの改定が一定期間行われ，企業においても浸透したときにどのように捉えられているのかを今後調査してみたいと考えている。また調査対象を人事担当責任者ではなく，経理・財務担当者に変えた調査も実施したいと考えている。

注

(1) 日本商工会議所ホームページ「各級のレベル」より。(https://www.kentei.ne.jp/bookkeeping)
(2) これより以前に行われた研究には，1998年～2000年度日本簿記学会簿記実務研究部会（部会長山本巌氏）によって実施された調査研究がある。この調査では企業の経理担当者に対して簿記教育に関する意識調査が行われている。
(3) 日本簿記学会関東部会アンケート（2009）「簿記教育の現状分析の概要」（6月20日実施，於：横浜商業高等学校）。(http://www.hakutou.co.jp/boki/questionnaire/pdf/result.pdf)
(4) 株式会社リクルートキャリア（2008）「転職における資格の有効性」。(https://www.r-agent.com/guide/ranking/shikaku/)
(5) 日経Bizアカデミー（2016）「仕事で使える資格は何か～資格ランキング2016」。(http://bizacademy.nikkei.co.jp/feature/article.aspx?id=MMACz2000008012016&page=3)
(6) 回収した企業の内訳は，東証1部206社，東証2部40社，東証マザーズ19社であった。
(7) 他にすべての級において，受験料と受講料の2/3を支払うという企業があった。
(8) 総資産額の中央値は，連結ベースで52,842百万円，単体ベースで33,887百万円であった。

参考文献

日本商工会議所（2015）「商工会議所簿記検定試験出題区分表の改定等について」。
────（2018）「商工会議所簿記検定試験出題区分表などの改定について」。
川村義則ほか（2004）「簿記教育に関する職業会計人の意識調査の概要」『企業会計』第56巻第4号，77-80頁。
藤永弘（1998a）「日本の大学・短期大学における会計教育の実態調査」藤田幸男編著（1998）『21世紀の会計教育』白桃書房，第7章所収，131-204頁。
────（1998b）「日本の大学における会計教育の歴史と現状」藤田幸男編著（1998）『21世紀の会計教育』白桃書房，第8章所収，205-230頁。
八角憲男・木村栄宏（2012）「会計教育の変革への期待：真の会計教育を求めて」『日本国際情報学会誌2012』22-32頁。

第**27**章

組織資本と企業業績に関する研究
——組織IQを援用した知的資本の実証的研究

はじめに

　知的資本は企業業績あるいは企業価値に大きな影響を与えているとされており，今日大きな関心が寄せられている。しかし，組織資本や人的資本はデータ上の制約があるため，企業業績等との関係はほとんど知られていない。

　そこで，本研究では，東証上場企業を対象とした質問票調査によって収集した知的資本と組織IQのデータを用いて，知的資本と企業業績との関係の一端を実証的に明らかにする。組織IQとは，情報の収集や共有，意思決定，目標設定と実行のプロセス，そして製品や事業の創造など組織効率のレベルを示すものとされる。このように，組織IQは組織の効率性を示すものであり，もともと組織資本などの知的資本と直接関係するものではないが，これを援用して，捉えにくい知的資本と企業業績の関係について検証を試みる。

　本研究では，Ⅰで本研究の目的を述べ，Ⅱで組織IQについて述べる。Ⅲで研究方法を述べた上で，Ⅳで分析結果を明らかにし，最後にまとめを述べる。

Ⅰ　本研究の目的

　前述のように，知的資本は企業業績あるいは企業価値に大きな影響を与えているとされており，今日大きな関心が寄せられている。しかし，組織資本や人的資本は財務諸表に記載されている研究開発費等に比べデータ上の制約がある

ため，企業業績等との関係はほとんど知られていない。

そこで，細海（2011）では，東証上場企業を対象とした質問票調査により，質問票データと財務データを組み合わせ，知的資本と企業業績との関係の一端を実証的に明らかにした[1]。分析の結果，イノベーション資本は企業業績に大きなプラスの影響を与えているという結果になった。また，関係資本は有意ではないが企業業績にプラスの影響を与えているという結果になった。それに対して，組織資本は，研究仮説に反して，有意ではないが企業業績にマイナスの影響を与えている（プラスの影響を与えていない）という結果になった。

一方で，組織資本は，イノベーション資本にやや大きな，関係資本に大きなプラスの影響をそれぞれ与えているという結果になった。ただし，組織資本の係数がマイナスという結果は，同様な共分散構造分析の手法を用いて分析を行っているTseng and Goo（2005）や 細海（2009）の分析結果と一致している（有意でない点も一致している）[2]。

この分析結果から，特に，組織資本の効果は企業業績に対して直接的にあらわれるのではなく，人的資本と同様に，間接的にあらわれる可能性が高いと考えた。しかし，Tseng and Goo（2005），細海（2009；2011）では，いずれも，企業業績に対する組織資本の標準化係数はマイナスであるが，統計的に有意とはいえない。

そこで，本研究では，先行研究によりその一端が明らかとなったが，企業業績との関係が間接的で捉えにくい知的資本，特に，組織資本と企業業績の間に存在する関係性について，組織IQを援用して検証を試みる。

II 組織IQについて

1 組織IQの意義と特徴

Mendelson and Ziegler（1999）によれば，組織IQは，企業が行う意思決定を組織が持つ能力として捉え，それをポイント化したものであり，情報の収集や共有，意思決定，目標設定と実行のプロセス，そして製品や事業の創造など組織効率のレベルを示す指標とされる[3]。

組織IQでは，企業組織を内外の情報をインプットし，意思決定というアウトプットを行う"情報処理システム"と捉え，その情報処理のプロセスに，いくつかの重要な経営機能が存在すると考えている[4]。

従って，組織IQは，組織を構成する各メンバーの能力とは別に，組織として備えている意思決定などの能力（組織能力）を測る尺度といえる[5]。

IQとは，もともと個人の知的能力を測る尺度の1つであるが，組織IQは，企業の情報を素早く処理し，適切な意思決定を行う能力を測る尺度である。このように，組織IQは組織の意思決定能力を測定する尺度であるが，意思決定システムとしての組織の性能を評価している点に特徴がある。

2 組織IQの要素

Mendelson and Ziegler（1999）は，組織IQの要素を次の5つにまとめている[6]。

①外部情報感度（EIA）　　　④組織フォーカス（OF）
②効果的な意思決定機構（EDA）　⑤継続的革新（CI）
③内部知識流通（IKD）

すなわち，必要な情報を効率的，効果的に(1)「獲得」（外部情報感度）し，方針を(2)「決定」（効果的な意思決定機構）し，情報を(3)「共有」（内部知識流通）したうえで，(4)「実行」（組織フォーカス）し，継続的な(5)「革新（改善）」（継続的革新）を行い，(1)に戻るという経営サイクルが前提となっている。また，平野（2008）によれば，それぞれの要素は，図表27-1のように，理論的に補完する関係にあるとされる。

(1) 外部情報感度（EIA）

外部情報感度（External Information Awareness：EIA）とは，自社に影響を及ぼすであろう新たな情報を求め，絶えず周囲に注意を払い，その状況を読み取る能力をいう。グローバル化とそれに伴う経営環境の変化のため，この外部情報感度の重要性は年々高まっている。

| 第3部 | 会計制度・その他

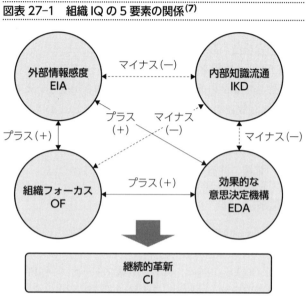

図表 27-1　組織IQの5要素の関係[7]

出所：平野（2008, 51頁）より作成。

（2）効果的な意思決定機構（EDA）

　効果的な意思決定機構（Effective Decision Architecture：EDA）とは，意思決定の質を高め，スピーディーな意思決定を行うことのできる仕組みをいう。いかに有益な情報があろうと，また最新の意思決定ソフトを導入しようと，効果的な意思決定機構がなければ，大して役に立たないであろう。

（3）内部知識流通（IKD）

　組織には，日々の活動等を通じて，多種多様な情報や知識が社内に流入し，蓄積されている。これらの情報や知識を過不足なく活用するには，その所在を明らかにし，これらを適宜引き出し流通させ，共有するシステムが必要であるが，こうした組織の能力が内部知識流通（Internal Knowledge Dissemination：IKD）である。

（4）組織フォーカス（OF）

　外部情報感度が高ければ，意思決定の効率は上がるといえる。ただし，情報過多になれば，意思決定の効率が上がるどころか，かえって下がるかもしれない。そこで，組織全体が経営資源と努力を傾けるうえでの"選択と集中の基準"が必要となる。これが組織フォーカス（Organizational Focus：OF）である。

（5）継続的革新（CI）

　継続的革新（Continuous Innovation：CI）とは，文字どおり，イノベーション（革新）を絶えず生み出す仕組みを有していることをいう。ただし，ここでいう「革新」は「改善」に近いといわれる。すなわち，事業遂行能力を継続的に改善していくために，組織内で新たなアイデアや知識を創出する仕組みやインセンティブが制度化されているかどうかである。

3　組織IQと企業業績に関する先行研究

　Mendelson and Ziegler（1999）は，米国，欧州，日本のハイテク企業において，組織IQのレベルと企業のパフォーマンス（収益性と成長性）との間には，正の相関関係があると報告している[8]。

　Mendelson and Pillai（1999）は，産業クロック（産業ごとのビジネスサイクル）が速い産業であればあるほど，組織IQのレベルの効果が大きく影響していると報告している。

　わが国では，経済産業省が行った「組織IQに基づく日本のハイテク産業の組織分析」によれば，わが国企業においても，組織IQと企業業績との相関が確認された（経済産業研究所 2001）。

　また，平野（2008）は，組織IQが高いときには，IT費用の増加は収益性の増加に大きく貢献するが，組織IQが低いときには，IT費用の増加は収益性を増加させず，かえって減少させる可能性もあると報告している[9]。

　以上のように，主要な先行研究によれば，組織IQと企業業績との間には，一般に，正の相関関係が見られるとする分析結果が有力なようである。

　ただし，組織IQは組織の効率性を示すものであり，もともと組織資本などの知的資本と直接関係するものではない。しかし，人的能力と組織能力を分け

て捉えているなど，人的資本と組織資本を分けて捉えている本研究と類似した部分もあるので，組織IQを援用して組織資本を計測することも検討に値すると思われる。

Ⅲ 分析方法

1 分析モデル

本研究では，細海（2011）と同様に，質問票の観測変数から潜在変数として知的資本を人的資本，組織資本，イノベーション資本および関係資本の4つに集約するが，それらの概要は次のとおりである[10]。

人的資本とは，従業員等の人的資源によって生み出される知的資本である。具体的には，経営陣のマネジメントスキル，能力，意欲等や従業員のオペレーションスキル，能力，意欲等が該当する。

組織資本とは，組織形態によって生み出される知的資本である。具体的には，企業独自の組織構造，定型化された業務プロセス，組織文化等が該当する。本研究では，組織資本の代理変数として組織IQを用いて分析を行う。

イノベーション資本とは，発見・革新によって生み出される知的資本である。具体的には，研究開発（R＆D）投資と，その結果生み出された成果物が法的に保護された形態である特許権，営業秘密，著作権等が該当する。

関係資本とは，組織が企業外部の利害関係グループとの間に築いた関係性によって生み出される知的資本である。具体的には，企業活動に伴って形成される顧客等との関係であり，企業に関係する顧客やサプライヤーとの関係あるいはネットワーク等が該当する。

これらの潜在変数と財務データベースの観測変数から集約される企業業績[11]との因果関係の分析を試みる。こうした分析に適した手法である共分散構造分析[12]を用いて分析を行った。

本研究では，細海（2011）と同様に，Tseng and Goo（2005）に従って，人的資本は外生変数として，他の2つの知的資本および組織IQに影響を与えるものと仮定して分析を行った。また，細海（2011）と同様に，知的資本間の反復

的・循環的関係を仮定しない逐次モデルとして分析を行った。さらに，企業業績に対して組織構造ダミーを設定した。

2 分析データ

知的資本，組織IQ，企業業績の関係を調査するため，分析データ（観測変数）は質問票と財務データベースから別々に取得した。

まず，企業業績に対する知的資本の影響を測定するため，前述のように，4つの知的資本に分けて質問票調査を実施した。また，組織IQに関する質問も5つに分けて，同時に実施した。

次に，企業業績は，売上高利益率，資本利益率，株式時価総額，EV/EBITDA倍率，Market/Book value（＝株価純資産倍率（Price Book-value Ratio：PBR））などで測定したが，財務データベースから抽出した。

(1) 質問票データ

本研究の質問票調査の概要は図表27-2のとおりである[13]。

質問票における具体的な質問項目は，細海（2011）と同様に，Tseng and Goo（2005）およびSubramaniam and Youndt（2005）を参考に作成した。

組織IQに関する具体的な質問項目は，Mendelson and Ziegler（1999）および平野（2007）を参考に作成したが，5要素について，5つの具体的な質問項目をそれぞれ用意した。個人のIQテストは，平均が100で，標準偏差が15また

図表27-2　質問調査の概要

調査名	：「上場企業の知的資本に関する実態調査」
調査手法	：郵送調査（質問票調査）
調査目的	：上場企業における知的資本に関する実態の概要を定量的に明らかにすること。
調査対象	：東証1部，2部上場企業（金融業を除く）
対象部署	：戦略立案・経営企画担当部署
調査期間	：2009年／8月上旬から9月初旬
回答企業数	：158（回収率約8％）

は16となるように設計されているといわれる。こうした通常の個人のIQテストとは異なり，本研究における組織IQは5×5＝25の質問項目のスコア合計が100となるように設定し，各項目に与えるウエイトも均等と仮定した[14]。

(2) 財務データ

細海（2011）と同様に，4桁株式コードを用いて，Thomson ReutersのWorld Scope Fundamentalsから抽出し，各項目は，すべて直近3期分の平均値として算定した。

1) 企業業績（毎期の企業業績を示す指標）
   - 売上高利益率（ROS）：売上高営業利益率
   - 資本利益率（ROI）：ROA（Return on Assets）［総資産利益率］
2) 企業価値（企業の総合的なパフォーマンスを示す指標）
   - 株式時価総額（＝株価×発行済み株式数）※対数変換を行った。
   - EV/EBITDA倍率（＝企業価値［EV］÷EBITDA）[15]
   - M/B（Market/Book value）＝PBR[16]

Ⅳ 分析結果

1 記述統計

不完全回答等の問題があるものや合併等で直近3期分の平均値が得られなかったものを除いた最終的なサンプル数は155であった[17]。以下では，本研究における記述統計について述べる。

(1) 単純集計（基本情報）

A【職種】は，「経営管理全般」，「企画」，「総務」の順となっているが，「経営管理全般」と「企画」に集中している。

B【職位】は，「部長」，「課長」，「その他」の順となっている。

C【業種】は，業種間で極端に偏った傾向は見られない。

D【正規従業員数（規模）】は，1,000人以上5,000人未満が最も多いが，規模

については極端な偏りはない。

E【組織構造】は，「業種別・製品事業部制組織」，「職能別組織」，「地域別事業制組織」の順となっている。

【上場1部or上場2部】は，上場2部企業の回答が企業数に比べて多い。

【製造業or非製造業】は，製造業の回答企業数が80％を超えており，知的資本に関する製造業の関心の高さがうかがえる。

（2）質問項目間の相関および記述統計

　質問項目間の相関は，「人的資本」と「イノベーション資本」の質問項目に高い相関係数を示すものが多い。また，製造業と非製造業では近い傾向がみられるが，製造業の方が非製造業よりも高い相関係数を示す項目が若干多い。

（3）クロス集計による検定

　分析で用いた質問項目Q2-1からQ2-21に関して，【製造業or非製造業】，【組織構造】，【上場部（上場1部or上場2部）】，【正規従業員数（規模）】についてクロス集計による検定（Kruskal-Wallis Test）を行った[18]。検定の結果，【正規従業員数（規模）】のクロスで回答に統計的に有意な差が多くみられた（21項目中12項目）。

　次に，【製造業or非製造業】のクロスで回答に統計的に有意な差がやや多くみられた（21項目中6項目）。【組織構造】，【上場部（上場1部or上場2部）】のクロスでは回答に統計的に有意な差はほとんどみられなかった。また，主観的業績として用いたQ4-1からQ4-5に関して，同様なクロス集計による検定を行った。検定の結果，【上場部（上場1部or上場2部）】のクロスで回答に統計的に有意な差が非常に多くみられた（5項目中5項目）。すなわち，上場1部の方が上場2部と比較して，明らかに高い数値を示している。

　次に，【正規従業員数（規模）】のクロスで回答に統計的に有意な差がややみられた（5項目中2項目）。【製造業or非製造業】，【組織構造】のクロスでは回答に統計的に有意な差はまったくみられなかった。

| 第3部 | 会計制度・その他

(4) 組織IQスコアに関する記述統計

組織IQスコアに関する記述統計は，図表27-3，図表27-4のとおりである。

図表27-3　組織IQスコアの統計量

Frequency	
Valid	155
Missing value	0
Average	57.92
Standard error	1.084
Median	58.00
Mode	62
Standard deviation	13.498
Variance	182.207
Range	70
Minimum	20
Maximum	90

図表27-4　組織IQスコアのヒストグラム

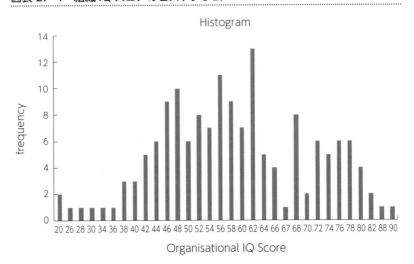

(5) 組織IQの各要素間の相関係数

図表27-5のように，組織IQのEIAからCIの5要素間には大きな相関関係は存在しない。このように，組織IQを5つの要素は相互にほぼ独立した関係で，組織IQを構成しているといえる。

また，組織IQのそれぞれの要素は，図表27-1のように，理論的には補完する関係にあるとされるが，本研究のデータでは，特に，IKDとEIA，EDA，OFとの間に理論的にあるとされる負の相関関係は見られなかった。

また，EIAからCIの5要素について分散分析を行ったところ，図表27-6のような結果となり，各要素の母平均は有意に差があることが明らかになった。

図表27-5　組織IQの各要素間の相関係数

	相関係数	EIA	EDA	IKD	OF	CI
EIA	Pearsonの相関係数	1	.067	.202*	.032	.191*
	有意確率（両側）		.406	.012	.691	.017
	N	155	155	155	155	155
EDA	Pearsonの相関係数	.067	1	.302**	.186*	.271**
	有意確率（両側）	.406		.000	.020	.001
	N	155	155	155	155	155
IKD	Pearsonの相関係数	.202*	.302**	1	.189*	.344**
	有意確率（両側）	.012	.000		.019	.000
	N	155	155	155	155	155
OF	Pearsonの相関係数	.032	.186*	.189*	1	.287**
	有意確率（両側）	.691	.020	.019		.000
	N	155	155	155	155	155
CI	Pearsonの相関係数	.191*	.271**	.344**	.287**	1
	有意確率（両側）	.017	.001	.000	.000	
	N	155	155	155	155	155

* 相関係数は5％水準で有意（両側）
** 相関係数は1％水準で有意（両側）

図表27-6　組織IQの各要素間の分散分析

分散分析

		平方和	自由度	平均平方	F値	有意確率
EIA	グループ間	1871.039	31	60.356	4.243	.000
	グループ内	1749.710	123	14.225		
	合計	3620.748	154			
EDA	グループ間	1618.091	31	52.196	4.096	.000
	グループ内	1567.458	123	12.744		
	合計	3185.548	154			
IKD	グループ間	2700.245	31	87.105	6.843	.000
	グループ内	1565.665	123	12.729		
	合計	4265.910	154			
OF	グループ間	763.569	31	24.631	2.699	.000
	グループ内	1122.470	123	9.126		
	合計	1886.039	154			
CI	グループ間	849.393	31	27.400	4.247	.000
	グループ内	793.601	123	6.452		
	合計	1642.994	154			

2　組織IQを援用した分析

(1) 客観的業績を用いた分析

　本研究では，細海（2011）と同様に，質問票調査から得られた知的資本に当たるデータ項目（観測変数）をそれぞれ人的資本，組織資本，イノベーション資本および関係資本に分類し，潜在変数とした。ここで，組織資本に当たる潜在変数を組織IQと入れ替えたうえで，改めて共分散構造分析を用いた分析を行った。モデルの適合度については，カイ2乗検定では確率水準.000で棄却されたが，GFIは.819，CFIは.919，RMSEAは.066となった[19]。

　本研究の分析モデルが複雑な多重指標モデルである点や仮説経路をあらわすパスが多いことなどを考えると，適合度として最低限の基準を満たしていると思われる。分析の結果，組織IQから企業業績への標準化推定値は，有意ではないがマイナスの値となった。一方，組織IQから，イノベーション資本，関

組織資本と企業業績に関する研究 | 第 27 章 |

図表 27-7 分析結果（客観的業績）

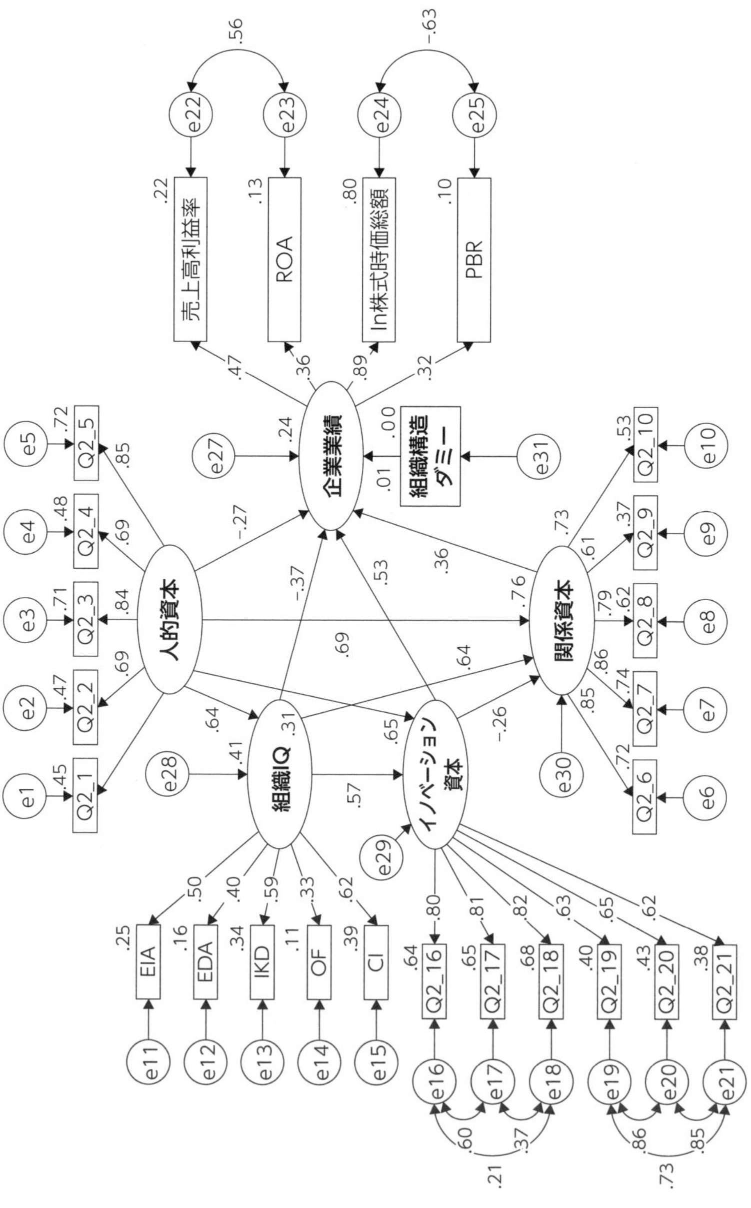

421

| 第3部 | 会計制度・その他

図表 27-8　研究仮説に対する分析結果（客観的業績）

項目	仮説経路	標準化係数
H1-1	組織IQ→企業業績	-.374
H1-2	イノベーション資本→企業業績	.690*
H1-3	関係資本→企業業績	.364
H2-1	人的資本→組織IQ	.636***
H2-2	人的資本→イノベーション資本	.311**
H2-3	人的資本→関係資本	.534***
H3-1	組織IQ→イノベーション資本	.573***
H3-2	組織IQ→関係資本	.640***
H4-1	イノベーション資本→関係資本	-.258

有意確率：*＝10％水準，**＝5％水準，***＝1％水準

係資本へは，有意に大きなプラスの値となった。

(2) 主観的業績を用いた分析

次に，企業業績を主観的業績と入れ替えたうえで，共分散構造分析を用いた分析を行った。モデルの適合度については，カイ2乗検定では確率水準.000で棄却されたが，GFIは.806，CFIは.918，RMSEAは.069となった。適合度として最低限の基準を満たしていると思われる。

分析の結果，組織IQから企業業績への標準化推定値は，有意ではないが.07と0に近いプラスの値となった。一方，組織IQから，イノベーション資本，関係資本へは，(1)と同様に，有意に大きなプラスの値となった。

以上のように，組織資本の代理変数として組織IQを用いて分析を行ったところ，組織資本の場合と類似した分析結果となった。すなわち，企業業績には有意ではないが，マイナスかプラスであってもほとんど0に近い数値を示す半面，イノベーション資本や関係資本には有意に大きなプラスの影響を与えているという分析結果となった。なお，客観的業績について，売上高利益率，ROAの2つの変数の場合，あるいは売上高利益率のみなど，さまざまなケースの企

組織資本と企業業績に関する研究 | 第 27 章 |

図表 27-9 分析結果（主観的業績）

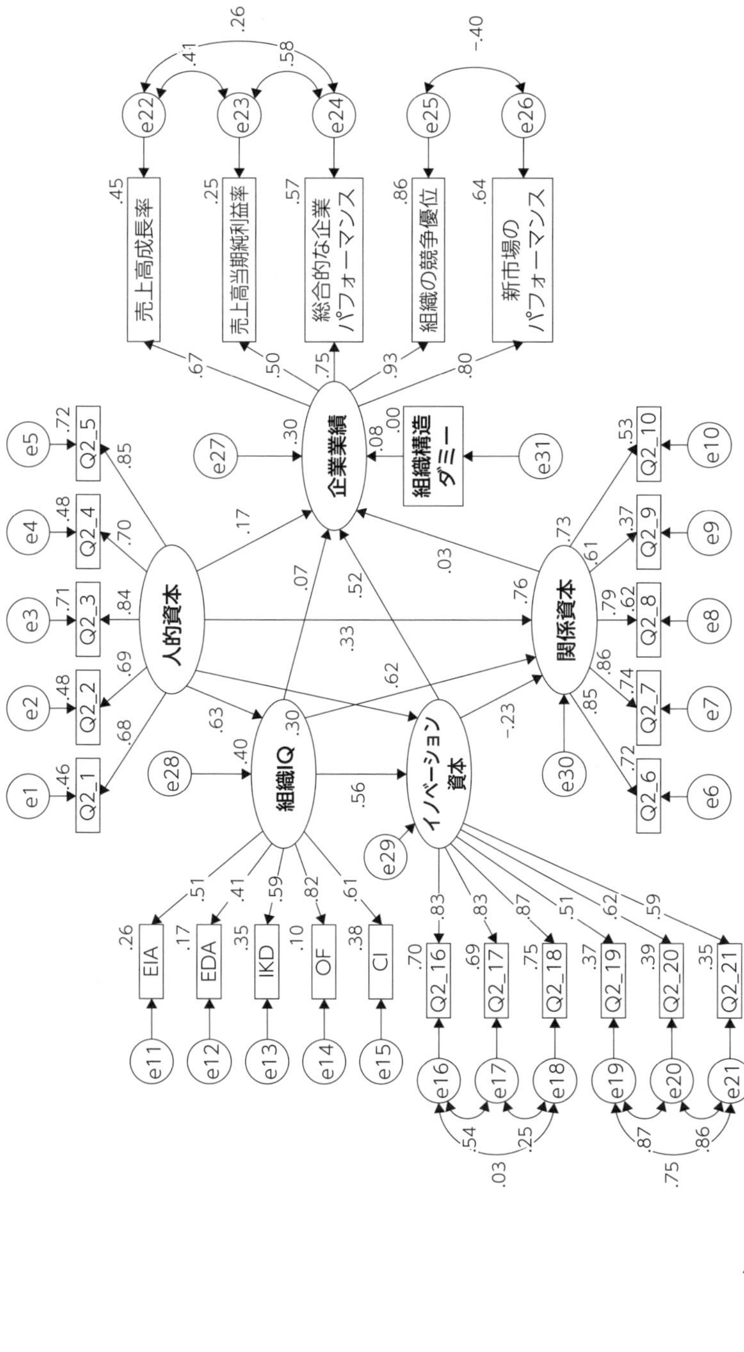

| 第3部 | 会計制度・その他

図表27-10　研究仮説に対する分析結果（主観的業績）

研究仮説		
項目	仮説経路	標準化係数
H1-1	組織IQ→企業業績	.066
H1-2	イノベーション資本→企業業績	.335*
H1-3	関係資本→企業業績	.032
H2-1	人的資本→組織IQ	.633***
H2-2	人的資本→イノベーション資本	.303**
H2-3	人的資本→関係資本	.524***
H3-1	組織IQ→イノベーション資本	.559***
H3-2	組織IQ→関係資本	.623***
H4-1	イノベーション資本→関係資本	-.231

有意確率：*=10%水準，**=5%水準，***=1%水準

業業績として分析を行ったが，本研究のモデルでは，組織IQから有意なプラスの影響を与えているケースはなかった。

(3) 組織IQが直接企業業績に与える影響の分析

次に，組織資本が直接企業業績（客観的業績）に与える影響の分析を行った。モデルの適合度については，カイ2乗検定でも有意な結果を示し，GFIは.937，CFIは.887，RMSEAは.068となった。適合度として最低限の基準を満たしていると思われる。分析の結果，組織IQから企業業績への標準化推定値は，有意ではないが.285とプラスの値となった。

最後に，組織資本が直接企業業績（主観的業績）に与える影響の分析を行った。モデルの適合度については，カイ2乗検定でも有意な結果を示し，GFIは.941，CFIは.968，RMSEAは.053となった。適合度としては良好な値といえる。分析の結果，組織IQから企業業績への標準化推定値は，有意水準1%で.468とやや大きなプラスの値となった。すなわち，組織IQのスコアが高いほど企業業績が有意に高いといえる。

組織資本と企業業績に関する研究 | 第27章

図表 27-11　分析結果 組織 IQ の直接的影響（客観的業績）

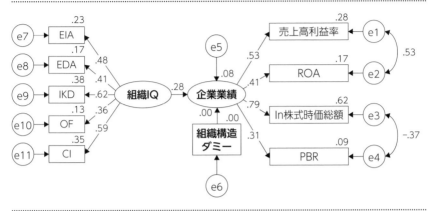

図表 27-12　分析結果 組織 IQ の直接的影響（主観的業績）

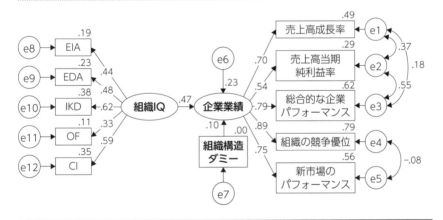

おわりに

　本研究では，先行研究によりその一端が明らかとなったが，企業業績との関係が間接的で捉えにくい知的資本，特に，組織資本と企業業績の間に存在する関係性について，組織 IQ を援用して分析を試みた。

　分析の結果，組織 IQ は，組織資本の場合と同様に，有意ではないが，企業業績にマイナスの影響を与えている（プラスの影響を与えていない）という結果

| 第3部 | 会計制度・その他

となった。一方で，イノベーション資本や関係資本には，有意に大きなプラスの影響を与えているという結果となった。さらに，組織IQが企業業績に直接与える影響について分析を行った。客観的業績を用いた分析では，組織IQは，有意ではないが，企業業績にプラスの影響を与えているという結果となった。また，主観的業績を用いた分析では，企業業績に有意にやや大きなプラスの影響を与えているという結果となった。

　Mendelson and Ziegler（1999）等の先行研究でも，組織IQは企業業績にプラスの影響を与えると報告されているが，主観的業績に有意にやや大きなプラスの影響を与えているという分析結果は非常に興味深い。

　本研究の分析結果をどう解釈すべきであろうか。少なくとも，組織IQが企業業績に直接与える影響の分析においては，主観的業績に有意にプラスの影響を与えているので，組織IQと企業業績の間に一定の関係性が存在することを示唆していると思われる。

　しかし，組織資本に代えて組織IQを用いて分析を行ったところ，有意ではないが，マイナスかプラスであってもほとんど0に近い数値を示す結果となった。また，客観的業績に対しては，プラスであるが有意な影響を与えるとはいえなかった。これは，企業活動の結果である財務データによる企業業績（結果尺度）と組織IQといった経営サイクルをモデル化した内部指標（行動尺度）がタイミング的に一致しないことから生じているとも考えられる。

　個人のIQはその個人の一生を通じて比較的安定していると考えられるが，組織IQは，意思決定とコミュニケーションのルールや仕組みを変えることによって，簡単に変化するといわれる。

　本研究では企業業績は直近3期分の平均として算出しているが，ある時点で組織IQが高いことが財務的企業業績に直接反映されにくいとも考えられる。一方，主観的業績と組織IQの関連性が高いのは，その時点の経営行動と直近の主観的経営成果が感覚的に一致することが多いことから生じているかもしれない。こうした現象は企業業績との関係が捉えにくい組織資本についてもいえるかもしれないが，今後，組織資本などの知的資本，組織IQなどの指標，財務的企業業績との関係等について，さらに研究を深めたい。

　最後に，本研究の問題点を述べる。本研究では，組織IQを組織資本に代わ

る潜在変数として分析を行ったが，両者の関係性については，改めて検討する必要があると思われる。

　知的資本や組織IQに関する質問項目は先行研究をもとに決定したが，その内容は分析結果に大きな影響を与えるので，今後さらに慎重な検討を加える必要があると思われる。また，組織IQスコアの集計方法は筆者が独自に考えたが，より望ましい集計方法があるかもしれない。

　さらに，企業業績に用いた各指標は先行研究を参考に選択したが，この点については再度検討する必要があるかもしれない。本研究では，同じ条件で分析を行うため，細海（2011）等と同じ企業業績の指標を用いた。これらの点については今後の研究課題としたい。

注

(1) 細海（2011）は，2009年度に行った東証上場企業に対するアンケート調査よるデータを用いて分析を行っているが，本研究と同様に，知的資本を4つに分類して質問票を作成した。
(2) 細海（2009）は，2008年度に行った上場企業管理職に対するWEBアンケート調査よるデータを用いて同様な分析を行っている。分析データに加えて分析モデルもやや異なることもあり（たとえば，企業業績の変数を一部変更している），個々の分析結果は異なるが，組織資本が企業業績にマイナスの影響を与えているという結果は一致している（有意でない点も一致している）。さらに，組織資本がイノベーション資本や関係資本に有意にプラスの影響を与えている点も一致している。
(3) IQ（Intelligence Quotient）とは，もともと個人の知的能力を測る尺度の1つであるが，組織IQはいわば組織の知能指数を測る尺度である。すなわち，組織が情報を素早く処理し，効率的な意思決定を行う能力（知的情報処理能力）を測る尺度である。
(4) たとえば人間と組織の意思決定モデルについて研究したH.A.サイモンは，組織とは「情報を製造し，変換するシステム」あるいは「意思決定システム」と定義している。
(5) 最初に組織IQという指標を開発し，これによって組織能力を測ることを提唱したのはMendelson and Ziegler（1999）であるが，彼らは，企業の能力は組織メンバーの資質と組織能力の積と考えている。組織能力と組織メンバーの資質は別物であり，組織メンバーのスキルレベルを測っても，組織能力を測っていることにはならない。
(6) 当初，Mendelson and Ziegler（1999）によって発表された組織IQの5原則は，①外部情報感度（EIA）②内部知識流通（IKD）③効果的な意思決定機構（EDA）④組織フォーカス（OF）⑤情報時代のビジネスネットワーク（IBN）であった。現在では，原則1から4はサプライチェーン全体についての原則と考え，新たに5番目の原則として，⑤継続的革新（CI）を採用している。
(7) 平野（2008, p.51, 図3）を基に作成した。
(8) ハイテク企業の企業パフォーマンス（収益性や成長性）は，組織IQのレベルと相関関係が高いと報告されている。具体的には，組織IQの決定係数は60%前後で，収益性や成長性に関する被説明変数の約2/3がこの組織IQのレベルで説明できることが示された。

| 第3部 | 会計制度・その他

(9) 組織IQ，IT投資，企業業績の3者の関係については，組織IQの高い企業では，IT投資の効果として業績向上を期待できるが，組織IQの低い企業では，IT投資が業績向上の効果をもたらさないどころか，かえって業績を悪化させる懸念があるとしている。このように，「IT投資のリターンは組織IQに従う」と報告している。また，IT投資によって組織IQが高まることはない。以上のことは，人材投資にも当てはまるとしている。
(10) 知的資本の内容については，細海（2011）を参照のこと。
(11) ここでいう企業業績は，企業の毎期の経営成績だけでなく，企業価値に関連した企業の総合的なパフォーマンスも包含したものである。
(12) 共分散構造分析におけるパス・ダイアグラムでは，因果関係は片方向矢印（パス）で表現する。共変関係は，両方向矢印で表現する。誤差項は事前に設定した原因以外の要因のことであるが，円で表現する。また，潜在変数（楕円）は直接測定することはできないが，潜在変数の影響を受けた行動を通じて間接的に把握される。パス・ダイアグラムでは，潜在変数から観測変数（四角形）に向けて片方向矢印が引かれるが，これはある潜在変数が1つあるいは複数の観測変数に影響を及ぼしていることを意味している。
(13) 金融業を除く東証1部，2部上場企業全社に質問票を郵送した。
(14) 個人のIQテストとは異なり，組織IQを測定する質問項目そのものも，組織IQスコアを計算するときに各項目に与えるウエイトも，確定した方法があるわけではない。また，個人のIQはその個人の一生を通じて比較的安定していると考えられるが，組織IQは，意思決定とコミュニケーションのルールや仕組みを変えることによって，簡単に変化する。
(15) EV/EBITDA倍率は次のように計算しているが，分析結果で述べたように，分析モデルから除外した。
　　EV（Enterprise Value）＝株式時価総額＋有利子負債－現預金
　　EBITDA＝営業利益＋減価償却費
(16) 先行研究では，企業価値を示唆する指標としてトービンのqを用いているものもある。
(17) 分析に使用した質問項目にほぼ無回答の場合は，そのサンプルを分析データからすべて削除した。それに対して，一部の質問項目に無回答がある場合は，その欠損値に系列平均を代入して分析を行った。
(18) 質問票調査の回答は順序尺度データといえるので，Kruskal-Wallis Testを行った。本研究では有意水準0.05で検定を行った。帰無仮説H0：グループ間には差がない。対立仮説H1：グループ間には差がある。
(19) 共分散構造分析におけるカイ2乗検定は，一般的な検定と異なり，帰無仮説「構成したパス・ダイアグラムは正しい」が棄却されないことを目的としている。代表的適合度指標であるGFIやCFIは，0から1の範囲をとるが，0.90以上が望ましいとされる。RMSEAは，0.05より小さければいい適合，0.1よりも大きければ悪い適合を表す。0.05から0.1の範囲はグレーゾーンとされる。なお，標準化係数を表示させた場合に，観測変数の右肩に示される数値は，重相関係数の平方である。

参考文献

経済産業研究所（2001）「組織IQに基づく日本のハイテク産業の組織分析」経済産業省経済産業研究所国際競争力研究会。

鈴木勘一郎（2001）『組織 IQ 戦略』野村総合研究所。
平野雅章（2007）『IT 投資で伸びる会社，沈む会社』日本経済新聞出版社。
―――（2008）「IT 投資の収益性に対する組織特性の影響の研究：経済産業省『IT 経営百選』の分析」『経営情報学会誌』第 16 巻第 4 号, 31-49 頁。
―――（2008）「組織 IQ 論」『DIAMOND ハーバード・ビジネス・レビュー』第 33 巻第 9 号, 44-58 頁。
細海昌一郎（2009）「組織資本と企業業績との関係：上場企業管理職に対する質問票調査による知的資本の実証的研究」『会計』第 176 巻第 3 号, 108-122 頁。
―――（2010）「知的資本と企業業績に関する実証研究」日本会計研究学会スタディ・グループ『インタンジブルズの管理会計研究』最終報告書所収。
―――（2011）「知的資本と企業業績との関係：上場企業に対する質問票調査による知的資本の実証的研究」『会計』第 180 巻第 1 号, 44-59 頁。
―――（2012）「知的資本と企業業績に関する実証研究」櫻井通晴編著（2012）『インタンジブルズの管理会計』中央経済社, 第 9 章所収, 137-149 頁。
―――（2016）「インタンジブルズの活用に向けた実証的研究：企業外部との関係から生じるインタンジブルズも考慮した分析」『会計』第 190 巻第 1 号, 16-30 頁。
Evenson, R.E. and L.E. Westphal（1995）Technological Change and Technology Strategy, *Handbook of Development Economics*, Vol.3.Part1, pp.2209-2299.
Hansson, B.（2004）Human Capital and Stock Returns：Is the Value Premium an Approximation for Return on Human Capital? *Journal of Business Finance and Accounting* , 31, pp.333-357.
Lahiri, S., B.L. Kedia, S. Raghunath and N.M. Agrawal（2009）Anticipated Rivalry as a Moderator of the Relationship between Firm Resources and Performance, *International Journal of Management*, vol.26 No.1, pp.146-158.
Mendelson, H.（2000）Organizational Architecture and Success in the Information Technology Industry, *Management Science*, Vol.46, pp.513-529.
Mendelson, H. and J. Ziegler（1999）*Survival of the Smartest：Managing Information for Rapid Action and World-Class Performance*, John Wiley & Sons.（校條浩訳『スマート・カンパニー』ダイヤモンド社, 2000 年）
Mendelson, H. and R.R. Pillai（1999）Industry Clockspeed：Measurement and Operational Implications, *Journal of Manufacturing & Service Operatons Management*, Vol.1 No.1, pp.1-20.
Subramaniam, M. and M. A. Youndt（2005）The Influence of Intellectual capital on the Types of Innovative Capabilities, *Academy of Management Journal*, Vol.48 No.3, pp.450-463.
Simon, H, A.（1976）Administrative Behavior, Free Press.（松田武彦・高柳暁・二村敏子訳『経営行動』ダイヤモンド社, 1965 年）
Tseng, C.-Y. and Y.-J. J. Goo（2005）Intellectual capital and corporate value in an emerging economy, *R&D Management* , Vol.35 No.2, pp.187-201.
Youndt Mark A. Subramaniam, Mohan and S. A. Snell（2004）Intellectual capital Profiles：An Examination of Investments and Returns, *Journal of Management Studies*, Vol.41 No.2, pp.335-361.

第28章

1965年制定「病院会計準則」の原点をたどって
―― 厚生省「病院経営改善懇談会要旨」
　　（1961年3月）との関連性から

はじめに―わが国の病院会計制度と稲門会計学―

　戦後わが国の病院会計制度は，1965年制定の「病院会計準則」を初端としている。

　また，1983年の修正，そして2004年の改正があり，「病院会計準則」は制度の変革を遂げてきている。いわば，制定，修正そして改正と3回のパラダイムを経て，現在がある。

　そのプロセスの中で，稲門会計学の貢献は極めて大きいといえる。とりわけ，1965年の設定と1983年の修正においての貢献は，「病院会計準則」のこれまでの歩みの中で，後世にその記録しておく必要がある。

　もちろん，稲門会計学と一口に言っても早稲田大学商学部を中心とする会計学の大家は数え上げればきりがない。

　染谷恭次郎先生…。稲門会計学徒の中で知らない者はいない。その染谷先生こそが「病院会計準則」の生みの親といっても過言ではない。そして，染谷先生を指導教授とする針谷達志教授もまた稲門会計学の薫陶を受けた1人として，染谷先生とともに1983年の修正に尽力されたことは忘れてはならない。

　本稿は，1965年10月に制定された「病院会計準則」の背景を，とりわけ1961年3月にとりまとめられた「病院経営改善懇談会要旨」との関連性から述べるものである。なお，染谷恭次郎先生著『会計学者の軌跡』（税務経理協会，1997年）の「第4章病院会計の開拓」には生みの親としての当時の回顧録がある（染

谷 1997，139-174 頁）。

I 1940年代後半および1950年代における医療機関の経営環境と財務的特質

1 厚生行政の施策事情と病院経営主体の多様化

　戦後復興における医療環境において，第一に要請されたことは十分な医療体制を早急に確保することであった。医療というものが，生命の維持と個人の尊厳にかかわる重要なものであったからである。戦後の厚生行政はその認識のもとで諸施策を遂行する。そこで，まず1948年7月30日に法律第205号として医療分野でもっとも重要な法律である医療法が制定された。医療におけるいわば基本法である。医療法は，医療供給体制の確保，医療施設の計画的な整備，医療施設の人的構成，構造設備，管理体制等の規制などの規定が網羅されている。さらに，医療法の具体的な手続を進めるために，1948年11月5日には厚生省令第50号として医療法施行規則が制定されている。

　また，時期をおかずして1950年には，改めて医療法の改正が行われている。この改正には，公的な医療機関を整備することはもちろんのことであるが，私的な医療機関を整備することにも注力されていた。わが国全体の医療供給体制の充実を企図したためである。私的な医療機関を整備するための施策のあらわれとしてなされたことが，医療法人制度の創設である。

　1940年代後半から1950年代前半にかけてそのような施策は継続されることになる。1949年には租税特別措置法第26条が規定されているが，規定はいわゆる優遇税制とよばれるものであり，社会保険診療収入に対する一律72％の特例経費が設けられた。また，1961年には医療機関の資金補助策として，医療金融公庫の創設が行われている。このように戦後より厚生行政は積極的に医療供給体制の充実と確保のため積極的にさまざまな施策を展開してきたことが明らかである。

　結果として，病院・医療機関の数は戦後から一貫して増大する傾向にあった[1]。ただし，その傾向はなにも戦後になってからではない。戦前より普遍的

な体制も確かに存在した。わが国の医療機関は明治の時代を迎えてから，近代医学を普及するために設立されたものであるため，戦前より看護より診療を重視した組織が一般的である。よって，そうした診療を担う組織を増やすということは不思議なことではなかったともいえる。

　もちろん，上述した厚生行政のもとで量的側面だけが変化したわけではなかった。医療機関（病院）の経営主体にも変化が現れてきたことは戦後になってからの特質といえる。

　戦前においては，大学の付属病院，日本赤十字社，済生会，農業会（農業協同組合）などに代表される特定の目的をもつ病院が設立しているほかは，大部分は個人医師の設立した医療機関であった。すなわち，経営主体，病院の設立母体は限定されていた。ところが，戦後においてはそれまでの経営主体に加えて地方自治体，社会保険関係団体そして一般企業にまで及ぶ経営主体が現れてきた。さらに，医療法人制度，社会福祉法人制度の創設によって事業主なども医療機関（病院）の建設にのりだすケースが登場してきた。このように医療機関（病院）の経営主体は多様化する傾向にあったことは大きな展開といえる。

2　医療機関の財務体質

（1）ストック面での特質

　医療機関の財務体質にもいくつかの特長がみられた。ストック面での大きな特質は，資金調達に関してである。医療機関の資金調達については自己資本が極めて少ない状況にあった。医療機関の資金調達は企業のそれとは違うとはいえ，金融機関からの借入によって調達する傾向が顕著に見られていた。それと同時に，短期間の借り入れではありながら，利息比率の高い他人資本によるケースが多いことから，多額の支払利息が負担となっていたことがうかがえる。医療機関は，借入による流動負債に依存した資金調達活動を行っていたと考えられる。

（2）フロー面での特質

　医療機関の収入構造は，戦前においては特定の目的をもった医療機関を除いては収入の大部分が自費患者からのものであった。患者全体の半数以上が自費

患者で占められていた。1950年代，すなわち戦後を迎え，その状況は大きく転換することになる。状況を変えた要因は，国民健康保険法と健康保険法の改正が行われ，医療保険制度の進展が図られたことが最たるものである。また，同様に生活保護法が制定されることにより医療扶助制度も整備された。

さらに，結核予防法，精神衛生法，児童福祉法などの新制度が制定されることによって，特殊疾病に対する医療費の公費による負担体制も強化されていった。医療周辺の法整備環境が整いつつあったことは大きな要因である。

そして，1956年からは国民皆保険による5カ年計画が実行されるに至った。自費による患者は減少し，医療保険による診療をうける患者が全体の90%を占めるようになった。このような状況から，医療機関の収入構造は，自費患者による形態から医療保険による収入構造にへシフトしていったのである。

一方，医療機関の費用面においても多くの問題があったといえる。まず，医療技術において，これまでの技術と比較して高度さが要求されるようになってきた。たとえば，検査技術，手術，放射線診療技術などの進展であり，当然のことながら，高額な医療機械設備を購入する必要に迫られていたのである。つまり，固定資産の設備投資にかかわる支出が増大するようになったのである。また，医療サービスをサポートする各種サービスにおいても，費用負担が大きくなってきたことがうかがえる。看護サービスにおけるさまざまな費用負担，現在では委託が主流となっている給食サービスや寝具のサービスなども直接行っていたことの負担増は明らかであったと思われる。それらのサービスが普及していくのとあわせて，医薬品，診療材料，給食材料などのいわゆる材料費などの費用も次第に増加する傾向にあった。

さらに，「病院会計準則」の制定にかかわる外部環境の直接的要因ともいえるのが，人件費であり，費用面での最も深刻な問題となっていた。医療機関における医療機能の向上は，新たな雇用を生むことになる。医師以外の医療従事者が必要になるということである。たとえば，画像診断であれば診療X線技師，検査にかかわれば衛生検査技師，歯科衛生であれば歯科衛生士，給食などの栄養管理であれば栄養士などである。もちろん，看護師(婦)，准看護師(婦)など伝統的な医療従事者の資格が整備されていくことと同時に，多職種にかかわる新しい医療技術員の資格に対する制度が制定された。よって，医療機関のス

タッフが増大した。このようなメディカルスタッフの進展に伴って,医療機関の支出における人件費の割合は,漸次増大するという傾向にあった。

Ⅱ 「病院経営管理改善懇談会」設置と「病院経営管理改善懇談会要旨」の検討

1 「病院経営管理改善懇談会」設置の背景

　1950年代半ばにおいて医療機関の全体が苦慮していた問題は,前述した増大する医療従事者の労務および人事の管理についてであった。そうした医療従事者は,経営者側に対して労働条件の改善を求めていた。

　医療機関における労働争議は,1959年11月頃より散発的に行われはじめた。1960年に入るとその状況は次第に活発化するに至っている。争議の主たる主張は最低賃金￥10,000の確保と￥3,000のベースアップを求めるものであった(染谷1997, 151頁)。1960年11月1日には東京地方医療労働組合連合会(東京医労連)による第1次のストライキが行われている。そのストは7組合7病院4診療所においてのものであり,1,430人が参加している(日本病院協会1961, 6-15頁)。また,同年11月8日には第2次のストが行われ,10組合12病院4診療所2,232人が参加し,第1次よりも大規模化している。この東京医労連のストの規模は図表28-1にみられるようにさらに拡大化していた。

図表28-1　東京医労連におけるストライキの状況

年月日	次数	規模	人数
1960/11/01	第1次	7組合　7病院4診療所	1,430人
1960/11/08	第2次	10組合12病院4診療所	2,232人
1960/11/10	第3次	11組合13病院4診療所	3,184人
1960/11/19	第4次	11組合12病院4診療所	3,184人
1960/11/25	第5次	13組合14病院4診療所	3,307人

出所:日本病院協会(1961)を参考に筆者作成。

これに扇動されるように，1960年11月25日には全日本赤十字労働組合連合会の第1次のストライキが行われるに至っている。このストは，30病院の約4,000人が参加する大きなものとなった。しかも，岩手県盛岡から佐賀県唐津にまで広がる全国29カ所での規模であった。

このように医療機関における労働争議がさらに拡大化傾向にある状況において，厚生省の古井喜実厚生大臣は，1960年12月16日に以下のような談話を発表した（厚生省1961，74-75頁）。

「病院における労働争議には，そのよってきたる背景として幾多の問題があり，特に医療制度全般に対する検討と病院の経営管理の改善には十分な配慮をはらう必要があるものと考える。また，社会保険診療報酬についても，国民皆保険運営の見地から検討する必要があると思う。私はこれ等の点について今後積極的な態度で，今回の労働争議を始め医療機関に関する幾多の問題に対処する考えである。

このため，このたび厚生省に病院経営管理改善懇談会を設置し，病院の経営管理の改善について調査審議をお願いすることとした。」

ここに，「病院会計準則」が設定される軌跡となる「病院経営管理改善懇談会」が設置されたのである[2]。医療機関の多くの医療従事者の労働争議を主たる背景としながら，それを経営管理との関連があるとの認識に立ったものである。

2 「病院経営改善懇談会要旨」の体系と検討

厚生省は，医療機関の労働争議の対策として，早急に，「病院経営管理改善懇談会」（座長：三好重夫公営企業金融公庫総裁）を発足させた。染谷先生が「事柄の性質上早期に意見を得たいということで，第一回会合は暮れも押し迫った12月27日に開かれています。」（染谷1997，152頁）と述べるように，古井大臣の談話からわずか10日たらずの1960年12月27日に初めての会合が開催されている。

なお，病院経営管理改善懇談会は，医療従事者だけに限定してのメンバー構成ではない。むしろ，経営管理というマネジメントの側面を考慮して，医療に直接従事していない者を含め，他方面からのメンバーより構成されている[3]。

こうしてみると，病院経営管理改善懇談会は医療機関にかかわるさまざまな

| 第3部 | 会計制度・その他

問題に対して総合的に取り組もうとする意図がうかがえる。以後，24回にもわたる会合が開催されることになる。

結果として1961年3月30日に報告された「病院経営管理改善懇談会要旨」（第一次）は，図表28-2のような体系となっている。

「病院経営管理改善懇談会要旨」は，第一次報告分と第二次報告分とに分化されていた。第一次報告は，図表28-2における「改善方策4．財務管理について」までをとりまとめていた。病院経営管理改善懇談会が医療機関の経営管理における基本的問題として重要部分と認識していたものである。

図表28-2 「病院経営管理改善懇談会要旨」（第一次）の体系

```
はじめに
   背　　景
     1. わが国の病院経営管理の変遷
     2. 近代病院の使命
     3. 病院経営と一般企業経営との比較
     4. わが国の病院と諸外国の病院との比較
   改善方策
     1. 経営方針および経営組織について
     2. 管理者などの経営管理に関する資質の向上について
     3. 人事管理について
     4. 財務管理について
```

出所：厚生省（1961）を基に筆者作成。

図表28-3 「病院経営管理改善懇談会要旨」（第二次）の体系

```
   改善方策
     5. 内部組織について
     6. 診療管理について
     7. 看護管理について
     8. 診療補助業務管理について
     9. 事務管理について
    10. 建築および設備について
おわりに
```

出所：厚生省（1961）を基に筆者作成。

また、第二次報告は、図表28-3のように、とりわけ内部組織の近代化、診療機能の向上と診療責任の明確化、看護管理の重要性、業務の合理化・能率化の強調などを取り上げていた。

「病院経営管理改善懇談会要旨」からわかるように、病院経営管理改善懇談会は、医療機関の運営上重要な内容と思われるところを要旨として集約している。

そして、多くの経営管理面を取り扱う中で、注目するべき点は、財務管理について、その重要性を明確に示していたことである。それは、「病院経営管理改善懇談会要旨」の「改善方策1.経営方針および経営組織について」に示される以下の指摘より推察できると思われる（厚生省1961, 12頁）。

「確立された方針にもとづく医療サービスを提供し、医療の継続性を維持し、医療内容を向上させ、施設設備の拡充改善を図るとともにすべての職員の福祉の向上を期するためには、財務管理の適正化が企図され、必要な費用の確認とそれに見合う財政措置が確保されなければならない。」。

医療が安定的に確保されるためには、さまざまな観点からの経営管理が必要とされる。ただし、そこで財務管理を徹底することを明記している。そして医療機関の財政基盤を健全化することが不可欠であることを示している。

図表28-4 「改善方策 4.財務管理について」の検討項目

```
(1) 企業会計方式の採用と標準勘定科目の設定について
(2) 資金調達の改善について
    1.自己資本の充実について
    2.公的融資制度の改善と拡充について
    3.特殊な目的を有する病院に対する財政援助について
(3) 収入面の改善について
(4) 支出面の改善について
    1.固定的経費について
    2.購買管理の適正化について
    3.資材管理の合理化について
(5) 内部監査の強化と経営診断制度の設置について
(6) 病院に支払われる診療報酬の適正化について
```

出所：厚生省（1961）を基に筆者作成。

| 第3部 | 会計制度・その他

　また，財務管理については，企業的考察を加え，必要な支出とそれに応ずる収入との均衡を把握し，医療機関における財政の実態が必要な段階でいつでも分析できるような体制が必要であるとし（厚生省 1961，29 頁），「病院経営管理改善懇談会要旨」の「改善方策　4.財務管理について」では，図表 28-4 を検討項目としていた。

　総じて，「病院経営管理改善懇談会要旨」は，財務管理をはじめとするさまざまな管理面の問題と検討課題を強調していた。そして，現行制度のもとにおいて改善が期待されるものに対して重点的に指摘をしていたのである。

Ⅲ 「病院会計準則」制定における「病院経営管理改善懇談会要旨」のインパクト

　これまでに概観してきた「病院経営管理改善懇談会要旨」は，「病院会計準則」の制定についてどのような影響を与えたのであろうか。本稿では，その影響を2つの点に注目してみたい。

1 「病院経営管理改善懇談会要旨」における「病院会計準則」制定の明示について

　「病院経営管理改善懇談会要旨」における財務管理についての内容項目は，図表 28-4 に示したが，「企業会計方式の採用と標準勘定科目の設定について」は第一に項目だてられている。そして，この「企業会計方式の採用と標準勘定科目の設定について」の中で，病院会計準則とのかかわりが見てとることができる。「企業会計方式の採用と標準勘定科目の設定について」は以下のように記されている（厚生省 1961，30-31 頁）。

　「今後病院は企業会計方式を採用し，しかもただこれを形式的にとり入れるだけでなく，発生主義の原則に従つた複式簿記によつて処理するとともに，部門別に原価計算を行い，予算統制制度を採用すべきである。

　また，病院相互あるいは他企業の経営と比較し，経営診断に役だてるためには，病院における標準的な勘定科目を設定する必要があり，病院がこの標準的な勘定科目によつて，財務諸表を作成するよう奨励する必要があると思われる。

第28章 1965年制定「病院会計準則」の原点をたどって

このためには，関係官庁が病院に対して求める各種会計報告の様式についても病院独自の企業会計方式に即したものとすることが有効手段となるのではあるまいか。」。

記述は，まさしく医療機関における会計の必要性に言及した点である。そして，現在の病院会計制度の源流ともいえるパラダイムがある。もっとも，インパクトのある記述は，「病院における企業会計方式の採用」である（30頁）。企業会計方式が具体的にどのようなことを意味するかについては別の機会に言及するが，病院で企業と同様の会計の仕組みを導入するという発案は当時としてはかなり先進的ではなかったか。病院は，企業と同じ営利的な組織と考えるよりはむしろ非営利な組織と考えている方が大勢ではなかったかと思われる。

また，「発生主義の原則に従つた複式簿記によつて処理する」（30頁）と記述して，企業会計方式の特長である複式簿記の仕組みを明示している。そのためか，「病院経営管理改善懇談会要旨」の「改善方策　4.財務管理について」「(4)支出面の改善について」「2.購買管理の適正化について」や「3.資材管理の合理化について」においては，伝票会計制度を積極的に取り入れるよう指示している記述がある。当時，実際に病院において，伝票会計制度が試行段階として進められてきた経過もある（染谷 1997, 142-145頁）。

さらに，「病院における標準的な勘定科目を設定する必要があり，病院がこの標準的な勘定科目によつて，財務諸表を作成するよう奨励する必要があると思われる。」と記述されている（厚生省 1961, 31頁）。いわゆる，標準勘定科目の設定についてである。

標準的な勘定科目の設定の指摘は，当時の医療機関では勘定科目がそれら医療機関ごとの独自のものであり，標準的なものが整備されていなかったことを背景としている。標準的な勘定科目の設定とは，わが国の医療機関全体における経理の統一化を推進することになる。

着眼点は，標準的な勘定科目により，「財務諸表を作成する」という指摘，またその記述の後に続く，「このためには，関係官庁が病院に対して求める各種会計報告の様式についても病院独自の企業会計方式に即したものとすること」との記述である（31頁）。すなわち，「財務諸表を作成し，（監督官庁に）報告すること」を指示している点である。「病院経営管理改善懇談会要旨」と病院会計

準則の制定との関連性はこの点に集約されるのではないか。「財務諸表を作成し，報告する仕組み」は，会計にほかならない。そして，医療機関が医療行為を通じた経済活動を金額的に把握するために財務諸表を作成し，報告する仕組みにおいて，財務諸表を作成するための一定のルール，財務諸表を報告するための一定のルールを制定することは，その仕組みにおいて疑うものではなかったのではなかろうか。「病院経営管理改善懇談会要旨」は，病院における企業会計方式の導入と整備において，一定の会計ルールを定めることを想定していたと考えられる。

その結果として実際に「病院経営管理改善懇談会要旨」をうけて，標準勘定科目の設定が，1963年11月に「病院勘定科目」として厚生省医務局より公表されている。そして，財務諸表を作成し，報告するための整備が，1965年に制定される「病院会計準則」として結実されていったと考えられる。これまでの検討等を示せば図表28-5のようになる。

「病院会計準則」の制定における「病院経営管理改善懇談会要旨」の指摘は，わが国の病院会計制度を回顧するとき，大きなインパクトであると指摘できる。

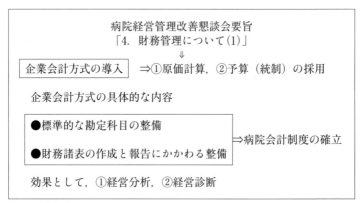

図表28-5 「病院経営管理改善懇談会要旨」の病院会計制度への影響

出所：筆者作成。

2 「病院会計準則」の役割期待の画定化

「病院経営管理改善懇談会要旨」が与えた影響は,「病院会計準則」を制定する直接の要因となった,ということばかりではない。一般に(会計の)ルールが設定される場合,目的や背景がある。佐藤孝一教授は,次のように述べている。

「基準は,(一)一定状態において適正な実務とされるところの規範であり,(二)その起源において,慣習の如くに,いわば自然的・経験的な事実ではなくして,合目的に設定されたものであり,従つて権威的である。」(佐藤1954, 19-20頁)。

このように,会計基準は,何かに対して合目的なはずである。すなわち,制定される会計ルールは何かの目的に対して適合するものとなる。

「病院会計準則」もその例外ではない。すなわち,「病院会計準則」が制定されるにはある目的があったといえる。あるいは「病院会計準則」にはある役割期待があったと考えられる。では,どのような役割を期待されていたのであろうか。

役割期待が何であったかは,いくつかの手掛かりがあると考えられるが,まずは「病院会計準則」自体から推測可能である。「病院会計準則」は図表28-6のような体系で構成される。

第1章総則第1条は,以下のように規定されている。

図表28-6 病院会計準則の体系

```
第1章      総    則
第2章      費  用  及  び  収    益
第3章      資    産
第4章      負  債  及  び  資    本
第5章      剰 余 金 及 び 欠 損 金
第6章      雑    則

  別表第一        勘定科目表
  別表第二の一    損益計算書様式
  別表第二の二    貸借対照表様式
```

出所:筆者作成。

| 第3部 | 会計制度・その他

　「この病院会計準則は，一般に公正妥当と認められる会計の原則にもとづいて病院会計の基準を定め，病院の経営成績及び財政状態を適正に把握し，病院経営の改善向上に資することを目的とする。」。
　「病院会計準則」の目的について言及した項目である。「病院会計準則」の目的は，病院経営の改善向上に資することであり，医療機関の経営管理に資することであった。この役割期待は，どこから生じ，要請されたのであろうか。
　「病院経営管理改善懇談会要旨」では「現行制度の範囲内において病院の経営管理のあるべき姿を追求し，その改善が期待されると思われるものをとりまとめたものである。」(厚生省1961，1頁)と報告の意図を記述している。医療機関の経営をいかにして改善していくかを模索した報告書にほかならない。このように，「病院会計準則」の役割期待と「病院経営管理改善懇談会要旨」の主旨は合致していたと考えられる。
　「病院経営管理改善懇談会要旨」は，改善方策の全体を示すことであり，あくまで総論という意味合いをもつものであったと思われる。具体的な方策は，以後さまざまな方法によって実現化されることになっていた。したがって，「病院経営管理改善懇談会要旨」は，病院経営の改善という具体的な方策の1つとして「病院会計準則」を制定し，その役割期待にまで波及したと理解することができる。結果，「病院会計準則」においては，第1章総則第1条の目的において「病院経営管理改善懇談会要旨」の指摘を明らかに取り入れたものであるともいえよう。「病院経営管理改善懇談会要旨」自体が病院の経営管理に資するという目的を有しながら，「病院会計準則」の役割期待を画定したと考えられる。
　さらに，「病院会計準則」の役割期待が「病院経営管理改善懇談会要旨」から読み取れるように思われる。「病院経営管理改善懇談会報告要旨」の中の「企業会計方式の採用と標準勘定科目の設定について」は前述したが，以下のような記述があった(厚生省1961，31頁)。
　「また，病院相互あるいは他企業の経営と比較し，経営診断に役だてるためには，…(中略)…　財務諸表を作成するよう奨励する必要があると思われる。」
　「病院会計準則」が，第一義的に「病院の経営改善の向上」を目的とし，その役割期待を負っていることに異論はない。その点を踏まえ，自らの病院のこれまでの経営と比較すること，あるいは他企業との経営と比較することを役割期

待としていることがうかがえるのではなかろうか。さらには財務諸表を分析することで導出される経営診断に役立てるという役割が垣間見られるのではなかろうか。1965年制定の「病院会計準則」には，直接的な文言は見ることはできないものの，ここにも病院会計準則の役割期待が「病院経営管理改善懇談会要旨」から読み取れるように思われる。なお，端的に表現するならば，「病院経営管理改善懇談会要旨」が「病院会計準則」に「比較可能性」を要求していたこと，「病院会計準則」が制定の当初から「比較可能性」という役割期待を有していたことはわが国の病院会計制度の展開において注目するべき点と思われる。

おわりに

　本稿は，1965年10月制定の「病院会計準則」にかかわる経緯の1つとして，制定に大きな影響を与えた1961年3月の「病院経営改善懇談会要旨」を材料として述べた研究論文である。同時に，橋本尚先生の還暦を記念しての論文でもある。最後に，雑感となることにお許しをいただきたい。

　「病院会計準則」はその誕生（制定）から50年以上が経過している。1983年修正，2004年改正と，制度改正を経て，それなりの積み重ねている。つまり歴史がある。筆者は一貫して病院会計準則を研究してきた。いつの時期に，どのような事情があって，誰が改正の立役者となって，どんな内容・構成になったか，そして「病院会計準則」の逐条解説を…これからも研究は変わることはない。

　染谷先生の愛弟子である橋本尚先生が還暦とは…正直びっくりするところである。ただ，ひるがえれば，筆者も50歳代に突入している。若い頃には，「病院会計準則」の歴史とはまだまだおこがましい…との想いがあったが，回顧とは大げさなれど，そろそろ「病院会計準則の軌跡」を総括してもお叱りを受けることはないのではないか，と。

　稲門会計学で学んだ1人として，そして染谷先生から直々に病院会計の薫陶を受けた染谷一門の研究者として，可能な限りの「病院会計準則」，わが国の病院会計制度の形成資料を収集し，検討し，公にしていくことで，「令和」を迎えた新たな時代への継承も可能になるように思う。

注

(1) 量的拡大は，1990年頃まで続いたのが実態であった（井出 1995, 80頁）。
(2) 「病院経営管理改善懇談会」は，当初「病院経営合理化審議会」という名称の予定であった。結果として，「経営改善」という意識を強調させた名称となった（日本病院協会 1961, 34頁）。
(3) 懇談会のメンバーは，三好重夫を座長，安田巌を座長代理として，石原信吾，磯部喜一，太田哲三，菊地真一郎，島内武文，砂原茂一，染谷恭次郎，田中慎一郎，永沢誠，松村はる，山元昌之，湯槇ます，吉田幸雄の15人であった（敬称略）。

参考文献

井出健二郎（1995）「医療会計の現状と課題」『商学研究科紀要』（早稲田大学大学院）78-93頁。
──（2006）「平成16年病院会計準則改正の軌跡」『会計』森山書店。
──（2012）「改革が進む医療法人の会計」『体系現代会計学第9巻 政府と非営利組織の会計』中央経済社。
──（2014）「日本赤十字社血液事業の財務会計基準の変革」『会計・監査ジャーナル』第26巻第5号。
厚生省（1961）『病院経営管理改善懇談会要旨』（財）厚生共済会。
厚生省医務局（1963）『病院勘定科目』厚生省。
──（1965）『病院会計準則とその解説』厚生省。
──（1965）『病院経営管理指導要領』厚生省。
佐藤孝一（1954）「基本的な会計用語の再検討」『企業会計』第7巻第8号，19-20頁。
全国自治体病院協議会（1962）「自治体病院 財政改善に関する意見書」『全国自治体病院協議会月報』12月号，22-26頁。
染谷恭次郎（1997）『ある会計学者の軌跡：一つの会計学史』税務経理協会。
日本医師会（1997）「厚生省の医療保険制度改革案に対する日本医師会の見解」『日本醫事新報』日本醫事新報社，8月30日号，2-3頁。
日本医師会病院委員会（1958）「病院経理の統一についての検討報告書」『日本医師会雑誌』第49巻第12号，35-46頁。
日本病院協会（1960）「日本病院協会会報」第76号。
──（1961）「日本病院協会会報」第80号。
針谷達志（1995）「病院・医療問題と会計情報」木下照嶽編（1995）『市民生活会計』森山書店，第6章所収，65-78頁。
American Hospital Association（1973）*Chart of Accounts for Hospital*, AHA.

第29章

会計表現の意味構造
——人間の認識の基底構造の探求

はじめに

　会計は，人間の経済的な活動（経済行為）を独自のスタイルで表現し報告する行為であり，システムである。会計が表現する直接の対象は，《財貨》およびその移動そのものではない。会計は何らかのメディアに記録されたものとしての「金額」を表現の対象とする。その記録は経済行為があった事実を裏付けるものであり，そこで記録された「金額」を〈ひとつのまとまり〉として，つまり〈出来事（取引）〉として捉え，表現する。「（取引）金額」が生じた事実をコトバを用いて識別する。そのコト分けの中心にあるのが仕訳である。本稿では，この仕訳を中心に考察を進める。

　仕訳といえば，「取引要素の結合関係（取引の八要素）」が出来事（取引）を表現する際に従うべきルールとして知られている。それは言語でいうところの「文法」のようなものである。「取引要素の結合関係」においては，〈資産〉・〈負債〉・〈純資産〉・〈収益〉・〈費用〉という五つの概念分類が前提としてあり，各概念間の結合関係が措定される。各概念には「勘定科目」という構成要素がある。それは言語でいうところの「語彙」に相当する。取引を仕訳するにあたっては，「取引要素の結合関係」というルール（「文法」）のもと，各概念から「勘定科目」（「語彙」）を選択し，配置する。この点からすると，仕訳は，「範列的（パラディグマティック）」と「統辞的（シンタグマティック）」と呼ばれる言語における「文」の構成原理と相同性があるようにみえる。ここでいう「相同性」とは，同じ構成原理に基づいているということである。言語において，たとえば〈主語〉＋〈述語〉という構造の「文」が作られる場合，まず〈主語〉と〈述語〉のそれぞれの位置に立ちうるという意味で「等価」であるいくつかの項か

らなる2つの「範列的」部類があり（会計では五つの概念分類ごとの各要素(項)としての「勘定科目」群），次にそれぞれの「範列的」部類から1つずつの項が選択されて，〈主語〉＋〈述語〉という「統辞的」連鎖の形に配列される（仕訳される）という仕組みである（池上1984, 231頁）。

こうした見方は，最初に最高類となる概念の定義を確定し，その定義のもとで種となる各要素(項)の「辞書」的な〈意味〉を定め，「文法」にしたがって「文」を作成するという構文論的な見方である。しかしながら，「取引要素の結合関係」という「文法」にしたがって仕訳しても，たとえば，

　　（借）　売掛金　×××　　　（貸）　買掛金　×××

という仕訳は，成立しない。ルールにしたがっていても〈意味〉がとおらない場合が生じる。

そこで本稿では，意味論的な見方に立って，表現の〈意味〉に注目し，仕訳の考察を中心に据えて，会計表現の意味構造を探っていく。そしてこの考察を通して，人間の〈意味づけ〉行為の深層に迫りたいと考えている。そのため，本稿は記号論的立場に立って考察を行う。学問の究極的に目指すところが「人間」の理解であるとするならば，記号論は人間の精神の働きの仕組みそのものと関わりを持つ（池上1984, 246頁）からである。なお，会計記号は手話などと同様に，言語記号に隣接ないし近接する記号とみて，その考察は言語記号の考察方法を参照しながら進めることとする。

Ⅰ　仕訳「文」の〈かたち〉と構成要素の数

1　仕訳「文」の〈かたち〉

言語研究を参照しながら考察を進めるにあたり，ひとつの出来事（取引）を表現する仕訳を，「文」とみることにしよう。これはあくまでひとつの仮定であり，構文論的な見地からは仕訳と言語の構成原理とには相同性があるとしたことに依拠している。

まず，企業においてよくある出来事（取引），つまり，典型的な取引例①〜⑤を仕訳で示してみる。

① 現金100円を元入れして，開業した。
　　（借）現　　金　　100　　　（貸）資本金　　100
② 銀行から現金40円を借入れた。
　　（借）現　　金　　 40　　　（貸）借入金　　 40
③ A商店から商品50円を仕入れ，代金として現金20円を支払い，残りは掛けとした。
　　（借）商　　品　　 50　　　（貸）現　　金　　 20
　　　　　　　　　　　　　　　　　　買掛金　　 30
④ ③の商品を80円で販売し，代金として現金40円を受け取り，残りは掛けとした。
　　（借）現　　金　　 40　　　（貸）商　　品　　 50
　　　　売掛金　　 40　　　　　　商品売買益　30
⑤ ②の借入金を利息10円とともに，現金で返済した。
　　（借）借入金　　 40　　　（貸）現　　金　　 50
　　　　支払利息　 10

ここで，この取引例①から⑤の仕訳から，「金額」を捨象してみる。なぜ，「金額」を捨象するのか。それは会計にとって「金額」は所与の前提だからである。会計は記録された「金額」について語るにあたり，その「金額」の〈意味〉である「勘定科目」を用いて出来事を表現する。そうした意味では，「勘定科目」のリストは，会計の表現体系における〈意味〉のリストともいえる。こうした理由から「金額」を捨象し，さらに，五つの概念分類をもとにした「取引要素の結合関係」から意識を遠ざけるために，あらゆる「科目名」を種類を問わず「○」のしるしで表してみると，次のようになる。

① （借）○　　　（貸）○

② （借）○　　　（貸）○

| 第3部 | 会計制度・その他

これを図表29-1のように，行列の形式を用いて表してみる。もちろん，これは行列本来の用い方ではなく，〈かたち〉をあらわす図形（グラフ）である。みてわかるように，取引例①と②はまったく同じ〈かたち〉である。また，ここで，（借方）も（貸方）も捨象する（つまり左か右かという位置情報を捨象する）と，取引例③と⑤は，要素の数が3個の同じ〈かたち〉の図形とみることができる。

図表29-1　取引例①〜⑤の仕訳「文」の〈かたち〉

2　仕訳「文」中の構成要素（「勘定科目」）の数

　上の取引例からすると，行列内に入っている○の数，すなわち要素（科目）の数は最少で2個，最多で4個である。筆者のこれまでの教育上，実務上の経験からすると，ほとんどの仕訳「文」は2個から4個の要素の数で成立している。まれに要素数5個ないし6個の仕訳「文」をみつけることがあるが，これも独立した2つ（以上）の仕訳「文」に分けることが可能な場合が多い。そこで，言語に近接するものとしての会計をみるにあたっては，ひとつの仕訳「文」は言

語における「単文」である,とみるならば,会計言語の「単文(原子文章)」は2個から4個の要素のあいだの〈関係〉として成立している,との仮説を立てることができる[1]。

　少し整理する。会計の仕訳「文」が言語でいう「単文」に相当するとするならば,その「単文」は最少で2個,最多で6個の要素からなっているとみた。そして通常の取引(現象)であれば,2個から4個の要素を含む「単文」で十分表現できる。つまり,行列形式をとった上述の〈かたち〉からすると,3つ程度の図形(グラフ)で十分に現象が記述できる。ここには〈かたち〉の有限性(カテゴリー性)が垣間みられる。また,この図形は特定の〈かたち〉を形成している。ここに要素がつくる〈かたち〉の特殊性がみられる。この〈かたち〉の有限性と特殊性については,人間の認識の基底構造および会計記号の独自性に関わる問題であるが,この点については別稿(大西 2014a；2014b)で検討しているので,ここでは〈意味〉に焦点をあてるため,以下,「勘定科目」の〈意味〉の深層の考察に入っていく。

II 「勘定科目」の〈意味〉

1 仕訳「文」の種類数

　上で,ひとつの仕訳を「文」とみた場合,その文を構成する要素(「勘定科目」)の数は,2個から4個に収まることをみた。そこで,あらゆる言語において「単文」の構成要素は4個以内に収まるという言語研究(野崎 1974, 44頁)に依拠して,仕訳「文」を会計という言語記号における「単文」とみることにした。そこには人間の認識のカテゴリー性(〈ひとつの意味のまとまり〉を4項以内で捉えること)と会計表現の独自性(たとえば,仕訳で構成要素が1個の「文」はないこと)がある可能性を指摘した。

　ここで,仕訳という「単文」が2個から4個の要素をもつとして,どのくらいの数の「単文」がありうるかを考えてみたい。経験的にいうと,一企業が使用する「勘定科目」の数は,企業の規模や業種にもよるが,およそ90個から120個のあいだに収まっている。いま,上述の取引例の①や②のように,仕訳

| 第3部 | 会計制度・その他

「文」の要素が2個であるとして（実際この仕訳が一番多いのだが），左側の○の位置に90個の科目名，右側の○の位置にも90個の科目名が入ることができるとすると（文として意味がとおるかどうかは別として），90×90＝8,100とおりの「単文」ができることになる。これは1行2列の行列形式による表現の場合であるが，「単文」のなかの要素の数を最多数の4個だとすると，2行2列あるいは3行2列の行列形式（という「単文」）は，90の四乗で，6,561万とおりあることになる。つまり，企業の経済活動の一場面（取引）は6千万を超える「単文」によって表現される（6千万を超える種類の「取引」がありうる）ことになる。しかし，実際に成立している（企業で記録されている）仕訳「文」の種類は（「金額」は無視すると）限られている。典型的な取引例として①から⑤の5つを紹介したが，そのほかの仕訳「文」をみていっても，1つの企業で100を超える種類の「単文」（仕訳「文」）は考えにくい。

そこで，以下では先の考察で種類の区別をなくすためにいったん○印で表示した「勘定科目」について，「文」のなかでの「勘定科目」の〈意味（役割）〉という観点からみていくことにする。具体的には，仕訳「文」と日常言語の文とを比較するかたちで考察を進めていく。

2 「勘定科目」の意味構造

(1)「単文」・「重文」・「複文」

まず，常識的なところから確認しよう。先に，仕訳「文」を会計言語の「単文」とみてみるとしたが，言語の場合ひとくちに「文」といっても，「単文」もあれば「重文」や「複文」もある。ここでは，国文法ではとか，日本語文法ではとかいった専門的な分類は避けて，ごく単純にみていくことにする。日本語の文法では，「単文」とは文中に述語が1つだけある文のことで，「雨が降る。」や「このみかんはおいしいです。」や「もう，4時だ。」など，述語としては動詞のほか，形容詞や名詞もある。これに対し，「単文」を2つ以上並列的に結びつけた文を「重文」といい，「雨が降り，風が吹く。」など，前件の文と後件の文が対等に並んでいて，「雨が降る。」＋「風が吹く。」のように，重文は「単文」に切り離しても，文全体の大意はかわらない。一方，「複文」は2つ以上の述語が現れている点では重文と同じだが，文中に修飾部（修飾語）があってそ

の中に述語の含まれる文があるものをいう。たとえば,「彼は(昨日買った)パンを食べた。」という複文の場合,( )内の「昨日買った」という修飾部(従属節)が主節の「パン」を詳しく説明している。また,「大型の台風が来たので,本日の授業はすべて休講です。」という複文の場合,「大型の台風が来た。」ことが〈原因〉となって(それが後件を修飾する形で),「本日の授業はすべて休講です。」という〈結果〉につながっている。では,「単文」,「重文」,「複文」という言語の見方を,会計言語の仕訳「文」においてどのように捉えることが可能であろうか。

(2)「文」としての「勘定科目」と層構造

　先に,会計では「金額」は所与の前提であると述べた。会計はある「金額」を〈ひとつの意味のまとまり〉=出来事(取引)と捉えこれを表現(解釈)する。表現するにあたっては仕訳を行うが,これを「文」と捉え,その仕訳「文」を日常言語の文に戻すかたちで捉えようとすると,「金額」は従属節が修飾する主節の中にあるとみることになる。つまり,会計は「金額」について語っており[2],たとえば,100円で成立した取引記録があったとすると,会計の担当者は,その100円について,「私は100円について記録した。」が記録のベースとなる。そのうえで,100円について語ると,「○が□から△を受け取った。」とともに「○が□へ▲を渡した。」という出来事(〈交換〉)が生じたとして,仕訳する。

　したがって,たとえば,「私は(彼が購入した商品代金としての)100円を記録した。」という文では,( )内の修飾部(従属節)が100円にかかっている(詳しく説明している)。また,この商品購入の記録の時に現金を支払ったとすると,それを表現する「私は(((彼が購入した)商品の対価として支払った)現金の金額である)100円を記録した。」という文では,(彼が購入した)が商品を修飾し,((彼が購入した)商品の対価として支払った)が現金を修飾し,さらに(((彼が購入した)商品の対価として支払った)現金の金額である)が100円を修飾するという入れ子の構造になっている(厳密にいうと( )の括り方はもっと多くなる)。これを仕訳「文」では,次のように記録する。

(借)　商品(仕入)　100　　　(貸)　現　金　　100

| 第3部 | 会計制度・その他

　日常言語の立場からこの仕訳を説明しようとすると，表層レベルと深層レベルという二段階の説明が必要となる。まず，「商品（仕入）」と「現金」という科目は，それぞれ100円という金額を説明する（意味づけする）修飾部（従属節）であると捉える。つまり，「勘定科目」は日常文でいうところの修飾部（従属節）としての「文」とみることができる。そのうえで，次に，「商品（仕入）」，「現金」という2個の「勘定科目」を用いて出来事（取引）の内容を表現しているとみる。この二段階目（表層レベル）では，「勘定科目」は一段階目（深層レベル）の「文」という姿を隠して「語彙」という扱いで，仕訳「文」の構成要素となっている。したがって，少し一般化して述べると，2個の「勘定科目」で表現する仕訳は，次のように表すことができる。

（借）　（AがBからCをDした）　100　　　（貸）　（PがQへRをSした）　100

　現実の仕訳では，図表29-2のように，ここでの（　）内の「文」が「勘定科目α」と「勘定科目β」という2個の語彙の結合として表現されることになる[3]。

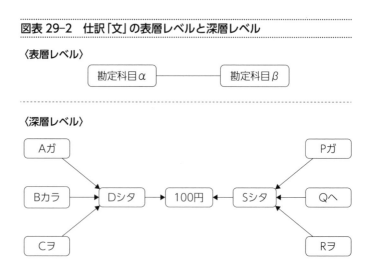

図表 29-2　仕訳「文」の表層レベルと深層レベル

452

さらに，上で見たように，修飾部は二重，三重と幾重にも重なっている場合もあるので，「勘定科目」は，深層レベルで二重構造の「勘定科目」，三重構造の「勘定科目」といった具合に，次元（レベル）の異なるものがあることになる。この視点からすると，〈資産〉・〈負債〉……という五つの概念分類のもとでの「勘定科目」という捉え方のほかに，意味構造（ある種の空間認知）の視点からの「勘定科目」という捉え方ができる可能性がある。

換言すると，会計は，表層レベル（ゲシュタルト的な「図」のレベル）では取引「金額」の意味内容を説明するための仕訳という「文」を，「勘定科目」という「語彙」を用いることによって「単文」として表現するという構造になっているが，眼にみえない背景のところ（ゲシュタルト的な「地」のレベル）では，「勘定科目」は幾重にも包まれるような層構造になっているということである。こうして，「勘定科目」という「語」が「文」によって包まれ，その「文」の一段上のレベルでは「語」となって上位の「文」によって包まれるというような，包み包まれるという入れ子構造を形成していることになる（図表29-3）。

言語においては，こうした階層構造を説明するにあたり，時枝誠記の〈言語過程説〉に基づく考察（中村 2001，79-86頁）やイェルムスレウ（Hjelmslev, L.）の指摘した「格のカテゴリー」の考察が有効と思われる（泉井 1967，67-71頁）が，本稿では紙幅の関係もあってこの検討は別稿（大西 2018）に譲りたい。

図表29-3　「勘定科目」の階層構造

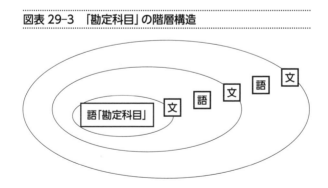

| 第3部 | 会計制度・その他

おわりに

　本稿は，会計上の出来事（取引）を表現する仕訳を言語でいうところの「文」とみて，その「文」の意味的な構造を探るために，仕訳「文」中の「勘定科目」の〈意味〉（役割）に注目し考察を進めてきた。

　仕訳「文」の中で，語彙として役割を果たしているようにみえる「勘定科目」が，実は「金額」を修飾する節としての「文」であるという構造を指摘した。その構造では，語としての「勘定科目」がより大きな「文」によって包まれ，その「文」も1つ上の次元では「語」となってより大きな「文」によって包まれることになる。こうして仕訳のなかで「勘定科目」がつくる関係は，人間の認識構造という視点からは，入れ子のように幾重にも空間が包み包まれるかたちを表現しているとみることができる[4]。

　従来，会計は対象（≪財≫およびその移動）を貨幣数字を用いて評価・測定し表現するとする見方（会計を物理現象を考察するものとしてみる見方），換言すると〈資産〉・〈負債〉・〈純資産〉……という五つの概念分類のもとでの「勘定科目」という捉え方が一般的であった。しかしこうした見方のほかにも，本稿で考察したような意味構造（ある種の空間認知）に注目した見方から，「勘定科目」の関係がつくる空間関係を捉える「トポロジー的な会計」が存在する可能性がある。それは位相幾何学的に関係の変化を捉えるものとして，企業の倒産のリスクを未然に防ぐ道具（メディア）としての「予防会計学」の成立につながることが期待される。今後は書記学（グラマトロジー）の研究を参考にして文字体系である会計記号の考察も進めていきたい。

注

(1) 「カタストロフィー理論」を提唱したことで知られる数学者のルネ・トムは，その理論を言語学に応用し，言語の背後にひそむ人間の大脳活動を解明しようと試みた（野崎1974, 38-39頁）。彼は「基本的な文は神経学的活動を記述している力学系の分岐によって表象される，単一の思考として始まる」と考え，基本カタストロフィーとしての7つの型が「時空間内での文の基本的な類型を生み出すことを示唆した」とされる（R.トム，181-182頁）。また，彼は，「太郎が小百合にミカンを与える」というような眼にみえる物理的な世界での現象を，相互作用グラフとしてあらわし，ある（簡単のための）数学

的仮定のもとで，ありうるグラフは16種の基本型にわけられる，とした（野崎 1974, 39-41頁）。つまり，トムは文（原子文章（単文））の基本的な類型（相互作用グラフ）は16種あると推定したようである。また，トムは「ひとつの単文が含む成分（actant：動詞に直接かかる名詞）の個数は，4以下である，という仮説」（野崎 1974, 44頁）も出している。著者が単文の構成要素（項）は4個以内とみるのはこの仮説に基づいている。

(2) なお，「金額」について語るにあたっては，当該「金額」は貨幣に記載された「（額面）金額」そのもののほかに，人間が対象物につけた「価格」や一度つけたラベルを（再）解釈した「価額」を含意している。

(3) 図表29-2の中で，「勘定科目α」と「勘定科目β」の結合の深層レベルで，A，B，CはD（一般には「動詞」）と結びつき，P，Q，RはSと結びつく。そしてDとSが「金額100円」を修飾するかたちとなっている。一見すると，A，B，C，P，Q，Rの6個の名詞（項）がDとSの2個の動詞を介して，「金額100円」を説明する意味世界をつくっているようにみえる。しかし，ここでさらに「～ハ」，「～カラ」，「～ヘ」，「～ヲ」といった格（助詞あるいは後置詞）に注目し，「文」の中で格関係がつくる空間関係を意味の骨格とする見方もある（立川 1995b, 94-99頁）。

(4) このような見方は，たとえていうなら「折り紙的思考」といえる。ユークリッド幾何学の道具立てでは，動かせない紙に定規（や筆記用具）を使って図形を出現させる。それは人間が対象を観察し，対象物の様子（頭の中のイメージ）を紙の上に描写することを前提としている。一方，折り紙の幾何学では紙自体が動き（人が動かすのだけど，いわば），ダイナミックな生成のなかにあるとき，一気に形態が出現する。対象を観察しそれを紙の上に描述するのと違い，折り紙は1枚の紙を折ることによりやがて1つのかたちを得る（北岡 2001, 63頁）。それは，ユークリッド幾何学的操作体系が，点から線，線から面，そして面から立体ができあがるという思考体系に対し，逆に，折り紙的操作体系では，面から線，線から点というように進みながらも最後には一気にかたちを得る。最終形だけを見れば同じようにみえても，アプローチの仕方は逆である。ユークリッド幾何学の操作体系は記号論理学の思考体系であり，一方，折り紙の幾何学の操作体系は記号論の思考体系である。本稿は，概念中心思考とは逆の思考で考察を進めてきたつもりである。

参考文献

池上嘉彦（1984）『記号論への招待』岩波書店。
――（1993）『意味論』大修館書店。
井尻雄士（1968）『会計測定の基礎』東洋経済新報社。
泉井久之助（1967）『言語の構造』紀伊國屋書店。
泉谷勝美（1997）『スンマへの径』森山書店。
大西新吾（2004）「会計記号体系内における『勘定』の意味関係：イェルムスレウの〈依存関係〉を手がかりとして」『會計』第166巻第3号，60-73頁。
――（2005）「『勘定科目の周期表』試案：グラフ理論から『勘定』間の〈関係〉について考える」『會計』第168巻第3号，78-89頁。
――（2013）「複式簿記の基底にある構造性：〈意味場〉の視点から」『仁愛女子短期大

学研究紀要』第 45 号，1-9 頁。
──（2014a）「会計表現の『かたち』と意味：会計記号論の方途」『人間学研究』（中部人間学会）第 12 号，29-35 頁。
──（2014b）「文の『かたち』の特殊性と有限性の背景：会計記号論の方途」『仁愛女子短期大学研究紀要』第 46 号，1-10 頁。
──（2017）「会計記号の絵画性：道具と操作」『仁愛女子短期大学研究紀要』第 49 号，7-14 頁。
──（2018）「会計記号の格関係にかんする一試論」『仁愛女子短期大学研究紀要』第 50 号，11-19 頁。
北岡一道（1989）「伝達動詞〈 say 〉の間接目的構文」『外国語・外国文学研究』12，99-111 頁。
──（1998）「自然言語の境界について」『仁愛女子短期大学研究紀要』第 31 号，47-53 頁。
──（2001）「折り紙と折る文化」『仁愛女子短期大学研究紀要』第 33 号，59-64 頁。
木村敏（1988）『あいだ』弘文堂。
國廣哲彌（1996）『意味論の方法』大修館書店。
小泉保（2007）『日本語の格と文型：結合価理論にもとづく新提案』大修館書店。
佐々木正人（2015）『新版 アフォーダンス』岩波書店。
高寺貞男（1967）『簿記の一般理論』ミネルヴァ書房。
田中茂次（1995）『会計言語の構造』森山書店。
立川健二（1995a）「言語のなかの主体」『月刊言語』第 24 巻第 2 号，102-103 頁。
──（1995b）「『イェルムスレウ』再入門③：格とはなにか」『月刊言語』第 24 巻，第 3 号，94-99 頁。
──（1996）「デカルトからイェルムスレウへ：特集 デカルト派言語学を超えて」『月刊言語』第 25 巻，第 4 号，20-27 頁。
辻幸夫（2002）「格と認識の基盤」『月刊言語』第 31 巻第 4 号，36-37 頁。
時枝誠記（1941）『国語学原理：言語過程説の成立とその展開』岩波書店。
中村雄二郎（1988）『場所』弘文堂。
──（2001）『西田幾多郎Ⅰ』岩波書店。
西田幾多郎（1987）『西田幾多郎哲学論集Ⅰ 場所・私と汝』岩波書店。
野崎昭弘（1974）「トポロジーと言語理論：ルネ・トムの言語理論」『月刊言語』第 3 巻第 5 号，38 – 45 頁。
野口広（1973）『カタストロフィー理論：その本質と全貌』講談社。
原田耕一郎（2001）『群の発見』岩波書店。
M. メルロ＝ポンティ著／滝浦静雄，木田元訳（1964）『行動の構造』みすず書房。
M. メルロ＝ポンティ著／竹内芳郎訳（1967）『知覚の現象学1』みすず書房。
──（1974）『知覚の現象学2』みすず書房。
M. メルロ＝ポンティ著／浦滝静雄訳（1989）『見えるものと見えないもの』みすず書房。
山梨正明（2002）『認知言語学原理』くろしお出版。
──（2004）『ことばの認知空間』開拓社。
山枡忠恕（1985）「会計学の対象と方法」『税経セミナー』第 30 巻 1 月号，2-19 頁。

R. トム・E.C. ジーマン著／宇敷重広・佐和隆光訳（1995）『形態と構造：カタストロフの理論』みすず書房。

和辻哲郎（1991）『風土：人間学的考察』岩波書店。

Hjelmslev, L.（1935）*La catégorie de cas. Étude de grammaire générale. Première partie.* Acta Jutlandica ,7：1.（1937）*Deuxième partie.* Acta Jutlandica, 9：2. Universitetsforlaget i Aarhus.

―――（1943）*Omkering Sprogteoriens Grundlaeggelse*, Munksgaard.（竹内孝次訳『言語理論の確立をめぐって』岩波書店, 1985 年）［English trans.by F.J. Whitfield（1953）*Prolegomena to a Theory of Language*, University of Wisconsin Press.（Indiana University publications in anthropology and linguistics, Memoir 7 of *the International Journal of American linguistics*, Supplement to Vol.19 No.1, pp. iv+92］（林栄一訳述『世界言語学名著選集第 6 巻 言語理論序説［英語学ライブラリー 41］』ゆまに書房, 1959 年）

Thom, R.（1970）Topologie et Linguistique, *Essays on Topology and Related Topics*, pp.226-247, Springer.

―――（1972）*Stabilité Structurelle et Morphogénèse：Essai d'une théorie générale des modèles*, W.A. Benjamin, Inc. Advanced Book Program, Reading, Massachuesetts.（彌永昌吉・宇敷重広訳『構造安定性と形態形成（原書第 2 版）』岩波書店, 1980 年）

―――（1974）*Modèles mathematiques de la morphogénèse*, Union Générale d'Éditions, Paris.

第**30**章

企業会計と租税法における実質主義の比較に関する一考察
——基本思考の相違と会計処理における接近

はじめに

　近年の会計基準の新設・改正や国際財務報告基準（International Financial Reporting Standards：IFRS）の任意適用の拡大，そしてそのような会計基準の変革に対し税の独自性を方向付ける税制調査会の報告[1]を機として，企業会計と法人税法の乖離が進行していると一般に認識されている。他方，課税所得計算は，確定決算主義（法人税法74条）の下で，商事財務諸表の数値を申告調整して算定される基本構造を有していることを前提とすれば，会計と税法は極力一致することが望ましく，一致しない部分の差異が明確となることで実務における影響を減殺できるであろう。

　本稿では，企業会計と租税法の基本的な思考の相違として，それぞれの「実質」の捉え方に着目し，具体的な課税事件の判決や実務指針等における取扱例を題材に，その比較を試みたい。会計と税法の相違は，会計処理においても経済面・法律面いずれを重視するかの差異に表れるが，その差異は必ずしも二律背反するものでなく，経済・法律の両面からのアプローチをもって複合的に判断する視点も見られる。本稿では，事例を用いながらその筋道をたどっていきたい。

Ⅰ 租税法の実質主義と私法準拠

1 租税法の解釈・適用における私法準拠

　租税法は，一般に広く行われている経済活動を課税対象としており，課税が行われるかどうかの一次的な判断は，経済活動を規律する私法の影響を受ける。したがって，租税法の解釈・適用も，私法における概念や基本思考を用いてなされるというのが租税法学の通説である（金子 2017, 122 頁）。

　この考え方は，租税法律主義が求める法的安定性に基づく要請であり，租税法の解釈・適用のさまざまな場面でみられる。租税法が独自に規定する固有概念以外は，主として私法で用いられる概念を借用し（借用概念），これと同義に解するのが法的安定性の要請に適うとされる（金子 2017, 119-120 頁）。また，私的自治ないし契約自由の原則の下では，経済的目的を達成するために，強行法規に反しない限り自己に最も有利になるように法的形成を行うことができる（金子 2017, 126 頁）。このため，私法の規律を基礎とする租税法の下でも，有効に形成された法形式は尊重され，明文の規定なく別個の取引形態に引き直して課税要件を充足したものと認定し課税することは認められないとされる（金子 2017, 128-130 頁；中里 2007, 122, 127-128 頁）。

　このような租税法における私法重視の考え方は，具体的な裁判例にも表れており，次項において代表的な事例に基づいて詳述したい。

2 課税事件判決にみる法律関係の尊重

（1）借用概念に基づく判断

　借用概念に基づく判断を示した事例として，住友信託銀行事件（東京高判平成 20 年 3 月 12 日税資 258 号順号 10915，一審東京地判平成 19 年 4 月 17 日税資 257 号順号 10689）があげられる。この事件は，納税者が米国の取引先との間で債券現先取引（レポ取引）を行ったところ，同取引から生ずるレポ差額[2]につき源泉徴収義務があるとして納税告知処分等を受けたことから，納税者の源泉徴収義務の存否が争われた事件である。国内源泉所得を定める所得税法 161 条は「貸付金（これに準ずるものを含む。）…の利子」（6 号）と幅を持たせた規定となっ

| 第3部 | 会計制度・その他

ており、レポ差額がこの貸付金利子ないしこれに準ずるものに該当するかが争点となった。

　裁判所は、「所得税法161条6号『貸付金（これに準ずるものを含む。）』の『利子』とは、消費貸借契約に基づく貸付債権を基本としつつ、その性質、内容等がこれとおおむね同様ないし類似の債権の利子ということができる。」という解釈を示した。その上で、基本契約の沿革および内容を分析し、「本件各基本契約は、倒産隔離を果たすため、契約条項において売買及び再売買により構成されることを明確に定めたものであって、他方、金融的取引の側面が存在し、それを示唆するかのような条項の存在によっても、その法的性質を変容させるまでのものとはいえない。」と評価し、結論としてレポ差額を同号の利子に該当するとは解し得ないと判断した。

　判決は、私法上の「消費貸借契約」を起点に所得税法上の貸付金に準ずる債権を解釈しており、専ら貸付金の意義を他の法律概念から「借用」して判断している[3]。その検討に当たっては、資金調達目的や利息相当額（レポ差額）の算定根拠など取引の経済面の検討より、基本契約の沿革・内容を分析し取引の法形式に係る意義や法的機能に関する検討が中心であった。所得税法上の義務の存否の判断に当たり、この事件では、取引の資金調達目的や経済的機能から取引の類似性を検討するという視点は考慮外に置かれ、私法概念を基礎とする文理解釈と契約の法的機能を分析する判断枠組みを用いている。

(2) 租税回避事件にみる法形式の尊重

　2000年代に租税回避行為に対する課税事件において、いくつかの重要な判断が示されている。就中、航空機リース事件第一審判決（名古屋地判平成16年10月28日判タ1204号224頁）は、課税庁に事実認定による課税の限界を提示したものと位置付けられる。以後、課税庁は調査審理体制を整備するなど、法解釈と課税要件事実の究明に重点をおく課税姿勢に転じており、租税回避行為に対する課税のあり方の転機となったものと評価される。

　この事件は、納税者が、訴外投資顧問会社が主導して組成した民法組合に出資し、航空機リース事業を営むことにより、多額の減価償却費の作出により得た事業赤字を損益通算する等により税負担の軽減を図ったスキームが問題と

なった。課税庁は，組合員の業務執行会社に対する検査権（及び解任権）が実効的に保障されていないこと等から，民法組合は有効に成立しておらず，当事者の真意は組合員と訴外投資顧問会社との間の利益配当契約であるとして，課税処分を行った。

判決は，民法組合の成否に係る争点において，当事者が合意した民法組合の契約書上，一般組合員の検査権を排除した条項が存在しないことから民法673条の規律を受け，一般組合員が検査権を有することは明らかであるとして，その部分の課税庁の主張を排斥している。

この判示に先立ち，判決は，契約等の事実認定において，納税者の主観的事情を排した上で，「当該契約類型や契約内容自体に着目し，それが当事者が達成しようとした法的・経済的目的を達成する上で，社会通念上著しく複雑，迂遠なものであって，到底その合理性を肯認できないものであるか否かの客観的な見地から判断した上で，行われるべきものである。」と説示している。つまり，納税者が選択した法形式が法的・経済的観点から著しく不合理でない限りは，法律上の根拠なくして当該法律関係を別個の法律関係に引き直して課税することは認められないという上記の租税法学の通説と符合する考え方を示している。

3 租税法の解釈・適用における法形式の尊重と企業会計

前項であげた2つの判決から，次の関係性を指摘することができる。

第一に，所得税法上の源泉徴収義務の存否という争点に対し，裁判所は私法等の概念を借用し，これを起点とする判断を示している。判決においては，取引の経済実態面の機能的な類似性は考慮されず，専ら納税者の法的安定性・予測可能性に配意し，私法および他の取引法の概念を起点に，取引の法形式や法的機能の比較という検討が行われている。この点は，後述する投資のポジションとその成果を開示する財務報告の目的および会計処理の選択の場面とは異なるものである。

第二に，租税回避事件にみられるように，納税者が選択した法形式は，たとえそれがいかなる目的や動機に基づくものであれ，法的根拠なく別の法形式に置き換えることは消極的に解されている。いったん選択された法形式は尊重さ

れ，事実認定によってそれが破られるのは，そのような法形式がたとえば通謀虚偽表示（民法94条1項）の場合のように仮装されたもので，不存在ないし無効であるような例外的な場合に限られると解されている（中里2007, 129-131頁）。

　この考え方も，後述する会計の実質優先主義とは異なる。租税法は，法源でない会計基準が法形式を破り課税要件を独自に創造するような会計処理を行うことについて，租税法律主義の観点から消極的立場を取っている。たとえば，セール・アンド・リースバック取引がファイナンス・リース取引に該当する場合，借手の売却損益を繰延処理し，減価償却割合に応じて実現する処理が行われる（「リース取引に関する会計基準の適用指針」49項）が，法人税法上は，売却処理を認めず金銭貸借取引を擬制することを規定（法人税法64条の2・2項）している。法形式を破る会計基準の処理を課税所得計算に組入れるため，法22条4項を経由せず明文の根拠を設けて対応している[(4)]。

　租税法は，以上のような点において，当事者間の法律形式を尊重し法的安定性を重視する思考が貫かれており，これは次節で述べる会計における実質優先主義と対置される。その相違を明らかにするために，次節において概念フレームワークに係る記述を確認し具体的な会計処理の事例を通じて論及する。

II 会計基準における実質優先主義

1 会計の経済的実質重視の基本的思考

　財務報告の目的として，企業価値評価の基礎となる情報，つまり投資家が将来キャッシュ・フローを予測するのに役立つ企業の成果を開示することとされる（企業会計基準委員会2006, 第1章3項）。会計情報の意思決定有用性のために，同一の経済事象に対する会計処理は同一でなければ比較可能性が保たれない。そのため，取引の間で法形式が異なっても，将来のキャッシュ・フローの金額，タイミング，不確実性が同じと認められる場合には，その法形式にかかわらず同一の会計処理を適用しなければならない（同第2章20項）。ここに，法形式より経済的実質を優先する実質優先（substance over form）の要請が，会計ルールの根底にある。

2 経済的実質を優先する具体的な会計処理

(1) ファイナンス・リース

　リース取引は，賃貸借契約の法形式にかかわらず一定要件の下で売却取引を擬制する会計処理が行われる点で，会計の実質優先主義の典型といえる。わが国におけるリース会計は，法定耐用年数より短いリース期間を設定することによる課税上の弊害が指摘され，1978年に税務通達（昭和53年直法2-19「リース取引に係る法人税及び所得税の取扱いについて」）が先行して発遣された。1993年に「リース取引に係る会計基準」が公表されたが，所有権移転外ファイナンス・リース取引について一定の注記を条件に賃貸借処理が認められていたため，実務ではこの例外処理の適用が枢要を担っていた。このような状況を是正し国際会計基準とのコンバージェンスを果たすため，2007年に「リース取引に関する会計基準」が公表され，例外措置が原則として廃止された。

　なお，2016年1月に公表されたIFRS16は，借手側においてファイナンス・リースとオペレーティング・リースの区分がなくなり，原則として借手が支配するすべてのリース資産がオンバランス化されることとなった（橋本・山田2018, 187頁）。この会計処理も，経済便益の享受や使用を指図する権限により資産の「支配」を画定している（同188頁）が，契約における借手の法的な権限とは異なった経済的実質からオンバランスの根拠を得ているものといえよう。

(2) 金融取引におけるリスク経済価値アプローチの適用

　金融資産の消滅を認識する場合，「リスク・経済価値アプローチ」が適用される場合がある。これは，金融資産を一体として捉え，そのリスクと経済的価値のほとんどすべてが第三者に移転したときに，当該金融資産の消滅を認識するものである（「金融商品会計に関する実務指針」（以下，金融商品実務指針）244項）。このアプローチを採用した場合，法的な譲渡契約がなくてもリスク等の移転の状況によって売却取引が擬制される（あるいは，譲渡契約の実行が金融取引として処理される）こととなる。

　リスク・経済価値アプローチの適用例として，ローン・パティシペーションがある。ローン・パティシペーションとは，金融機関等からの原貸出債権に係

る権利義務関係を存続させたまま、原貸出債権に係る経済的利益とリスクを原債権者から参加者に移転させる契約を指す（会計制度委員会報告第3号「ローン・パティシペーションの会計処理及び表示」2項柱書）。原債権者は、参加者から原貸出債権の一定割合（参加割合）に相当する金額を収受し、参加者へ元利金に相当する参加利益を支払う。原債権者は、一定の条件の下で参加割合に相当する貸出債権を参加者へ売却したものとしてオフバランス処理が認められている（同4項柱書）。

原債権者は、原貸出債権に係る経済的利益を享受する権利を参加者へ移転するとともに、参加利益の支払いは、原債権者が原債務者から元利金を受領した場合にのみ行うという条件を付すことでリスクを参加者へ移転している。このような経済的実態を捉え、原債権の法律関係を残存したまま、リスク・経済価値アプローチの観点から原債権者の債権譲渡の会計処理が認められる。

また、債務をオフバランスする手法として、実質的ディフィーザンスの一種であるデット・アサンプションが用いられる。デット・アサンプションとは、社債発行会社（債務者）が、取消不能で、かつ社債の元利金の支払いに充てることを目的とした他益信託等を設定し、元利金が保全される高い信用格付けの金融資産を拠出することによって、社債の消滅を認識する処理である（金融商品実務指針46項）。この場合、既発行の社債は残存するため、発行会社は社債権者から法的な免責を受けたわけではなく、いまだ第一次債務者の地位に留まるのであるが、預託金融機関等に元利相当の資金を拠出することを前提に、社債の買入消却と同様の処理が認められている。この取引もまた、リスクの移転の状況を重視し、社債発行に係る当事者間の債権・債務関係を残したまま、社債のオフバランス処理を認めたものである。

3　会計における実質優先の要請と租税法の基本思考との対峙

前項の会計処理は、取引の法律関係よりも専ら経済的実質を優先したものと考えられる。この実質優先主義は、会計基準の具体的な適用関係の詳細を定める実務指針の取扱いにも表れている。先に示した金融商品会計の分野では、資産流動化や金融資産・負債のオフバランスの場面で、リスク・経済価値アプローチの考え方が採られる場合がある。この考え方の下では、資本関係に基づく提

携や支配関係にある相手との取引は，いわば連結や企業結合における内部取引を敷衍した形で，その資本関係に見合うリスクが売手側に残存するものと判断されている[5]。このため，私法上は別個の法人と認められる事業体との間の譲渡取引であっても，資本関係等により「リスクと経済的価値のほとんどすべてが移転」したとみなされず，売買取引が認められない，あるいは売買損益が実現しないものとして処理される。このような処理は，私法関係から逸脱し租税法の基本思考とは相容れないと考えられる。

不動産流動化の会計処理を巡って争われた過去の判決（ビックカメラ事件（東京高判平成25年7月19日訟月60巻5号1138頁（以下，平成25年東京高判という。），一審東京地判平成25年2月25日訟月60巻5号1103頁））においても，不動産流動化指針が定めるリスク・経済価値アプローチの考え方について，「当該譲渡を有償による信託に係る受益権の譲渡とは認識せず，専ら譲渡人について，当該譲渡に係る収益の実現があったものとしない取扱いを定めた同指針は，上記目的（筆者注，課税公平主義）を有する同法（筆者注，法人税法）の公平な所得計算という要請とは別の観点に立って定められたものとして，税会計処理基準（筆者注，公正処理基準（後述））に該当するものとはいえないといわざるを得ない。」と判示している。判決は，リスク・経済価値アプローチを採用する処理に対し，法律関係を基礎とする租税法の所得計算とは異なる次元の考え方と捉えている。

会計処理は，理論的に，資産や負債の法的な外形（たとえば，金融資産・負債，非金融資産・負債の分類）にかかわらず，「事業投資」あるいは「金融投資」という投資の実質に基づき分類し認識・測定を行うことで，より高度な情報の比較可能性が確保できると考えられている（斎藤2010, 61-62, 390-392頁）。金融商品取引法会計・会社法会計の下で開示情報の質を高めるために，実質優先主義の思考が純粋に追求されており，新たな経済取引が生み出される都度，取引の法形式や課税客体を超えたさまざまな会計処理が創造されている。このような基本思考の不一致を起点として，経済取引の複雑・多様化に伴い企業会計と租税法との乖離が拡大する状況にあると思われる。

Ⅲ 課税所得計算における
　私法関係準拠と経済的実態の反映

1 判例の立場

　法人税法における課税所得は、確定決算において機関承認を得た財務諸表上の利益をベースに、所要の税務調整を施して算出される（法人税法74条）。そこで計算される利益は、法の計算規定がない部分について「一般に公正妥当と認められる会計処理の基準」（法人税法22条4項。以下、公正処理基準）に包括的に委ねられる（企業会計準拠主義（金子2017, 330頁））。

　この公正処理基準の「公正」性の解釈については、法固有の目的である課税公平主義の要請を満たす所得計算であるか否かの観点から判断する説が判例の立場である。法22条4項の会計処理の適法性を争った先例として、大竹貿易事件（最判平成5年11月25日民集47巻9号5278頁、以下、平成5年最判という。）がある。判決は、「法人税法22条4項は、現に法人のした利益計算が法人税法の企図する公平な所得計算という要請に反するものでない限り、課税所得の計算上もこれを是認するのが相当であるとの見地から、収益を一般に公正妥当と認められる会計処理の基準に従って計上すべきものと定めたものと解される」と述べ、収益の年度帰属に関する会計処理の選択に当たり法目的に照らした「公平な所得計算」の要請を求めた。

　同最判はまた、次のように判示し、年度帰属の判定に関して法律上の権利行使可能時点に加え、「取引の経済的実態」からみて合理的な認識時点を選択することを示した。

　「右の権利の確定時期に関する会計処理を、法律上どの時点で権利の行使が可能となるかという基準を唯一の基準としてしなければならないとするのは相当でなく、取引の経済的実態からみて合理的なものとみられる収益計上の基準の中から、当該法人が特定の基準を選択し、継続してその基準によって収益を計上している場合には、法人税法上も右会計処理を正当なものとして是認すべきである。」

　この判示は、収益計上時期の選択に関する限定的な事例であるが、法的実態

に即した処理だけではなく，経済的実態に適合する会計処理を求めた点に意義があり，以後の法人税法22条4項を争点とする事件に影響を与えている。住宅ローン債権の流動化に伴う劣後受益権の評価に当たり，償却原価法の適用を巡って争われた「オリックス信託銀行事件」（東京高判平成26年8月29日税資264号順号12523（以下，平成26年東京高判という。），一審東京地判平成24年11月2日税資262号順号12088）においても，所得計算に係る会計処理の選択の場面に敷衍して引用されている。この判決をみても，判例の立場は，公正処理基準該当性の判断基準の一つに，経済的実態に適合した合理性を求めていると思われる。

2 債券現先取引の会計処理にみる税法と会計の調和

Ⅰ・2・(1)で取り上げた債券現先取引事件の判決は，債権の売却・買戻取引という法形式に従いレポ差額の貸付金利子への擬制を肯認しなかった。この判決の帰結を踏まえてもなお，企業会計実務においては，一定の債券現先取引を金融取引とする処理が行われている。金融商品実務指針には，「現先取引…は，金融取引（資金取引）として処理する。現先取引…に関連して授受される有価証券は売却又は再担保可能であっても，有価証券の受入者はこれを貸借対照表に計上しない。」と規定されている（129項）。これは，譲渡人に有価証券を買戻す権利および義務が留保されているため，売買契約が実行されたにも関わらず有価証券の契約上の権利が移転しないためと説明されている（同305項）。

このように，源泉徴収義務の存否に関する司法判断において，私法上の消費貸借契約等を基礎にレポ差額の「貸付金利子」該当性について，法形式を踏まえた文理解釈が行われたのに比べ，会計基準は金融資産の消滅要件に従い法形式を超えた処理を継続している。この処理が，会社法・金融商品取引法上の開示目的の上で正当であるとしても，法人税法の課税所得計算の上で是認されるかという疑問が生ずる。

課税所得計算では，先の源泉徴収義務の存否の司法判断とは別に，実務指針が示す金融取引とする処理が正当であると考える。

金子（2017, 121-122頁）は，「所得という概念は，固有概念の一つであるが，それは経済上の利得を意味するから，ある利得が所得であるかどうかは，その

利得の原因をなす行為や事実の法的評価をはなれて，実現した経済的成果に即して判定すべきである。」[6]と説いている。所得は一定期間における経済的成果であり，所得の算定に当たっては経済的成果を的確に把握し所得計算の過程に織り込む必要がある。

このように解するならば，現先取引を法形式どおり売却・買戻取引とする会計処理は，経過利息を計上しない点で経済的成果を反映せず所得計算上問題があると考える[7]。レポ差額は，債券の売却価額および買戻しまでの期間によって算定され，実態的には利息に等しい。とすれば，買戻しまでの期間の経過利息分を適切に反映する資金貸借処理が，取引の資金調達目的に整合し，かつ取引の経済的実態にも即しており，公平な所得計算の要請を満たす会計処理の方法といえる。そして，経済的実態を合理的に反映する処理は，先の最判および以後の下級審判決においても是認されていることは，先に指摘したとおりである。

3 公正処理基準該当性の判断基準

以上の事例に基づく考察を踏まえ，公正処理基準の該当性に関する一般的な判断基準に敷衍して論及したい。

租税法は私法関係を重視し，外部との法律関係に即して課税関係を判断することを基本とする。この法律関係を重視する思考は，法律関係を忠実に表現する会計処理を選択適用する思考に結び付くと考えられる。たとえば所得の年度帰属の判断には権利確定主義，債務確定主義というリーガルテストが用いられており，取引当事者の権利義務関係が確定したとみられる時点において収益費用を認識する会計処理が選択されている。そのように処理することにより，法人税法における課税所得計算の法的安定性にも資するものと考えられる。

一方，所得計算は企業活動の経済的成果である担税力の把握にほかならず，取引の経済的実態を無視して所得・税額計算を行うことは合理的でない[8]。法的安定性を重視するあまり，等しい経済的成果に対する所得額・税額が異なることは，法人税法の主旨である課税公平主義を阻害するおそれがある。所得計算における会計処理の選択の場面でも，法的安定性と課税の公平とが対峙する場面は少なくないであろう。

法律関係と経済的実態とが乖離する場面で，いかなる判断基準をもって公正

処理基準に該当するかが問われることとなる。本稿で取り上げた事例のように、課税訴訟で問題となるのは、法形式を破った実務指針等の会計処理が法22条4項に該当し適法といえるかどうかである。個々の事実関係に基づく司法判断は必ずしも一貫性があるとは考えにくいが、結果が分かたれた前述の平成25年東京高判と平成26年東京高判とを比較すると、外部との法律関係における会計処理には法的安定性の要請が強く作用するが、通期で確定した損益を期間配分するような内部的な処理では、法的安定性の要請が後退して会計基準の損益配分の理論が優先されると考えられる[9]。

私法準拠の租税法の基本思考にあっても、先例と評価し得る平成5年最判は会計処理の適法性判断において、法的実態に加え経済的実態からみた合理性を求めており、両者の拮抗の上に公正な会計処理を選択している。また、包括的所得概念の下で違法収入も所得に含まれることに鑑みれば、必ずしも正当な法律行為の帰結として所得を観念しない場合があり、そのような例外的な場面では、私法関係に忠実に即した会計処理を実行できない場合があることを否定できない。この点は「課税の対象が私法上の行為それ自体ではなく、私法上の行為によって生じた経済的成果─たとえば所得─である場合には、その原因たる私法行為に瑕疵があっても、経済的成果が現に生じている限り、課税要件は充足され、課税は妨げられないと解すべきである。」（金子 2017, 122頁）と説かれている。有効に成立していない法律行為であっても、経済的成果をもって所得を把握し、それに即した会計処理がなされるはずである。この一事を捉えても、課税所得計算において法的安定性を害さない程度に、経済的実態を踏まえた実務指針等の会計処理を採用する余地は十分あるのではないかと考える。担税力を認識するためには、現先取引を金融取引に擬制する金融商品実務指針の会計処理が、経済的成果たる所得をより正確に把握する点で優れている。取引の当事者は、資金調達目的で一連の取引を実行しているので法的安定性を害するとまではいえないことを考え併せれば、当該会計処理を継続的に課税所得計算に用いることに弊害はないであろう。

一方で、企業会計においては近年、私法の枠を超えたと評価される会計処理が導入されている。独立した法的主体間の取引を認識せず一体的に把握する処理[10]や、一部の事業リスクを認定し全体の取引が実現しないとする処理は、

| 第3部 | 会計制度・その他

法人税法の要請とは別個の考え方であり，課税所得計算における経済的成果の把握とは切り離すべきと考える。

なお，公正処理基準該当性の判断基準を論究する上で，実務指針等の処理が会計実務において広範に適用され「慣行性」を有していることが必要となると考えられるが，公正性と慣行性の関係については検討を要する課題である。おって，近年の会計基準の特徴として，意思決定有用性の観点から，将来キャッシュ・フローの見積りによる公正価値評価が採り入れられている。租税法の立場からは，そのような長期的な見積りに基づく価格を所得計算に取り込むことは困難と考えられるが，この点も別稿に委ねたい。

おわりに

私法準拠の原則をとる租税法は，会計基準が法形式をオーバーライドすることには消極的であり，会計処理の局面においても法形式が尊重される。これに対し，企業会計は，比較可能性を確保する観点から，実質優先主義が根底にあり，その点の対峙が企業会計と租税法の大きな対立点である。

ただし，その対立点は，互いに折り合いながら融合しているというのが会計実務の実情ではないかと思われる。租税法の固有概念である所得は経済的利得と観念されており，課税所得計算から取引の経済的実態を反映する会計処理が排除されないことはすでに述べたとおりである。この理は，平成5年最判以降の司法判断の随所でみられる。また，会計基準においても，取引の法律関係の把握の上に会計処理の選択が求められ，当初から法的実態を無視した処理が行われているわけではない。最近の「収益認識に関する会計基準」も，契約に定められた財・サービスを「履行義務」として識別し，取引価格を配分する方法を指示している。履行義務は，いわば契約中の異なるタイプの権利義務関係を分割したものと捉えられる。このアプローチを実行する上での成否は，契約内容の法的分析に依存しているといえよう。

このように租税法と会計の対立点が，実務で先鋭化している印象はないが，両者が袂を分かった契機から相当の年数が経過し，具体的な会計処理の諸相で差異は拡大しているとみられる。これまでも税法と会計の調整に関する議論は

あったが，いま一度，両者の差異の理論的な究明が必要と思われる。

注

(1) 税制調査会『法人課税小委員会報告』1996年11月。
(2) 当初売買時の譲渡価格と再売買時の再譲渡価格の差額をいい，譲渡価格と再売買までの期間に応じて金額が算定される（一審判決参照）。
(3) なお，「貸付け」の用語自体は私法上の明確な定義がなく，各種金融関係法規に規定されていることが判決において指摘されている。
(4) なお，この例では，法人税法の処理は売却損益を認識しない点で実務指針とは異なっている。
(5) たとえば，会計制度委員会報告15号（2000）「特別目的会社を活用した不動産の流動化に係る譲渡人の会計処理に関する実務指針」16項を参照。
(6) なお，「これは，私法上の行為を無視せよという意味では決してない」と牽制する見解にも留意が必要である（中里2007, 125頁）。
(7) 金融商品実務指針設例7ケース4は，有価証券の貸手側（資金の借手）で借入金処理及び有価証券の時価変動損益を計上しているが，当該借入金に係る経過利息を計上していない点は留意が必要である。
(8) 損害賠償請求権の年度帰属について，法人税基本通達2-1-43は，過去の最判等で示された，民法の損害賠償請求権の取得時期に基づく同時両建説に関わらず，担税力を考慮した異時両建的な処理を宥恕的に認めている。
(9) これに対し，利益分配金の償却原価相当額を収益に含めるのが公正処理基準であるとする見解がみられる（金子2017, 335頁）。
(10) 中里ほか（2012, 21頁）太田発言において，会社が設定した信託に対する自己株式譲渡の不成立の事例が指摘されており，「会社法の矩を超えた処理」と評されている。

参考文献

金子宏（2017）『租税法22版』弘文堂。
企業会計基準委員会（2006）討議資料「財務会計の概念フレームワーク」12月28日。
斎藤静樹（2010）『会計基準の研究（増補版）』中央経済社。
中里実（2007）「租税法における事実認定と租税回避否認」金子宏編『租税法の基本問題』有斐閣，第3章所収，121-149頁。
中里実ほか（2012）「座談会 会社法からみた租税法の意義：研究者の視点・実務家の視点」『ジュリスト』第1445号，12-35頁。
橋本尚・山田善隆（2018）『IFRS会計学基本テキスト（第6版）』中央経済社。

第31章 マンション販売業者の仕入税額控除に関する問題

はじめに

　マンション販売業者の仕入税額控除が認められないという問題が浮上している。通常の商品の売却であれば，課税売上となるので，問題は生じないが，マンション販売業者の場合，建物の売却であれば，課税売上げとなるが，賃貸ということになると，その賃貸料は，非課税売上となり，その非課税売上の部分に関しては，仕入税額控除ができないのではないかという問題が生じてくるのである。

　消費税の仕入税額控除は，個別対応方式と一括比例配分方式の2種類がある。個別対応方式の場合，課税期間中の課税仕入れ等に係る消費税額を次の3つに区分し，仕入税額控除額を計算する。

　①課税資産の譲渡等にのみ要するもの
　②その他の資産の譲渡等にのみ要するもの
　③①と②に共通して要するもの

　個別対応方式の場合，控除することができる課税仕入れ等の税額は，①課税資産の譲渡等にのみ要するもの，③①と②に共通して要するものに関するものであり，②その他の資産の譲渡にのみ要するものは，仕入税額控除できない。

　一括比例配分方式は，課税売上げに対応する課税仕入れ等に係る消費税額を厳密に区分するのではなく，全体の課税仕入れ等に係る消費税額に，単純に課税売上割合を乗じて控除税額を計算する。

　結局のところ，個別対応方式と一括比例配分方式とで，有利な方法を選択すればよいことになっている。もっとも，一括比例配分方式を採用した場合には，2年間以上継続した後でなければ，個別対応方式を採用することができなくな

るので，注意を要する（消法30⑤）。

　マンション販売業者の場合，マンションを仕入れて，それを販売するのであれば個別対応方式により全額仕入税額控除できるが，非課税売上げが生じる場合があり，この場合，個別対応方式の③①と②に共通して要するものとなり，課税売上げと非課税売上げに共通する課税仕入れ等に係る仕入に課税売上割合を乗じて仕入税額控除額を計算することになる。すると，マンション販売業者というのは，土地という非課税売上が大きいので，課税売上割合が小さくなり，認められる仕入税額控除額が相当小さくなってしまう恐れが生じる。

　マンション販売業者にこれまで全額仕入税額控除が認められてきた根拠として，下記の通達があり，この通達の「なお，当該課税仕入れ等を行った課税期間において当該課税仕入れ等に対応する課税資産の譲渡等があったかどうかは問わないことに留意する。」を根拠に，全額の仕入税額控除が認められてきた。

（課税資産の譲渡等にのみ要するものの意義）

11-2-12法30条第2項第1号《個別対応方式による仕入税額控除》に規定される課税資産の譲渡等にのみ要するもの（以下「課税資産の譲渡等にのみ要するもの」という。）とは，課税資産の譲渡等を行うためにのみ必要な課税仕入れ等をいい，たとえば，次に掲げるものの課税仕入れ等がこれに該当する。

　なお，当該課税仕入れ等を行った課税期間において当該課税仕入れ等に対応する課税資産の譲渡等があったかどうかは問わないことに留意する。

(1) そのまま他に譲渡される課税資産
(2) 課税資産の製造用にのみ消費し，又は使用される原材料，容器，包紙，機械及び装置，工具，器具，備品等
(3) 課税資産に係る倉庫料，運送費，広告宣伝費，支払手数料又は支払加工賃等

　平成24年の大阪国税不服審判所の裁決（平成24年1月19日裁決）では，販売目的でマンションを購入したマンション販売業者に，すでに借り手がいるため，賃貸収入が生じている。賃貸収入は不可避的に生じているだけで，あくまで最終的には販売目的で取得したとしても，実際には，賃貸収入が生じているので，一部しか仕入税額控除できないと裁決された。やむなく生じている賃貸収入が足かせになり，仕入税額控除が少なくなってしまうこの裁決に納得がいかない

向きがあろう。
　通常は，売上とその売上原価は直接的な対応関係があるが，消費税に関して言うと，仕入れた際に支払った消費税と販売時の受け取ることになる消費税とは直接的な関係はない。実際，マンション販売会社の真の目的である販売は，購入した年に生じるかもしれないが，2，3年後になるかもしれず，受取消費税はその時に発生するのである。また，賃貸収入はあるにはあるが，それはマンション販売業者の真の目的である販売と関係性は希薄である。そう考えると，この裁決に疑問が残る。
　本稿は，マンションの販売業者の仕入税額控除の問題を考察していく。まず，このマンション販売業者の仕入税額控除の問題の概要を示し，続いて，2つの事例についてみていき，それらを踏まえて，マンション販売業者の仕入税額控除に関して筆者の見解を示すことにしたい。

I　マンション販売業者の仕入税額控除に関する問題

　大石篤史氏が指摘するように，わが国では，一般的に土地の価格が高く，しかも土地の譲渡は非課税取引なので，マンションを取得して譲渡することを主に営む業者の場合，全体の課税売上割合は，通常かなり低いものとなる（朝長・大石 2018a, 7頁）。それゆえ，当該業者の場合，居住用の建物が，「課税資産の譲渡等とその他の資産の譲渡等に共通して要するもの」に該当することになってしまうと，ほとんど仕入税額控除ができないことになり，死活問題となる。それゆえ，マンション業者が取得したマンションに係る消費税の問題は，現在注目すべきものとなっている。
　しかしながら，取得したマンションが課税売上げとなるのか，あるいは非課税売上げとなるのか，どの時点で判断するのか，法は明らかにしていない。個別対応方式の場合，課税売上げか，あるいは非課税売上げになるか判断して，仕入税額控除を計算する必要があるが，消費税法には，そのことに関する明確な規定はないのである。
　このことについて，三木義一教授は次のように述べている（三木 2013, 429頁）。

「取引時に課税売上に対応すること、もしくは非課税売上に対応するものであることが、客観的にも主観的にも明白な場合は、売り手の納税義務の成立に対応して仕入税額控除も成立させることもあるいは可能かもしれない。しかし、どのような客観的基準で区分するのか法は明記していないし、個々の取引が将来どの売上に対応するか必ずしも明確でないものも少なくない。たとえば、居住用にも事業用にも利用できるマンションを取得した場合、建物の客観的属性で判断するのか、納税者の主観的使用目的（事業主に賃貸したいと考えている場合は、課税売上対応になるのか）あるいは、当該課税期間終了時点の売上内容で判断するのか、法は明記していない。」

課税売上げか非課税売上げかにより、個別対応方式による仕入税額控除の計算は異なるし、仕入と販売時の売上との対応関係が、問われる形とはなっているが、所得税や法人税における費用と収益の対応関係は消費税にはなく、ある課税期間に仕入れた物品やサービスに関する消費税は、その課税期間に控除される。売上はその課税期間に生じるかもしれないし、次期以降の課税期間に生じるかもしれない。しかし実際の売上の対応関係は問われずに、課税期間に仕入れに係る消費税は控除されるのである。

このことについて、金子宏教授は次のように述べている（金子2007, 526頁）。

「なお、消費税においては、所得税や法人税におけるような費用・収益対応の考え方はなく、ある課税期間に仕入れた物品やサービスに含まれている税額は、その物品やサービスがその課税期間の売り上げに対応するかどうかと関係なく、原則としてその課税期間において控除される」

また、朝長英樹氏も次のように述べている（朝長・大石2018a, 10頁）。

「仕入れた時点でその仕入れにかかる消費税額を控除することができる仕組みとするということになると、売り上げる時点になってから売上げとともに仕入を原価として計上する法人税や所得税とは違って、その仕入れにかかる消費税の控除を将来の売上げとは切り離して処理をすることが必要になってきます。」

仕入税額控除の特殊性として、仕入税額控除と売上げとの対応関係がないことを述べたが、それでも、マンション販売業者が仕入時に非課税売上げを確実に予定していたとなると、課税売上げと非課税売上げに共通する課税仕入れ等

に係る仕入に課税売上割合を乗じて仕入税額控除額を計算することになる。

　課税当局は，課税期間にマンション販売業者が賃貸収入を得ていることに着目して，非課税売上げありと判断しているが，それはたまたま販売用マンションを取得して，将来販売する予定であるマンションに，賃貸収入が発生しているにすぎないと考えるべきではないか。課税売上げが将来生じる予定であるが，課税期間に仕入税額控除に対応する課税売上げが生じなかったにすぎない。

　たとえば，マンション販売業者がマンションを購入した段階では，あくまで販売用で取得したが，後に，販売できずに，賃貸に出されるものもあるかもしれない。

　あるいは，賃貸用で取得したマンションが後に販売されることもあろう。この場合，当初は，非課税売上げとして処理されていたため，仕入税額控除は行われていない。しかし結局，販売ということになると，にわかに仕入税額控除が可能になるのではないかという疑問が生じる。

　また，土地を購入し最初は砂利をそこから採取して販売したとする。土地そのものの仕入は仕入税額控除できないが，その砂利をとる作業に係る重機等の費用は，砂利の販売という課税売上げに対する費用として，仕入税額控除を受けることができたとする。しかし砂利をどけたらきれいになって販売できるということになり，そして販売することになると，土地の購入は，非課税売上げに対応することになり，後になると，本来は重機等の費用は全額仕入税額控除できなかったのではないかという問題が生じてくる。

　このような疑問が生じることになるが，仕入時の納税者の判断で，販売目的で取得したならば，課税売上げ対応なので，全額仕入税額控除可能であるとし，あるいは，賃貸目的であれば，非課税売上げ対応なので，仕入税額控除できないと判断せざるをえないし，また判断すべきなのではないか。

II　平成24年1月19日の国税不服審判所の裁決

　審査請求人（以下，請求人）は，販売する目的で建物を取得しているとし，またその取得に伴って住宅の貸付けによる収入が発生しているが，これは販売用不動産としての商品価値を高めるためのものであって，その収入を得ることを

目的としているものではないと主張している。

　また請求人は，建物を棚卸資産に計上し，用途変更や改修工事をすることなく，そのまま他に譲渡しようとしたものであり，消費税法基本通達11-2-12の「そのまま他に譲渡される課税資産」に該当するとしている。

　原処分庁は，個別対応方式により控除対象仕入税額を算定する場合，課税仕入等の用途区分は，「課税仕入れを行った日の状況により行う」とされており，本件建物は，住宅の貸し付けの用に供されているものがあるとし，したがって本件建物は，「課税資産の譲渡等とその他の資産の譲渡等に共通して要する課税仕入れ」に該当するとしている。

　また原処分庁は，消費税法基本通達11-2-12は，課税資産の譲渡等にのみ要する課税資産として，「そのまま他に譲渡される課税資産」を例示しているが，棚卸資産であれば必ず課税資産の譲渡等にのみ該当するとしているのではないとしている。

　平成24年1月19日の国税不服審判所の裁決では，不動産販売業を営む請求人が取得した建物について，販売を目的として取得されてはいるが，マンション販売業者が取得した時点では，住宅の貸し付け等の用にも供されており，個別対応方式により控除対象仕入税額を計算する場合において，課税資産の譲渡等とその他の資産の譲渡等に共通して要するものに区分すべきものとされ，消費税および地方消費税の更正処分並びに過少申告加算税の付加決定処分がなされている。

　マンション販売業者は，販売用建物の仕入は，建物の販売（課税資産の譲渡等）のためにのみ必要な仕入れであるとして，同仕入れに係る消費税全額を課税売上に係る消費税額として控除していた。しかし，課税当局に消費税の非課税売上げとなる住宅の賃貸による収入が発生していることに着目され，販売用とされている建物の仕入は，同建物の販売（課税資産の譲渡等）のみならず住宅の賃貸（課税資産の譲渡等以外の資産の譲渡等）のためにも必要なものであるとされ，その仕入れに係る消費税額については，その一部のみしか課税売上に係る消費税額から控除できないとされた[1]。

　この平成24年1月19日の国税不服審判所の裁決を契機に，マンション販売会社が取得したマンションから生じる賃貸料収入という非課税売上が問題視さ

れてきている。

III さいたま地裁平成25年6月26日判決
（さいたま地方裁判所平成23年（行ウ）第33号）

　原告であるサンテクノスは，投資家の抱くリスクを少なくすることにより，本件マンションをできる限り値崩れさせないで早期に売却しようと考えて，本件管理委託契約を締結したのであり，入居者の募集活動はまさに販売活動であることを主張している。また会計処理上の科目を固定資産から棚卸資産に変更しているし，資金調達方法が賃貸を前提としておらず，また賃料収入が6万4,000円で売却代金に対する割合が，0.0017にすぎず，本件マンションの取得について，住宅として貸し付ける目的はなかったとしている。

　被告は，本件課税仕入れの日である平成20年9月30日に本件管理契約を締結して，本件マンションを住宅の貸し付けに供していて，本件課税期間において，本件マンションの貸付け等に係る収入として，807万7,880円の賃料収入を得ており，また，サンテクノスは，本件マンションを固定資産として処理していたことを指摘している。

　これらのことから，被告は，サンテクノスの本件マンションの取得は，「課税資産の譲渡等にのみ要するもの」ではなく，「課税資産の譲渡等とその他の資産の譲渡等に共通して要するもの」に該当するとしている。

　判決は，次のようなものであった。サンテクノスは，本件マンションに関して，後に，法人税の確定申告書において，建物から棚卸資産に修正しているものの，平成24年1月19日の国税不服審判所の裁決と異なり，当初は建物として処理し，定額法の減価償却がなされている。また原告は，本件課税仕入れの日と同日に，中央ビル管理との間で本件管理委託契約を締結し，その後まもなく，中央ビル管理を通じて，賃貸契約を締結し，本件管理委託契約および本件賃貸借契約とも，本件マンションの使用目的を住宅に限定している。さらに原告は，本件課税期間において，本件マンションの貸付け等に係る収入として，807万7,880円の賃料収入を得ている。これらのことから，判決では，サンテクノスは，本件課税仕入れである本件マンションの取得時に，客観的にみて，本件

マンションを貸し付ける目的でも取得したと認めるのが相当であるとしている。

また，判決では，サンテクノスの資金調達方法が賃貸を前提としていなかったし，また原告の賃料収入が6万4,000円で売却代金に対する割合が，0.0017にすぎなかったが，本件マンションの取得が販売目的のみではなく，住宅として貸し付ける目的もあったと認めるのが相当とされた。

IV 当初目的説の展開

　課税資産の譲渡等にのみ要するものの解釈に関して，大石氏は（朝長・大石2018d，25頁），最終目的説，費用・収益対応説と目的併存説の3種類に整理している。

　最終目的説とは，最終目的が販売であれば，実際には，賃貸料が課税期間に発生していても，全額仕入税額控除を受けることができるという説である（朝長・大石2018d，25頁）。この説は，大石氏によれば，朝長説である（朝長・大石2018d，25頁）。

　費用・収益対応説は，最終的に課税資産の譲渡等のコストに入る課税仕入れ等に着目する説であり，大石氏によれば，最終目的説と似ているが，一時的に賃貸に回す販売用の居住用建物が，固定資産として処理されていれば，減価償却費が発生して，賃貸収入に対応するため，「課税資産の譲渡とその他の資産の譲渡等に共通して要するもの」に当たるが，最終目的説によれば，途中賃貸に回したとしても，最終の目的が販売であれば，「課税資産の譲渡等にのみ要するもの」に該当するとしている（朝長・大石2018d，25頁）。

　目的併存説は，一時的にでも賃貸に回す場合には，たとえ販売用の居住用建物であっても，「課税資産の譲渡等とその他の資産の譲渡等に共通して要するもの」となる（朝長・大石2018d，25頁）。大石氏によれば，たとえば，建物のごく一部がたまたま賃貸に回されていた居住用建物を仕入れても，「課税資産の譲渡等とその他の資産の譲渡等に共通して要するもの」となる（朝長・大石2018d，25頁）。大石氏によれば，これは，課税庁側の考え方であるという（朝長・大石2018d，25頁）。

　筆者は，費用・収益対応説に疑問を有している。法人税，所得税と異なり，

消費税は，仕入れに伴う仕入税額控除と売上げとの対応関係が問われないからである。マンションを仕入れた期間に仕入税額控除を受けることになるが，そのマンションを販売する時点というのは，仕入税額控除を受けた期間とは関係がない。マンションを仕入れた期間に販売されれば，対応関係が保てるが，次の期間である場合もあるだろうし，あるいは仕入れた期間とはかなり隔たりがあるかもしれないのである。

　最終目的説にも筆者は疑問を有している。当初は，賃貸目的でマンションを取得したが，その後，売却される場合もあるだろうし，逆に当初は，販売目的で取得したが，販売できず，賃貸となる場合もあろう。結果に着目しようとしても，将来のことはわからない。結局のところ，取得時にどのような目的で取得したかで判断するより他はないのではないか。

　高橋貴美子氏が指摘しているように，ある者が包丁を購入した場合，「包丁」という対象からだけでは，人を傷つけるために用いられるのか料理に用いられるのかの判断はつかない（高橋 2018, 17 頁(注)4）。マンション販売業者が取得したマンションに関しても，同様のことがいえる。販売目的なのか，それとも賃貸目的なのか，それは，客観的にはわからない。わかるのは，マンションを購入した業者のみであろう。税法上，取得したマンションは，販売目的ならば，棚卸資産で処理するし，賃貸目的なら，固定資産として処理することになるので，マンション販売業者が取得した時点で，その目的を判断して，会計処理をして，その会計処理で，販売目的かあるいは賃貸目的かを判断して，「課税資産の譲渡とその他の資産の譲渡等に共通して要するもの」に当たるか，あるいは「課税資産の譲渡等にのみ要するもの」に当たるかを判断すればよいのではないか。この筆者の説は，いわば当初目的説ということになろう。

　課税当局の「課税資産の譲渡等にのみ要する」課税仕入れとは，最終的に課税資産の譲渡等のコストに入るような課税仕入れ等だけをいうという解釈が示されたことがあり（和氣 2011, 104 頁），この解釈は影響力がある。この解釈が意味するところは，最初に非課税売上げである家賃収入が発生したり，あるいは中途で非課税売上げである家賃収入を得るという目的等があったりしたこととは関係なく，最終的に，課税資産の譲渡等のコストに入るような課税仕入れ等であったのか否かということによって，「課税資産の譲渡等にのみ要するも

の」かどうかを判断するというものである（朝長2018, 11頁）。大石氏も、さいたま地裁判決は、本来は、事業者が持っていた最終的な目的がどのようなものであったのかということによって判断しなければならないにもかかわらず、事業者の最終的な目的にかかわりなく判断するかのごとく説明していると批判している（朝長・大石2018c, 12頁）。しかし最終目的で判断することに執着するのは適切ではないと筆者は考える。最終的には、販売されるかあるいは賃貸となるかはわからないが、当初の目的が販売ならば、仕入税額控除は受けられるという制度設計をするのはやむを得ないことなのではないか。

購入が行われ、そして仕入税額控除を受ける課税期間中に譲渡されるとは限らない消費税の特性を考慮すると、当初目的説を採用せざるを得ないのではないか。

前述のさいたま地裁の判決でも、法30条に照らすと、仕入税額控除の場合、仕入れと売上げの対応関係を切断し、当該資産の譲渡が実際に課税資産譲渡に該当するかどうかを考慮することなく、仕入れた時点において、課税仕入れ等に当たるかどうか判断すべきであるという記述がある（さいたま地裁平成23年（行ウ）第33号）。

目的併存説は、一時的にでも賃貸収入があれば、「課税資産の譲渡とその他の資産の譲渡等に共通して要するもの」に当たるという説であるが、たまたま販売目的で取得したマンションに賃貸収入が発生していただけならば、それは捨象して考えて、「課税資産の譲渡等にのみ要するもの」に該当すると考えるべきではないか。仕入税額控除を受けたいのなら、最初から賃貸されているマンションなど購入すべきではないというのなら、それは、中立性を欠いた問題のある税制ではないか。

おわりに

マンション販売業者が取得したマンションにかかる消費税の問題は、行政の連続性という観点からも問題である（朝長・大石2018d, 24頁）。国税庁の解釈は、当初仕入時の納税者の目的を重視するものであったが（朝長・大石2018b, 5頁）、次第に一時的な賃貸収入に着目して、非課税売上げありとして、「課税

| 第 3 部 | 会計制度・その他

資産の譲渡とその他の資産の譲渡等に共通して要するもの」に当たるという解釈に変化してきている（朝長・大石 2018a, 6-8 頁）。マンションの販売業者が取得したマンションに対する消費税の適切な検討が行われないまま，曖昧な課税が行われている状況は，法的安定性と予測可能性の観点からすれば，明らかに問題である。

　また，朝長氏は，税理士や弁護士が，国税不服審判所の裁決を参考に，納税者に判断をゆだねるような無難な対応をしていたのではないかとも指摘している（朝長・大石 2018d, 27 頁）。本来払う必要のない税金を納税者は支払わされていた可能性があるといわざるを得ない。実務家は，判例等の先例でもって判断するものという側面があるのは否めないが，課税当局と不要な争いを避けたいために，税務当局に言われるがまま税金を払うという姿勢は問題ではないか。もっとも大石氏が，本来支払う必要性のない税金を払う方が，社会的責任を果たすという観点から望ましいという考え方がわが国で根付いているという興味深い見解もある（朝長・大石 2018d, 26 頁）。

　さて，裁判所の判断は，社会通念に照らして，人々が望む解釈がなされるものであるし，またすべきでもあろう[2]。法を解釈する場合，社会が望ましいと考える解釈がとられるべきである。法の解釈者は，単に法律の客観的意味を認識するのみならず，自らの実践的立場から，法を評価し，この評価に基づいて，法に望ましいと思う意味づけを，与えていくものであり，また与えていくべきである。渡辺洋三教授は，このことについて次のように述べている（渡辺 2008, 216 頁）。

　　「つまり，解釈者は，単に法規の客観的意味を認識するのみならず，みずからの実践的立場から，これを評価し，この評価にもとづいて，のぞましいとおもう意味づけを，これにあたえてゆかなければならない。この点が，自然現象の意味の解釈とちがうことはもちろん，源氏物語の解釈，資本論の解釈等々といわれる場合の解釈（文献学的解釈）とはちがう実践的解釈の特色である。」

　大石氏は，次のように指摘している（朝長・大石 2018a, 7 頁）。

　　「税務訴訟に限ったことではないですが，裁判所も，社会通念に照らして結論が妥当なものとなっているか，という点は当然見ます。裁判所が報道

に振り回されるということはもちろんないでしょうが，そうはいっても，自分たちが描いた判決が社会にどのような反応を持って受け入れられているか，という点に無関心ではいられないはずです。」

取引高税（turnover tax）と異なる付加価値税（value added tax）の長所として，税の累積の排除があるが，非課税という制度がその障害となっていることは否めない。マンション販売業者が取得したマンションに係る消費税の問題も，この非課税という制度が生み出したものであり，そもそも非課税という制度自体が問題であるということは言えよう。そもそもマンションを購入した時点で，マンション販売業者は消費税を負担していることは事実であり，非課税制度があるがゆえに，仕入れた際の消費税が全額控除することができないという問題を生ぜしめている。マンション販売業者は，消費税に関して，決して得をしているわけではないので，マンション販売業者がマンションを購入した際に，棚卸資産で処理をしたとしたら，支払った消費税に関して，仕入税額控除を認めるとしてもよいのではないだろうか。

注

(1) 「たとえば，最近の実務では，入居者との賃貸借契約書の賃貸期間が長いものなど，一定のものについては，「譲渡資産の譲渡等とその他の資産の譲渡等に共通して要するもの」に当たるとして課税処分を行う一方で，先ほど申しあげたとおり，取得時においてすでに販売契約が締結されているようなケースであれば，なお「課税資産の譲渡等にのみ要するもの」とする取扱いを認めてきた例もあるようです。しかし，そのような区分に関するメルクマールがこれまで納税者に示されなかったため，実務は，非常に混乱しました。そのため，課税庁側としては，いまさら両者を区分するメルクマールを示すのは厄介なので，いっそのこと，ほんの少しでも賃貸目的があれば，例外なくすべて「譲渡資産の譲渡等とその他の資産の譲渡等に共通して要するもの」に当たるということにしてしまおう，という方向に大胆に触れてしまった可能性があると思っています。」（朝長・大石 2018d, 23頁）。

(2) 「いかなる場合にも，全体としての社会は，広い公共的重要性を持つあらゆる問題については，たとえ最高裁判所の判事全員が死に絶え全く新しい顔ぶれが任命されるまで待っても，社会が望む分類をさせるものである。希望とおりの決定が下されたとき，人々は言う。「真理が勝った」要するに，社会は望みの結果を生むような分類の体系を「真理」と見るのである。」（Hayakawa 1978, p.207；訳書，232頁）。

| 第 3 部 | 会計制度・その他

参考文献

朝長英樹（2018）「居住用建物の売買取引における消費税の課税仕入れの取り扱い（下）：「課税資産の譲渡等にのみ要するもの」の解釈」『税務事例』第 50 巻第 4 号，4 月，10-22 頁．

朝長英樹・大石篤史（2018a）「消費税「課税資産の譲渡等にのみ要するもの」の解釈(1)」『T&A master』第 739 号，4-21 頁．

―― （2018b）「消費税「課税資産の譲渡等にのみ要するもの」の解釈(2)」『T&A master』第 740 号，4-17 頁．

―― （2018c）「消費税「課税資産の譲渡等にのみ要するもの」の解釈(3)」『T&A master』第 742 号，4-18 頁．

――(2018d)「消費税「課税資産の譲渡等にのみ要するもの」の解釈(4)」『T&A maser』第 743 号，16-28 頁．

金子宏（2007）『租税法 第十二版』弘文堂．

高橋貴美子（2018）「販売用賃貸マンションの取得に係る仕入税額控除の用途区分について：取得目的に関する事実認定の観点から」『税務事例』第 50 巻第 7 号，11-17 頁．

三木義一（2013）「対応概念・仕入税額控除と消費税の構造」『立命館法学』第 6 号，412-432 頁．

和氣光（2011）『消費税「仕入税額控除制度」の改正とその実務』税務研究会出版局．

渡辺洋三（2008）『法というものの考え方』日本評論社．

Hayakawa, S. I. (1978) *Language in Thought and Action*, Forth Edition Harcourt Brace Jovanovich, Inc.（大久保忠利訳『思考と行動における言語』岩波書店，1985 年）

第32章
相続分の譲渡に関する課税問題

はじめに

　相続は死亡によって開始すると（民法882条），共同相続人の間において相続財産に関する遺産分割の協議が行われることになる（民法907条1項）。遺産分割の方法として，実務上は現物分割，代償分割，換価分割，あるいはこれらの組み合わせによって行われることが多いが，その他の方法として相続分の譲渡も行われている。近年は，少子高齢化の進展による社会・経済の変化に対応すべく民法の相続税法が改正[1]されているように，相続の問題は複雑化しており，遺産分割を巡る紛争は絶えることなく起こっている。そこで，相続人が遺産分割に関わり合いたくない等の事情から，相続分の譲渡を活用しているのではないかと考えられる。

　相続分の譲渡が活用されているのであれば，租税法上における，すなわち相続税法や所得税法等における課税関係を明らかにしなければならない。しかしながら，相続分の譲渡については，民法上において相続分の譲渡そのものに関する規定はなく，また相続税法上においても相続分の譲渡の規定はないのである。そのため，相続分の譲渡に関する課税関係については，専ら解釈に委ねざるを得なく，個別事例に関する判例等が積み上がるのを待っているというのが現状なのである。

　そこで本稿では，民法と租税法の間に発生している乖離を踏まえながら，相続分の譲渡における租税法上の課税関係とその問題点について考察するものである。

| 第3部 | 会計制度・その他

I 相続分の譲渡の意義

1 相続分の譲渡の意義

　実務上，遺産分割前（未分割）において共同相続人が他の共同相続人または第三者に対して自己の相続分を譲渡することが行われているが，相続分の譲渡に関する直接の規定は存在しない。民法905条1項において，「共同相続人の一人が遺産の分割前にその相続分を第三者に譲り渡したときは，他の共同相続人は，その価額及び費用を償還して，その相続分を譲り受けることができる。」として，相続分の取戻権が定められているにすぎないため，相続分の譲渡の意義については，専ら条文解釈に委ねざるを得ないことになる。

　まずは，本条文から明らかなように，共同相続人が遺産分割前であれば，その相続分を第三者に譲渡することができることを前提として，相続分を取戻しすることを認めている以上，相続分は譲渡することができる，すなわち相続分の「譲渡性」は認められていると解釈し得ることになる。

　次に，相続分の譲渡先である譲受人について，本条では，あくまでも第三者に譲渡することができることを前提としているに過ぎないのであって，他の共同相続人に対する譲渡までも認めたものではないという見解（千藤1991, 261頁）もある。しかし，第三者に譲渡できる以上，「共同相続人間においても当然に譲渡が認められるもの」と解釈するのが妥当と考えられ（添田2014, 69頁），共同相続人間における相続分の譲渡を肯定的に解するのが多数である[2]。したがって，相続分の譲渡の譲受人としては，共同相続人と第三者ということになる。

　このように相続分の譲渡を認める民法905条（相続分の取戻権）の目的は，相続開始から遺産分割終了までに相当の日数を要するために，早く相続分を処分して金銭等を得たいという相続人の立場を考慮することにある。また，遺産争いに巻き込まれたくない，あるいは共同相続人が多いために人数を減らして分割協議をスムーズに行わせるなど，相続分の譲渡の合理的理由が考えられるところに，相続分譲渡の制度としての存在意義があるといえる。

　なお，相続分の譲渡に関する法的な規制はなく，遺産分割前であれば，有償・無償を問わず，口頭または書面いずれでも，自由に譲渡することができる。

2 譲渡対象たる相続分の意味

民法899条では,「各共同相続人は,その相続分に応じて被相続人の権利義務を承継する。」と規定していることから,相続人は共同して相続財産を相続することになる。ここでいう相続分の意味は,民法900条（法定相続分）における相続分の意味としての,共同相続人の相続人の相続すべき割合（遺産の総額に対する分数的割合）であり,あるいは民法903条（特別受益者の相続分）における相続分の意味としての,民法900条の分数的割合に従って計算した財産額または現実に相続する財産額,をいうものと解される（首藤1995, 59頁）。

しかるに,民法905条1項における譲渡対象たる相続分の意味については,上述した他の民法の条文にいう相続分とは異なり,「遺産全体に対して各共同相続人の有する包括的持分,あるいは法律上の地位」と解されている（谷口・久貴2013, 279頁）。つまり,譲渡対象の相続分とは,遺産の中の特定の財産または権利に対する持分ではなく,「積極財産のみならず消極財産をも含んだ相続財産を相続人に帰属させた相続権,すなわち相続人としての財産的地位」ということであり（千藤1991, 269頁）,判例[3]も同趣旨の決定をしている。しかしながら,一般的ないし抽象的に表現されている包括的持分や法律上の地位,あるいは財産的地位の内容は必ずしも明確ではない。そこで譲渡対象たる相続分は,「遺産の中の特定の財産または権利に対する持分ではなく,積極財産のみならず消極財産を含む遺産全体に対する各共同相続人の割合的持分,分数的割合」と解することになるのが通説・判例[4]である（谷口・久貴2013, 280頁）。

II 相続分の譲渡に関する課税問題

租税法上には相続分の譲渡に関する規定はないが,相続分の譲渡が認められるのであれば,租税法上の課税問題について検討しなければならない。

相続分の譲渡の課税関係においては,実にさまざまな諸問題が考えられる。ここでは,それらの諸問題の中から,民法と租税法との間に存在する乖離に焦点を当てて,相続財産における「時価」評価のあり方に関連した以下の問題について検討を行うことにする。

| 第3部 | 会計制度・その他

1 遺産分割と「時価」評価[5]

(1)「時価」評価の規定

　相続税法では，相続税の課税価格は相続，遺贈により取得した財産の価額によると規定され（相続税法11条の2），また当該相続財産の評価については「当該財産の取得の時における時価」によると規定されている（相続税法22条）。すなわち，相続により取得した財産の価額は，「時価」によることとされているのである。しかしながら，「時価」に関する詳細な評価規定は設けられておらず，実務上は国税庁の示す財産評価基本通達が指針となっているにすぎない。そのため，相続財産の「時価」評価にあたっては，相続分の譲渡に関連して次に述べる課税問題が生じているのではないかと考えられる。なぜならば，相続において民法と相続税法の間において「時価」の解釈に関する乖離が生じているからである。このことは「時価」がそもそも明確ではなく，租税法上に「時価」の定義がないために解釈でしか「時価」を捉えることができないことに起因しているからであると考えられる。

(2)「時価」の時点解釈による課税問題

　相続における「時価」評価の時点，すなわち「時価はいつの時点をいうのか」ということについては，民法と相続税法の間において乖離が生じている。
　一般に，相続が発生した場合，共同相続人は，被相続人が遺言で禁じた場合を除き，「いつでも，その協議で，遺産の全部又は一部の分割をすることができる」ことになっており（民法907条1項），そのための財産の評価は「遺産分割時」の「時価」を基準として行われている。特に，共同相続人が遺産分割に合意できず，裁判所の審判によって分割されるときには，当該「遺産分割時」（審判時）の「時価」が基準となっている[6]。また，共同相続人間においては，「遺産分割時」が基準となっていることから，「相続開始時」から「遺産分割時」までの間に相続財産の「時価」に変動があれば，当然に考慮されるのが一般的であり，判例[7]でもある。さらに，相続分の譲渡の場合には，「相続分譲渡時」を基準として譲渡の対価の決定などが行われていると考えることができる。
　これに対して，相続税法上は「相続開始時」（被相続人または遺贈者の死亡の

日)の「時価」が基準となっており[8], 判例[9]においても同旨である。さらに, 相続税法上は,「相続開始時」の「時価」が基準となっていることから, それ以後の「時価」の変動を考慮することはない。なぜならば, 相続開始後の状況変化に対応して何らかの斟酌する租税法上の取扱いがないからである。したがって, たとえば, 相続開始直後に株式発行会社が経営破綻し相続財産たる株式が無価値化したとしても, 課税上は「相続開始時」の「時価」で評価され, 何ら救済されることはない。

(3) 問題検討

　ここで相続分の譲渡の場合における「時価」の時点を考えてみると,「相続開始時」,「相続分譲渡時」,「遺産分割時」の3つの時点が考えられる。仮に相続財産の時価が「相続開始時」から「相続分譲渡時」あるいは「遺産分割時」までの間において変動する場合での有償譲渡を考えてみると, さまざまな矛盾が生じることは明らかである。少なくとも, 相続分の譲渡の当事者間においては,「相続開始時」の「時価」と「相続分譲渡時」の「時価」あるいは「遺産分割時」の「時価」との比率等に基づいて, 譲渡の対価の額を修正すること等が必要なのではないかと考えられる。さらには, 相続分の譲渡が有償譲渡で行われている場合に, その譲渡対価の課税の取扱いをどのようにすべきなのであろうか, 何らかの修正が必要と考えられる（共同相続人間における有償譲渡の課税関係については, 後述）。

　また, 遺産分割については合意するまでに時間を要する可能性が高く, その間, 相続分の譲渡が行われたりもする。相続税は資産課税であり, 納税のために相続財産を処分することが多いという実態に鑑みれば, 現行の取扱いでは納税が困難になることもあり得るため,「相続開始後の一定期間における財産状況の変化を評価に反映させることが適当であり, 財産評価の時期について, 現行の取扱いを見直す必要があるのではないか」という意見も検討すべきであると考えられる（日本税理士連合会 2008, 5頁）。

　このように, 相続や遺贈における財産の「時価」評価時期については,「相続開始時」に固定化すべきではないかと考えられ[10], 相続財産の「時価」評価のあり方が問われることになるのである。

2 共同相続人への譲渡と相続分の解釈

(1) 相続分の譲渡の課税関係

相続分の譲渡に関して，相続税法には何も規定していない。そのため，相続分の譲渡には第三者への譲渡と共同相続人間での譲渡があるが，ここでは共同相続人間での譲渡の場合の課税関係について検討を行う。

共同相続人間での相続分の譲渡においては，無償で譲渡する場合と有償で譲渡する場合とに区分される。

無償譲渡の場合は，民法に規定された相続放棄（938条〜940条）に代えて自らの相続分を特定の共同相続人へ譲渡させる場合などで利用される。譲渡人は相続する財産がないので納税義務者とはならず，譲受人は相続分に応じた財産を取得するので納税義務者となり，相続税が課税されることになる。

有償譲渡の場合は，代償分割に代わる方法として自らの相続分を特定の共同相続人へ対価を得て譲渡させる場合などで利用される。代償分割の場合と同様の取扱いとなり[11]，譲渡人は受け取った対価を代償財産額として課税価格に算入させ，譲受人は支払った対価を代償金として相続財産から控除して，各々相続税が課税されることになる。

(2) 相続税法55条と相続分の解釈による課税問題

相続税の課税価格は，各相続人が遺産分割によって実際に取得した財産の価額の合計額をもって計算されることになっているが（相続税法11条の2），必ずしも相続税の申告期限までに遺産分割の合意がなされるとは限らない。そこで，相続税法55条は未分割遺産に関する課税に定めを置いている。すなわち，55条本文では，未分割の財産について，各共同相続人が「民法（904条の2を除く）の規定による相続分」の割合に従って財産を取得したものとして課税価格を計算するものと定め，さらに相続税法基本通達55-1では，その民法の規定による相続分について，民法900条から903条までに規定する相続分[12]をいうとしている。相続分の譲渡に関する規定は民法905条であるから，相続税法の規定する民法の相続分には含まれていない。従って，民法905条の相続分の譲渡は，相続税法55条の課税価格の計算には何ら影響しないということになるのであ

る。

　しかしながら，相続財産が未分割の状態において行われた共同相続人間の相続分の譲渡について，判例（最判平成5年5月28日判時1460号60頁）[13]によれば，「遺産分割前における同条にいう相続分とは，民法900条ないし904条の規定により定まる相続分（以下『法定等相続分』という。）のみをいうものではなく，共同相続人間で相続分の譲渡があった場合における当該譲渡の結果定まる相続分（譲渡人については法定等相続分から譲渡した相続分を控除したものを，譲受人については法定等相続分に譲り受けた相続分を加えたもの）も含まれるものと解するのが相当である。」と判示された。すなわち，55条本文にいう「相続分」には譲渡された相続分が含まれるという判断が示され，「従来の通達を含めた租税実務の取扱いとは異なる解釈を示すもの」と評価されている（首藤1995, 45頁）。

(3) 問題検討
ア　相続分の解釈と「時価」

　相続税法55条本文の「相続分」に，共同相続人間で譲渡された相続分が含まれるとした上記の最高裁判決については，「この判決による課税価格の計算方法を採用するか否かで基本的に相続税の総額に変化がない」という評釈がなされている（首藤1995, 46-47頁）。しかし，最高裁判決（および第1審）によれば，相続分の譲受人の課税価格について，「相続により取得した現物の財産の価額−相続分譲渡に伴う負担」により計算することになるとしているが，前述した「時価」評価の時点の矛盾を含む計算方法になっていると言えるのである。すなわち，この計算方法は，代償分割に近い計算方法であり，各共同相続人が最終的に負担することになる相続税を計算することができるが，取得した財産は「相続開始時」の「時価」を，相続分譲渡に伴う負担額は「相続分譲渡時」の「時価」をそれぞれの基準とすることになり，計算結果に矛盾が生じてくるのである[14]。ここでも，相続財産の「時価」評価のあり方が問われなければならないのである。

イ　実務上の問題

　相続税の申告前に相続分の有償譲渡が行われる場合には，未分割遺産として相続税法55条に基づく課税価格の計算と申告を行うことになる。しかし，55

条に基づく相続税申告がなされた後に相続分の有償譲渡が行われた場合には，相続分の譲渡を理由とする更正の請求が認められるかどうかは問題である。なぜならば，55条但書において，「その後において当該財産の分割があり，…（中略）…，当該分割により取得した財産に係る課税価格を基礎として，納税義務者において申告書を提出し，若しくは第32条第1項に規定する更正の請求をし，又は税務署長において更正若しくは決定をすることを妨げない。」と規定されているところから，相続分の譲渡が更正の請求の要件に含められていないからである。

しかし，相続分の有償譲渡が相続財産の一部分割と考えられることから，未分割遺産の分割による課税価格の一部に異動があったとして，すなわち遺産分割が行われたとして，相続税法32条1項を適用して，更正の請求が認められるのではないかと考えられる。

3 相続分の譲渡と特別受益

(1) 特別受益の課税問題

民法903条では，「共同相続人中に，被相続人から，遺贈を受け，又は婚姻若しくは養子縁組のため若しくは生計の資本として贈与を受けた者があるときは，被相続人が相続開始の時において有した財産の価額にその贈与の価額を加えたものを相続財産とみなし，前3条の規定により算定した相続分の中からその遺贈又は贈与の価額を控除した残額をもってその者の相続分とする。」と，相続人が被相続人から特別受益を得ていた場合の相続分について規定している。特別受益とは，被相続人から相続人が受けた遺贈や婚姻，養子縁組もしくは生計の資本として受けた贈与が該当する。相続人の中にこのような資産を受けた者がいる場合には，相続人間の実質的な公平を図り，特別受益を相続財産の前渡しと考えて，特別受益を持ち戻して相続財産に加算し相続分を計算することになっている。また，民法では，特別受益財産についての相続財産の価額は，「相続開始時」の「時価」で評価することになっており（民法904条）[15]，さらに特別受益財産とされるものには期間の制限はなく，生前に贈与されていればすべて対象となる。

他方，相続税法では，特別受益財産についての相続財産の価額をその「贈与

時」の「時価」で評価することになっており，さらに，相続税に加算される財産は，特別受益財産の全額ではなく，相続開始前3年以内の贈与財産（相続税法19条）[16]および相続時精算課税の適用を受けた贈与財産（相続税法21条の9）に限られている。

上記のとおり，特別受益財産の扱いについて，民法と相続税法との間に齟齬が生じているということがわかる。

(2) 相続分の無償譲渡と贈与の課税問題

他の共同相続人へ無償でなされた相続分の譲渡が，特別受益（民法903条）に当たると判断した最高裁平成30年10月19日判決（民集72巻5号900頁）[17]がある。本判決では，争点となった相続分譲渡が遺留分算定の基礎となる財産額に算入すべき贈与（民法903条）に当たるかという点について，「共同相続人間においてされた無償による相続分の譲渡は，譲渡に係る相続分に含まれる積極財産及び消極財産の価額等を考慮して算定した当該相続分に財産的価値があるとはいえない場合を除き，上記譲渡をした者の相続において，民法903条1項に規定する『贈与』に当たる」と判示している。

本判決は，具体的な財産ではない相続分の無償譲渡が贈与に当たるかどうかについて，相続分の譲渡は「譲渡人から譲受人に対し経済的利益を合意によって移転するもの」として贈与と判断し，共同相続人間の公平の実現を意図したものと考えられる。

(3) 問題検討

ア 課税関係

共同相続人間における相続分の譲渡が民法上（903条）の贈与とされても，そのことで直ちに租税法上も贈与税が課税されるわけではない。共同相続人間での無償譲渡であれば，譲受人に対しては贈与税ではなく，増加した相続財産についての相続税が課税されることになるのである。なぜならば，相続税法は相続人が実際に取得した相続財産の価格に応じた課税を行うことを原則としており（相続税法11条の2），前述したように未分割遺産に対する課税を定めた相続税法55条の「相続分」には，共同相続人から譲渡された相続分も含まれると解

イ　相続財産の「時価」評価の問題

　相続税法では，相続財産の評価については「当該財産の取得の時における時価」によると規定されている（相続税法22条）。すなわち，相続により取得した財産の価額は，「時価」によることとされているのである。しかるに，特別受益財産についての相続財産の価額，すなわち，相続開始前3年以内の贈与財産（相続税法19条）および相続時精算課税の適用を受けた贈与財産（相続税法21条の9）はいずれも「贈与時」の「時価」で評価することになっている。したがって，相続財産にはさまざまな「時価」が存在しており，すべての相続財産が相続税法に規定されている「相続開始時」の「時価」となっておらず，「時価」とは財産評価基本通達において解釈されている客観的交換価値[18]と言えるかどうか疑問である。ここでも，相続財産の「時価」評価のあり方が問われなければならないのである。

おわりに

　本稿では，最新の最高裁判決などの多くの判例を取り上げながら，民法に規定している相続分の譲渡について，租税法上の実務的な課税問題を検討してきた。その際には，民法と租税法の乖離についても議論してきた。民法は社会における一般常識であり，納税者は民法に則り判断し行動することが当たり前なこととなっている。しかるに，租税法は民法との間に乖離を発生させており，それが納税者と課税庁との間に租税を巡る課税問題となっていると考えられるのである。特に，相続税法において重要と考えられることは，相続財産の「時価」評価であり，その「時価」は専ら解釈に委ねられており，そのため民法上の「時価」と相続税法上の「時価」の解釈に乖離が発生し，課税問題を複雑化させている原因であろうと思われる。また，相続分の譲渡に関して相続税法上に規定がないために，課税問題については専ら解釈に頼らざるを得ない状況である。本稿で取り上げた課税問題はごく一部にすぎない。今後の研究としては，最新事例とともに相続分の譲渡を巡る課税問題のみならず「時価」のあり方に関する議論も深めていきたいと考えている。

注

(1) 民法の相続法改正（平成30年7月13日公布）では，残された配偶者の居住権を保護するための方策や，遺言の利用を促進し相続を巡る紛争を防止する方策などの多岐にわたる改正項目が盛り込まれた。
(2) 千藤（1991, 263-265頁）では，共同相続人間における相続分の譲渡を肯定する根拠として，905条1項を根拠とする説，共有持分の譲渡を根拠とする説，遺産分割の一内容であるとする説の3説を挙げて，905条1項を根拠とする説が最も妥当であるとしている。
(3) 東京高判昭和28年9月4日（高民集6巻10号603頁）では，「相続分の譲渡は，これによって共同相続人の一人として有する一切の権利義務が包括的に譲受人に移り，同時に，譲受人は遺産の分割に関与することができるのみならず，必ず関与させなければならない地位を得る」と判示している。
(4) 東京地判昭和35年10月18日（判時244号55頁），最判昭和53年7月13日（判時908号41項），最判平成13年7月10日（民集55巻5号955頁）。
(5) この部分の記述は，基本的に，日本公認会計士協会から公表予定の研究報告『我が国の資産課税の在り方に関する論点整理（仮称）』（平成31年3月31日現在）の執筆に参画したときの成果をベースにしている。
(6) 札幌高判昭和39年11月21日（判タ181号203頁）では，「遺産分割のための相続財産評価は分割の時を標準としてなされるべきものである」と判示している。同旨，相続実務研究会（2019, 701-702頁）。
(7) 名古屋高判昭和47年6月29日（判時690号56頁）では，「相続開始時と審判時との間に著しい変動が認められるような本件の遺産分割にあたっては審判時における評価額に基づいて行うのを相当とする」と判示している。
(8) 金子（2019, 714頁）によれば，相続税法22条の「取得の時」が「被相続人または遺贈者の死亡の日」である。
(9) 東京高判平成18年9月14日（判時1964号40頁）では，「相続が開始した場合において相続人が被相続人の財産を取得する時期は遺産分割時ではなく相続開始時と解され」るとして，相続税の課税価格は，遺産相続時の財産の時価ではなく，相続開始時の財産の時価により算出すべきであると判断している。
(10) 日本税理士会連合会（2008, 5頁）では，「財産評価の時期について，相続開始後の状況の変化を評価に反映させることとすると，評価額が下落する状況を意図的に作出する租税回避行為が生じるのではないかという意見がある。しかしながら，租税回避行為に対しては，これを否認する法制度で対処すべきである。」としている。
(11) 代償分割においては実際に相続財産の分割が行われ，分割結果に応じて相続税が課税されるのに対して，相続分の譲渡は未分割の状況であり，相続税法55条の規定に従って相続税が課税される。
(12) 相続税基本通達55-1のいう民法の相続分とは，900条の法定相続分，民法901条の代襲相続分，民法902条の指定相続分。民法903条の特別受益者相続分のことである。
(13) 第1審，東京地判昭和62年10月26日（判時1258号38頁）。控訴審，東京高判平成1年8月30日（税資173号543頁）。
(14) 添田（2014, 73-74頁）では，「『相続分譲渡に伴う負担』の扱いには課題が残る」と同旨の評釈を行っている。なお，首藤（1995, 47-48頁）でも，最高裁判決については支持する見解と消極的な見解に分かれ，「最高裁判決に対して消極的な見解に賛成であ

(15) 最判昭和51年3月18日（民集30巻2号111頁）では，貨幣価値の変動が著しい場合には，「贈与財産が金銭であるときは，その贈与の時の金額を相続開始の時の紙幣価値に換算した価額をもって評価すべきものと解するのが相当である」と判示している。
(16) 東京弁護士会（2018, 348頁）は，「3年以内の贈与財産を相続税の計算に含めるのは，通常の贈与税が相続税の補完税という性格をもっていることから，相続開始時に近い時期になされた贈与については，贈与税ではなく相続税を課税する趣旨である」と説明している。
(17) 第1審，平成28年12月21日（民集72巻5号917頁）。控訴審，平成29年6月22日（民集72巻5号932頁）。
(18) 金子（2019, 714頁）では，「時価というのは，客観的な交換価値のことであり，不特定多数の独立当事者間の自由な取引において通常成立すると認められる価額を意味する」と述べている。

参考文献

雨宮則夫・石田敏明・近藤ルミ子（2013）『相続における承認・放棄の実務：Q＆Aと事例』新日本法規出版。

岩下忠吾（2011）「未分割遺産の相続分の譲渡」『税務事例研究』第122号, 60-79頁。

小田修司（2008）「相続分の譲渡に対する課税」『税務事例研究』第103号, 55-72頁。

金子宏（2019）『租税法（第23版）』弘文堂。

首藤重幸（1995）「未分割遺産の相続分の譲渡」『税務事例研究』第24号, 41-60頁。

千藤洋三（1991）「共同相続人間の相続分譲渡について」『関西大学法学論集』第41巻第3号, 252-284頁。

添田八郎（2014）「相続分の譲渡を巡る課税上の諸問題」『彦根論叢』第400号, 68-80頁。

相続実務研究会（2019）『問答式　遺産相続の実務』（加除式）新日本法規出版（2019年3月8日現在）。

東京弁護士会（2018）『新訂第七版　法律家のための税法〔民法編〕』第一法規。

中川善之助・泉久雄（2000）『『相続法』法律学全集24（第4版）』有斐閣。

日本公認会計士協会（2013）「租税調査会研究報告第27号『中小企業の経営者に関係する相続税制と手続について』」。

──（2018）「租税調査会研究報告第33号『取引相場のない株式の評価の実務上の論点整理』」。

日本税理士会連合会税制審議会（2008）『資産課税における財産評価制度のあり方について：平成20年度諮問に対する答申』。

三木義一・末崎衛（2013）『相続・贈与と税（第2版）』信山社。

水野忠恒（2011）『租税法（第5版）』有斐閣。

谷口知平・久貴貞治編（2013）『新版　注釈民法（27）相続（2）（補訂版）』有斐閣，第3章第1節「総則」（宮井忠夫・佐藤義彦執筆部分），同章第2節「相続分」（有地亨・二宮周平執筆部分）。

索　引

英数字

2006 年会社法 ……………… 192, 194, 195, 197
2018 年会社（各種報告）規則 ……………… 288

AAER ……………………………………… 228
AI ………………………………………… 257, 389
APM ……………………………………… 138
'apply and explain' …………………………… 294
ARGA …………………………………… 170

BEIS …………………………… 197, 201, 287

CGC …………………… 192, 195, 197, 202, 203
CI ………………………………………… 413
CMA レポート ………………………………… 205
Corridor Method …………………………… 111, 113
COSO ……………………………………… 157

EBIT ……………………………………… 145
EDA ……………………………………… 412
EIA ……………………………………… 411
ERM フレームワーク …………………… 17, 26

FASB ……………………………………… 348
FBT ……………………………………… 94
FCA …………………………… 192, 198, 201, 204
FRC …………………………… 169, 201, 202, 203, 287

IAASB …………………………… 161, 166, 311
IASB ……………………………………… 322
IFAC ……………………………………… 311
IFIAR ……………………………………… 255
IFRS …………………………… 6, 69, 383, 403

IFRS16 のエンドースメント（承認）手続
 ……………………………………………… 31
IFRS Research Forum ……………………… 91
IFRS 導入時の期待効果 ……………………… 88
IFRS 導入時の憂慮 …………………………… 90
IFRS 導入の影響分析 ………………………… 86
IFRS 導入の経済的帰結（経済的影響） … 91
IFRS の強制適用 ……………………………… 49
IKD ……………………………………… 412
〈IR〉フレームワーク …………… 8, 9, 15, 16
ISA ……………………………………… 163

KAA ……………………………………… 89
KAI ……………………………………… 84
KAM …………………………… 18, 19, 251
K-IFRS ……………………………………… 84

L-GAAP …………………………………… 60

MBO ……………………………………… 262
MPM ……………………………………… 149
MRV ……………………………………… 113
MTM …………………………………… 115, 117

OF ……………………………………… 413

PCAOB ……………………………………… 168
PEI ……………………………………… 271
PPA ……………………………………… 261
PPP ……………………………………… 270
PPP／PFI 推進アクションプラン ………… 277
PPP／PFI の抜本改革に向けたアクションプラン ……………………………………… 276
PRA …………………………………… 198, 204

497

private companies	289
public interest	173
Public Private Partnerships（PPP）	270
SASB	22, 26
SMO	164
Statement of corporate governance arrangements	288
Wates Corporate Governance Principles for Large Private Companies	290
WVS	71
χ2検定	404

あ

アウトソーシング	302
アカウンタビリティ	13, 23, 268
アナリスト行動	91
アンケート調査	397
遺産分割時	488
遺産分割の方法	485
委託業務	301
委託業務に係る内部統制の保証報告書	310
一括比例配分方式	472
一般に公正妥当と認められる会計処理の基準	466
一般に公正妥当と認められる監査の基準	162
委任契約	301, 302
イノベーション資本	410
意味論的な見方	446
任環宰	98
医療法人制度	431
入れ子構造	453
請負契約	223, 301, 302

営業報告書	100
営業利益	141
英国	285
英国財務報告評議会（FRC）	287
英米型会計	65
エージェンシー・コスト	47
エンティティ	375
大竹貿易事件	466
オリックス信託銀行事件	467
オリファント委員会	171

か

海外子会社	122
会計改革・先進化3法	94
会計監査執行通牒（AAER）	228
会計記号	446
会計基準設定主体	323
会計上の見積り	254
会計情報の事後的役割	47
会計情報の事前的役割	46
会計殿堂	57
会計表現の独自性	449
会計不正	227
会計プロフェッション	154
会計プロフェッションの自主規制を構成する4つの要素	168
会計メトリック	11, 12, 13, 20, 21, 22, 24, 25, 26
開示義務	288
開示すべき重要な不備	266
会社秘書役	195
階層型ニューラル・ネットワーク	234
概念フレームワーク	348
外部情報感度（EIA）	411
価値関連性	91
価値創造プロセス	8, 9, 11, 16
ガバナンス	14, 23, 25

索引

加盟団体が遵守すべきステートメント（SMO）	164
カリリオン（Carillion plc）	170
環境	23, 24
関係資本	410
韓国会計学会（KAA）	89
韓国会計基準院（KAI）	84
韓国採択国際会計基準（K-IFRS）	84
『韓国の国際会計基準（IFRS）導入：5年の経験と教訓』	85
監査	154
監査・報告・ガバナンス機構（ARGA）	170
監査監督機関	175
監査監督機関国際フォーラム（IFIAR）	255
監査基準委員会	162
監査基準常務委員会の構造の研究に関する特別委員会	171
監査基準の専門性	172
監査契約	211
監査契約書	222
監査上の主要な検討事項（KAM）	18, 251
監査はアート（技芸）	267
監査報告書	211
監査問題協議会	163, 164
「勘定科目」の〈意味〉	449
「勘定科目」の階層構造	453
機械学習アルゴリズム	230
企業会計審議会	161
企業価値	409
企業家の機能	11, 13, 15, 26
企業業績	409
企業経営のサステナビリティ	10, 13, 15, 20
企業実体の公準	375
企業全体の投資効率性	51
記号論	446
記号論の思考体系	455
徽文高等學校	99
「基本財務諸表」プロジェクト	148
客観性	343
客観的業績	420
客観的交換価値	494
教育専門委員会（FBT）	94
教師あり学習	229
共同相続人	485
共分散構造分析	410
キングマン・レビュー	170, 203, 205
近代科学の発展	343
金融監督院	85
金融行為監督機構（FCA）	192
金融サービス市場法	197, 198
クラリティ・プロジェクト	167
クラリティ版の監査基準委員会報告書	165
経営者業績指標（MPM）	149
経営者の偏向（バイアス）	257
経営者報酬契約	49
経済社会のサステナビリティ	11, 13, 15
継続企業の前提に関する事項	250
継続的革新（CI）	413
契約自由の原則	217
契約における重要な金融要素	134
契約の結合	128
契約法	211
原価主義	357, 383
検証	350
検証可能性	347
原則主義	324
広域化	280, 281
効果的な意思決定機構（EDA）	412
交換取引	103
公共施設等運営事業	272, 275
公共の利益の擁護	214
航空機リース事件	460

公正価値	360
構成単位の監査人	265
公的規制と自主規制の関係	176
公認会計士・監査審査会	166, 175, 255
構文論的な見方	446
ゴーイング・コンサーン監査	248
コーポレート・ガバナンス	23, 25, 157, 285, 286
コーポレートガバナンス・コード（CGC）	192
コーポレートガバナンス・コード（英国）	285
子会社株式	373
顧客志向	321
国際会計	2
国際会計基準審議会	322
国際会計研究学会	3
国際会計士連盟	311
国際監査・保証基準審議会	161, 166, 311
国際財務報告基準（IFRS）	6, 69, 383, 403
国際統合報告フレームワーク	8
国民性	69
コストないし財源の問題	173
個別対応方式	472
コリドー・アプローチ	113, 114
コンセッション	275

さ

財産	103
最終目的説	479
細則主義	384
最低資本金制度	244
再評価差額金	331
再評価実施期間	330
債務契約	50
財務諸表の比較可能性	91
債務超過	243
債務不履行責任	212
財務報告評議会	169, 201
サステナビリティ	11, 20, 22, 23
サステナビリティ会計	20, 23, 26
サポート・ベクター・マシン	232
三条委員会	175
仕入税額控除	472
シェアードサービス	304
事業等のリスク	13, 26, 250
事業報告	321
自己資本比率	327
自主規制機関	174
市場関連価値（MRV）	113, 114
実現可能性	361
実現主義の原則	356
実質優先	462
質的特性	351
質問票調査	415
指導的機能	187, 219
資本コストと企業価値	91
社会関連資本	9, 17, 23, 24
社会通念	482
社会的価値	70
借用概念	459
収益認識基準	122
収益認識時点	130
集約化・複合化	281
主観	255
主観的業績	422
受託会社監査人	311
受託会社監査人の保証報告書	311
取得原価の配分手続（PPA）	261
守秘義務	212
準委任契約	212
純額方式	116, 118
純利益	363
常勤	172
消費税	474

商法と企業会計の調整に関する研究会 328
情報の非対称性 46, 91
職業的懐疑心 179, 181, 184, 259
処分可能性 358
仕訳「文」 446
仕訳「文」の〈かたち〉 448
仕訳「文」の表層レベルと深層レベル 452
仕訳と言語の構成原理 446
シングルモデル 37
人工知能（AI） 257, 389
人的資本 409
信認関係 219
信認義務 219
進歩史観 60
信頼性 343

数理計算上の差異 111, 114
スケジューリングの妥当性 261
ステークホルダー 10, 286, 292
住友信託銀行事件 459

性悪説 179, 184
税効果会計 370
性弱説 179, 180, 184
性善説 179, 184
性即理 180, 184
生態史観 59
製品保証 135
西洋簿記 100
セール・アンド・リースバック取引 462
世界価値観調査 71
潜在変数 414
『全社的リスクマネジメント』 17

総額方式 116
早期是正措置 327
相続3年以内の贈与財産 493
相続開始時 488

相続時精算課税の適用を受けた贈与財産 493
相続分譲渡時 488
相続分の意味 487
相続分の譲渡 485
相続分の取戻権 486
相続放棄 490
ソーシャル・キャピタル 70
即時認識法（MTM） 115
ソクラテス 385
組織 IQ 410
組織 IQ スコア 418
組織資本 409
組織フォーカス（OF） 413
租税法律主義 459
染谷恭次郎 430
損益取引 103

た

第一銀行 100
貸借対照表 100
代償分割 490
代替的業績指標（APM） 138
大陸型会計 65
畳み込みニューラル・ネットワーク 235
短文式監査報告書 219

遅延認識 113, 116, 117
知的資本 409
忠実義務 219
忠実な表現 348
中立性 349
中立性原則 173
帳簿組織 107

ディープ・ラーニング 234
ディスクロージャー制度 155
適合度 420

501

テキスト・マイニング	233	任意の契約	215
デット・アサンプション	464	人間の認識のカテゴリー性	449
デュアル報告システム	363	任務懈怠責任	212
デュアルモデル	34	任環宰	98

は

投下資本の回収余剰計算	362	パーセプトロン	234
東京合意	368	パスウェイズ委員会報告書	154
統合思考	8, 9, 16	八条委員会	175
統合報告	9, 10, 13, 18	バックテスト	259
統合報告書	9, 11, 13, 15, 16	発生可能性	266
統合報告モデル	10, 11, 17	針谷達志	430
倒産申立義務	243	バンドリング	280, 281
当初目的説	481		
同等性評価	368	非課税	483
特別受益	492	被監査会社の協力	268
独立組織	172	非業務執行取締役	294
土地再評価法	326	非公開	289
トポロジー的な会計	454	非公開会社	286
取締役会	292	非財務情報	9, 16, 17, 353
取締役の破産申立義務	241	日締帳	107
取引	103	ビジネス・エネルギー・産業戦略省（BEIS）	
取引高税	483		287
取引要素	104	ビジネスモデル	10, 14, 17
取引要素結合表	105	非対称情報	46
トレッドウェイ委員会支援組織委員会（COSO）		ビックカメラ事件	465
	157	ビッグバン・アプローチ	84
		批判的機能	187

な

		費用・収益対応説	479
内部監査機能の充実	267	病院会計準則	430
内部知識流通（IKD）	412	病院勘定科目	440
内部統制の評価	308	病院経営改善懇談会要旨	430
内部統制部会	158	費用認識モデル	31
内部統制報告制度	158		
		徽文高等學校	99
二重責任の原則	215, 268	付加価値税	483
日記帳	107	不正	178
日商簿記検定	393	不法行為法	211
ニューラル・ネットワーク	232		

索引

プラトン ……………………………………… 385
プリンシプル・ベース ……………… 324, 383
プルーデンス規制機構 (PRA) ……… 198
「文」としての「勘定科目」 ………… 451
分配可能性 …………………………………… 358

米国 (の) ダウ工業株 30 種 …… 111, 116
ベイジアン・ネットワーク …………… 233
偏向 …………………………………………… 350
変動対価 ……………………………………… 133

包括利益 ……………………………… 363, 372
法人税法 22 条 4 項 ……………………… 466
法定監査 ……………………………………… 215
保証業務 ………………………………… 11, 18
本人と代理人の区分 ……………………… 126

ま

マネジメント・バイ・アウト (MBO) …… 262

見積総工事原価 ……………………………… 263
民法 70 条 2 項の破産申立義務 ……… 246

無限定適正意見 …………………………… 212

目的志向型の原則主義 ………………… 391
目的適合性 …………………………………… 348
目的併存説 …………………………………… 479
持分の変動 …………………………………… 374
持分法 ………………………………………… 376
持分法損益 …………………………………… 143
モニタリング・グループからの組織改革の提案
……………………………………………… 167

モラルハザード ……………………………… 47

や

有償支給取引 ……………………………… 128
輸出取引 …………………………………… 131

予防会計学 ………………………………… 454

ら

ライセンス収入 …………………………… 132

リーガルテスト …………………………… 468
リーダーシップ …………………… 14, 23, 25
利益管理 …………………………………… 361
利益の質 ……………………………………… 72, 91
利益の弾力性 ……………………………… 361
履行義務単位の識別 ……………………… 127
リスク・経済価値アプローチ …………… 463
リスク情報 ………………… 10, 11, 12, 13, 17, 18, 19
リスクマネジメント …………… 10, 17, 18, 19, 26
利用者優先原則 …………………………… 173

連結財務諸表 ……………………………… 368
連結先行 …………………………………… 368
連単分離 …………………………………… 368

ローカル GAAP (L-GAAP) ……………… 60
ローン・パティシペーション …………… 463

わ

わが国における一般に公正妥当と認められる監査の基準の構造 …………………………… 163

【執筆者紹介】

解題　橋本　　尚　編著者

第1部　国際会計
- 第1章　小西　範幸　青山学院大学大学院会計プロフェッション研究科教授
- 第2章　蒔田　真也　高千穂大学商学部助教
- 第3章　中野　貴之　法政大学キャリアデザイン学部教授
- 第4章　平賀　正剛　愛知学院大学経営学部教授
- 第5章　向　伊知郎　愛知学院大学経営学部教授
- 第6章　杉本　徳栄　関西学院大学大学院経営戦略研究科教授
- 第7章　浦崎　直浩　近畿大学経営学部教授
- 第8章　林　　健治　日本大学商学部教授
- 第9章　成田　礼子　EY新日本有限責任監査法人パートナー，公認会計士
- 第10章　山田　善隆　PwC京都監査法人パートナー，公認会計士

第2部　監査・ガバナンス
- 第11章　町田　祥弘　青山学院大学大学院会計プロフェッション研究科教授
- 第12章　田中　智徳　中部大学経営情報学部講師
- 第13章　小俣　光文　明治大学経営学部教授
- 第14章　紺野　　卓　日本大学商学部准教授
- 第15章　坂上　　学　法政大学経営学部教授
- 第16章　濱本　　明　日本大学商学部教授
- 第17章　成田　智弘　EY新日本有限責任監査法人シニアパートナー，公認会計士
- 第18章　山口　直也　青山学院大学大学院会計プロフェッション研究科教授
- 第19章　重田麻紀子　青山学院大学大学院会計プロフェッション研究科教授
- 第20章　内山　峰男　駒澤大学経済学部客員教授，公認会計士

第3部　会計制度・その他
- 第21章　多賀谷　充　青山学院大学大学院会計プロフェッション研究科教授
- 第22章　牟禮恵美子　青山学院大学大学院会計プロフェッション研究科准教授
- 第23章　吉田　武史　日本大学商学部准教授
- 第24章　川村　義則　早稲田大学商学学術院大学院会計研究科教授
- 第25章　久持　英司　青山学院大学大学院会計プロフェッション研究科准教授
- 第26章　近藤　　努　青山学院大学大学院会計プロフェッション研究科助手
- 第27章　細海昌一郎　首都大学東京大学院経営学研究科教授
- 第28章　井出健二郎　和光大学学長
- 第29章　大西　新吾　仁愛女子短期大学教授
- 第30章　小林　裕明　青山学院大学大学院会計プロフェッション研究科教授
- 第31章　小池　和彰　東北学院大学経営学部教授
- 第32章　金田　　勇　青山学院大学大学院会計プロフェッション研究科特任教授，公認会計士

《編著者紹介》

橋本　尚（はしもと　たかし）
1959年9月1日　群馬県伊勢崎市生まれ
青山学院大学大学院会計プロフェッション研究科教授

2019年9月1日　初版発行　　　　　　　　略称：現代会計展開

現代会計の基礎と展開

編著者　橋　本　　　尚
発行者　中　島　治　久

発行所　同 文 舘 出 版 株 式 会 社
東京都千代田区神田神保町1-41　〒101-0051
営業（03）3294-1801　　編集（03）3294-1803
振替 00100-8-42935　　http://www.dobunkan.co.jp

Ⓒ T. HASHIMOTO　　　　　　DTP：マーリンクレイン
Printed in Japan 2019　　　　印刷・製本：萩原印刷

ISBN 978-4-495-20981-0

JCOPY 〈出版者著作権管理機構 委託出版物〉
本書の無断複製は著作権法上での例外を除き禁じられています。複製される場合は、そのつど事前に、出版者著作権管理機構（電話 03-5244-5088, FAX 03-5244-5089, e-mail: info@jcopy.or.jp）の許諾を得てください。